초기불교

붓다의 근본 가르침과 네 가지 쟁점

초기불교

붓다의 근본 가르침과 네 가지 쟁점

박 광 준 지음

민족사

머리말

초기불교란 붓다 재세기(在世期)를 포함하여, 붓다 입멸 후 약 100~200년까지 존재했던 모습의 불교이다. 인도불교는 초기불교, 부파불교, 대승불교 순으로 발전했으므로, 초기불교란 부파불교 혹은 대승불교에 대한 용어이며 한국에서는 주로 대승불교의 상대 개념으로 사용되고 있다. 부파불교는 불법 해석을 둘러싸고 승가가 분열되면서 생겨난 불교이므로 초기불교와는 그 성격을 달리하며, 대승불교는 그 후 다시 200년 이상 흐른 뒤에 생겨난 불교이다.

한국불교가 표방하고 있는 대승불교는 신앙이 중시되어, 붓다는 신격화된 존재로 숭상받고 있으며 교리가 체계적이다. 그러나 초기불교는 인간 붓다의 가르침이다. 한 종교의 교조(教祖)를 인간으로 보는 것과 초인간적 존재로 보는 것 사이에는 세계관에 큰 차이가 있으므로, 초기불교는 대승불교와 사뭇 다르다. 초기경전은 인간 붓다가 만난 개별 인간의 고통 문제 해소를 위한 설법을 그 주된 내용으로 하고 있기 때문에, 알기 쉬운 용어로 평이하게 기술되

어 있다. 반면에, 교리나 설법이 체계화되어 있지 않고, 설법 대상
이 누구인가에 따라 가르침 내용이 다르게 들릴 수 있다. 한 경전
안에도 서로 모순적으로 보이는 내용이 섞여 있는 경우도 있다.

이 책은 초기불교를 설명하고, 그 교리에 관련된 몇 가지 쟁점
을 명료화함으로써 초기불교에 관한 새로운 논의 마당을 만들려
는 의도에서 집필되었다. 설명한다는 것은, 보다 구체적으로 말하
면, 물음을 제기하고 그에 대답하는 것이요 어떤 현상이나 가르침
이 왜 그렇게 나타났는가를 논리적으로 밝히는 작업이다. 따라서
이 책에서는 초기불교에 관련된 많은 물음이 제기되고, 그에 대한
내 나름대로의 해명이 시도된다.

초기불교를 논의한다는 것은 초기불교 사상에 관하여 논자 자
신의 관점에서 이야기하는 것이다. 논의란 경전에 설해진 내용을
독자들에게 그대로 전하는 것이 아니다. 혹은 선행연구들의 주장
을 그대로 반복하는 것도 아니다. 이미 한국에는 방대한 초기경전
이 우리말로 번역되어 누구나 손쉽게 읽을 수 있고, 불자들의 식견
도 예전과 비할 수 없을 만큼 높아져 있다. 불교에 관심을 가진 사
람들은, 이미 불교에 대한 자신들만의 입장과 시각을 가지고 있다.
그러므로 그들이 가진 지적 호기심은 경전 내용 소개만으로 충족
될 리가 없다. 독자들은 자기와는 다른 관점에서 불교를 설명하는
목소리를 듣고 싶어 할 것이다.

인도 경전 한문 번역에 큰 공적을 남겼던 번역승 구마라습(鳩摩
羅什)은, 붓다 가르침을 자기 방식으로 이해하고 말하는 것을 해설

(解說)이라고 한역했다. 그 '해설'이라는 것이 '논의' 혹은 '설명'과 유사한 개념이다. 그러므로 초기불교를 논의하는 것은 곧 초기불교를 해설하는 것이요, 그것은 초기불교에 관하여 저자가 이해하고 깨우친 내용을 독자에게 전하는 것이다. '붓다는 이렇게 설했습니다'라고 전하는 것이 아니다. '붓다의 가르침을 나는 이렇게 해설합니다. 여러분들은 어떻게 해설하시는지요?'라고 묻는 것이 이 책의 취지인 셈이다. 이 책을 계기로, 나는 초기불교를 나와 다르게 이해한 분들의 해설을 보다 많이 듣게 되기를 진심으로 기대하고 있다.

많은 경전은 '여시아문'(如是我聞, 나는 이렇게 들었다)이라는 문구로 시작된다. 실은, 이 사실 자체가 매우 의미심장하다. 이것은 애초부터, 붓다 말씀이란 듣는 이가 그렇게 들었다는 것이 중요하다는 것을 시사하는 것이라고 생각하기 때문이다.

이 책은 많은 경전과 선행연구에 기초하고 있지만, 특정 선행연구에 크게 의존하지 않고, 초기경전과 선행연구들을 통하여 탐구하고 이해한 내용을 나의 관점에서 재구성하고 나의 말로 기술한 것이다. 거기에는 학문적 탐구 이외에 나의 사적인 경험도 반영되어 있고, 내가 인도에서 직접 확인한 사실도 포함되어 있다.

주제가 초기불교인만큼 초기경전을 가장 우선시하는 것은 당연하다. 참고문헌 중 전문적 연구나 논문들은 그 논점들을 명확하게 인용한 경우에 한하여 각주를 이용하여 출전을 밝혔다. 한 번 표기된 참고문헌을 다시 인용하는 경우는, 저자 이름만 본문에 표기했다. 이 책 내용은 물론 모두 과학적 근거를 가진 것만으로 채워져 있다고 확신하지만, 그 하나하나의 근거를 표기하는 작업을 생략함으로써, 상당한 지면을 절약할 수 있었다.

사실 나는 초기불교 초심자들도 쉽게 이해할 수 있도록 가능한한 평이하게 기술하려고 노력하기는 했으나, 이 책은 많은 전문적 논란거리를 포함하고 있으며, 특히 제2부 내용이 그러하다. 그러므로 이 책은, 어느 쪽이냐고 한다면, 전문적으로 초기불교에 관심을 가진 독자들을 위한 책에 가깝다. 보다 전문적인 연구에 관심을 가진 독자는 각주에 소개된 참고문헌을 참고하기 바란다. 만약 이 책에 연구자를 위한 보다 전문적인 주석을 달기 시작하면 이 책 한 배 반 분량이 될 것이다. 이 책에서는 초심자들도 초기불교를 넓은 눈으로 바르게 이해할 수 있도록, 복잡한 교리를 소개하기보다는, 초기불교를 만들어 낸 그 바탕과 배경을 논리적 합리적으로 설명하는 것에 또한 역점을 두었다. 그러므로 합리적인 관점에서 불교를 이해하고자 하는 독자라면, 비록 초심자라고 하더라도 쉽게 받아들여지는 내용이 될 것이라고 믿는다.

초기불교 경전은 팔리어로 된 경전과 한문 경전 아함경이 있다. 팔리어는 고대 인도 서부 지역 언어인데, 팔리어로 구전된 경전이 스리랑카로 전해져서 지금까지 완전한 형태로 전해지고 있다. 그 경전들은 한국빠알리성전협회나 초기불전연구원의 뜻있는 분들에 의해 우리말 번역본이 출간되어 왔다. 한편, 한역(漢譯) 경전 아함경은 주로 산스크리트어로 된 인도 경전을 중국에서 번역한 것이다.

아함경 시리즈는 동국역경원이 번역하여 공개하고 있다. 그 외에도 초기경전 일부가 번역되어 단행본으로 출간된 것도 적지 않다. 이 책에서는 우리말 번역 경전들과 더불어 일본에서 번역된 초기경전들도 함께 검토했다. 그리고 바라문교 성전이나 자이나교 성전 등 한국어로 번역되어 있지 않은 경전류도 참고했다.

초기불교에 관한 선행연구들은 한국에서 발간된 저술이나 번역물을 가능한 한 검토했고, 해외 연구는 유럽 연구서들, 남방불교 및 일본 연구들을 두루 참조했다. 물론 참고한 선행연구 문헌 중에도 내가 동의하기 어려운 견해가 포함된 것들이 있다. 사실, 한국 경우만 보더라도 초기불교에 관한 오해가 적지 않으며, 공표된 연구나 간행된 문헌에서도 오류가 있다. 그러나 이 책에서는 다른 이의 견해를 구체적으로 집어내어 비판적으로 검토하는 일은 가급적 피했으며, 사실 지면상 그럴 만한 여유도 없었다. 그보다는 나의 논지를 한 번 더 전하는 편이 낫다고 판단했다. 그러한 태도는 바로 붓다의 대화법에서 배운 것이다.

이 책은 크게 세 부분으로 구성되어 있다. 첫째는 초기불교의 사상적 토대를 가능한 한 폭넓게 검토한 제1부이다. 붓다 사상을 고대 인도의 정치적·경제적·사상적 풍토와 연기적 관계로 파악하여 그 특징을 밝힌 부분이다. 여기에는 초기불교 경전에 관한 논의가 비교적 많이 포함되어 있다. 초기불교 경전을 최초기 경전과 후대에 추가된 경전으로 다시 분류하여 활용하는 것이 매우 중요함을 강조했다. 또한 인도 경전이 한역되는 과정을 비교적 상세히 기술했으며 한역 경전의 문제와 한계도 지적했다.

두 번째 부분은 초기불교에 관련된 쟁점을 4가지로 유형화하여 제시하고 그 각각을 하나의 장으로 만들어 집중적으로 검토한 것이다. '깨달음에는 어떤 조건이 필요한가, 육년고행설이라는 오해는 어떻게 정착되었는가, 인간 붓다는 윤회를 어떻게 보았는가, 붓다 업론은 바라문 업론과 어떻게 다른가'라는 네 가지가 그 쟁점들이다. 이 문제제기에 대해서는 불교계나 불교인, 불교학계로부터 이론(異論)이 제기될 가능성이 있을 것이다. 그러한 이의 제기와 논의 활성화야말로 내가 기대하는 바이다.

세 번째 부분은 종장인데, 어찌 보면 종장이 이 책의 가장 특징적인 부분일 수도 있겠다. 대개 종장이란 본론 내용을 요약 정리하여 새삼 강조하거나, 혹은 못다 한 이야기를 보충하는 것이 대부분이다. 그러나 이 책 종장은 인간 붓다를 만난 나의 이야기로 채워져 있다. 붓다가 제시한 길을 따라 걸어 보니, 전에 없이 평화를 느낀다는 체험담이다. 사적인 이야기도 있지만 어디까지나 그것은 붓다 가르침 틀 안의 이야기이다. 평화의 감정은, 좀 과장해서 말하자면, 니르바나(해탈)에 조금씩이나마 가까이 가는 듯한 느낌이라고 표현할 수 있겠다.

따지고 보면, 초기불교 특성 중 가장 두드러진 것이 그 실천성이다. 그리 받아들여서, 의도적으로 나의 불교 실천담을 소개하는 장을 만든 것이다. 즉 붓다를 의식하면서 살아가는 것, 어떤 선택에 앞서 보다 평화로운 선택이 어느 쪽인가 하고, 붓다의 가르침에 비추어 스스로 물어보는 습관을 몸에 붙이려고 노력했더니, 과연 그 이전보다 더 평화로워졌다고 하는 체험담이다. '내가 걷는 붓다의 길' 이야기인 셈이다. 붓다는 불제자가 법을 어떻게 실생활에 반영하고 있는가에 관해 이야기하는 것을, 아마도 가장 듣고 싶어 하셨을 것이라고 나는 믿는다.

책의 마지막 부분에는 인간 붓다와 관련된 사진이 상당수 실려 있다. 초기불교의 사실성을 뒷받침해 주는 사진들만을 가려 뽑은 것이다. 약 10년 전 내가 직접 인도 현지에서 담은 것들인데, 본문 내용과 연계되어 있으므로, 그때그때 사진과 해설을 참고하면 본문 이해가 약간이나마 생생해질 것이다.

언제나 그렇지만 책 출간은 수많은 분들의 은혜를 조건으로 하여 이루어진다. 이 책 출간에 은혜 입은 모든 분들과 모든 인연에 감사드린다. 특히 신형코로나가 만연되어 한일 간 출입이 거의 정지되어 있는 동안에도, 건강을 유지해 주셔서 멀리 있는 불효자의 부담을 덜어 주시는 부모님과, 부모님을 가까이서 보살펴 주시는 형님 내외분 및 누님에게 깊이 감사드린다. 책 출간을 흔쾌히 맡아 주시고 나의 까다로운 주문을 가능한 한 반영해 주신 민족사 윤창화 사장님과 최윤영 님을 비롯한 편집부 여러분들에게도 감사드린다.

2020. 12.

교토에서 저자 씀

차례

제1부
연기론적 관점에서 본 붓다와 불교 경전

제2부

초기불교에 관한 네 가지 쟁점

제4장 깨달음의 조건 및 그 의미·231

종장
붓다의 길 따라 걷는다는 것

서장

초기불교를
어떻게 탐구할 것인가?

마하보디대사원 외벽에 조각된 불상

초기불교를 어떻게 탐구할 것인가?

1. 초기불교에의 접근

비교종교적 관점

붓다는 그가 주로 활동했던 인도 북동부 마가다 지방 구어(口語)
인 마가다어를 사용했다. 마가다어는 지금은 남아 있지 않은 언어
이다. 그리고 붓다가 설법에 활용했던 많은 핵심적 용어들은 당시
인도 종교나 사상가들 사이에서 널리 쓰이던 것들이다. 고대 인도
에서는 이미 기원전 1200년경부터 베다라는 제의(祭儀)문헌이 만들
어져 구전되고 있었고, 그것을 성전으로 삼는 바라문교가 붓다 시
대 이전에 이미 종교로서 완성되어 있었다. 베다사상은 붓다 탄생
직전부터 우파니샤드 철학으로 체계화되기 시작하는데, 베다 그리
고 그 주석 문헌인 우파니샤드[오의서(奧義書)]에는 종교와 철학에 관

한 거의 모든 용어들이 기술되어 있었다.(제1장) 붓다는 그 개념들을 나름대로 다시 정의하여 사용하기도 하고, 때로는 같은 의미로 사용하기도 했다.

바라문교란 인도로 이주해 와서 지배자가 된 아리안들이 자신을 바라문이라는 지배계급으로 위치지운 종교였다. 바라문교가 불교 탄생 후 인도 민속신앙과 결합하여 체계화된 종교가 힌두교이다. 힌두교의 삼대 신은 브라흐마신[범천(梵天)], 비슈누신, 시바신이다. 각각 우주의 창조, 우주의 유지, 우주의 파괴를 담당하는데, 주로 비슈누신과 시바신이 오늘날 힌두교도들의 신앙대상이다. 그 신들 모두는 이미 베다에 등장하고 있으므로, 베다사상은 오늘날에도 힌두교 사회에 숨 쉬고 있는 셈이다.

붓다는 젊은 시절 베다나 우파니샤드 철학 등 당시 주류적 인도사상을 학습했으므로, 29세에 출가하여 본격적인 수행을 시작하기 이전에 이미 높은 수준의 철학적 식견을 갖추고 있었다.(제1장) 고대 인도의 교육체제를 보면, 붓다와 같은 크샤트리아계급(왕족, 무사계급) 자녀들은 바라문을 교사로 초빙하여 학습시키는 것이 일반화되어 있었다. 그러한 연유로 붓다 설법 내용이나 표현 방법에는 우파니샤드와 유사점이 많다.

다른 한편, 붓다 시대에는 베다질서에 도전하는 많은 종교나 사상가들이 함께 나타났는데, 불교도 그중 하나였다. 당시 생성된 종교 중에 불교와 가장 유사한 종교가 자이나교이다. 불교는 인도에서 13세기경에 완전히 소멸했으나 자이나교는 지금도 인도의 주요

22

종교로 남아 있다. 자이나교 경전 역시 불교 경전과 마찬가지로 남아 있다. 동서양의 선구적 불교 연구자들은 이미 1960년대부터, 초기불교를 탐구하려면 자이나교 경전과 비교연구하는 것이 매우 효과적이며, 불교 경전에만 의존하는 연구는 한계가 있음을 지적해 왔다.

이러한 사정을 본다면, 붓다 사상의 특징을 논하기 위해서는 베다사상이나 자이나교사상 등과 비교 분석하는 것이 필요하다. 원래 특징이라는 용어 자체가 비교를 전제로 한 것이다. 예를 들어, 대표적 불교 교리인 사성제(제4장), 즉 고성제·집성제·멸성제·멸도성제(滅道聖諦) 중에서 그 첫 번째, '삶이 고'[苦, 두카(duḥkha)]라는 진리는 당시 인도사상계에서는 일반화되어 있던 인식이었다. 고를 멸하는 길, 즉 해탈이 있다는 것 역시 마찬가지였다. 그랬기 때문에 당시 출가하여 사문(슈라마나)이 되는 것이 마치 사회운동처럼 확산되었던 것이다. 그러므로 사성제가 불교의 핵심적 교리임에는 틀림없지만, 사성제에 관련된 모든 것이 붓다 발명품이라고 말하는 것은 무리이다. 붓다가 설한 사성제의 독창성은, 다른 사상이나 다른 종교 교리와 비교했을 때 비로소 분명해지고, 나아가 그 위대성이 명백해지는 것이다. 그 점을 탐구하여 밝히려 하지 않고, 고에 관한 교리 전부를 붓다의 독창적 교의로 간주하고, 기존 논의만을 되풀이하는 안이한 태도야말로 불교적 사성제 탐구의 걸림돌이다.

이러한 인식에서, 이 책은 초기불교를 고대 인도의 역사문화 및 사회사상과 가능한 한 비교 관점에서 기술함으로써 그 독자성을 분명히 밝히고자 한다. 붓다 사상을 소개할 때, 그것이 바라문교나 자이나교와 어떤 점에서 다르고 어떤 점에서 유사한지를 가능한 한 규명하려고 노력한다.*

비교경전적 관점

초기불교라고 하더라도 그 모두가 동질적인 것은 아니다. 우선 시기적으로 볼 때 그 존속기간이 200년 정도나 되고, 인도는 광대한 나라이기 때문에 시대와 지역에 따른 다양성이 있었기 때문이다. 그러므로 초기불교를 대승불교와 비교하여 탐구하는 것이 필요하겠지만, 그것만으로는 한계가 있다. 오히려 초기경전 중에서 오래된 경전과 후대의 경전으로 다시 구분하거나, 혹은 하나의 초기경전 안에서 최초에 만들어진 부분과 후대에 추가된 부분으로 구분해 내어, 양자를 비교 분석함으로써 초기불교의 특징을 찾아내려는 시도가 더욱 중요할 수 있다. 최초기의 불교, 즉 붓다 육성(肉聲)이 어떤 것이었는가를 추정하기 위해서는 이러한 접근이 필수적이다. 이 책은 이러한 연구방법에 보다 힘을 기울인다.

초기경전을 만들어진 시기별로 다시 구분하기 위해서는, 먼저

◇◇◇◇◇◇

* 불교 교리를 자이나교와 비교 관점에서 탐구한 연구로서 주목할 만한 최근 연구는 山崎守一(『古代インド沙門の研究:最古層韻文文献の解読』, 大蔵出版, 2018)이다. 고전 중에서는 中村元(『原始仏教の思想』(上·下), 春秋社, 1971) 저작이 비교 관점에 서 있다. 이 책에서도 가능한 자이나교 경전과의 비교를 중시한다.

초기경전이 형성되는 과정을 밝힐 필요가 있다. 붓다 입멸 후 붓다 법은 수백 년에 걸쳐 몇 가지 지역 언어로 구전(口傳)되었다. 애초에 불교 경전은 마가다어로 전승되다가 지역에 따라 몇 개 언어로 번역되어 전승된다. 우선 인도 북서부 지역에서는 그 지역 속어인 팔리어로 바뀌어 전승되었는데, 기원전 3세기경 부파불교 시대에 남쪽 스리랑카로 전해져서 오늘날까지 남아 있다. 그것이 팔리어 경전이며 흔히 남전(南傳)이라고 불린다.

한편, 마가다어로 전승된 경전은 산스크리트어 혹은 그 속어인 프라크리트어, 경우에 따라서는 간다라어(현재 파키스탄 지역인 인도 서북부 간다라 지방 속어)로 바뀌어 전승되었는데, 이들 경전이 중국으로 전해져서 한역된다. 그것이 아함경(阿含經)이며 흔히 북전(北傳)으로 불린다. 한역 경전도 아함경 이외에 율장이 전해지고 있다.

갠지스강 중류 지역에서 발생한 불교가 육로를 통하여 중국으로 전해진 경로는, 인도 북서쪽 간다라 지방으로 올라가서 소위 실크 로드라고 일컬어지는 길에 합류하여, 그 길을 통하여 서역(西域: 현재 중국 신강 서부 지역)을 거쳐 장안[長安: 현재 서안(西安)]으로 가는 길이었다. 인도 동북쪽은 히말라야산맥이 가로막아 그렇게 북쪽으로 돌아갈 수밖에 없었던 것이다. [그림 1]

그러므로 초기경전이란 남전과 북전, 즉 팔리어 경전과 아함경을 말하며 통칭 아가마문헌으로 불린다. 아가마란 전승된 가르침이라는 뜻이다. 즉 문자로 기록되어 전해진 것이 아니라 암송으로 구전된 것이다. 경전이 문자로 기록되기 시작하는 것은 1세기경부

타슈켄트 쿠차(亀玆) 투르판(高昌) 중국
카슈가르
바미안 카슈미르 호탄 니야 옥문관 둔황(敦煌) 낙양(洛陽)
간다라 (玉門關) 난주(蘭州) 장안(長安, 西安)

히말라야산맥 등 티베트
기원정사 쿠시나가라 라싸
카라치 파탈리푸트라(파트나)
바라나시 라자그리하(왕사성)
부다가야

인도

[그림 1 인도불교의 중국 전파]

터이다. 중국에서 인도 경전을 처음 한역하던 시절에는, 인도승이
중국으로 가서 경전 내용을 암송하고, 그 암송을 바탕으로 한문으
로 번역하는 경우가 흔했다.

초기경전은 불교 경전 일부이지만 그 분량은 방대하다. 그런데
그 안에는 최초기에 만들어진 경전이 있는가 하면, 그보다 백 년
이상 후대에 만들어진 경전이 있고, 또한 같은 이름의 경전이라도

초기불교 : 붓다의 근본 가르침과 네 가지 쟁점

모두가 같은 시기에 만들어진 것이 아니라, 부분에 따라 큰 시차가 있을 수 있다. 예컨대 『숫타니파타』 제4장과 제5장은 그중에서도 가장 오래된 부분이며, 원래 독립된 경전이었다. 이 부분이 현존하는 경전 중 붓다 육성에 가장 가까운 것이며, 나머지 부분 제1장~3장과는 구분된다. 나머지 부분에는 산문경전이 포함되어 있으며 산문경전은 모두 여시아문이라는 글귀로 시작한다. 초기경전 시기 구분은 매우 전문적 영역이지만 이 책은 그 연구방법을 간략히 소개하고, 초기경전을 시기 구분해야지만 비로소 발견할 수 있는 사실이 무엇인가를 밝힌다.(제2장)

예를 들어, 붓다 출가 동기에 관하여 설하는 초기경전 중 세 가지 내용을 추출하여, 그 각각이 출가 동기를 어떻게 설하는가를 비교 분석한다.(제2장) 윤회에 관해서도 마찬가지이다.(제6장) 붓다 입멸과 마지막 공양에 관해서는, 팔리어 경전과 아함경을 비교하고, 팔리어 경전 중에서도 여러 번역자의 주석과 선행연구들을 비교하여 제시한다. 물론 이러한 작업을 행한다고 해서, 반드시 붓다 육성을 확실히 발견할 수 있다는 보장은 없다. 그러나 비교 분석 과정을 거치면, 적어도 자기 견해만이 옳다는 아집, 어느 하나의 견해만이 옳다는 아집에서 벗어나게 해 줄 수는 있다고 믿는다.

초기불교에 관해서는 이미 국내외 많은 선행연구들이 있다. 이 책에서는 한국 선행연구는 물론, 일찍부터 초기불교를 연구한 유럽 선행연구, 남방불교 선행연구, 일본 선행연구들을 두루 참조함으로써 논의의 객관성을 높였다.

경전 활용과 한역 경전 문제

한국불교 혹은 동아시아불교는 한문 경전을 통하여 전파되고 연구되어 왔다. 인도 경전이 한문으로 번역되는 과정에 관한 논의가 한국에서는 잘 보이지 않으므로, 이 책에서는 그 문제에 관하여 한 장을 할애하여 비교적 상세히 소개한다.(제3장) 경전 한역은 중국불교의 교단사업이자 국가사업이었다. 오전(誤傳)을 줄이기 위한 조직적인 체제를 갖추고 번역이 이루어졌는데, 이 점은 오늘날 방대한 팔리어 경전 번역을 몇몇 열성적 불교인들의 노력에 의존하는 한국 현실에 시사하는 바가 크다.

한편, 인도 경전 한역 과정에서는 중국적 가치인 가부장적 내용이 새로 주입되거나 혹은 중국적 가치에 반하는 내용이 삭제되는 경우가 있었다. 따라서 한역 경전을 통하여 불교사상을 연구할 경우에는 먼저 이 점에 유의할 필요가 있다. 한문 경전에서 보이는 여성 차별적 내용은, 적어도 그 일부는, 한역 과정에서 발생했다.

초기경전에는 서로 모순되는 내용이 담겨 있는 경우가 적지 않다. 이 책은 그 이유를 설명하는 데에 상당한 지면을 할애한다. 붓다 설법이 본디 선택적 설법이라는 것, 엄격한 신분계급사회에서 이루어진 설법이기 때문에, 어떤 신분계급에 대한 설법인가에 따라 그 내용이 달리 들릴 수 있었다는 사정을 설명한다. 또한 그렇기 때문에 경전 인용자는, 경전 내용 일부만을 잘라내어 경전에 있다는 사실만으로 그것을 붓다법으로 간주해 버리는 태도를 삼가야 한다고 거듭 강조한다.

2. 초기불교에 관련된 네 가지 쟁점

초기불교 교리에 대해서는 오늘날까지 합의되지 않은 견해들이 있다. 이 책은 그 핵심적 쟁점들을 정리한 뒤 그에 관한 나 자신의 견해를 제시하는 것에 내용 절반을 할애한다. 그 쟁점 중에는 이미 한국불교학계에서 부분적으로 논의되어 온 것도 일부 포함되어 있지만, 내가 쟁점화할 필요가 있다고 판단하여 제시하는 것이 보다 많다. 이 책이 제시하는 핵심적 쟁점은 다음 4가지인데, 제2부에서는 그 쟁점들을 각각 하나의 장에서 논의한다.

쟁점 ①: 깨달음의 조건은 무엇인가?

불교가 깨달음을 추구하는 종교라는 것은 잘 알려져 있지만, 깨달음이 선정(禪定)만으로 얻어질 수 있다는 허황된 믿음을 가진 사람들이 적지 않다. 이 책에서는 붓다 깨달음이 첫째, 지식과 소양, 둘째, 멈추기의 도전이라는 두 가지 기본적 조건 위에서, 선정을 통하여 이루어진 것임을 밝혀서 깨달음을 합리적으로 설명한다.

초기경전은 깨달음이 출가자에게나 재가자에게나 가능하다고 설해져 있지만 불교 개조인 붓다가 출가자였다는 점은, 깨달음 조건을 생각할 때 매우 중하게 보아야 할 사실이다. 그런데 붓다 출가는 오늘날 불교에서 말하는 출가와는 다른 것이었다. 왜냐하면 붓다는 어떤 출가자 공동체에 입문하는 형태로 출가한 것이 아니었기 때문이다. 붓다 승가는 붓다가 깨달음을 얻은 뒤, 붓다법을 따르는 사람들이 출가함으로써 형성된 것이다. 하지만 붓다 자신이 행한 것은 승가 없는 출가, 말하자면 '나홀로' 출가였다.

나는 깨달음이란 고통 문제 해결을 뜻하는가, 아니면 고통 문제 해결 방법을 발견한 것인가 하는 것을 핵심적 쟁점으로 제기했다. 붓다 깨달음은 '완전한 깨달음'이었다. 완전하다는 의미는 자신의 고통 문제를 해결하는 깨달음이었던 것과 동시에, 중생의 고통 문제 해결 방법을 발견한 것이라는 두 가지를 모두 포함한다는 의미이다. 어떻게 완전한 깨달음이 가능했는가 하면, 출가 후 6년간 깊은 수행이 있었으며, 그 이전에 철학적 지식과 소양이 갖추어져 있었기 때문이다. 그런데 깨달음이 고통 해결 방법 발견을 의미한다면, 깨달음을 얻은 후에도 고통 해결을 위한 방법을 실천하는 것이 요구된다. 그러므로 이 문제제기는 깨달음의 조건뿐만 아니라 깨달음 이후의 수행에 관한 의미 해석과도 관련된다.

내가 이 문제를 초기불교 쟁점 중 첫째 항목으로 제시하는 이유는, 한국불교에 깨달음지상주의라는 현상이 있다고 생각되기 때문이다. 나는 붓다 출가정신이 역사상 적어도 두 번 요청되었다고 생각한다. 첫 번째 요청된 것은 붓다 자신의 출가였다. 그것은 숙명론적 인생관, 동물 등을 제물로 삼아 제의(祭儀)를 치르는 것만이 좋은 내생을 보장한다는 어리석은 생각이 만연된 세상으로부터 출가한 것이었다. 그 출가에서 불교가 탄생했다. 두 번째 요청된 출가는 정사[精舍, 비하라(vihāra)]로부터의 출가였다. 붓다 입멸 후 수행자들은 붓다 생활법이었던 유행(遊行)을 그만두고 정사에 정주하면서 붓다 가르침을 실천하기보다는, 붓다법을 해석하고 분석하는 일에 몰두했다. 그렇게 대중과 멀어진 것에 대한 반성에서, 붓다 출가정신으로 돌아가자는 개혁운동이 일어났고 그 결과 대승불교가 탄생했다. 정사로부터의 출가에서 대승불교가 탄생한 것이다.

그런데, 나는 한국불교가 세 번째 출가를 요구받고 있다고 생각한다. 그것은 말하자면 '깨달음지상주의로부터의 출가'라고 표현할 수 있겠다. 붓다 가르침을 실천하는 것, 그리고 깨달음에는 선정 이전에 필요조건이 있다는 점을 인식하는 것이 중요함을 강조하기 위하여, 나는 이 문제를 초기불교의 첫 번째 쟁점으로 내세웠다.

쟁점 ②: '육년고행설'이라는 오해는 어떻게 고착화되었는가?

내가 보기에, 오늘날 동아시아불교 교리 중에서, 가장 사실과 멀어져 있는 것이 육년고행설이다. 그것은 붓다가 출가 후 6년간 고행했고 그것이 깨달음으로 이끌어 주지 못했기 때문에, 고행을 포기함으로써 깨달음을 성취했다는 설명이다. 이 설에 의하면, 고행이란 향락(애욕)과 함께 양극단의 하나이며, 오로지 버려야 할 것으로 간주된다.

그러나 이것은, 적어도 초기불교에 관한 한 그릇된 이해이다. 가장 오래된 초기경전은 고행(타파스)을 인정했고 때로는 찬양했기 때문이다. 고행이 완전한 깨달음을 이루기에는 도움이 되지 않았다고 설해져 있는 것은 사실이지만, 그 경우라도 고행이 아무 가치 없는 것이라는 의미가 아니다. 붓다의 깨달음은 고행을 포함한 6년간 수행으로 얻어진 것이며, 그 바탕에 철학적 소양과 지식이 있었다.

그럼에도 불구하고 왜 육년고행설이 마치 붓다법인 양 오전(誤傳)되었는가? 그 발단은 초기경전이 고행추의를 부정하는 부파불교를 통하여 전해졌기 때문일 가능성이 크다는 것이 나의 판단이다. 게다가 고행이 무엇을 뜻하는가에 대하여 경전 분석을 통해서 철저하게 규명하려 하지 않고, 한 번 정형화된 설이라면 그것을 무비판적으로 받아들이고 퍼뜨리는 연구풍토 역시 육년고행설을 오랫동안 고착화시켰다.

이 점을 분명히 하기 위하여 이 책에서는, 붓다가 고행을 어떻게 설했는가를 밝히고 초기불교 경전에 나타난 고행 개념을 자이나교 및 바라문교와 비교 관점에서 고찰한다. 또한 난행(難行), 범행(梵行), 두타행(頭陀行), 사의(四依) 등 고행과 관련된 개념들을 비교 검토한다. 나아가, 붓다가 고행을 가치 있는 것으로 여겼음에도 불구하고 깨달음 직전에 극단적 고행을 그만두었는데, 그 이유가 무엇인가를 설명한다.

결국 이 쟁점을 제시하는 것은(제5장), 붓다가 고행을 부정하지 않았다는 사실, 고행은 붓다 승가 수행법인 두타행이나 사의 등

초기불교 : 붓다의 근본 가르침과 네 가지 쟁점

과 모순되지 않는다는 점을 밝히기 위해서이다. 또한 붓다는 깨달음 이후에도 고행과 수행이 필요하다고 생각했는데, 그 증거로서 나는 초기경전에 등장하는 악마라는 존재를 제시한다. 악마란 깨달음 혹은 수행을 방해하는 유혹을 의인화한 것인데, 대승경전에는 붓다 깨달음 이후 악마가 등장하지 않지만, 초기경전에는 입멸 직전까지 악마가 붓다를 유혹한다. 나는 그 사실을, 수행자에게는 깨달음 이후에도 지속적 수행이 필요하다는 가르침으로 해석한다.

쟁점 ③: 붓다는 윤회를 어떻게 보았는가?

윤회는 고행과 더불어 대표적인 고대 인도의 문화였다. 고행은 아리안들이 가지고 들어온 문화, 윤회는 토착문화라고 일컬어진다. 윤회는 고대 농경사회에서 널리 관찰되는 문화이므로 인도만의 문화라고 말하기는 어렵다. 하지만 인도 윤회사상에는 매우 특별한 점이 있다. 그것은 바라문교라는 지배 종교가 윤회를 공식적으로 설하고 있었다는 사실이다. 즉 출생(신분계급)에 따른 인간 차별을 종교의 이름으로 정당화했다는 것에 인도적 특징이 있다.

이 책에서 말하는 윤회란 바라문적 윤회를 말하며 그것은 이 생명체에서 저 생명체로 옮겨가는 아트만[我]이라는 주체가 영원불멸로 실재함을 주장하는 교리이다.(제6장) 전생 업이 각인된 아트만이 인간 신체에 들어와 있고, 사람이 죽으면 현생 업이 새겨진 아트만은 다시 새 생명체 안으로 들어가 그 생명체의 본질로서 계속 존재하게 된다는 것이다. 바라문교는 전생에 바라문을 죽인 사람이 불가촉천민으로 태어난다고 설했다. 현재 신분계급을 확인할 수 없는 과거업으로 합리화하여 지배체제를 유지했던 것이다.

대승불교는 윤회를 어느 정도 받아들였으므로, 대승불교 윤회관은 논의에서 제외한다. 쟁점이 되는 것은, 붓다가 윤회를 인정했느냐 아니냐이다. 이 문제가 오늘날까지 왜 쟁점이 되는가 하면, 붓다는 윤회에 관련된 질문에 무기(無記: 질문에 침묵하는 것)(제3장)로 일관했기 때문이다. 그러므로 붓다 윤회관을 탐구하는 것은 그 침묵이 무엇을 의미하는지를 추론해 내는 작업이다. 나는 붓다가 윤회가 없다는 말을 입에 올릴 필요가 없었기 때문에 침묵했다고 생각한다. 불필요한 논쟁을 피하려고 했을 수도 있으나, 붓다는 윤회를 믿는 사람에게도 불법을 전할 수 있다고 판단했다는 뜻이다.

제6장에서 상술하지만, 붓다는 윤회를 개인적 신앙 문제라고 보았다. 즉 윤회를 믿는 것과 붓다법은 모순되는 것이 아니며, 윤회를 믿는 사람도 깨달을 수 있다고 보았다. 믿거나 믿지 않거나 그것은 그들 자신의 문화적 경험을 반영하는 것일 뿐, 그것이 깨달음을 직접 방해하는 것이라고 여기지 않았던 것이다. 오히려 붓다는 대중의 문화적 배경을 존중했다. 붓다가 오직 명백히 반대한 것은, 윤회가 있다고 선전하면서 고통받는 자의 현실을 정당화하는 바라문교에 대해서였다. 그러므로 출가자든 재가자든 윤회를 믿는 것은 개인적 자유이지만, 붓다가 윤회를 설했다고 말하는 것은 잘못된 주장이다.

확실히 초기경전 중에서도 윤회전생을 전제로 한 내용이 있다. 하지만 초기경전에는 윤회를 회의적으로 보는 내용도 함께 들어 있다. 그러므로 붓다 윤회관 규명을 위해서는 초기경전들을 만들어진 시기별로 분석하는 것이 반드시 필요하다. 그리고 그 전제로서, 베다나 우파니샤드 등 바라문교 성전에서 말하는 아트만이 무엇인가를 가능한 한 구체화하는 것이 필요하다. 그리고 무엇보다 윤회사상을 붓다의 삶에 비추어서 살펴보는 것이 중요하다. 그 삶 자체가 답을 주기 때문이다.

초기불교가 아트만을 인정했느냐 아니냐에 관해서는, 무아설과 비아(非我)설을 초기경전에 기초하여 가능한 한 자세히 검토한다.

쟁점 ④: 붓다 업론과 바라문 업론은 어떻게 다른가?

초기불교에 관련된 마지막 쟁점은 업(業)론이다. 붓다 업론은 흔히 말하는 선인선과 악인악과와는 다른 것이다.(제7장) 이 책에서 업론을 초기불교의 쟁점으로 제시하는 이유는, 붓다 업론이 인(因: 직접 원인)과 과(果: 결과) 사이에 연(緣)이라는 간접원인을 설정하고 있다는 점, 그리고 연은 사회적 노력으로 극복할 수 있다는 교리적 근거를 만들었다는 사실을 분명히 해두고 싶기 때문이다. 붓다 업론은 '인-연-과' 체계로 되어 있다.

어떤 행위의 원인과 결과를 직접적으로 연결시키려는 것은 위험한 시도이다. 왜냐하면, 자칫하면 그에 관련된 모든 사람들을 가해자로 만들어 버릴 우려가 있기 때문이다. 그랬기 때문에 붓다는 인-과를 직접적으로 연결하거나 그 관계를 규명하려 하지 말라고 설했다. 그리고 실제로 있었던 한 열차사고를 예로 들어, 인-과를 직접 연결하려는 것이 얼마나 무모한가를 설명한다.

붓다 업론은 '인-과'가 아닌 '이숙인-이숙과'의 관계이다.(제7장) 그것은 현재 중심의 업론이며 한마디로 자기 책임론이다. 붓다는 과거업은 결코 소멸되지 않는다고 설했다. 그러나 그것은 그릇된 행위는 반드시 고통을 가져온다는 것, 고통받기 전에는 결코 업이 소멸되지는 않는다는 의미였다. 그러므로 고통이라는 과보를 받는 것은 재출발의 기회이기도 하다는 것이 붓다 업론이다. 고통을 받음으로써 과거업이 종결되기 때문에, 그 이후 시간을 다시 출발하는 새로운 기회로 만들어 갈 수 있다는 것이다. 이 점이 바라문교 업론과 다른, 붓다 업론이 가진 희망적 성격이다.

자기 책임론인 붓다 업론은 인도 민중들에게 환영받았다. 그 이유는 무엇인가? 그것은, 그들이 업을 내생과 관련 짓지 않고 살아가는 것이 보다 행복한 삶이라는 것을 체험으로 느꼈기 때문이다. 이 문제에 관해서는, 세계에서 가장 비(非)종교적인 나라라고 일컬어지는 스웨덴 사람들의 생활문화와 관련지어 논의한다.

3. 초기불교 관련 용어

불교

불교(佛敎, Buddhism)란 낱말을 풀이하면 佛의 敎(가르침)이다. 佛이라는 한자는 깨달은 자를 의미하는 붓다(팔리어 및 산스크리트어 Buddha)를 한자로 음역(音譯)한 것이므로, 불교란 붓다의 가르침이 된다. 음역이란 그 발음에 가까운 한자로 번역하는 방법인데, 같은 발음의 한자 중에서 가장 그럴듯한 글자가 선정된다. 佛이라는 한자에는 '사람[人]이면서 사람이 아닌[弗] 초인적 존재'라는 의미가 부여된 것이라고 일컬어진다. 붓다는 후대로 가면서 불타(佛陀)로 음역된다. 중국에서 인도 경전을 번역할 때에는, 음역 이외에 뜻을 중시하여 번역하는 훈역(訓譯)도 있었다.(제3장) 붓다의 훈역은 각(覺, 깨달음) 혹은 각자(覺者)이다. 또한 붓다는 석가모니(釋迦牟尼)로도 번역되었는데, 그것은 석가족 출신의 성자라는 의미이다. 모니는 성자, 수행자를 뜻하는 베다 용어이다. 붓다의 한역 별칭은 세존(世尊), 석존(釋尊: 석가모니 세존), 여래(如來: 진리의 길을 따라서 온 사람) 등 매우 많다. 한국은 거의 20세기 말까지 한문 경전을 통하여 불교가 도입되었기 때문에 불교용어 대부분이 한자로 되어 있다.

불교가 중국에 전파된 시기는 1세기경인데 당초 불교는 불가(佛家)로 번역되었다고 한다. 그 후 불교에 여러 종파들이 나타나면서 각 종파의 가르침을 종교(宗敎)라고 칭했다. 오늘날과는 달리 종교가 불가의 하위개념이었던 것이다. 다만 내가 『명실록(明實錄)』과 『청실록(淸實錄)』 원문을 찾아보니, 불가라는 용어뿐만 아니라 불교라는 용어도 함께 사용되고 있었다. 적어도 명나라나 청나라 시대에는 불교와 불가가 모두 공식 용어였다는 뜻이다. 그 후 19세기 말 영어 'religion'이라는 용어가 일본에서 '종교'라고 번역되어 그 번역어가 중국으로 유입되면서, 중국에서도 불교라는 용어가 통일적으로 쓰이게 된 것으로 보인다. 일본에서는 불교 전래 이후 그것을 불법(佛法) 혹은 불도(佛道)라고 칭했는데 메이지유신(1868년) 이후 불교라는 용어로 통일된다.

한반도 불교는 4세기에 전래되어 고려시대에는 국교로서 숭상되었으나 조선왕조는 불교를 억압했다. 조선시대 종교정책은 숭유억불정책이라고 한마디로 표현되지만, 그것은 단순한 억불이 아니었다. 종교를 달리하는 이민족 지배에 의한 종교탄압 사례를 제외한다면, 아마도 조선시대 불교탄압과 같은 종교탄압은 인류역사상 유례가 없다고 할 정도로 극단적이었다. 불교인에게는 이 역사를 정확하게 인식하고 또 전해야 할 책임이 있다.

한국 역사에서 본 불교라는 용어

불교 관련 용어가 한반도 역사서나 공식기록에 어떻게 표기되어 왔는지를 간략하게 살펴보자.(이하, 국사편찬위원회 한국사데이터베이스를 참조함)

불교는 중국을 통해서 전래되었지만, 고려시대에 편집된 『삼국사기』와 『삼국유사』에는 불가가 아닌 '佛教'라는 용어로 표기되어 있다. 『고려사』를 조사해 보니 불교라는 용어와 함께 불가라는 용어도 사용되고 있지만, 불교라는 표기가 보다 많다. 그러나 조선시대가 되면 분위기가 사뭇 달라진다. 조선시대 공식 사료(史料)에서 압도적으로 많이 사용된 용어는 불씨(佛氏)이다. 불씨라는 용어는 『고려사』에도 등장하고 있고, 현존하는 「혜덕왕사진응탑비」(김제 금산사) 비문에도 불씨라는 표기가 있으므로 그 용어 자체가 폄하된 용어라고 단정할 수는 없다. 다만 조선왕조 성립 후에는, 불교라는 용어가 거의 보이지 않고 대부분 불씨로 표기되는데, 특히 '불씨지폐'(佛氏之弊: 불교 폐단)라는 용어는 거의 정형 문구처럼 등장한다. 불교가 유교와 같은 수준의 가르침이 아니라는 점을 강조하기 위하여 의도적으로 불씨라는 용어를 선택한 것 같다.*

태조 즉위년(1392. 9. 21.)에 대사헌(문화담당 부서인 사헌부의 장) 남재(南在)가 불교배척을 건의한 것이 『조선왕조실록』에 나타난 불교 관련 첫 기록으로 보이는데, 거기에는 불교가 '불씨지교'(佛氏之教)로 표기되었다. 조선시대에 불교를 언급한 공식기록 대부분은 불교 폐해를 지적하는 것이므로, 불씨라는 용어는 불교를 폄하한 용어

◇◇◇◇◇◇

* 조선왕조체제 기틀을 마련한 정도전이 저술한 『불씨잡변(佛氏雜辨)』(1398)은 불교 교리를 분석하여 그 결점 혹은 폐해를 논한 책이다. 20장으로 구성된 책의 첫 장이 불교윤회설에 관한 것인데, 정도전은 그릇된 이해를 바탕으로 불교 교리를 비판하고 있다. 한국고전번역원(http://www.itkc.or.kr/)에서 번역하여 공개하고 있다.

라고 보아도 무방할 것이다. 불지어(佛之語), 불지학(佛之學), 불지설(佛之說) 등의 표현도 보인다.

국왕 언행기록인 『승정원 일기』에 불교라는 용어가 등장하는 것은 17세기 초가 처음이다. 즉 태조 이후 1626년까지 약 230여 년 동안 『승정원 일기』에는 불교라는 용어가 사용되지 않았다. 공식기록에서는 상소나 계(啓) 등을 통하여 신하가 사용한 용어가 많이 수록되어 있는데, 국왕 스스로가 사용한 용어로서 주목할 만한 것이 불도(佛道)이다. 영조(英祖)는 수차례 직접 불도라는 용어를 입에 올리고 있다. 이것은 불교에 나름대로 경의를 표한 용어 선택이라고 생각된다.

개항(1876) 이후 일본불교가 비교적 일찍부터 한반도에 진출하여 그 협회 이름에 불교협회 등의 용어가 사용되었으므로, 그 영향 때문인지 개항 이후가 되면 공식기록에도 불교라는 용어가 보이기 시작한다. 『조선왕조실록』에서는 1880년(고종실록)에 처음으로 불교라는 용어가 등장하는데, 거기에는 '조선왕조 불교배척이 세종 때부터 시작되었다'라고 기록되어 있다.

불교의 시작

불교 개조인 붓다, 속명 고타마 싯다르타(이하 깨달음 이전의 붓다는 고타마라고 표기함)가 태어난 것은 약 2500년 전이었고, 80세에 입멸했다. 그는 인도 중북부의 작은 부족 석가족의 왕자로 태어났다.

고타마라는 성은 가장 뛰어난 소, 싯다르타라는 이름은 목적을 이룬 자를 뜻한다고 한다. 상식적으로 생각한다면, 불교의 시작은 고타마의 탄생으로 볼 수 있다. 하지만 고타마는 태어나면서부터 깨달은 자가 아니었으므로 그 탄생을 불교 기점으로 삼지는 않는다. 한편, 고타마가 깨달음을 얻어서 붓다가 탄생한 시점을 불교 기점으로 볼 수 있다. 깨달음은 붓다 35세 때의 일이다. 그 깨달음이 없었더라면 불교가 성립하지 않을 것이니 이 관점을 무시할 수는 없다. 다른 하나는, 붓다 입멸을 불교 시작으로 보는 것이다. 사실 공식적 불교 역사는 이 설에 기초한다. 붓다 입멸과 더불어 붓다법이 기록되어 전해지기 시작했기 때문이다.

붓다 입멸 시기에 관해서도 몇 가지 설이 있는데, 각 설의 시차가 매우 크다. 워낙 오래전 일이고 고대 인도에는 위인의 생멸 시기를 정확하게 기록하려는 문화가 없었기 때문이기도 하다. 사실 우파니샤드 최고성인으로 불리는 야즈냐발키아(Yājñavalkya, 기원전 750 ~기원전 550)도 그 생몰 연대가 기원전 7세기를 전후하여 약 200년의 시차가 있다.

우선, 남방불교에서는 붓다가 기원전 624년경 탄생하여 기원전 544년 입멸한 것으로 전해져 왔다. 이것은 11세기경부터 전해진 전설에 기초한 것으로 학술적 신빙성을 결하는 설이다. 붓다는 자이나교 마하비라와 거의 같은 시대를 살았다고 알려져 있기 때문에, 붓다 생몰 연대 추정에 마하비라의 생몰 연대를 참고할 수 있겠으나 그 역시 큰 시차가 있다. 자이나교 전설에 의하면 마하비라 생몰 연대는 남방불교설과 가장 가깝다.

붓다 입멸 연대에 관한 중요한 학술적 견해는 다음 두 가지이다. 하나는 기원전 560년경 탄생, 기원전 480년경(483년) 입멸설이다. 독일 불교학자 가이거에 의한 추정인데, 실론섬 역사서 등에 기초한 것이다. 이 설은 중국으로 전해진 『중성점기(衆聖点記)』라는 사료와도 거의 일치한다고 한다. 『중성점기』는 율장이 결집되었을 때 점을 하나 찍고, 그 다음부터 매년 안거시마다 점을 하나씩 찍어 보존한 것인데, 서기 490년에 그것이 중국으로 전해졌을 때 찍힌 점이 975개였다. 그러니까 서기 490년에서 975년을 빼면 기원전 485년이 된다.

다른 하나는 기원전 466년경 탄생, 기원전 383년경 입멸설이다. 이 설은 일본 불교학자들이 제기한 것으로, 아소카왕(재위: 기원전 268년경~기원전 232년경 추정) 시대를 기준으로 잡고, 붓다 입멸 시기를 역산한 것이다. 우이(宇井伯寿)라는 불교학자가 '불멸 후 116년에 아소카왕 즉위'라는 기록 등에 근거하여 기원전 386년 불멸설을 제시했다. 그 후 그의 후학이자 불교학계 권위였던 나카무라(中村元)가 이 설을 바탕으로 하고 나아가 그리스나 중국에 있는 인도 관련 기록 등 간접사료와 아소카왕 재위년을 보다 정확하게 추정하여, 기원전 383년을 불멸로 제시한 것이다. 일본학계에서는 이 설이 비교적 널리 받아들여지고 있다.

한국불교에서는 남방불교 연대기를 받아들여서 기원전 544년을 붓다 입멸 기준으로 삼고 있다. 2020년은 불기2564년이 되는데,

불기란 불멸기원(佛滅紀元)의 준말이다. 이 책에서는 어느 설이 사실에 더욱 가까운지를 논의하지 않고, 붓다 시대, 혹은 붓다 재세(在世)기를 '기원전 5세기경'으로 삼는다.

초기불교란?

초기불교란 붓다 재세기부터 부파불교 이전까지의 불교이다.*
붓다는 29세 때 출가하고, 35세에 깨달음을 얻어 붓다가 되었다.
깨달음이란 고통으로부터 벗어나는 길을 발견한 것으로, 그 길을
법(다르마)이라고 한다. 다르마란 사람을 사람답게 하는 규칙이나 윤
리 등을 뜻하는 말이다. 붓다는 당시 고통받던 인도 대중을 구제
하기 위하여 평생을 유행하면서 법을 전파했고, 붓다 재세 시에도
불교가 상당한 세력으로 성장해 있었다. 그런데, 붓다 입멸 후 100
년~200년 경이 되면, 붓다 재세 시 불교와는 상당히 달라진 부파
(部派)불교가 형성된다. 여러 종파로 갈린 불교이다. 부파불교 발생
후 다시 200년~300년이 지나면 대승불교라고 하는 새로운 불교
가 나타나는데, 부파불교와 대승불교는 인도에서 불교가 소멸하는

◇◇◇◇◇◇

* 초기불교 교리 내용을 종합적으로 싣고 있는 한국 저서로서는 각묵 스님(『초기불교의 이해』, 초기불전연구원, 2010)이 있다. 초기불교를 사상적 특징을 중심으로 분석한 것이라기보다는, 초기경전에 설해져 있는 수행법인 37도품(사념처, 사정근, 사신족, 오근, 오력, 칠각지, 팔정도) 등 교리를 소개하고 있어서, 초기불교에 관심 가진 분들은 가까이 두고 참고하면 좋을 것이다. 한편, 서구 불교학자의 저술로는 데미언 키온, 고승학 역, 『불교』(교유서가, 2020)가 있다.

12, 3세기까지 존속했다. 그러므로 인도불교는 초기불교, 부파불교, 대승불교로 발전했고 대승불교 마지막 단계에서 밀교가 생성되었다. 불교가 중국으로 전파되는 시기는 대승불교가 막 체제를 갖추던 1세기경이었다. 중국에서는 대승불교를 선호했고, 한국도 그 영향을 받았다.

초기불교 경전의 대표격인 팔리어 경전은 19세기 중엽에 유럽에 소개되었기 때문에, 유럽에서는 초기불교 연구가 비교적 일찍부터 시작되었고, 19세기 말부터 본격적인 연구들이 발표된다. 초기불교는 영어로 보통 'early Buddhism'이라고 표기되는데, 부파불교 이전 불교(Pre-sectarian Buddhism), 최초불교(the earliest Buddhism), 원초불교(original Buddhism)라는 용어도 사용된다.

일본에는 두 가지 용례가 있다.* 원시(原始)불교와 초기불교가 그것이다. 그리고 둘 중 어느 용어가 보다 적절한가에 관하여 불교학회 차원에서 학술적 논의가 있어 왔다. 학계 원로들은 오랫동안 원시불교라는 용어를 사용하는 경향이 있었는데, 초기불교라는 용어가 보다 적절하다는 주장이 제기되어, 지금은 초기불교를 사용하는 연구자들도 적지 않다. 흥미로운 것은 양자가 모두 상대방 용어가 가치판단적 용어라고 지적하는 경향이 있다는 것이다. 먼저 원

◇◇◇◇◇◇

* 일본은 비교적 일찍부터 불교 연구가 시작되었고 연구자층이 두터워서 많은 연구들이 발표되어 왔는데, 다음과 같은 우리말 번역서들도 출간되어 있다. 나카무라 하지메(中村元), 정태혁 역, 『원시불교 그 사상과 생활』, 동문선, 1993; 나카무라 하지메, 원영 역, 『최초의 불교는 어떠했을까』, 문예출판사, 2016; 미즈노 코겐(水野弘元), 임송산 역, 『불교의 원점』, 경서원, 1988.

시불교라는 용어에 대한 비판적 견해는 '원시'라는 말에는 '미개하다'는 가치판단적 이미지가 있다고 지적한다. 한편, 초기불교라는 용어에 대해서도 마찬가지 지적이 있다. 즉 '초기'라는 용어도 가치중립적이지 않고, '발전하기 이전 상태'라는 가치판단적 의미를 가진다는 것이다.

한편, 근본불교라는 용어를 사용하는 연구자도 있다. 원시불교 혹은 초기불교 중에서도 '붓다 재세기 및 그 직제자들의 불교'를 근본불교라고 부르는 것이다. 다만, 초기불교를 근본불교와 그 이후의 초기불교로 다시 구분하는 것은, 이론적으로는 가능할 수 있으나 현실적으로는 불가능하다. 붓다 재세기 불교는 고사하고 초기불교 기록 전반이 매우 부실하며, 현존하는 초기불교 경전도 부파불교를 통해서 전해졌기 때문에 부파불교적 요소가 가미되어 있는 등 자료에 한계가 있기 때문이다.

한국에서는 일반적으로 초기불교가 사용되는 것 같으며, 근본불교 혹은 근본 가르침이라는 용어도 사용된다. 한국에는 일본에서 사용되는 원시불교라는 용어가 '한문불교나 대승불교의 우월성에 물든 사람들이 붙인 명칭'이라고 기술하는 문헌이 있으나, 그것은 일본학계의 주류적 견해라고 보기 힘들다. 완전한 가치중립적 용어란 드물듯이, 초기불교라는 용어도 마찬가지이다. 어느 용어를 사용하든 연구자 스스로가 편견을 가지지 않고 나름대로 판단기준에 근거하여 사용한다면 문제될 것이 없다고 본다.

4. 초기불교 경전과 참고문헌

초기불교 경전이란: 남전(南傳)과 북전(北傳)

경(經)이란 '수트라'(sutra, 팔리어 sutta)의 훈역이다. 수트라는 원래 실(絲)을 뜻하는 베다 용어이다. 바라문교나 힌두교 종교문헌을 수트라라고 하는데, 중국에서는 불교 수트라를 불변의 진리라는 뜻으로 경이라고 훈역했다. 넓은 의미의 경은 후술하는 삼장(三藏) 혹은 한역 경전인 대장경[大藏經 혹은 일체경(一切經)]을 뜻하지만, 좁은 의미로는 삼장 중의 경장(經藏)을 뜻하거나 혹은 경장 속에 실려 있는 작은 경들을 의미하기도 한다. 경 하나의 길이는 매우 다양하며 각기 이름을 가지고 있다. 이 책에서는 독립된 경 혹은 독립된 경으로 출간되어 있는 경은 이중 갈고리 괄호(『 』)로 표기하였고, 팔리어 경전이나 아함경, 대장경 안에 실려 있는 작은 경들은 갈고리 괄호(「 」)로 표기했다.

초기불교 경전 형성과정에 대해서는 제2장에서 상술하므로, 여기에서는 초기경전이 무엇인가만 간략히 소개한다.

초기경전은 5부로 구성된 팔리어 경전과, 4개로 된 아함경이다. 남전불교 성전인 팔리어 경전 5부 니카야(Nikāya: 部라는 뜻)는 『디가니카야』(『장부(長部)』), 『맛지마니카야』(『중부(中部)』), 『상윳타니카야』(『상응부(相應部)』), 『앙굿타라니카야』(『증지부(增支部)』), 『쿳다카니카야』(『소부(小部)』)이다. 스리랑카나 미얀마, 타이 등은 각자 언어를 가지고 있지만 팔리어 경전을 공통적으로 사용하고 있다.*

북전 아함경은 팔리어 경전 순서대로 『장(長)아함경』, 『중(中)아함경』, 『잡(雜)아함경』, 『증일(增一)아함경』이라는 4개로 구성되어 있다. 니카야와 아함경은 서로 대응하는 것이기는 하지만, 그 내용에 차이가 있으며, 상대적으로 아함경은 완전성을 결하고 있다.

5부 니카야나 4개 아함경은 경전의 길이나 성격에 따라 분류된 것이다. 팔리어 경전은 붓다 설법기록인 경장(Sutta Piṭaka)뿐만 아니라, 승가 계율 및 그 해설인 율장(律藏, Vinaya Piṭaka), 그리고 법과 계율에 대한 해석서인 논장(論藏, Abhidharma Piṭaka)까지 삼장(三藏, Ti-Piṭaka. 산스크리트어는 Tri-Piṭaka)이 완전하게 남아 있고, 더구나 주석서도 남아 있으므로 초기불교에서 무엇보다도 중요한 경전이라고 할 수 있다. 팔리어 삼장은 한역 경전 대장경에 해당하지만, 팔리어 삼장에만 실려 있고 한역되어 있지 않은 경들도 있다. 경장인 5부 니카야 안에는, 그 각각에 많은 경들이 실려 있다. 남전대장경이 한국에 소개된 것은 비교적 최근의 일이며, 열성적인 불교인들의 노력으로 대부분 한글 번역이 되어 있다.

팔리어 경전 마지막 『쿳다카니카야』에는 모두 18개의 독립된 경이 실려 있는데, 특히 초기불교 연구에는 매우 중요한 경들이다. 이렇다 할 특징이 없어 앞의 4개 니카야에 포함시키기 어려운 경

◇◇◇◇◇◇

* 팔리어 경전 구성과 편집과정에 대해서는, 전재성 역, 『디가니까야』(한국빠알리성전협회, 2011) 앞부분의 [해제]에 비교적 자세히 소개되어 있으므로 참고할 만하다.

들을 한데 모은 것인데, 18개 경 중에는 나라에 따라 경으로 취급하지 않는 것도 포함되어 있으므로, 경의 개수는 통상 15~16개로 소개되고 있다. 예를 들어 『미린다왕의 질문』(미린다팡하)이라는 경은 미얀마 등에서는 경전으로 인정되지만 스리랑카에서는 경에 포함시키지 않는다고 한다.

『쿳다카니카야』에 대응하는 아함경은 없지만, 그 안에 실려 있는 경전 중에는 한역되어 한문대장경에 수록되어 있는 경들이 있다. 예를 들면, 『담마파다』는 『법구경(法句經 혹은 法句譬喩經)』, 『숫타니파타』는 그 일부가 『의족경(義足經)』, 『자타카』(본생담)는 『생경(生經)』에 해당한다. 『테라가타(長老偈)』와 『테리가타(長老尼偈)』처럼 한역본이 없는 것도 있다. 특히 주목해야 할 경은 『담마파다』, 『숫타니파타』, 『테라가타』, 『테리가타』, 『우다나(感興偈, 自說經)』, 『자타카』 등이다. 특히 '세존, 아라한, 정각자에 귀의합니다'라는 글귀로 경이 시작하는 앞의 4개 경은 아함경보다 먼저 만들어진 고층(古層) 경전이다. 이러한 연유로 초기불교 연구에 있어서 『숫타니파타』 등은 아함경 이상으로 중요하다고 일컬어져 왔다. 『숫타니파타』의 일부(620~647)와 『담마파타』의 일부(396~423)는 그 내용이 같다. 또 그중 일부는 자이나교 경전에도 그대로 실려 있다.(〈표 1〉 참조)

아함경에도 『쿳다카니카야』에 해당하는 경전이 원래부터 없었던 것은 아니다. 기록에는 그에 해당하는 『잡장』(雜藏: 제5 아함경이라 불림)이 존재했으나 지금은 전하지 않는다. 부파불교인 화지부(化地部), 법장부, 대중부는 『잡장』을 가지고 있었다고 한다. 다음 〈표 2〉

〈표 1〉 초기불교 경전[팔리어 및 한문]의 분류

[ ]는 한문 경전

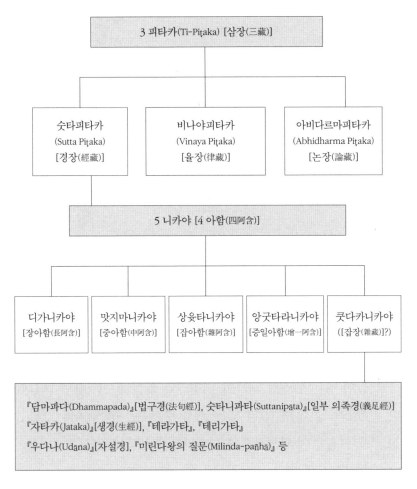

3 피타카(Ti-Piṭaka) [삼장(三藏)]

숫타피타카
(Sutta Piṭaka)
[경장(經藏)]

비나야피타카
(Vinaya Piṭaka)
[율장(律藏)]

아비다르마피타카
(Abhidharma Piṭaka)
[논장(論藏)]

5 니카야 [4 아함(四阿含)]

디가니카야
[장아함(長阿含)]

맛지마니카야
[중아함(中阿含)]

상윳타니카야
[잡아함(雜阿含)]

앙굿타라니카야
[증일아함(增一阿含)]

쿳다카니카야
([잡장(雜藏)]?)

『담마파다(Dhammapada)』[법구경(法句經)], 숫타니파타(Suttanipāta)』[일부 의족경(義足經)]
『자타카(Jataka)』[생경(生經)], 『테라가타』, 『테리가타』
『우다나(Udāna)』[자설경], 『미린다왕의 질문(Milinda-pañha)』 등

※자료: 필자 정리

는 초기경전의 종류와 내용을 정리한 것이다.

<h3 style="text-align:center">〈표 2〉 초기경전 종류와 내용</h3>

팔리어 경전	내용과 특징	일본어 역	한역 경전
『디가니카야』 Dīgha Nikāya	비교적 긴 경전을 모은 것	『長部』 (34경)	『長阿含』 (30경)
『맛지마니카야』 Majjhima Nikāya	중간 길이의 경전을 모은 것	『中部』 (152경)	『中阿含』 (222경)
『상윳타니카야』 Saṃyutta Nikāya	불교의 기본적인 교리나 수행에 관한 경전을 모은 것	『相応部』 (2872경)	『雜阿含』 (1362경)
『앙굿타라니카야』 Aṅguttara Nikāya	간결한 숫자에 의해 가르침을 정리한 경전을 모은 것	『増支部』 (약 2308경)	『増一阿含』 (471경)
『쿳다카니카야』 Khuddaka Nikāya	이상 네 가지 분류에 들지 않는 경전을 모아 놓은 것	『小部』 (15–16경)	(『雜藏』: 현존하지 않음)

(※괄호 안은 경의 수)

초기불교 경전 번역본과 참고문헌

팔리어 경전은 한국빠알리성전협회 전재성에 의해 5부 니카야와 율장이 번역되었다. 초기불전연구원 각묵 스님과 대림 스님, 마성 스님 등이 팔리어 경전 니카야 시리즈와 율장을 번역하여 출간했다. 『쿳다카니카야』에 실려 있는 경들 중에는 『숫타니파타』, 『법구경』, 『우다나』 등이 단행본으로 번역되어 출간되어 있다.*

◇◇◇◇◇◇

* 『숫타니파타』는 석지현 역(민족사, 2016), 전재성 역(한국빠알리성전협회, 2013)이 출간되

아함경은 여러 역자들에 의해 번역 출간되어 왔는데, 동국역경원은 그 한글 번역을 공개하고 있으므로 참고가 된다. 아함경에 대한 연구서도 다수 출간되어 있고, 외국의 경전 연구 서적도 번역되어 있다.**

초기불교는 인간 붓다의 사상이다. 한국에는 붓다의 생애와 사상을 조망한 연구서가 많이 출간되지는 않았다. 인간 붓다를 전제로 한 경우라면 더욱 그렇다. 그중에서 먼저 추천하고 싶은 것은 법륜 스님의 저서(『인간 붓다: 그 위대한 생애와 사상』, 정토출판, 2010)이다. 중생의 고통 해소를 생애 과업으로 삼았던 붓다의 문제의식이 분명히 그려져 있는 책이다. 일본 연구자(나카무라 하지메 지음, 이미령 옮김, 『붓다, 그 삶과 사상』, 무우수, 2002; 와타나베 쇼고 지음, 법정 옮김, 『불타 석가모니: 그 생애와 가르침』, 동쪽나라, 2002), 그리고 남방불교 연구자의 번역서(틱낫한 지음, 서계인 옮김, 『붓다처럼』, 시공사, 2016)도 있다.

인도 사상가이자 불교 재건에 힘쓴 암베드카르의 저서(박희준 역,

◇◇◇◇◇◇

어 있다. 이 책에서는, 풍부한 주석을 함께 제공하는 번역서인 나카무라 역(中村元訳 『ブッダの言葉: スッタニパータ』岩波文庫, 1984)에 근거했다. 『숫타니파타』는 아소카왕 시대 이전에 만들어진 경전으로서, 인간 붓다의 육성에 가장 가까운 가르침이며, 그중에는 붓다 자신이 지은 것으로 추측되는 구절이 포함되어 있다. 해설서로서는 쿠모이(雲井昭善, 『原始仏典スッタニパータをよむ』上·下, 日本放送出版協会, 2002)가 알기 쉽게 서술되어 참고할 만한데, 이 책은 이필원 역(『붓다와의 대화: 초기불경 숫타니파타를 읽다』, 심산, 2005)이 간행되어 있다. 『담마파다』(=『법구경』)는 세계에 가장 많이 번역된 경전이라고 일컬어지는데, 국내에 많은 번역과 저작이 출간되어 있으므로 소개는 생략한다. 그리고 『테라가타: 장로계경』, 『테리가타: 장로니계경』, 『우다나: 감흥 어린 시구』가 전재성 번역으로 출간되어 있다.

** 서구학자의 초기경전 연구 중 최근에 번역된 것으로는 리처드 곰브리치, 김현구 외 역, 『초기 불전의 기원, 불교는 어떻게 시작되었는가?』, 씨아이알, 2017이 있다.

『붓다와 다르마』, 민족사, 1991)도 참고할 만하다. 약간 각색된 부분이 있는 것으로 보이지만, 인간 붓다와 붓다법을 매우 합리적으로 그리고 알기 쉽게 기술한 책이다. 한편, 『자타카』나 대승경전을 적극적으로 활용하면서도, 인간 붓다의 관점에서 그 일생을 소개한 책인 틱낫한 스님의 『붓다처럼』은, 붓다 삶과 사상 이해를 위한 입문서로서 추천할 만한 책이다.*

서구에서 일찍이 19세기 말부터 발표된 고전들은 중요한 기초자료인데, 이 책에서는 그중 대표적인 연구자 데이비스, 올덴베르크, 베크 등 세 사람의 저작을 주로 참고했다.** 이들 영문 및 독일어 저술은 여러 나라말로 번역되었는데, 우리말 번역은 없다. 데이비스의 저술은 불교 시작부터 전반적인 교리에 이르는 포괄적 내용을 담고 있는 개설서이고, 올덴베르크의 저작은 사성제를 집중적으로 검토한 연구서 성격이다. 이 두 사람의 저작은 팔리어 경전에 근거한 것으로, 인간 붓다 사상을 비교적 명확하게 기술했다는 평

◇◇◇◇◇◇

*   그 외의 참고문헌은 다음이다. 마성, 『사캬무니 붓다: 초기 성전에 묘사된 역사적 붓다』, 대숲바람, 2010; 박광준, 『붓다의 삶과 사회복지』, 한길사, 2010; 朴光駿, 『ブッダの福祉思想: 仏教的社会福祉の源流を求めて』, 法藏館, 2012; 권경희, 『붓다의 상담: 꽃향기를 훔치는 도둑』, 도피안사, 2002; 동국대학교 교재편찬위원회, 『불교사상의 이해』, 불교시대사, 1997.

** Davids, Rhys, 1877, *Buddhism: being a sketch of the life and teachings of Gautama, the Buddha*, London(赤沼智善 訳, 『釈尊之生涯及其教理』, 無我山房, 1911); Davids, Rhys, Buddhist Indiam, University of California Libraries, 1903(2011 ed.); Oldenberg, Hermann, 1881, Buddha: Sein Leben seine Lehre seine Gemeinde, Berlin. (木村泰賢·影山哲夫訳, 1928, 『仏陀』, 大雄閣); Beckh, Herman, 1916, Buddhismus—Buddha und seine Leher, Berlin(渡辺照宏·渡辺重朗訳, 1977, 『佛教(上·下)』, 岩波文庫).

초기불교 : 붓다의 근본 가르침과 네 가지 쟁점

가를 받는다. 초기불교가 인간의 도덕적 행위를 강조함으로써 현대사회의 사회규범과 일치한다는 점도 강조되어 있다. 다만, 불교의 대표적인 교리만을 다룬 나머지 경전 속에 있는 다양한 시각들이 반영되어 있지 않다는 비판을 받기도 했고 오늘날 시각에서 본다면 사실과 다른 기록이 포함되어 있기도 하다.

베크 저작은 위 두 사람의 연구가 팔리어 경전에 경도된 반면, 산스크리트어 경전, 티베트 경전, 한역 경전 등을 종합적으로 고려하여 붓다 사상을 조망했다. 그는 초기불교 안에 이미 대승불교 교리가 충분히 발전해 있었으나, 부파불교 시대에 그것들이 약간 위축되어 있었을 뿐이라는 견해를 제시했다.

이 저술들은 붓다 사상을 고대 인도사상과 문화 속에서 해명하려는 특징을 가지는 만큼, 붓다 사상을 인도적 풍토로 간주하는 경향이 강하다. 그들은 아마도 불교를 베다 등 인도사상과 비교하여, 불교 경전의 내용과 용어, 경전기술 방법 등을 '인도적'이라고 판단했던 것 같다. 베크의 저작은 붓다 사상을 요가학파와 비교하는 것에 너무 많은 지면을 할애하여, 마치 붓다 수행법은 요가인 것 같은 느낌마저 주고 있는 것이 단점이다.

1

연기론적 관점에서 본 붓다와 불교 경전

마하보디대사원 외벽에 조각된 불상

제1장

붓다 탄생의 땅, 고대 인도

1. 인도의 역사·문화적 풍토

붓다 사상을 연기론적으로 보기

붓다는 기원전 5, 6세기(이하 '붓다 시대'라고 칭함)의 역사적 인물이다. 인간 붓다와 그 사상은 고대 인도가 낳은 것이므로, 그 실체를 파악하기 위해서는 고대 인도사상 및 종교와 연기론적으로 관련지어 탐구할 필요가 있다.* 연기론은 붓다의 핵심 사상인데, '모든 사

◇◇◇◇◇◇

* 불교를 인도사상이나 인도문화와 관련지어 이해하기 위해서는 베다문헌이나 우파니샤드, 자이나교 성전 등을 최소한의 수준에서라도 읽을 필요가 있다. 세계사 속에서 불교 위치를 파악하고자 한다면, 우선 카렌 암스트롱의 저서(정영목 역, 『축의 시대: 종교의 탄생과 철학의 시작』, 교양인, 2010)를 추천한다. 우파니샤드는 우리말 번역본(이재숙 역, 『우파니샤드 1·2』)이 나와 있다. 그리고 인도철학 개관서로서는 라다크리슈난의 고전(이거룡 역, 『인도철학사 1·2』, 한길사, 1996)이 참고할 만하다.

물은 독립적으로 존재하는 것이 아니라 다른 여러 사물과 상호의존의 상태로 존재하며, 또한 항시 변화하여 그 모습을 바꾸어 간다'라는 인식방법이다. 연기론으로 붓다 사상을 살펴보면, 붓다 사상의 특징과 그리고 왜 그러한 특성을 가지게 되었는지를 보다 넓은 시각에서 파악할 수 있다. 결국 붓다 사상을 연기론적으로 본다는 것은, 그것을 인도사상과 상호의존적인 사상으로 인식한다는 것이다. 보다 구체적으로 말하면, 첫째, 붓다 사상을 당시의 인도 사회 및 그 사상들과 횡적으로 연계지어 살피는 것, 둘째, 붓다 시대의 인도 사회를 역사적(종적)으로 연계시켜 논의하는 것을 뜻한다.

설화에 의하면, 붓다는 출가 후 오랜 수행과 극단적 고행으로 빈사상태에 있었다. 그때 수자타(Sujata)라는 소녀가 제공한 유미죽으로 체력을 회복한 후 네란자라강에서 몸을 씻고 강변 보리수나무 밑에 앉아 수행정진을 계속하던 중, 어느 날 별빛 아래서 깨달음을 얻었다고 전해진다. 그러나 그의 사상 전체가 갑작스레 별에서 떨어져 내린 것은 아니다. 붓다 사상은 당시 인도의 지배 종교였던 바라문교 교리, 그리고 그에 도전했던 많은 사상에 대한 학습과 비판 그리고 경쟁과정을 거치고 거기에 개인적인 수행을 거듭함으로써 형성된 것이었다. 붓다 사상과 연기적 관계에 있었던 것은, 베다사상 및 그에 이어진 우파니샤드 철학, 자이나교와 상키아 등이었다. 특히 자이나교에 관해서는 독일과 일본 불교학자들이 이미 1960년대부터, 초기불교 교리를 연구하기 위해서는 자이나교와의 비교연구가 필요하다고 주장해 왔다. 초기 자이나교 경전문헌에 불교사상의 원형이 많이 포함되어 있기 때문이라는 것이다. 실제로 『자타카』에는 자이나교 경전 내용과 같은 부분이 들어 있다.

이러한 연기적 인식에 바탕을 두고 이 장에서는 붓다의 근본사상을 다음 두 가지 관점에서 고찰하려고 한다. 첫째는 붓다 시대의 역사·문화적 풍토, 지배층이 형성되는 과정과 바라문적 계급질서의 내용을 살펴본다. 둘째는 고대 인도의 사상사적 흐름을 파악함과 더불어, 붓다 사상이 동시대의 다양한 인간 해방 사상들과 어떠한 관련성과 상이성을 가지고 있었는가를 탐구한다.

인도의 종교 및 사상들과 공유한 핵심 용어들

사실 붓다 사상을 구성하는 핵심 용어 대부분은 붓다가 만들어 낸 것이 아니라, 이미 붓다 이전의 사상서나 사상가들 사이에서 널리 사용되던 것들이었다. 물론, 같은 용어라도 유파에 따라 다른 의미로 사용되는 경우도 있었다. 붓다 역시 그 용어들을 그대로 사용하기도 하고 독자적으로 재정의하여 사용하기도 했다. 이 점을 명확히 해 두지 않으면 붓다 사상 이해에 혼란이 일어날 수 있다. 붓다는 출가 이전에 교육을 통하여 고대 인도사상들을 폭넓게 이해하고 있었으므로 그러한 용어들에 익숙했다.

붓다 이전부터 사용되던 용어들 중에서 후일 불교사상의 핵심이 된 것들을 열거해 보면 다음과 같다. 즉 법(法, Dharma), 고(苦, duḥkha), 업(業, karman), 윤회전생(輪廻轉生, saṃsāra), 해탈(解脫,

mokṣa), 열반(涅槃, Nirvāṇa), 사문(沙門, Śramaṇa), 여래(如來, Tathāgata) 등이다. 거의 모든 용어들이라고 해도 과언이 아닌데, 따지고 보면 이 역시 너무나 당연한 일이다. 이 용어들은 바라문교 성전인 베다나 우파니샤드에서 확인할 수 있지만, 바라문교 전문용어라기보다는 이미 인도 사회에 널리 사용되던 용어라고 보아야 한다. 물론 그 용어들도 연기적 존재이므로, 붓다 사상 이후 붓다 승가만의 전문용어가 된 것도 있다. 붓다라는 용어도 이제는 불교의 개조를 뜻하는 고유명사이지만, 당시에는 깨달은 자를 의미하는 일반명사였다. 『숫타니파타』에는 훌륭한 수행자, 탁발에 나서는 수행자를 붓다라고 칭하고 있고, 붓다 제자로서 지혜제일이라고 일컬어지는 사리풋다(舍利子)도 다른 교단으로부터는 붓다라고 불리기도 했다. 베다문헌에서는 우파니샤드 성선(聖仙)인 야즈나발키아를 붓다라고 칭했고 자이나교에서도 수행 완성자를 붓다라고 불렀다.

용어뿐만 아니라 사고방식이나 설법 방식에 있어서도, 불교는 당시 사상들과 많은 유사성을 가졌다. 붓다의 핵심 사상인 사성제(四聖諦: 고집멸도)는 '질병, 질병의 원인, 무병, 약'이라는 네 부분으로 구성된 고대 인도의 치료론 체제와 매우 닮았다. 이것은 유럽의 불교개론서에 기초지식처럼 소개되어 있는 내용이다. 불교 삼보(불법승)도 자이나교의 삼덕(三德), 즉 바른 믿음[正見]·바른 지식[正知]·바른 행동[正行]과 유사하다.

이런 사실들은 결코 붓다 사상의 위대함을 알리는 데에 불편한 진실이 될 수 없다. 만약 그것들을 의도적으로 감추고, 그 모든 개념이나 사상들을 마치 붓다가 창안한 것인 양 선전하려는 것은, 붓다 사상의 위대함을 제대로 알아차리지 못한 이들의 소치이다. 붓다는 인도 일반의 관념들을 활용하면서, 스스로의 수행을 통하여 깨달은 진리, 즉 중생의 고통 해방으로 이끌어 주는 인식방법과 실천방법을 독창적으로 제시했다. 더욱이 그것들을 입멸 때까지 몸소 실천하여 니르바나가 존재함을 입증했다. 붓다 실천사상의 위대함은 바로 그 점에 있다.

불교 경전의 문화적 해석

붓다는 깨달음을 얻기 위해서는 극단적 고행과 쾌락이라는 두가지 극단을 피하고 중도(中道)를 걸어야 한다고 강조했다. 그런데 불교사상에 접근하는 방법에도 두 가지의 극단적 풍토가 있는 것 같다. 하나는, 불교를 바라문교(힌두교)의 한 종파라고 보는 것이다. 초기불교 연구자 데이비스는 붓다가 힌두교 전통 속에서 태어나 자라고, 그 속에서 살고 그 속에서 죽었다고 평한 적이 있다. 또한 부그레(C. Bougle)*나 올덴베르크 등 주로 19세기 말에서 20세기 초 서구 불교연구자들에게도 그와 유사한 관점이 보인다. 네팔은 공식적으로 불교를 힌두교의 한 종파로 취급한다.

◇◇◇◇◇◇

* 프랑스 철학자·사회학자로 인도 카스트 연구로도 유명하다. 여기에서는 다음 책을 인용했다. セレスタン・ブーグレ / 藪中静雄訳(1943), 『印度のカスト制度』, 大鵬社.

또 하나의 극단이라면, 불교를 인도사상과 완전히 분리하여, 붓다 사상을 구성하는 모든 것을 '붓다 특유의 법'이라고 강조하려는 경향이다. 이 접근은 바라문교를 악으로 규정하고 불교는 그에 대항했다는 구도를 정해 두고 논의를 진행하는 경향이 있다. 이러한 선입견은 바라문교의 부조리한 측면만을 보게 한다. 붓다가 말한 양극단이란 바른 지혜 얻기에 도움이 되지 않는 방법을 뜻하는 것이었다. 붓다 사상을 바르게 이해하려면 편향된 접근방법은 경계해야 한다.

경전을 해석할 때에도 경전 내용에 인도문화가 반영되어 있음을 늘 염두에 둘 필요가 있다. 경전 내용을 동아시아의 가치기준으로 해석해 버리면 오해가 발생할 위험성이 크기 때문이다. 예를 들어 보자. 최근 일본에서 발간된 『행복의 나라 부탄』이라는 책의 저자는 부탄에서 경험한 개와 관련된 일을 토대로, 부탄이 매우 공동체적 사회라고 주장했다. 어느 마을에서 주민들에게 저 개가 누구네 개냐고 물었더니, 그냥 우리 마을에 있는 개이며 어느 개인 소유가 아니라고 대답하더라는 것이다. 그 저자는 그것을 마을 공동소유로 해석했다. 그러나 그것은 부탄을 포함한 인도문화권에서 가지는 개의 의미를 잘못 해석한 것이다. 부탄이 공동체적인 사회라는 것을 부정하는 것이 아니라, 개에 관한 문화를 잘못 이해했다는 말이다.

붓다 설법에도 개가 등장한다. 제자가 탁발한 음식을 스승 붓다에게 드렸는데, 붓다는 그 음식을 근처 개에게 주어 버리고는 '그대가 나에게 음식을 보시한 것과, 내가 그 음식을 개에게 보시한 것, 어느 것이 보다 진정한 보시인가'를 묻는 장면이다. 붓다는 후자가 더 진정한 보시라고 했다. 어떤 대가도 바라지 않는 보시, 무아행(無我行)으로서의 보시, 『금강경』의 용어로 말하면 무주상(無住相)보시이기 때문이라는 것이 그 이유였다. 개는 사람 은혜에 보답하려는 동물이 아니라는 것을 전제한 이야기다.

하지만, 개를 가족으로 여기기도 하는 동아시아문화로 본다면, 이 설법에는 의문이 있을 수 있다. 감동적인 개 이야기가 얼마나 많은가? 그러나 인도문화권에서 개란 집에서 키우는 동물이 아니다. 철새처럼 이곳저곳으로 이동하는 야생동물이며, 개에게 먹이를 주는 것은 철새에게 먹이를 주는 것과 다르지 않다. 지금도 인도는 세계에서 광견병 발생이 압도적으로 많다. 고대 인도 출가자 고행 원칙 중에는 '근처에 개가 있는 곳에서는 탁발하지 않는다'라는 원칙이 있었다. 개와 탁발수행자는 음식보시의 경쟁자일 수 있었다는 이야기이다.

힌두교도의 생활지침서인 『마누법전』에는 '낮에는 북쪽을 보고 밤에는 남쪽을 보고 대소변을 보아야 한다'라고 되어 있다. 이것 역시 집에 화장실을 만들지 않고, 집밖의 들이나 숲에 변을 보는 문화를 이해하지 않는다면 해석이 불가능한 일이다. 이렇듯 인도사상이나 불교 경전을 바르게 해석하려면, 인도문화권의 이해가 전제되어야 한다.

『마누법전』은 힌두교도의 생활지침서이다. 법전이라는 명칭이지만 법적인 강제력을 가진 오늘날 법전(일부 법전적 내용이 포함되어 있음)과는 다르다. 마누란 힌두교에서 말하는 인류의 시조인데, 『마누법전』은 「다르마샤스트라」('바르게 사는 법에 관한 가르침'이라는 뜻)라고 불리는 고대 문서류의 일부이다. 다르마가 한역 경전에서 법으로 번역되었으므로, 일본에서 「다르마샤스트라」를 번역할 때 '법전(法典)'이라고 했지만, 오해 여지가 있으므로 아무래도 적절한 번역어가 아닌 것 같다. 그 내용이 법전 형식으로 만들어지는 것은 기원전 2세기경부터라고 하지만, 이미 기원전 6세기경부터 그 전형이 나타난다고 하므로, 『마누법전』은 바라문교 교리를 반영하는 것이라고 할 수 있다. 그것은 인도문화와 인도인의 상상력을 이해하는 데에 참고가 되며, 특히 불교 경전 내용을 바르게 해석하기 위해서 참고할 필요가 있다.*

인도의 역사·문화적 풍토

붓다가 탄생하고 걸었던 갠지스강(강가) 중류 지역, 인도 북중부 지역은 온화한 기후에 물과 농지가 풍족한 평원지대이다. 그 지역을 중심으로 고대 인도의 역사·문화적 풍토를 살펴보자.

인도철학사 연구의 거장 라다크리슈난은 '사색의 정신이 꽃피고

◇◇◇◇◇◇

* 『마누법전』은 우리말로 번역되어 있지 않은 것 같다. 이 책에서는 일본어 번역서(渡瀨信之訳注, 『マヌ法典』, 平凡社, 2013)를 참고했다.

학문과 예술이 발달하려면, 우선 안전과 여가가 보장되는 정착된 사회가 불가피하게 요구된다'는 문장으로 자신의 저서를 시작한다. 인도는 삼면이 바다로 둘러싸여 있고 북동쪽은 히말라야산맥, 북서쪽은 힌두쿠시산맥 등이 가로막아 오랫동안 외침으로부터 자유로울 수 있었다. 안전을 확보하기 위한 천혜의 지리환경을 갖춘 셈이다. 인도 중남부 지역은 열대성 기후라고 하는데, 갠지스강 유역도 덥고 온화한 기후, 심한 추위 없는 겨울, 그리고 약 석 달간의 우기가 있다. 나는 인도 더위를 경험한 적이 없으나, 사람이 견디기 어려울 정도라고 들었다. 더위 속에서 노동해야 하는 하층계급 사람들 사이에서 삶이 곧 고통이라는 생각이 형성되는 것은 자연스러울 수 있겠다. 이 지역은 끝없이 펼쳐진 평야지대이다. 산이 없기 때문에 더위를 피할 수 있는 숲속이나 나무 밑은 출가수행자들에게는 사시사철 좋은 수행처였다. 거의 옷을 걸치지 않고 수행하는 자이나교와 같은 종교는 추운 지방에서는 생겨날 리가 없다.

한편, 북쪽 히말라야산맥에서 남쪽으로 흘러내리는 많은 강줄기는 인도 중북부의 넓은 평원을 적셨고, 풍요로운 자연은 넉넉한 식량을 주었다.[사진 2-3, 2-4] 오늘날도 인도는 식량자급률이 100%가 넘는 나라이며, 정치지도자 중에서 농업자본가 출신 비율이 상대적으로 높다. 농업부문 비중이 상대적으로 큰 사회인 것이다. 비교적 풍부한 농산물은 수행자 탁발에 관대한 문화의 토대였다. 음식보시를 공덕 쌓기로 간주하는 풍토는 식량 사정이 비교적 넉넉해야만 가능하다. 더욱이 음식이 상하기 쉬운 더운 지역에서는 음식 보존이 어렵다. 장기적으로 음식을 보존할 수 있는 추운 지역이라면, 음식보시 문화가 생겨나기 어렵다.

일찍이 붓다 탄생지인 룸비니 방문기를 남겼던 불교 연구 선구자 데이비스는 거기에서 히말라야 설산이 보인다고 적고 있다. 날씨 탓인지 내 눈으로는 설산을 확인할 수 없었으나 확실히 가끔은 설산을 볼 수 있다고 한다. 북쪽의 신령스러운 산들과 거기서 남쪽으로 흘러오는 많은 강들은 사람들에게 무언가를 신성하게 여기게 하는 신앙심을 길러 주었을 것이다.

한편, 인도 북서쪽 인더스강 유역은 인류 문명의 발상지인데, 기원전 2600년경부터 약 1000년간 발달하다가 쇠퇴하였다. 쇠퇴 원인에 대해서는, 강 흐름이 바뀌었다거나 환경적 요인 등의 설명이 있는가 하면, 아리안의 정복 등 외부적 요인을 중시하는 설명도 있다. 인더스문명은 문자가 전해지지 않기 때문에 불분명한 부분이 많다고 한다.

2. 아리안, 베다 및 우파니샤드

아리안의 이동

중앙아시아 초원 지역에 살던 아리안(Aryan)들이 남쪽으로 이동하기 시작하는 것은 기원전 2000년경부터이다. 그들 일부는 서쪽으로 이동하여 유럽 민족의 선조가 되었고, 남쪽으로 이동한 이들은 이란(아리안이 사는 땅이라는 의미라고 함) 근처에 정착하여 아리안계 이란인의 선조가 된다. 거기서 다시 동남쪽으로 이동하여 인더스 강 상류 지역[오하(五河) 지역, 펀자브(Punjab) 지역]에 정착한 이들이 인도 아리안(이하 아리안으로 칭함)이다. 그들 스스로의 칭호인 아리안은 '손님을 소중하게 대한다'라는 의미라고 하는데, 손님을 소중히 여기는 문화는 지금도 유목민 사회에서 널리 보인다. 후대 이주자들은 인더스강 유역까지 남하하여 인도 북서부 지역의 지배자가 된다. 이들이 오늘날 인도를 만든 주역이다.

아리안들이 지배자가 된 것은 무력에 의해서라기보다는 그들이 가진 문명에 의해서였다. 그들은 토착민(드라비다인)들이 가지지 못한 철기문명과 전차(혹은 수레바퀴)를 가지고 있었다. 그들은 인더스 강 상류 지역에서 동남쪽으로 조금씩 이동과 정착을 반복했다. 이동은 곧 약탈이기도 했는데, 그들은 약탈한 가축들을 제물로 삼아 신에게 제사 지내는 풍습을 가지고 있었으며, 노래와 술을 즐겼다. 희생제의는 그들 문화에 폭력성을 더했다. 제의에서는 신들을 찬양하는 만트라(진언=다라니, 노래와 시, 주문 등)가 사용되었는데, 만트라나 제사예법 등을 산스크리트어 고어(베다어)로 기록한 것이 베다(Veda)라는 제의문서이다.

그런데 아리안 중에도 다양한 부족이 있었을 것이며, 그들의 사상과 문화 역시 시대나 지역에 따라 달라졌으므로, 일률적으로 논의하기는 어렵다. 그러나 지배계급 지위가 고착화되면 지배문화도 타락하기 쉽다. 일부 바라문계급의 타락은 매우 심각했다. 『숫타니파타』(제2장)는 바라문계급 타락상을 다음과 같이 전한다.

> 옛날 바라문은 베다를 암송하고 무소유를 실천하며 진리를 추구하고 범행(梵行)을 실천했다. 공희(供犧: 희생제)를 행해도 소를 희생시키는 일은 없었다. 지금 바라문은 국왕으로부터 사치와 향락을 제공받기 위해 공희를 권장하고, 국왕은 그 대가로 바라문에게 재보를 제공하고 있다.

후술하듯이 사람들로부터 보시 받는 것은 바라문의 권리였기 때문에, 대중에게 직접적인 피해가 발생하기도 했다. 초기경전에도 한 바라문으로부터 보시를 요구받은 사람이 보시할 것이 없다고 대답하자, 앞으로 일주일 후에 머리가 7개로 갈라져서 땅에 떨어질 것이라는 저주를 듣고 괴로워하는 상황이 그려져 있다.

'베다'란?

베다란 지식을 의미하는데, 신에게 제사 지내는 방법과 절차에 관한 지식으로 채워진 서적이다. 베다는 성경의 몇 배나 되는 방대한 분량인데, 암송으로 구전되어 오다가 기원전 1200년경부터 수백 년에 걸쳐 4대 베다(『리그베다』, 『사마베다』, 『야주르베다』, 『아타르바베다』)가 완성됨으로써 체계화되었다. 베다의 주석 문헌이 브라흐마나[제의서(祭義書)]와 우파니샤드이다.

제3장에서 보듯이 대승불교와 밀교는 베다사상과 진언을 상당 부분 받아들여서 경전에도 '옴(唵, oṃ)'과 같은 진언을 싣게 된다. 제의 첫머리에서 제사장인 바라문이 소리 높여 찬양하는 만트라가 옴이다. 우주 시작의 소리라는 옴은 다음과 같이 설해져 있다.

> 땅은 세상의 핵심이고, 땅의 핵심은 물이며, 물의 핵심은 풀, 풀의 핵심은 사람, 사람의 핵심은 말, 말의 핵심은 리그베다, 리그베다의 핵심은 사마베다, 사마베다의 핵심은 찬양의 진언인 옴이다.

즉, 사람이 말로 할 수 있는 가장 훌륭한 것은 베다를 낭송하는 것이며, 그 시작이 옴이라는 것이다.

역사적으로 볼 때, 베다시대란 기원전 1500년에서 기원전 500년 사이의 시기인데, 그것을 다시 베다 전기와 베다 후기로 나누기도 한다. 베다는 많은 종류가 있는데, 초기 베다와 후기 베다 사이에는 수백 년 시차가 있고 그 사이 생활양식에도 큰 변화가 있었으므로 당연히 그 사상도 변화를 겪었다. 유목을 그만 둔 정착민이 늘어나면서 베다사상에도 많은 변화가 생겨 그들의 문화도 보다 평화적으로 바뀌어 간다. 아리안들이 최종적으로 정착한 갠지스강 중류 지역은 전통적으로 농업문화가 강한 지역이었다.

시간적으로 볼 때, 아리안 이주는 1000년 이상 계속되었으며 이주 지역에 따라 문화적 차이가 있었다. 크게 나누어 보면, 인더스강 상류 지역에 일찍 정착한 부족과, 그곳을 거쳐서 동남쪽으로 이동하여 갠지스강 중류 지역까지 진출한 부족은 그 문화에 차이가 있었다. 전자는 바라문 제의 전통을 지키려는 성향이 보다 강했다. 말하자면 바라문 보수 지역이었다. 갠지스강 상류 지역은 지금도 바라문교 전통이 강하며, 붓다 재세 시에도 불교가 거의 영향을 미치지 못했던 지역이다.

바라문 출가자

한편 인도 북중부까지 이주해 온 아리안들은, 바라문계급의 타락에 대한 자성을 가지고 있었으며 희생제의에 회의를 품는 경향도 강했다. 그들은 일반적으로 제의에 매달리는 바라문 풍습과 바라문계급 타락에 대해 비교적 비판적이었다. 하지만, 모든 바라문들은 어린 시절 베다를 철저하게 학습하였으므로 베다사상을 기본적으로 공유하고 있었다. 그들 중에는 바라문 고유의 진리를 추구하여 출가하는 사람들이 있었는데, 그 유형은 두 가지였다. 하나는, 바라문 제의 그 자체를 부정하지는 않으면서, 그 형식에 치우치기보다는 제의가 추구하는 근본적 진리가 무엇인가를 탐구하려는 사람들이었다. 그들 일부는 숲에 거주하면서 사색과 고행으로 살아갔다. 그리고 그들 스스로가 체득한 것을 '가타(gatha: 게송)'라고 불리는 짧은 운문(韻文) 형식으로 기록하고 전승했다. 그것이 체계화된 것이 우파니샤드라는 철학서이다. 우파니샤드 최고 철인이라고 일컬어지는 야즈나발키아도 두 사람의 부인에게 재산을 나누어 주고 출가자의 길을 걸었던 사람이다. 불교 경전 중에서도 가장 오래된 것은 운문형식으로 되어 있는데, 운문형식으로 기록하고 전승하는 문화는 바라문 문화에서 온 것이다.

다른 하나의 유형은, 바라문 타락상을 직시하고 제의문화를 완전히 부정하는 사람들이었다. 그들은 특히 동물희생제의를 강하게 비판하고, 제의를 통해서 업이 소멸될 수 있다는 생각에서 탈피하여, 스스로 생활규칙(계율)을 정하고 그것을 실천하려고 했다. 전형적인 것이 불살생(아힘사) 계율이었다. 그들이 숲에서 고행하며 살아가는 모습은 현실적 고통 탈피를 추구하는 많은 사람들에게 영향을 주었고, 그러한 삶이 바라문 아닌 사람들에게까지 확대되면서 슈라마나 문화, 즉 출가문화를 만들어 낸 것으로 보인다. 슈라마나의 음역이 사문(沙門)이다.

붓다 시대는 이미 바라문 교리에서 비교적 자유로운 아리안들이 인도 중북부에 정착을 완료한 시기였다. 정착민은 농경을 주업으로 한다. 이동하면서 약탈하는 행위가 없어지기 때문에 그들은 가축 희생을 최소화하려고 했다. 흔히 아힘사는 바라문교 희생제의에 대한 반발로서 불교나 자이나교 등 신흥종교가 주장한 교의라고 일컬어진다. 그러나 아힘사는 농경생활 시작과 더불어 아리안들 사이에서 이루어진 내발적(內發的) 변화가 그보다 먼저라는 주장도 있다. 나는 후자가 더 설득력 있는 설이라고 여긴다. 붓다 역시 아힘사를 주장했는데, 붓다 아힘사는 생명존중의 근거를 연기론에 두고 있었다는 점에서 독자적이었다.(제4장) 하여간 바라문들이 농업에 종사하게 되면서 필요 이상으로 동물을 죽일 필요가 없다고 생각하는 변화가 있었다. 그래서 후기 베다에는 희생제 참가보다, 혼자 명상하는 것이 더 낫다는 주장도 나타난다.

이에 따라 제의에 사용되는 공물의 형식과 의미에도 변화가 생긴다. 공희(供犧, yajñá)에서 공양(供養, pūja 혹은 pūjana)으로의 변화이다. 공희란 가축을 희생제물로 바치는 것인데, 소원을 부탁하거나 소원을 들어준 것에 대한 보답이다. 그와 달리 공양이란 신이나 조상 등에 대한 공경을 표현하는 것이다. 기도하기 전 목욕, 꽃이나 향 바치기, 신상을 물로 씻는 것 등이다. 지금도 힌두교 기본 교의는 공양이다. 불교 역시 공양이 기본 교의이다. 그러나 이러한 변화란 어디까지나 서서히 이루어진 것이었으며 희생제가 단숨에 없어지지는 않았을 것이다. 큰 희생제가 준비되고 있다는 것을 듣고, 붓다는 '바른 길을 가는 사람은 동물이 죽어 나가는 곳에 가까이 가지 않는다'(『상윳타니카야』 「공희경(供犧經)」)라고 희생제를 비판했다.

한편, 농경민 입장에서 볼 때, 소중한 가축이 제사 제물로 죽어 없어지는 것은 매우 아까운 일이다. 농민들은 그러한 제사의식에 반감을 가지게 되고, 제사의식을 통해서만 좋은 내세가 보장된다고 하는 바라문 교의에 대해서도 회의적으로 생각하게 될 수밖에 없었다. 슈라마나에 대한 대중의 지지는 바라문교 제의를 의문시하고 사물을 보다 합리적으로 해석하려는 의식이 대중 사이에 싹트고 있었음을 의미한다.

초기불교 : 붓다의 근본 가르침과 네 가지 쟁점

우파니샤드

우파니샤드는 산스크리트어로 기록된 수백 종류에 이르는 베다 관련 철학서이며, 베다의 마지막 부분, 혹은 베다의 최고봉이라는 뜻으로 베단타(Vedanta)라고도 불린다. 그런 만큼 우파니샤드에는 베다사상의 진수가 담겨 있다. 우파니샤드 역시 바라문에 의하여 편찬된 것이지만 바라문 이외의 문화나 사상이 도입되어 있으므로, 제의문헌이라기보다는 철학서 성격을 가진다. 우파니샤드는 기원전 8세기경부터 편찬되는데 고대 인도의 사회·정치·문화상을 보여 주는 중요한 역사사료이다.

우파니샤드에는 범아일여(梵我一如)사상, 윤회사상, 그리고 업사상이 분명히 담겨 있다. 범아일여란 우주의 원리인 브라흐만[梵]과 개인의 본체인 아트만[我]이 궁극적으로는 같은 것이라는 교리인데, 그 진리를 깨치면 윤회에서 벗어날 수 있다고 설해져 있다. 아트만은 영원불멸이며 생명이 끝나도 없어지지 않고 다른 생명으로 옮겨가는데, 그때 현생의 행위[業]가 아트만에 새겨져서 그에 맞추어 새 생명 모습이 결정된다고 되어 있다.(제6장 참조) 그것이 바라문교 윤회전생사상이요, 업사상이다. 붓다는 바라문교 윤회를 타파 대상으로 보았는데, 왜냐하면 그것이 고통받는 대중을 숙명의 늪으로 빠뜨리고 인간 차별사상을 고착화한다고 보았기 때문이다. 그러나 부파불교시대를 거치면서 바라문교 윤회사상은 불교에 부분적으로 용인되었고, 대승불교는 바라문교 윤회사상을 상당 부분 받아들이게 된다.

붓다 설법은 그 방식이나 소재, 비유 등에서 우파니샤드와 유사한 점이 적지 않다.* 우파니샤드가 붓다 시대보다 앞서 시작되었으나 두 시기가 겹치는 부분도 있기 때문에, 양자는 문화적 풍토를 공유했다고 볼 수 있다. 붓다 자신도 어린 시절부터 우파니샤드를 학습했으므로 불교와 우파니샤드에 사상적 유사성이 있다고 해서 하등 이상할 것이 없다. 다만 유의할 점은, 붓다가 우파니샤드를 학습했다고 추정하는 것은, 오늘날 체계화되어 있는 우파니샤드 문헌을 학습했다는 의미라기보다는 베다사상을 통하여 자연스럽게 우파니샤드적 철학을 학습했다는 의미이다. 사실 초기경전에는 간접적으로 우파니샤드 교리가 언급된 경우는 있지만, 직접 우파니샤드를 언급한 부분은 없다고 한다. 후술하듯이 그것은 우파니샤드가 아들이나 소수 제자들에게 비밀리에 전하는 것이었기 때문일 수 있다.

하지만, 붓다법에는 그 형식과 내용에 있어서 우파니샤드와는 근본적으로 다른 독창성이 있다. 먼저 붓다법은 누구에게나 열려 있었다. 우파니샤드는 원래 그 뜻이 '가까이 앉는다'라는 것으로, 그 지식은 스승이 제자에게 무릎을 맞대고 앉아 비밀스럽게 알려 주는 형식이었다. 그것을 잘 보여 주는 일화가 우파니샤드에 담겨

◇◇◇◇◇◇

* 우파니샤드와 비교 관점에서 불교 교리를 논하는 경향을 가진 참고문헌으로서는, 前田專學, 『ブッダ : その生涯と思想』, 春秋社, 2012이 있다.

있다. '죽은 후에는 어떻게 됩니까?'라는 질문을 받은 스승은 '그런 것은 여기서 이야기할 것이 아니다. 손을 잡아라. 저 숲속으로 가자'라고 말하고 있다. 그러나 잘 알려져 있듯이, 붓다는 임종 직전에 '주먹 속에 감추고 말하지 않은 비밀은 없다'고 언명했다. 공개적 교의였던 것이다. 우파니샤드는 모든 생명에는 그 본질인 아트만이 깃들어 있고 그것은 영원불멸이라고 주장했지만, 붓다는 만물이 항상 변화하므로 영원불멸의 존재란 없다고 설했다.

또한 우파니샤드 역시 불교 경전처럼 대화와 문답형식으로 이루어져 있지만, 일반인과의 대화는 극히 적고, 바라문 아들이나 제자와의 대화가 대부분이며, 대화라고 하더라도 스승이나 부친의 가르침을 제자가 수긍하는 형식이다. 이 점은 다양한 사람들의 다양한 질문에 공개적으로 답하던 붓다 모습과는 다르다. 바라문교에서는 베다나 우파니샤드의 진리에 의문을 표하는 태도를 용납하지 않는 문화가 있었다. 너무 논의를 많이 하거나 질문을 심하게 하는 사람은 머리가 땅에 떨어진다는 말이 있다고 한다. 그러나 붓다의 대화는 대부분 열린 질문에 대한 열린 답변 형식으로 이루어져 있다.

우파니샤드의 특징 중 주목하고 싶은 한 가지는, '모르고 이야기하는 것'에 대하여 극히 경계하는 태도가 있다는 것이다. 신이나 제의에 대하여 정확하게 알고 정확하게 발음하는 것이 매우 강조되어, 거기에 잘못이 있으면 바라문은 목숨을 내어놓아야 한다는 것이 암시되어 있다. 예를 들면 '지금 그대가 찬송하려는 신들에

제1부 — 연기론적 관점에서 본 붓다와 불교 경전

대해 알지 못하고 건성으로 찬양한다면 당장 그대의 목이 떨어질 테니 조심하라' 등의 문구이며, 이러한 표현은 우파니샤드 여러 곳에서 등장한다. 사실 아닌 말(거짓말)을 이상할 정도로 죄악시하는 우파니샤드의 태도로부터, 거짓말이나 잡담을 크게 경계했던 붓다 사상이 영향을 받았을 가능성이 있다.

3. 바라문교와 인간 차별의 사회문화

바라문계급과 '진정한 바라문'

베다를 성전으로 삼는 종교가 바라문교(Brahmaism)이다. 사제계급인 브라흐마나[婆羅門](이하 '바라문'으로 표기함)의 한자 음역이 바라문인데, 제의에서 핵심적 역할을 하는 바라문 중심 종교가 바라문교이다. 그것이 바라문지상주의라고 일컬어지는 것은, 바라문만의 이익을 보장하는 교리이기 때문이다. 바라문은 지배계급이었지만, 그 지배란 권력을 매개로 한 것이 아니라 사상적 지배, 즉 간접지배였다.

바라문교는 불교와 연기적 관계에 있다. 바라문교가 있었기에 불교가 탄생했다고 말할 수 있을 정도이다. 바라문교가 불교 탄생 이후 인도 토착신앙과 결합하여 체계화된 것이 힌두교이다. 그러므로 바라문 교리는 오늘날 인도 사회에 그대로 살아 있다. 바라문교와 힌두교는 교리적으로 구분하기 어렵기 때문에 역사적 단계로 구분하는 것이 보통이다. 즉 바라문교는 불교 이전에 바라문계급 중심으로 베다성전에 기초하여 성립된 종교이며, 힌두교는 기원전 6세기경부터 베다체제가 붕괴되면서 바라문교에 민간신앙이나 새로운 종교운동이 흡수되어 만들어진 종교라는 것이다.

바라문교는 종교이지만 바라문교 신자가 있는 것이 아니다. 지금 힌두교 신자 역시 불교처럼 계를 받고 신자가 되는 것이 아니라 힌두교 부모로부터 태어나면 힌두교도가 된다. 그렇기 때문에 힌두교는 세계종교가 아닌 민족종교라고 불리는 것이다. 바라문교도 힌두교도 종교와 문화의 복합체라는 성격을 가진다.

바라문교는 창조신을 상정하지만 일신교가 아니라 다신교이다. 기원전 800년경에 성립한 한 베다문헌에는 바라문을 인간신(人間神)으로 위치지우고 있다. 즉 '신에는 두 종류가 있다. 하나는 인간의 행불행을 결정하는 일반적 의미의 신이다. 다른 하나의 신은 베다에 정통하고 학식을 갖춘 바라문이다. 바라문은 인간이면서 신이다'라고 규정하고 있다. 그리고 세상 사람들은 바라문에 대하여, '존경, 보시, 안전, 죽여서는 안 됨'이라는 4가지 의무를 져야 한다고 설해져 있다. 바라문 교리는 전생에 바라문을 죽인 사람은 불가촉천민(혹은 동물)으로 태어난다고 하며, 바라문에게 피를 흘리게 하면 그 피에 젖는 모래알 수만큼의 세월을 고통 속에 살게 된다고 설한다.

바라문은 노예계급과 여성을 제외한 사람들에게 지식을 전해 주는 교육자적 존재였고 고행으로 살아가는 경향이 강했다. 그들은 인생사의 주요 의례를 주재하면서 대중들을 지도했다. 이름을 정하거나 베다학습의 입문, 결혼이나 장의 등 그들이 주재하는 통과의례는 16가지나 되었다고 한다. 그들은 불을 사용한 제사의례를 바르게 행하는 것만이 좋은 환생을 보장한다고 설했고, 그것이 토착신앙과 융합되어 윤회사상을 뒷받침하는 교리가 된다.

여기에서 주의해야 할 것은, 붓다 설법이나 불교 경전에 등장하는 바라문이라는 용어가 반드시 바라문계급만을 지칭하는 것이 아니라는 점이다. 붓다는 바라문이라는 용어를, 바라문계급이라는 의미 이외에도 다음 두 가지 의미로 사용했다. 첫째는 붓다 승가에 입문한 출가자 중에서 바라문계급 출신자를 지칭하는 것이다. 그 경우 사문 혹은 비구라고 칭하지 않고 그냥 바라문이라고 칭하는 경우가 많았다. 둘째는 붓다 승가 내부에서 바람직한 수행자, 참된 수행자를 지칭하는 말로 바라문을 사용하는 경우이다. 특히 초기경전에는 이 용법이 가장 많은 것 같다. '바라문은 제법을 잘 이해한 후 그 법에 고집하지 않기 때문에 논쟁을 초월한다'(『숫타니파타』 907)라는 예에서 보는 바라문이다. 진정한 바라문은 붓다의 별칭이기도 하다. 경전에는 출생이 아니라 바른 행위를 실천함으로써 바라문이 된다는 설법이 많이 등장하는데, 이 경우에도 바라문이란 바람직한 수행자라는 뜻이다. 이와 같은 용법은 자이나교 경전에서도 거의 그대로 보인다. 바라문을 찬양하는 경전 내용을 근거로, 크샤트리아 출신인 붓다가 바라문 계급을 바람직한 사람들로 인정했다고 해석하는 것은 잘못이다.

인간 차별의 풍토: 카스트제도

바라문교는 카스트를 전제로 한 종교이다. 카스트(caste)란 지배자의 지위를 획득한 아리안들이 토착주민에 대한 지배체제를 정당화하기 위해 만든 것인데, 기원전 1000~800년경에는 확립되었다고 한다. 카스트란 말은 가계나 혈통을 의미하는 포르투갈어 'casta'에 기원을 두고 있다고 하는데, 그 말은 라틴어 'castus'(섞이지 않은, 순수한 이라는 의미)에서 왔다고 한다. 16세기 인도 서해안 지역을 지배했던 포르투갈인이 사용하기 시작하여 지금까지 사용되고 있다. 카스트란 인종 차별과 직업 차별이 혼재된 제도이다. 종(種)·색(色)을 의미하는 바르나(varna)에 의한 구분이 사성계급이며, 그 혈통조차 가지지 못한 사람들이 소위 불가촉천민이다.

기원전 1000년경 만들어진 가장 오래된 베다 『리그베다』(「푸루샤의 노래」)는 만물의 창조주 푸루샤(原人으로 번역되기도 함)의 각 부분에서 만물이 만들어진다는 창조신화가 다음과 같이 설해져 있다. '푸루샤의 입은 바라문이 되었고, 두 팔은 크샤트리아, 두 다리는 바이샤, 두 발은 수드라로 되었다.' 이것이 인도의 사성계급 명칭이 처음 열거된 기록이다. 바라문교는 사성계급의 사회질서를 뒷받침하는 지배 이데올로기였다.

바라문 다음이 크샤트리아(殺帝利)로 왕족 혹은 무사계급이다. 그들은 실제적인 통치계급이며 붓다 시대는 크샤트리아가 바라문 계급을 압도해 가는 시기였다. 그 다음이 서민인 바이샤(吠舍, 毘舍)이다. 바이샤의 직업은 다양하여 농업에서부터 수공업이나 상업에 종사했고, 상인의 대명사격이었다. 이 세 계급이 재생족(再生族)으로 불린다. 재생족은 모태에서 태어난 생과 더불어 종교적 통과의례를 통하여 종교적 생명으로 다시 태어날 수 있다는 의미이다. 이론상으로는 이들이 죽은 후 보다 나은 삶으로 환생할 수 있는 사람들이었다.

이 세 계급 밑에 주로 피정복주민으로 구성된 수드라(首陀羅)가 있었다. 그들은 위의 계급을 위하여 봉사하도록 숙명지어진 노예 계급이었다. 그들은 일생족(一生族)이라 불렸는데, 그것은 단 한 번 생이 주어지는 존재, 다른 계급으로 환생할 수 없는 존재이며, 베다를 배우는 것이 금지되어 있었다. 바라문이 이 일생족으로부터 보시를 받는 것도 금지되어 있었다. 계급은 탄생과 더불어 결정되고 그것은 살아 있는 동안 불변이었으므로 완전한 폐쇄사회였다.

이 카스트에 들지 못하는 존재로서 불가촉천민과 여성이 있음은 서장에서 언급했다. 다만 계급이 반드시 경제적인 부의 차이로 이어지지는 않는다고 한다. 가난하게 농사일을 하는 바라문이 많았으며, 반대로 큰 부를 축적한 수드라도 있었다. 필자는 인도 바라나시의 화장장 근처에서, 화장장에서 일하는 수드라는 매우 부유하다는 이야기를 인도인으로부터 들었다. 화장의식에서 사체에 불을 붙이는 것은 상주이지만, 불의 신 아그니가 모셔진 신성한 곳에서 그 불을 처음으로 빌려올 수 있는 사람은 오직 수드라계급에 한정되어 있기 때문이라고 했다. 인도인은 장례에 후하게 돈을 사용하기 때문에, 장례에 매우 중요한 역할을 하는 수드라의 수입이 높다는 것이었다. 이것은 좀 예외적인 예일지 모르겠다.

수행자로서의 바라문

만약 바라문에 대한 관념이, 많은 가축들을 죽여서 제사 지내는 사람들, 지배자로서 민중을 압제하는 사람들, 불이나 연기를 믿는 사람들, 이러한 단순한 것이라면 그것은 편견에 가깝다고 생각한다. 물론 절대적인 신분우위가 지속되면 바라문 본래의 생활을 방기하고 방탕한 삶을 보내거나, 다른 계급에 피해를 주는 횡포가 적지 않았을 것이다. 후일 부파불교나 대승불교 시대에 소수 권력자나 부호에 기대어서 정사가 운영되었던 시절, 계율을 무시하고 안일한 삶을 보내는 불교출가자들이 생겨났던 것도 그와 같은 이치이다. 그러나 붓다 사상은 바라문교와 상호작용하면서 생성된 것이므로, 바라문교에도 분명히 높이 평가할 만한 무엇이 있다고 보는 것이 바른 자세이다. 붓다 사상을 제외한 인도사상을 폄하하거나 혹은 반대로 바람직한 사상은 모두 붓다 전유물이라고 주장함으로써, 붓다 사상의 위대함을 더욱 돋보이게 할 수 있다고 생각한다면, 그것은 얕은 생각이다. 바라문교와 불교를 선악이라는 이분

법적 사고로 단순히 대비시키는 것은, 불교사상의 독자성을 밝히는 데에도 도움이 되지 않는다.

바라문도 반드시 물질적으로 안락했다고 보기 어렵다. 왜냐하면 그들의 일생은 베다 학습, 제사 지내기, 엄격한 일상과 고행, 교육 등으로 대부분이 채워져 있었기 때문이다. 『마누법전』은 바라문 일생을 학생기(學生期, 梵行期), 가주기(家住期), 임서기(林棲期), 유행기(遊行期)라는 4개의 생활기(아스라마)로 나눈다. 아스라마는 힘들여 수행한다는 의미이다. 즉 바라문들에게도 인생이란 평생 힘들여 수행해야 하는 과정이었다. 학생기는 베다를 배우는 시기이다. 대개 7, 8세부터 시작되는데 그 기간은 10여 년 정도인 것 같다. 가주기는 집에 머무는 시기이다. 학생기를 마치면 집에 돌아와 거주하면서 결혼하고 아이를 만들고 일한다. 임서기는 자식을 다 키우고 나이 들어 손자가 출생하면 집을 떠나서 숲속에서 살아가는 시기이며, 마지막 유행기는 모든 것을 버리고 무소유로 살아가는 시기이다.

사실 『마누법전』에는 바라문의 특권뿐만 아니라 그 의무를 다하지 못했을 경우에 주어지는 벌칙도 많이 정해져 있다. 그들에게는 베다학습과 고행이 가장 큰 두 가지 의무였다. 우파니샤드는 브라흐만에 도달(해탈)할 수 있는 조건으로서, 첫째, 베다 학습과 제의, 둘째, 고행, 셋째, 스승에게 헌신하고 독신을 지키는 것을 들고 있다. 『마누법전』(제11장)은 대죄, 준대죄, 신분을 상실시키는 죄, 잡종(雜種) 신분으로 떨어뜨리는 죄, 부정(不淨)의 존재로 만드는 죄 등 다섯 가지 죄를 규정하고 있는데, 바라문이 베다 내용을 잊어버린 행위를 가장 중한 죄인 대죄로 규정짓고 있다. 또한 고행하지 않고 베다 암송을 하지 않으면서 보시 받는 것을 즐기는 바라문은 지옥에 떨어진다고도 기술되어 있다.

인도 역사상 피지배계급에 의한 항쟁이 없지는 않았다. 그러나 그렇게 오랜 기간 카스트가 유지될 수 있었던 것은, 바라문계급의 생활양식으로도 설명할 수 있을 것이다. 제의에 엄격하면서도 경제적으로 궁핍한 바라문이 많았고, 특히 그들은 만년에 무소유상태로 살아갔다. 그들의 수행은 기본적으로 고행이었다. 바라문계급의 그러한 삶의 한 단면을 보여 주는 것이 『찬드기야 우파니샤드』에 등장하는 다음 일화이다.

한 코끼리 사육사가 콩으로 식사를 하고 있을 때, 어느 가난한 바라문 우샤스띠가 그에게 먹을 것을 좀 달라고 청했다. 그 사육사는 지금 내가 가진 것은 모두 이 그릇에 담긴 콩뿐이라고 대답하자, 우샤스띠는 그럼 그 먹던 것이라도 좋다고 청했다. 코끼리 사육사는 콩을 내어주면서, 마시는 물도 함께 건넸다. 그러자 우샤스띠는 다음과 같이 말하며 물은 사양했다. 즉 "다른 이가 마시던 물은 불결한 것이니, 그 물은 마시지 않겠소"라고. 코끼리 사육사는, "아니 지금 사제께서 드시는 콩 역시 제가 먹던 것인데, 콩은 괜찮고 마시던 물은 불결하다고 하시니 그게 무슨 말씀인가요?" 하며 의아해했다. 우샤스띠는 다음과 같이 대답한다. "여보시오, 이 콩은 지금 내가 먹지 않으면 굶어 죽을 것이므로 반드시 먹어야 할 것이지만, 물은 나의 의지에 따른 것이라오." 콩은 생존의 문제이지만, 물은 욕망의 문제라는 이야기이다.

이 이야기에는 약간의 해설이 필요할 것 같다. 바라문은 지금도 채식을 원칙으로 하고, 계급이 다른 사람과 식사하는 것도 매우 꺼린다. 항시 자기 주변을 살피는 것이다. 지금도 시장에서 물건 살 때도 파는 이가 어떤 계급인가를 의식한다고 한다(반드시 필요한 식품이라면 불가촉천민의 물건도 직접 산다고 한다). 호텔에서 일하는 사람이나 철도 판매원 등에 바라문이 많다고 하는데, 왜냐하면 아직도 인도에는 천민이 만든 음식이나 파는 음식을 꺼리는 문화가 있기 때문이다. 차이(인도 홍차)를 마시는 찻잔은 흙으로 만든 일회용을 많이 사용하는데, 차를 마시고 나면 그 찻잔은 버린다. 사람이 입을 댄 것을 깨끗하지 못한 것으로 여긴다는 것이다. 아마도 붓다 시대에는 지금보다 상상하기 어려울 정도로 주위를 가렸을 것이다.

지배 이데올로기로서의 바라문교

바라문에 대해서는 그들이 교육자로서 역할을 했다는 사실에 주목할 필요가 있다. 그들은 지배 이데올로기 재생산자였는데, 바라문체제가 오랫동안 존속한 것도 바로 그 때문이다. 바라문 자녀는 일정 연령에 도달하면 바라문 스승 집에 제자로 들어가서 베다와 제의를 배우게 되어 있었다. 대개 8세 정도에 입문하는데, 늦어도 16세까지는 입문해야 했다. 그 학습 과정을 거치지 못하면 활동이나 결혼에 제약을 받았다.

베다사상에 의하면 바라문은 두 번 태어나는데, 한 번은 부모로부터 태어나는 것, 즉 신체의 태어남이다. 그 후 스승을 찾아 베다를 배우게 되는데, 그것이 스승의 태아로서 다시 태어나는 것, 즉 두 번째로 태어나는 것이다. 실제로 제자를 태아로서 품고 있는 기간, 말하자면 본격적으로 베다를 배우기 이전에 학생에게 마음 준비시간을 주는 것으로 되어 있었다. 스승이 제자를 임신하는 기간은 1년이었다가 6개월, 24일, 12일, 6일, 3일로 줄어 최종적으로는 입문 당일이 되었다고 한다. 스승은 제자에게 맨 처음 가르치는 것이 사비트리(Savitr)라고 불리는 태양신에 관한 시라고 하는데, 바라문은 이 시구를 지금도 아침에 읊는다고 한다. 이렇게 스승 밑에서 오랫동안 베다를 배우고 외우는 것은 바라문의 의무였고 그 의무를 다하지 못한 아들은 바라문 행세를 할 수 없었다. 바라문도 태어날 때에는 천민과 마찬가지라고 일컬어지는 이유가 여기에 있다. 베다 지식, 그리고 고행과 절제된 생활, 그것이 바라문으로 행세하기 위한 조건이었다.

한편, 기원전 8세기경부터 인도 북중부 지역에는 많은 부족국가들이 생성되면서 크샤트리아가 실제적인 지배자로서 확고한 지위를 가지게 된다. 초기경전에는 사성계급의 순서를 말할 때, 반드시 크샤트리아를 가장 앞에 두는데, 그것은 이러한 사회상을 부분적으로 반영한다. 물론 바라문은 크샤트리아의 교육, 국왕 즉위식 등 의전 책임자로서의 역할을 하고 있었으므로 여전히 지도자라는 지위는 가지고 있었지만, 신분질서에 변동이 생긴 것이 사실이다.*
이러한 사회변화의 영향으로, 오로지 바라문 아들에게만 열려 있
던 베다 학습이 크샤트리아와 바이샤에게까지 확대된다. 이것은
붓다 탄생 전의 일이다. 그러므로 붓다 시대에는 크샤트리아 젊은
이가 베다를 배우는 것은 거의 의무나 다름없었다고 보아야 할 것
이다.

　이렇게 베다학습이 다른 계급까지 확대되면서, 범행기는 장래 직
업을 위한 준비기간이라는 성격을 띠게 된다. 다만 베다 입문의식
을 시작하는 나이와 계절, 의복 등에서 바라문은 다른 계급과 구
별되는 특별한 대우를 받았다. 크샤트리아와 바이샤 역시 바라문
스승 밑에서 범행기를 지내는 것이 보통이었다. 범행기의 시작은
크샤트리아 11살, 바이샤 12살로 되어 있었다. 바라문에게는 6가
지 책무가 있었는데, ①베다를 가르치는 것, ②다른 사람을 위해
서 희생제를 치르는 것, ③다른 사람으로부터 보시를 받는 것, ④
베다를 배우는 것, ⑤자신을 위하여 희생제를 치르는 것, ⑥자신
을 위하여 보시하는 것이 그것이었다. 여기에서 앞의 세 가지는 다
른 계급은 행할 수 없는 바라문만의 특권이었다. 한편 후자 세 가
지 책무는 바라문 아닌 재생족에게도 열려 있었다.
　이렇게 크샤트리아와 바이샤의 기초교육도 바라문에게 맡겨져

◇◇◇◇◇◇

* 　바라문계급과 왕권과의 관계에 관해서는 다음 연구를 참고했다. 山崎元一, 『古代イ
　ンドの王権と宗教 : 王とバラモン』, 刀水書房, 1994.

있었기 때문에, 바라문의 지배적 지위는 안정적이었다. 바라문은 크샤트리아에게는 철학, 베다, 농업, 상업, 정치 등 제왕학에 관한 교육을 행했고, 바이샤에게는 목축과 상업 그 밖의 실제적 지식(산술교육, 언어 등)을 전수했다. 물론 크샤트리아나 바이샤는 그들의 부친으로부터 직업 관련 교육을 받았겠으나, 바라문계급으로부터도 교육을 받았던 것이다. 이러한 고대 인도 교육체제는 근대 이전까지 이어져 내려왔다.**

　베다교육에서 완전히 소외된 계급은 노예계급인 수드라와 그 이하의 계급, 그리고 여성이었다. 『마누법전』은 만약 수드라가 베다 가르침에 귀를 기울이면, 그 귀에 뜨거운 쇳물을 부어 넣는 벌에 처해야 한다고 가르쳤다. 물론 『마누법전』은 생활지침서이므로 법적 강제력을 가지는 것이 아니다. 실제로 그리했다는 의미가 아니라, 그 정도의 인간 차별적 문화가 있었다고 보면 되겠다. 바라문교의는 신분계급의 정당성, 바꾸어 말하면 인간 차별을 교육하고 그것이 신의 뜻임을 사회 저변에 확산시키는 역할을 수행했다. 그러한 지배 이데올로기에 의해 형성된 문화를 상부구조문화라고 부른다. 상부구조문화는 일반 민중의 문화와는 유리된 것이다.

◇◇◇◇◇◇

** 카스트제도나 바라문계급을 고대 인도 교육체제와 관련지어 보는 것은 매우 중요한데, 그에 관해서는 다음의 문헌을 참고했다. 藤謙敬, 「カーストと教育 : インド古代教育制度を中心にして」, 『インド学仏教学研究』 第3巻2号, 1955; 宮崎智絵, 「カースト制における権力と教育の作用」, 『国際政経論集』 第17号, 2011.

4. 베다질서에의 도전

이단설에 대한 관용성

  인도 출신 노벨상 수상자 아마르티아 센(Amartya Sen)은 『논의를 좋아하는 인도인』이라는 저작에서, 사상사적으로 볼 때 인도의 특성 중 하나는 이단설을 관대하게 수용해 온 것에 있다고 말했다. 그리고 약 2500년 전 지배문화였던 바라문교에서 볼 때, 분명히 이단이었던 불교가 그 후 1천 년 동안이나 인도의 지배적인 종교로 존속했다는 사실, 그리고 역시 이단이었던 자이나교는 오늘날에 이르기까지 인도의 중요한 종교 중 하나로 존속하고 있는 사실을 그 증거로 들었다. 바라문체제를 타파하고자 했던 두 종교가 사회의 주류세력으로까지 성장했던 것은, 다름 아니라 고대부터 인도에는 이단설을 수용하는 문화가 있었기 때문이라는 것이다.

  라다크리슈난(Sarvepalli Radhakrishnan)도, 사회생활의 측면에서 본다면 인도에는 분명히 엄격한 카스트제도의 속박이 있지만, 개인의 철학적 견해는 매우 자유롭게 논의되는 문화가 있어 왔음을 강조한다. 다소 이율배반적으로 들리지만, 신분을 초월하여 종교적인 신조에 관하여 자유롭게 문제제기하는 것에는 관대하다는 것이다. 고대 인도에도 자기 자신의 견해를 가지지 않은 무니(현자)란 없다고 보는 풍토가 있었다고 한다. 자신의 견해를 가진다는 것, 지배 종교에 대해서도 자유로운 문제제기를 허용하는 풍토가 있었다는 것은 슈라마나라는 존재가 증명해 준다. 바라문 교의에 도전하는 슈라마나가 하나의 사회운동과 같이 일어났다는 것은 종교적 관용문화가 없다면 불가능한 일이었기 때문이다.

슈라마나의 배경에는 사회·경제·정치적 변화에 수반된 바라문 계급의 약화가 있었다. 어쨌든 '바라문과 슈라마나라는 양대 사상'이라는 정형구가 생길 정도로, 슈라마나가 큰 세력으로 발전했던 것이다. 거꾸로 말하면, 바라문 교리는 경제 사회 변화를 설명할 수 있을 만큼 합리적인 것으로 받아들여지지 않기 시작했다는 뜻이기도 하다. 실제로 크샤트리아가 실제적인 지배자가 되고 상업 발달을 배경으로 상인계급이 부상하면서 상대적으로 바라문계급의 지위와 교설은 약화된다. 그것이 베다사상에 도전하는 자유사상가들의 등장을 촉진했다.

바라문 지배체제는 신분질서에 도전하는 불교를 비롯한 사상들에 대하여 박해나 억압을 가하지 않았다. 예를 들어 예수가 십자가에 못 박히거나, 마호메트가 박해를 피해 헤지라[移住]를 당했던 것과 같은 고난은 붓다에게 없었다. 오늘날 인도에는 힌두교 지상주의라는 배타적인 움직임이 있지만 그것은 근대 이후의 일이다. 타종교에 대한 관용성은 서구 사회 경험과는 대조적이다. 근래에 미시사 연구 분야에서 세계적으로 큰 반향을 불러일으켰던 카를로 긴즈부르그의 『치즈와 구더기』(김정하 역, 문학과지성사, 2001)라는 저서는, 중세 이탈리아에서 '세상은, 우유에서 치즈가 만들어지고 치즈에서 구더기가 나오듯이 그렇게 자연스럽게 창조되었다'라고 주장한 한 물방앗간 주인이 종교재판에 회부되어 화형에 처해지기까지의 과정을 고찰한 책이다. 신이 세상을 창조했다는 생각에 반하는 주장이라면, 일개 민중이라고 하더라도 가차 없이 처단했던 무관용성을 보여 주는 사례이다.

오늘날 인도가 다문화사회가 된 것은 이단설 수용이라는 전통 때문이기도 하지만, 아소카왕이 보여 준 관용정신의 영향이 크다고 일컬어진다. 아소카왕은 자기 종파만을 존중하면서 다른 종파를 폄하하는 것은, 자기 종파에도 가장 큰 피해를 주는 행위라고 경고했다. 그리고 토론과 논쟁에서는 어떤 경우에도 상대방에게 경의를 표해야 한다는 정치원칙을 확립했다. 이 원칙은 지금까지 비교적 존중되어 왔다고 평가된다.

역사적으로 볼 때, 인도에서는 바라문교에 반하는 무신론이 많은 지지자를 가져 왔다. 그러므로 인도가 지극히 종교적인 사회라고 하거나, 그 밑바탕에 철저한 신분제도와 숙명론적 문화가 있다고 단정 짓는 것은 지나치게 단순화된 견해이다. 다양한 사상들을 관대하게 받아들이는 풍토는 불교발전의 배경이기도 했다.

해탈사상의 대두

바라문 지배가 오랜 세월 동안 지속되면서 제의가 변질되고, 바라문의 도덕적 타락도 심각해졌으며, 바라문과 토착민과의 혼혈도 많아졌다. 원래 중앙아시아에서 인더스강 상류 지역까지 행로는 매우 험하여 그 이주자는 대부분 남성이었다고 한다. 그러므로 아리안 혼혈은 민족 이동 당초부터 진행되었을 것이다. 거기에 갠지스강 상류 지역에 기반을 가지고 있던 바라문들이 바라나시 등 갠지스강 중류 지역으로 진출하면서 혼혈이 더욱 진행되었다. 그것이 붓다 시대 이전의 일이었다. 바라나시는 많은 사상가들이 모여드는 신흥종교의 각축장이었다. 후일 붓다의 첫 설법장소인 녹야원도 바라나시 근교였으며, 붓다 재세 시 이 지역에 불교가 큰 영향력을 가지지 못했던 것에도 그러한 배경이 있었다.

가치관 혼란은 바라문체제에 대한 회의에 의해서도 발생했지만, 다른 한편 경제발전에 수반된 상인계급이 부상하여 계급제도가 흔들리면서도 심화되었다. 아노미(무규범) 현상은 왕실에서도 발생했다. 붓다의 강력한 지원자였던 마가다국 빔비사라왕도 왕위를 차지하려는 아들 아자타삿투에 의하여 감옥에 유폐되고 죽음을 맞이했다. 경전에도 자주 소개되는 왕실의 골육상잔은 사회규범 혼란을 상징적으로 보여 준다. 이러한 아노미적 사회 혼란을, 최고(最古) 불교 경전은 윤회의 홍수라고 표현했다. 그 홍수에 떠다니는 신세가 된 대중들 사이에서는 새로운 사회, 보다 평화로운 사회에 대한 열망이 높았다.

붓다 시대에 바라문 윤회사상은 이미 대중들의 삶속에 자연스럽게 녹아 있었다. 윤회는 바라문의 우월적 지위에 정당성을 제공하면서, 반대로 노예계급에게는 전생의 업의 결과로서 고통스러운 현재가 있다는 숙명론을 강요했다. 윤회사상은 해탈사상과 한 쌍이었다. 즉 윤회는 윤회로부터 벗어나는 해탈사상과 결부되어 있었다. 해탈사상이 퍼지면서 바라문 계급이 아닌 사람들도 해탈을 구하여 집을 떠나 수행하는 경향이 나타났던 것이다. 그렇게 출가한 슈라마나는 바라문 세계관에 도전하는 종교혁신가의 총칭이었다. 슈라마나 중에는 바라문 혼혈 자녀들이 상당수 있었다고 전해지며, 특히 붓다 승가의 초기 제자들 중에는 바라문 혼혈 자녀가 많았다는 것이 지속적으로 주장되어 왔다. 슈라마나는 고행이나 명상을 통하여 해탈을 얻으려고 시도했다. 자이나교의 실제적 개조인 마하비라도, 그리고 붓다도 모두 슈라마나였다. 붓다의 출가설화에도 슈라마나가 등장하는데, 고타마는 그 모습에서 청정함을 느끼고 자신도 출가를 결심한 것으로 되어 있다.

슈라마나의 기본 수행법: 고행과 명상

슈라마나는 대체로 사람들로부터 존경받았다고 알려져 있다. 그러나 걸식생활은 시련이기도 했을 것이다. 바라문은 머리카락을 나선형으로 묶어서 바라문계급임을 알 수 있도록 했으나, 불교는 삭발했다. 자이나교 고행 중에는 머리카락 뽑기가 있는데, 오늘날에도 자이나교 출가자는 머리카락을 자르지 않고 정기적으로 뽑아내고 있다. 처음 삭발과 걸식 모습에 익숙하지 않았던 사람들로부터는 출가자가 천대받는 경우가 있었음이 『테라가타』 등의 경전에도 나타난다. 바라문이 중죄를 지어 사형선고를 받았을 경우, 삭발하면 사면되었다고 하므로, 그 초창기에 삭발한 사람에 대한 이미지는 부정적이었을 수 있겠다. 하지만 전반적으로 볼 때, 숲에서 수행하며 탁발로 살아가는 사람들은 대중들로부터 멸시받지 않았고 따라서 최소한의 생활물자를 보시를 통하여 얻을 수 있었다. 대중은 슈라마나에게 보시하는 행위를 장차 좋은 과보를 약속받는 공덕으로 여겼다. 그러한 관용성은 고행을 중시하는 바라문 문화와, 비교적 풍족한 농업생산에서 배양된 것이다. 후일 불교에 귀의한 승려를 호칭하는 비구(比丘)는 걸식하는 사람을 뜻하는 '빅쿠'의 음역이다.

집을 떠나는 것은 오늘날 예로 들면 장기 유학과 같은 것이었다. 즉 그것이 가족관계의 완전한 단절은 아니었다. 출가자들이 친부모를 위하여 불탑을 공양하는 일이 많았음은 고대 불탑 비문해석을 통하여 알려진 사실이다. 다만, 출가에는 관례적으로 일정한 조건이 있었다. 그것은 출가한 후 가족생계를 어느 정도 보장하는 것, 그리고 자손을 두어 가계를 잇도록 하는 것이었다. 기원전 4세기, 카우틸리아가 저술한 『실리론(아르타샤스트라)』은 힌두교 출가자의 처자에 대한 부양 의무를 강조하면서 처자에게 재산을 남기지 않고 출가하는 것을 금지했다. 그만큼 출가가 사회적 관행이 되었음을 보여 준다. 붓다 역시 출가를 결행할 수 있었던 것은 가족생계에 문제가 없었다는 것과, 출가 직전에 아들이 태어났다는 사정이 있었다. 또한 출가란 도피행이 아니므로 출가 전의 생활을 깨끗이 정리하는 것이 요구되었다. 난다라는 이름의 소치기가 붓다 설법을 듣고 그 자리에서 출가를 청원한 적이 있었다.(『상응부경전』) 그는 소는 내버려 두어도 스스로 집을 찾아 간다고 말했지만, 붓다는 먼저 소 주인에게 소를 데려다 주고 오도록 재차 지시했고, 소를 돌려주고 다시 돌아왔을 때 비로소 그의 출가를 허락했다.

슈라마나는 주로 숲속에서 수행했는데 명상이 주된 수행법이었다. 그중에 요가라고 불리는 수행법은 기원전 6세기에서 기원전 3세기 인물로 추정되는 카필라를 시조로 한 상키아파가 발견했다고 알려져 있다. 상키아는 인류 최초의 무신론이라고 일컬어지는데, 많은 연구자들은 그것과 붓다 사상과의 유사성을 지적한다. 그들은 명상을 통한 정신수련, 호흡 통제와 같은 수련법을 통하여 스스로 타고난 능력을 발견할 수 있다고 믿었다. 다만 요가의 뿌리는 훨씬 그 이전으로 올라간다. 붓다가 출가한 후 처음으로 만난 스승 아라라카라마도 선정가였는데, 그는 상키아파 원조의 한 사람이라고 일컬어진다. 붓다는 그로부터 모든 생각을 정지한 무념무상의 경지에 이르는 선정법[無所有處定]을 배웠고 그것은 후일 붓다가 깨달음을 얻는 데에도 기여했다. 아마도 다양한 동기에서 출발한 다양한 슈라마나들은 자기 나름대로 여러 수행법을 시도했을 것이다.

유럽 불교개론서는 불교와 상키아의 관련성을 주장하는 경향이 있는 것 같다. 물론 불교 수행방법이 요가와 유사성을 가지고 있음은 사실이다. 오늘날 요가는 긴장을 풀어 주는 운동으로 여겨지는데, 당시 요가는 오히려 그 반대로, 인간의 이기심을 잠재우기 위한 꽤 가혹한 수련법이었다고 한다. 원래 요가라는 말의 어원은 아리아인들이 정착과 이동을 반복하던 시절, 이동하는 행위 혹은 이동 중에 습격하는 행위를 의미했다고 한다. 그 어원은 고삐를 맨다는 것에서 왔다고 하는데, 습격 전에, 전차를 끌어 줄 짐승과 전차를 밧줄로 연결하는 것을 의미했다. 그러므로 오늘날 요가라고 불리는 수행법은 아리안 요가와는 달리 매우 부드러워진 좌선방법이라고 할 수 있겠다.

베다에 도전한 사상가들

붓다 시대는 종교적 혁신기였다. 혁신이라는 것은 베다의 권위에 도전했다는 뜻이다. 붓다 시대에 베다와 단절하고 바라문적 사회 질서에 도전한 사상가는 불교 경전에 의하면 62개 유파가 있었고, 자이나교 경전은 363종의 견해가 있었다고 전한다. 『디가니카야』(혹은 『장아함경』)의 「사문과경」(沙門果經: 전재성 역은 「수행자의 삶의 결실에 대한 경」)은 그중 대표적인 6명 사상가를 비교적 상세히 소개한다. 그들은 모두 바라문적 윤회를 부정하는 사상가들이었는데, 각자 공동체를 형성하고 수행자들을 거느리고 있었다. 다만, 그들은 붓다가 동의하지 않는 사상을 설했기 때문에 불교에서는 이단설로 취급되어 한역 경전에는 육사외도(六師外道)라고 표기되어 있다. 그러나 그 원어는 강 건널 곳을 만들어 주는 사람이라는 뜻이고, 그것은 자이나교 종조인 마하비라의 별칭이다. 위의 「사문과경」에도 교단을 갖춘 자, 종파의 창시자, 존경받는 자, 출가한 지 오래된 자 등으로 묘사되어 있다. 이 여섯 종파 중 자이나교는 나머지 사상 가들과는 달리 업보설을 인정하였고, 그것이 인도 대중의 지지를 얻게 하여 오늘날까지 존속하게 한 요인이라고 일컬어진다.

베다에 도전하는 사상들이 주로 붓다가 활동했던 갠지스강 중부 지역을 중심으로 이루어진 것은, 그곳이 전통적으로 바라문 영향이 강했던 갠지스강 상류 지역과는 달리 그 영향이 약한 지역이 었기 때문이다. 그 후 바라문도 바라나시 등 갠지스강 중류 지역으로 진출했고, 또 자이나교 등 다양한 종파들도 진출하여, 이 지역은 붓다 재세 시에도 붓다 사상의 영향력이 비교적 크지 않은 곳이었다. 또한, 많은 경전에서 붓다가 국왕 등 지배층을 귀의시키는 장면이 있는데, 이 경우 귀의라는 것이 지금까지 믿고 있던 종교문화를 완전히 버리고, 전적으로 붓다만을 신봉한다는 의미라고는 보기 어렵다. 국왕이 붓다에 귀의했다 하더라도 우선 바라문교를 존중하는 입장은 변하지 않았던 것으로 보인다.

여기서는, 붓다가 비판했던 육사외도 주장 중 가장 극단적이라고 할 수 있는 두 가지와, 자이나교 사상을 간략하게 소개한다. 이 사상들과 붓다 사상과의 차이를 이해하는 것은 붓다의 윤회관 및 독창적 수행법을 이해하는 데에도 도움을 준다.

우선 고사라의 주장인데, 그것은 소위 숙명론이다. 만물은 우주를 지배하는 원리인 숙명(니야티)에 의해 결정되는 것이며, 인간 의지로 결정되는 것이란 없다는 주장이다. 어떤 일이라도 인도 없고 연도 없이 일어난다고 했으며 업 역시 부정했다. 붓다는 이것을 가장 위험스럽고 저급한 사상이라고 비판했다.

다른 하나는 캇사파라는 인물의 교설로서 한마디로 업보를 완전히 부정했다. 그는 업보도 공덕도 인정하지 않았으며 따라서 인과응보도 부정했다. 사람을 죽이는 것도 해를 입히는 것도 재물을 빼앗는 것도 그로 인하여 나쁜 영향을 받는 것이 아니며, 그것에 의해 선업이 만들어지는 것도 아니요 그것에 의해 나쁜 결과가 만들어지는 것이 아니라는 입장이었다.

자이나교

자이나교는 철저한 무소유와 아힘사[不殺生]를 지향했다. 그래서 마하비라만큼 아힘사를 일관되게 추구한 사람은 없었다고 일컬어진다. 자이나교는 모든 살아 있는 것에는 혼이 있는데, 곤충 등 미물은 물론이고 식물에도 혼이 있다고 생각했다. 그러므로 인간에게 해를 가하는 해충도 해칠 수 없었다. 마하비라는 옷을 걸치지 않고 살았다고 알려져 있다. 고행 또한 매우 철저했다. 지금도 자이나교 수행자는 물을 걸러 먹는 도구를 휴대하며, 신자들도 불가피하게 생물을 죽일 수 있는 농업에 종사하지 않는다. 어떤 생명체도 죽이지 않는다는 생활 방식이다. 자이나교 최고층 경전에도, 자신이 위해를 받으면 고통을 느끼듯이, 다른 생명도 마찬가지이므로 모든 생명체를 평등하게 대하는 사람이 곧 사문이라고 설해져 있다.

자이나교는 불교와 닮은 점이 많다. 붓다와 마하비라는 크샤트리아계급 출신이었고 출가자였다. 윤회로부터 해탈을 추구한다는 이념도 그러하다. 하지만 자이나교는 극단적인 평화주의였기 때문에, 붓다는 그러한 수행이 현실생활과 양립불가능하다고 판단했다. 『자타카』에는 단식을 통한 자살을 인정하는 듯한 내용도 있지만, 붓다는 계율에 있어서도 극단성을 배제했다. 후일 붓다를 배반하고 붓다에게 위해를 가하려 했던 데바닷타가 승가에 제안했던 계율도 극히 금욕주의적이었으며 자이나교 고행과 흡사했다. 숲에서만 거주해야 한다는 것, 집안에 들어가서는 안 된다는 것, 분소의만을 입어야 한다는 것, 고기나 동물의 젖이나 소금을 먹어서는 안 된다는 것 등이 그가 제안한 계율이었는데, 붓다는 그것을 받아들이지 않았었다. 자이나교단도 후일 옷을 걸치지 않아야 하는가[空衣派] 아니면 흰 옷을 걸쳐도 되는가[白衣派]라는 계율을 둘러싸고 분열된다.

그러나 교리나 전도(傳道)의 측면에서 본다면 불교와 자이나교는 그 입장이 달랐다. 먼저 자이나교는 아트만을 인정했다. 『자이나교강요(綱要)』*에 의하면, 자신이 지은 업의 과보는 다른 사람이 아닌 오직 자신만이 받는데, 그것이 가능한 것은 상주하는 아트만이 있

◇◇◇◇◇◇

*　長尾雅人編, 『バラモン経典・原始仏典』, 中央公論社, 1979에 수록된 『ジャイナ教綱要』를 참고했다.

기 때문이라고 한다. 그리고 아트만을 인정하지 않는 불교를 비판했다. 업과 아트만을 인정한다는 것, 그리고 고행을 실천하는 것, 이 두 가지는 인도문화에 친화적인 교리이자 실천이었다. 자이나교가 인도에서 오늘날까지 존속하고 있는 것은 바로 이 두 가지 교리 때문이라는 주장이 있다. 그것은 뒤집어 말하면, 불교가 그 두 가지를 멀리했던 것이 인도에서 불교 소멸을 초래했다는 주장이기도 하다.

잘 알려진 대로 붓다는 승가가 결성되자 전도에 적극적이었으나, 자이나교는 전도에는 소극적이었다. 역사를 돌이켜보면, 불교는 그 후 매우 번성하여 인도의 대표적인 종교로 거의 1천 년 동안 존속했지만, 그 후 인도에서 소멸하고 말았다. 그러나 자이나교는 늘 소수의 신자를 가진 교단이었으나 2500년이 지난 지금도, 비록 신자 수가 많지는 않지만 인도 주요 종교의 하나로 존속하고 있다.

붓다는 완전히 건넌 사람으로도 불리는데, 그러한 비유법은 자이나교에서도 사용된다. 자이나교에서는 완전히 깨달은 자, 즉 해탈한 사람을 티르탕카라라고 한다. 그것은 '(중생들이) 걸어서 건널 수 있도록 얕은 여울을 만드는 사람'을 뜻한다. 자이나교의 마하비라는 24대 티르탕카라이다. 스스로 고통의 강을 건너고 다른 사람들도 자신을 따라서 강을 건널 수 있도록 길을 만들어 주는 구원자인 것이다. 그 점에 관한 한 티르탕가라는 불교 경전에 그려진 붓다의 모습이다.

5. 불교 탄생의 정치·경제적 배경

정치적 배경의 중요성

철학자 야스퍼스(K. Jaspers)는 기원전 8세기에서 서기 3세기까지를 축의 시대(Axial Era)라고 이름 붙였다. 사상계에 있어서 매우 중요한 변화가 세계적으로 일어난 시기라는 뜻이다. 그리스에서는 탈레스, 소크라테스, 플라톤, 아리스토텔레스 등 위대한 철학자들이 탄생했고 중국에서는 공자와 맹자, 노자 등 대학자들이 등장했다. 인도에서도 우파니샤드와 상키아철학, 자이나교, 그리고 불교 등이 생성되었다. 이러한 움직임은 제국 주변에서 일어난 인간 해방 사상이기도 했다. 즉 이 시기는 작은 나라들이 패권 논리에 의해 봉건제국으로 흡수 통합되어 가는 시기였고, 위의 철학자 종교가들은 패권 논리의 대안으로서 인간 평등을 주장했던 사람들이었다. 그러므로 불교생성에 관해서도 그 정치적 배경을 살피는 것이 매우 중요하다.

기원전 800년경을 기준으로 할 때, 인도 북중부, 갠지스강 중류라는 한정된 지역에 일정한 세력을 가진 나라가 16국이나 성립되어 있었다. 그 나라는 각기 몇 개 부족이 연합체 형태로 존재하는 경우도 있었고, 작은 부족이 강대국에 복속되어 있는 경우도 있었다. 그중 마가다국과 코살라국이라는 두 개 강대국이 있었는데, 부족국가들은 이들 강대국에 의해 점차 병합되어 간다. 코살라국

초기불교 : 붓다의 근본 가르침과 네 가지 쟁점

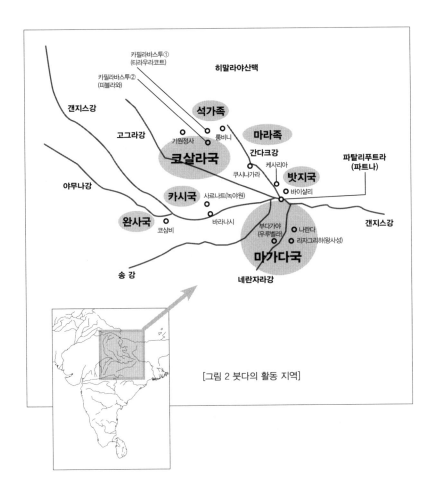

[그림 2 붓다의 활동 지역]

은 석가족과 가까운 북부 지역에 위치했고 마가다국은 그 동남쪽
인 갠지스강 하류 지역에 위치한 강대국이었다. 후일 마가다국은
이 지역의 패자가 되었고 그 후 아소카왕 시대 인도 전체를 통일하
는 모체가 된다. 코살라국은 석가족을 멸족시킨 강대국인데 기원
전 4세기경에는 멸망한다. 코살라국 수도가 사밧티(슈라바스티, 舍衛

城)였는데, 붓다가 많은 안거를 지낸 기원정사가 근교에 위치해 있다.[사진 8-1, 8-2] 마가다국은 붓다 정각지인 부다가야와 영취산(靈鷲山, 독수리봉), 죽림정사[사진 8-4] 등이 위치한 곳으로 라자그리하(왕이 사는 곳이라는 뜻으로 한역하여 王舍城)가 그 수도였다. 사위성이나 왕사성의 성(城)이란 한역 용어이며 도시[城市]를 뜻한다.[그림 2]

붓다는 마가다국과 코살라국을 포함하는 갠지스강 중류 지역에서 주로 활동했다. 그중에서도 특히 마가다 지역은 중요한 의미를 가진다. 이 지역은 당시 자유사상가들이 배출된 땅이었다. 붓다는 출가를 위해 카필라성을 나온 후 바로 마가다국 왕사성으로 향했는데, 출가 후 첫 방문지를 왕사성으로 정한 것은 우연이라고 볼 수 없다. 그곳이 정치·경제·문화의 중심지였다는 것과, 사상가들이 모이는 장소였기 때문이다. 인도불교가 마지막까지 남아 있던 지역도 바로 마가다 지역이었다. 거기에 지형적인 영향도 있을 수 있다.

인도 북중부 대평원은 그 동쪽인 왕사성에 와서 끝나고 왕사성 지역에는 비로소 작은 바위산들이 나타난다.[사진 1-3] 바위산에 있는 많은 동굴은 수행 장소를 제공했다. 1차 결집이 열렸던 칠엽굴도 이곳에 위치해 있고, 두타제일 마하카사파(대가섭)가 수행했다는 동굴도 이곳에 있다. 경전에는 마하카사파가 절벽 위에 앉아 있기를 좋아한다는 내용이 있는데, 비록 높지 않은 산이지만 워낙 평원지대인 인도 북부 사정으로 본다면 산이 있다는 것은 매우 진귀한 것이므로, 경전 내용이 사실이었음을 실감하기에 충분한 곳이다. 아마 이 지역은 지진이 발생해 온 것으로 보이며, 경전에 등장

초기불교 : 붓다의 근본 가르침과 네 가지 쟁점

하는 온천도 그대로 남아 있다. 왕사성 지역이 불교 성지일 뿐만 아니라 힌두교 성지이자 자이나교 성지이기도 한 까닭은 산을 끼고 있다는 지형적 요인과 무관하지 않을 것이다.

신분제 동요와 공화제

많은 작은 나라들이 한두 개 강대국으로 통합되어 간다는 것은 전쟁이 끊이지 않았다는 뜻이기도 하다. 거듭되는 전쟁은 바라문 계급의 상대적 지위 약화를 가져왔다. 그 경로는 다음 두 가지였다. 하나는 전쟁 당사국 모두가 인드라[한역 제석천(帝釋天)] 등 바라문교 신들에게 전쟁 승리를 기원했지만, 전쟁에서 어느 한 나라는 패하기 마련이다. 이런 일들이 거듭되면, 바라문교 신들에 대한 회의가 일어나게 될 수밖에 없다. 다른 하나는, 전쟁에서는 무사계급인 크샤트리아 역할이 절대적이고 그중 국왕은 실제적인 권력을 가지고 있었기 때문에 국왕이 실제적 지배자 지위를 확보하게 되었다.

붓다의 출신 부족인 석가족은 코살라국에 의해 붓다 재세 시에 멸망했다. 설화에 의하면 출가 전 고타마는 온갖 사치에 둘러싸여 있었다고 전하지만, 그것은 다소 과장된 이야기일 것이다. 위의 16국에 석가족은 포함되어 있지 않고, 붓다 스스로가 석가족을 코살라국에 복속하고 있는 부족으로 표현하고 있으므로, 붓다 부친인 정반왕(淨飯王)은 부족장 혹은 지방호족으로 보는 것이 합당하다. 데이비스는 이미 140여 년 전의 저작에서 고대 인도에서 왕이란 칭호는 명문집안에 대한 존칭이었다고 밝히면서 고타마는 왕자라고 볼 수 없다고 지적한 바 있고, 지금까지 그의 견해에 대한 반증은 제시되지 않고 있다. 그는 국왕이라는 칭호는 경전이나 인도 문서에 반드시 대왕(大王)으로 표기됨을 상기시켰다. 정반왕 가문 인물들에는 이름에 반(飯: 쌀, 밥을 의미)이라는 글자가 들어 있기 때문에 출신지역은 주로 쌀농사 지역이었다고 추측된다. 이 지역은 비옥한 평원이다.[사진 2-3] 고타마는 정반왕의 아들로서 석가족 지도자로 예정되어 있었다. 다만, 석가족도 집단적인 통치체제를 가지고 있었다고 전해진다. 부족 존망의 위기감이 고조되어 가는 정치적 상황은 붓다 출가와 깊이 관련되어 있었다고 보인다.

위의 16국 중에는 군주제가 아닌 공화제를 채택하는 경우가 있었다. 붓다 시대에는 상가라고 불리는 참여형 통치 방식을 도입한 부족들이 상당수 있었다. 공화제는 그리스의 폴리스와 흡사했다. 고대 그리스인 인도 기행기에도 당시 인도에 공화제가 시행되는 나라가 있었음이 기록되어 있다고 한다. 붓다는 16국 중 하나인 밧지국(밧지족, 리차비족 등의 연합국)이 공화제 통치체제를 가지고 있음을 찬양했다. 밧지국은 붓다가 칠불퇴법(七不退法), 즉 나라가 망하지 않는 7가지 특성을 가진 나라라고 찬양했던 나라이다. 붓다와 인연이 깊은 케사리아도 그곳에 있다.[사진 7-1] 붓다 탄생설화에도 국민 한 사람 한 사람이 스스로를 왕인 것처럼 생각하는 나라가 등장하는데 그것은 공화제를 시사한다. 공화국들은 바라문계급을 무시하는 경향이 강했는데, 평등지향적인 공화제에서 본다면 폐쇄종교인

초기불교 : 붓다의 근본 가르침과 네 가지 쟁점

바라문교에 호의적이기 어려웠을 것이다. 하지만 공화국들도 내분에 휩싸여 분열되고 결국은 보다 큰 군주국가에 합병되어 간다.

농업발전과 상인계급의 대두

크샤트리아가 상대적으로 큰 권력을 쥐게 되면서 사회계급에도 큰 변화가 생기는데, 그 배경에 경제적 변화가 있었음을 주시할 필요가 있다. 그 변화란 농업생산성 향상과 상업발달이다.

아리안들이 가져온 철기문명은 농업발전을 가져왔다. 농업생산이 확대되고 농기구를 생산하는 수공업이 발전하면서 기원전 7세기경에는 갠지스강 유역을 중심으로 농업을 기반으로 한 소도시들이 출현한다. 그에 따라 상업이 발달했고, 화폐도 널리 통용되기 시작했다. 농업생산 확대와 수공업 발전, 상업발달은 서로 어울리면서 경제발전을 촉진했다. 그에 따라 경제적 실력자인 상인계급, 즉 자산가계급이 출현했다. 도시 간 지역 간 교역이 확대되면서 새로운 교역로가 만들어졌다. 후일 불교 전도에는 그렇게 만들어진 길들이 큰 역할을 했다. 힌두교도는 관행적으로 해외로 나가면 카스트를 잃는다고 생각하여 해외로 나가는 것을 꺼린다고 한다. 그러한 사회문화는 인도에서 불교가 비교적 빠른 속도로 전파된 사실과 연관성이 있을 수 있다. 왜냐하면, 붓다 시대는 시장과 무역 발달을 기초로 하여 상인계급이 부상하던 시기였고, 상인은 탈바라문교 성향이 강하여 붓다를 지원하는 경향이 있었기 때문이다.

붓다의 첫 재가지원자 두 사람도 상인이었다. 상인은 경제적인 실력자이지만 계급적으로는 낮은 계층이었으므로, 태어남에 의해서 운명이나 사회적 지위가 결정되는 사회를 거부하고 보다 개방적인 사회, 그리고 보다 합리적인 새로운 종교에 대한 열망이 있었다.

상인계급과 경제적 번영은 상호 영향을 주는 요인이지만, 이 시기 경제발전 배경에는 부의 축적을 중시하는 인도의 문화적 유산이 자리 잡고 있었음을 상기할 필요가 있다. 사실 붓다도 재가신자의 부 축적에 호의적이었는데, 그러한 배경을 이해하기 위해서도 고대 인도의 경제관을 살펴볼 필요가 있다.

고대 인도의 대서사시 『마하바라타』에도 부(富), 즉 아르타는 인생의 중요한 목적 중 하나로 규정되어 있었다. 즉 힌두교는 부 축적을 장려했다. 기원전 4세기, 카우틸리아가 저술한 『실리론』은 정치·외교·내치 등을 논한 제왕학 저서로 알려져 있지만, 실은 경제와 교역 등 실제적인 문제들 역시 매우 중요하게 논의되어 있다. 인도인들이 지금도 숭상하고 있는 이 책은, 어떻게 하면 부를 축적할 것인가를 논한 부국강병론이었다. 인도의 마키아벨리로 일컬어지는 카우틸리아는 본격적 통일왕조였던 마우리아왕조의 기틀을 마련한 재상이다.

실제로 인도는 고대부터 동서양 교역이 활발히 이루어지는 지역이었다. 기원전 2세기 한나라 시대에 흉노를 견제하기 위하여 대월씨국(大月氏國) 사절단으로 나섰던 장건(張騫)은 인도를 멀리 북쪽으로 돌아 중앙아시아 박토리아(Baxtoria)에 도착했다. 그는 그곳 시장에서, 중국 운남(雲南)에서 만든 대나무 제품과 면 제품들을 보았고, 그것들은 상인들이 중국에서 인도를 거쳐 운반해 온 것이라고 기록했다. 교역은 언제부터라고 할 수 없을 만큼 오래전부터 이루어지고 있었던 것이다. 결국 인도에서 상인계급은, 비록 카스트 서열은 높지 않으나 실제적 사회 지배층이 될 수 있는 문화적 풍토를 가지고 있었던 셈이다.

붓다 승가에 기원정사(祇園精舍)를 기증한 수닷타(須達多: 고독한 빈자에게 보시하는 사람이라는 뜻으로 給孤獨, 혹은 給孤獨長者로 불림)라는 부호는 상인계급이었다. 미얀마 불교도들은 수닷타가 미얀마 출신 사람이라고 특별히 그를 숭배하여, 기원정사와 거기에서 멀지 않은 수닷타 스투파(불탑)는 그들의 매우 중요한 순례지이다. 실제로 수닷타 스투파에서 미얀마불교도 그룹을 만난 적이 있는데, 그들은 수닷타를 매우 자랑스러워했다. 나는 수닷타 출신지를 조사해 보지 않았지만, 그가 미얀마 사람이라면 그 사실 자체가 의미 있는 시사를 준다고 생각한다. 왜냐하면 미얀마는 옛날 중국 남부와 인도 사이의 교역로에 위치하기 때문이다. 불교가 인도에서 멸망한 후에도 극소수 불교도가 끝까지 남아 오늘날까지도 그 전통을 남기고 있는 곳 역시 미얀마에 가까운 지역이다. 아마 상인 출신 실력자 수닷타와 같은 인물은 일찍부터 교역에 눈뜨고 인도 사회를 넓은 눈으로 보고 있었을 것이다. 그의 눈에는 신분 폐쇄적 종교인 바라문교보다 붓다법이 보다 합리적인 가르침으로 받아들여졌음이 틀림없다.

제2장

인간 붓다와 초기불교

1. 인간 붓다

길 위의 사람, 붓다

붓다는 인간 붓다이며 역사적 붓다이다. 즉 가공인물도 초인적 인물도 아니다. 인간의 몸으로 태어났고, 젊은 날에는 고뇌했고, 인간의 몸으로 깨달음에 도전하여 목표를 달성했다. 그리고 깨달음의 지혜를 수많은 고통 속 중생을 구제했고, 인간의 몸으로 입멸했다. 그는 길 위의 사람이다. 깨달음을 얻은 후 그는 45년 동안 우안거를 제외하고는 끊임없이 유행(遊行)했다. 설법이 필요한 곳이면 어디든지 걸어 다가갔다.

그는 길에서 태어났다. 마야부인은 출산을 위하여 친정으로 가던 중 뜻하지 않게 산기를 느끼고 룸비니라는 작은 숲에서 고타마를 출산했다. 그곳은 현재 인도 북부와 네팔 남부 접경 부근에 위치한 곳이다. 붓다가 인간 붓다였다는 사실은 19세기 말 룸비니에서 아소카왕 석주가 발견되고 그 석주에 새겨진 칙령 내용이 판독됨으로써 한층 더 증명되었다. 아소카왕 석주는 붓다 입멸 약 200년 후에 세워진 많은 석주의 하나인데, 거기에는 룸비니가 붓다가 출생한 곳이라는 점, 아소카왕 스스로가 참배하였다는 점, 지역민에게는 감세 혜택을 준다는 점이 기록되어 있다.[사진 3-3]

초기경전 내용은 사실에 기초한 기록이다. 나는 쿠시나가라에서 사라수나무를 처음 보았을 때, 「붓다열반도」에 그려져 있는 사라수나무(沙羅樹)와 그 모습 그대로임에 놀랐다.[사진 6-4] 열반도는 전설이나 상상에 근거해 그려진 것이 아니었다. 마하카사파가 즐겨 수행했다는 왕사성 바위산, 붓다 마지막 여정 출발지인 독수리봉, 그리고 특징적 모습의 전정각산 등은 경전 내용과 놀라울 정도로 흡사했으므로 그것만으로도 초기경전이 사실에 근거하고 있음을 확신하기에 충분했다.[사진 1-2, 1-4]

석가족의 본거지는 카필라바스투(카필라성)인데, 현재 카필라바스투로 추정되는 후보지는 두 곳이다. 두 곳 모두 룸비니에서 멀리 떨어져 있지 않은 인도 북부(피블라와) 혹은 네팔 남부(티라우라코트) 부근인데, 확정되어 있지 않다. 고고학적 근거가 충분하지 못한 것도 그 원인이지만, 후보지 두 곳이 각각 인도와 네팔에 위치해 있기 때문에 더욱 복잡한 형세가 되어 있다.

붓다 탄생 후 불행히도 마야부인은 곧 사망하고 고타마는 친모

여동생인 마하파제파티의 보호 아래 자라났다. 후일 그녀는 붓다가 깨달음을 얻은 후 출가하여 비구니승가가 만들어진다. 친모가 없는 어린 시절은 고타마의 사유 세계에 영향을 주었을 것이다.

그는 16세에 야소다라와 결혼하였다. 경전 중에는 야소다라를 포함하여 두 명 혹은 세 명의 부인을 기록한 경우도 있는데, 어느 경우나 정부인은 야소다라이다. 히말라야 산록에 사는 부족들 사이에는 일부다처 혹은 일처다부라는 혼인 형식이 오랫동안 있었다고 전해지므로 그러한 영향이 석가족에게도 있었을 수 있겠다. 불교의 특성 중 하나가 교리에 윤리 도덕적 요소가 깊이 뿌리내리고 있다는 것인데, 그 이유를 고타마의 결혼 생활 경험에서 찾는 견해도 있다. 고타마는 29세 때 출가한다. 출가 직전에 야소다라에게서 아들(라훌라)이 태어났는데, 당시 해탈을 구하여 집을 떠나는 것에는 남겨진 가족을 위해 재산을 남기고 아들을 낳는 것이 관행적 조건이었다.

그 후 붓다는 6년간 수행을 거듭한 끝에 네란자라강 옆 우루벨라(뒤에 부다가야라는 명칭이 됨)의 보리수(아슈바타 혹은 피팔라라고 불리던 나무인데, 붓다가 깨달음을 얻은 후 깨달음의 나무, 즉 菩提樹로 칭해짐) 밑에서 깨달음을 얻는다. 아슈바타는 신들이 머무는 곳이자 감로(甘露: 불사의 영약, 아무리타)를 얻었던 나무로서 베다에도 등장하고 있듯이, 고래로부터 신령스러운 나무로 여겨져 왔다. 또한 『바가바드기타』(고대 인도의 서사시 『마하바라타』의 한 부분. 베다, 우파니샤드와 함께 바라문교의 3대 성전의 하나)와 같은 문헌에도 불가사의한 신령나무로 등장하고 있으므로, 고타마가 보리수 밑을 선정 장소로 정한 것은 의식적인 선택이었을 것이다. 이 깨달음 장소에는 마하보디사원이 건립되어 있고 보리수 밑에는 붓다가 앉아 있었다고 하는 금강좌가 보존되어 있다.[사진 4] 깨달음을 얻은 붓다는 80세에 입멸할 때까지 계율을 지키면서, 고통 속에 있는 중생의 삶 속으로 걸어 들어가 고통 해결을 위한 설법을 행하는 실천적 삶을 살았다.

그의 입멸 역시 길 위에서였다. 80세에 영취산(독수리봉)[사진 9-1, 9-2]에서 유행(遊行)을 시작하여 서북쪽으로 방향을 잡고 갠지스강을 건넌다. 그리고 그가 특히 사랑했던 바이샬리 근처에서 마지막 우안거를 보낸다. '내가 바이샬리를 보는 것은 이것이 마지막이다'라는 말을 남기고 바이샬리를 떠나기 전, 붓다는 '자기 스스로를 섬[洲. 혹은 燈明]으로 삼고, 법을 섬으로 삼으라'[자등명 법등명(自燈明法燈明)]라는 설법을 남긴다. 다시 북서쪽으로 길을 가던 붓다는 이윽고 병을 얻고 쿠시나가라에서 입멸한다. 붓다는 그곳 두 그루 사라수 사이에서, 머리를 북쪽으로 얼굴을 서쪽으로 하여 몸을 눕히고 입멸했다. 인도의 전통적 임종 방식이다.[사진 6]

붓다가 가던 길이 계속되는 방향에 붓다 출생지 룸비니가 있으므로 그는 고향을 향하여 마지막 유행을 했을 것이라고 추측되기도 한다. '붓다는 굳이 출생지 룸비니로 가려고 생각하지 않았다. 룸비니 방향으로 가는 것만으로도 충분했다. 쿠시나가라는 룸비니와 같은 곳이었다'라고, 다소 문학적 묘사를 한 경전도 있다. 그렇게 길 위에서 태어난 후 머물지 않고 걸었으며 또 그렇게 길 위에서 입멸한 것이다. 쉬지 않는 걸음이 있었기에, 붓다 재세 시에는 많은 사람들이 붓다 설법을 청하거나 혹은 설법장소에 모여 들어 가르침을 받을 수 있었다.

완전히 건넌 사람, 붓다

붓다가 주로 활동했던 인도 북중부 지역에서 갠지스강(강가)은 사람들에게 신앙과 같은 존재였다. 히말라야에서 남쪽으로 흘러오는 많은 강줄기와, 그 강들을 받아들이면서 서에서 동으로 흐르는 거대한 갠지스강은 인도적 풍토의 산모였다. 많은 단어나 사고방식이 강들과 관련되어 있다. 지금도 힌두교도 화장은 강 근처에서 이루어지는데, 강에 뿌려진 사리(舍利: 유골과 재)는 강 따라 흘러 내려가 언젠가는 갠지스강에 합쳐져서 영원세계로 들어갈 것이라는 그들의 염원이 담겨 있다.[사진 2-2, 2-6] 붓다가 입멸하고 다비(화장)가 이루어진 쿠시나가라도 히라니야바티강 옆이었다. 붓다 사리는 마가다국 등 여덟 나라에서 요청이 있었으므로 배분되어(사리팔분), 각각 사리탑이 만들어졌다.[사진 6-1] 후일 아소카왕은 8개 사리탑(근본사리탑이라고 불림) 중, 쿠시나가라 마라족 사리탑을 제외한 7개 탑을 해체한 후, 그 사리를 다시 잘게 배분하여 전국에 8만 4천 개의 불탑을 만들었다고 전해진다.

붓다는 강 건너기의 사람이다. 붓다 사상과 삶은 강과 깊은 관련을 가지고 있고, 강은 중요한 설법 소재이기도 했다. 출가에서 입멸하기까지 붓다에게 일어난 중요한 일들을 강과 관련지어 본다면, 나는 다음과 같이 요약할 수 있다고 생각한다.

붓다는 (카필라성을 나와) 간다크강을 건너 케사리아에서 삭발했고, 네란자라강을 건너 부다가야에서 깨달음을 얻었으며, 갠지스강을 (북쪽으로) 건너 녹야원에서 법을 설하기 시작했고, 카쿠타강(혹은 히라니야바티강)을 건너 쿠시나가라에서 입멸했다.

사족이지만, 붓다가 마지막 건넌 강에 대해서는 한마디 덧붙이고 싶다. 나는 전에 일본불교사회복지학회 대회 기념 강연에서 붓다를 '완전히 건넌 사람'으로 표현하면서 위의 네 개의 강을 소개했는데, 마지막 건넌 강을 히라니야바티강이라고 소개한 적이 있다.* 후술하지만, 붓다는 마지막 유행 중 파바마을에서 춘다가 제공한 음식으로 인하여 병을 얻고서는, 곧바로 쿠시나가라로 가자고 아난다에게 말한다. 춘다마을(춘다 스투파가 세워진 곳)에서 카쿠타강까지는 7~8km 정도, 거기서 다시 쿠시나가라까지는 10km 정도의 거리이다. 고령자가 하루 걸음으로 가기에는 다소 먼 거리이지만 아침에 출발했기 때문에 당일로 17~18km 정도 서쪽에 있는 쿠시나가라에 당도한 것으로 보인다. 아마도 매우 고통스러운 걸음이었

◇◇◇◇◇◇
* 朴光駿, 「東アジアにおける高齢者自殺と仏教」, 第47回 仏教社会福祉学会大会記念講演原稿, 2012. 9 .1(『日本仏教社会福祉学会紀要』第44・45号에도 수록되어 있음)

을 것이다.

이 과정을 기록한 초기경전 『대반열반경』에는 매우 현장감 있는 묘사가 나오는데, 붓다의 발걸음에는 장렬함이 배어난다. 카쿠타 강에 닿기 전에 작은 물줄기가 있었던 모양으로 거기에서 붓다는 고통을 참아가며 아난다에게 물을 청한다. '아난다여, 겉옷을 벗겨 바닥에 깔아 주게. 나는 피로하다. 나는 앉고 싶다'라고. 곧이어 '아난다여, 물을 가져다 주게. 나는 목이 마르다. 나는 물을 마시고 싶다'라고 청한다. 아난다는, 지금 막 많은 마차가 물줄기를 지나갔기 때문에 물이 더러워져 있다고 하면서, '멀지 않은 곳에 있는 카쿠타강은 물이 맑고 깨끗하고 차므로 그곳에서 드십시오'라고 권한다. 그러나 붓다는 거듭 물을 청했고 세 번째 청을 듣고서야 아난다는 물을 뜨러 갔는데, 이상하게도 물이 맑아져 있었다고 경전은 전한다. 다음으로 도착한 곳이 카쿠타강이다. 붓다는 카쿠타강에서 목욕하고 물을 마신다. 그러고 나서 '히라니야바티강 강변의 쿠시나가라 사라수숲'으로 가자고 아난다에게 말한다.

그런데, 여러 자료를 검토했으나 붓다가 히라니야바티강에서 목욕했는지를 확인할 수 없었고, 히라니야바티강이 현재 라마바르 스투파 옆으로 흐르는 그 작은 강인지도 확신할 수 없었다. 확실히 다비가 행해진 라마바르 스투파는 지금 히라니야바티강으로 불리는 작은 물줄기 서쪽에 있으므로 카쿠타강에서 쿠시나가라로 가려면 이 강을 건널 수밖에 없다.(지금의 지도상으로는 카쿠타강과 히라니야바티강은 남쪽에서 합류하여 다시 멀리 남쪽에서 갠지스강으로 흘러 들어간

초기불교 : 붓다의 근본 가르침과 네 가지 쟁점

다.) 그러나 현재 열반당 서쪽을 흐르는 비교적 큰 강도 예전에는 히라니야바티강으로 불렸다는 설도 있으므로 판단이 쉽지 않다.

현장이나 혜초도 이곳을 방문하여 기록을 남기고 있는데, 『대당서역기』는 이 강(阿恃多伐底河)이 열반당 동쪽에 있다고 기록한 반면, 『왕오천축국전』에는 히라니야바티강(伊羅鉢底河)이 라마바르 스투파 서쪽에 있는 것으로 기록하고 있다. 이에 대해서는 재차 방문할 기회가 있다면 확실히 확인해 두고 싶지만, 히라니야바티강이 워낙 작은 강줄기여서 붓다 재세 시 강줄기와 달라져 있을 가능성도 부정하기 어렵다. 다만, 붓다가 카쿠타강에서 마지막 목욕을 하고 물을 마신 후, 동쪽으로 이동하여 사라수숲에 도착한 것은 최소한 틀림없으므로 마지막 건넌 강을 카쿠타강으로 해둔다.[사진 2-1, 2-2]

하여간, 붓다 인생에서 가장 중요한 네 가지 일, 즉 출가, 깨달음, 법의 전파, 입멸은 모두 강을 건너서 일어났다. 그런 까닭에 나는 이 네 개의 강을 실제로 건널 때 특별한 감회를 경험했다. 붓다 별칭 중 완전히 건넌 사람만큼 어울리는 별칭도 없지 않을까 싶다.

깨달음과 전법(傳法)의 삶

고타마는 출가 후 6년간 여러 스승들을 찾아 다양한 수행 방식을 배우고 실천을 거듭했고, 깨달음 직전에는 극단적인 고행을 시도하기도 했다. 제4장에서 자세히 검토하듯이 그 6년간은 팔정도 실천을 기본으로 하면서 다양한 학습과 수행 방식을 시도하던 기간이었다. 6년 내내 극단적 고행만을 했다는 것은 잘못된 해석이다.(제5장) 그러한 수행과정을 거친 후 붓다는 이윽고 깨달음을 얻는다.

붓다는 해탈을 통한 평화, 즉 니르바나(열반)의 경지에 도달한 후, 자신만의 평화에 만족하지 않고, 모든 중생의 평화를 위하여 80세에 입멸하기 직전까지 45년간에 걸쳐 지혜를 설했다. 그가 존경받는 것은 자신만이 그 깨달음 세계에 안주하지 않고, 다른 모든 중생들을 깨닫게 하는 일에 진력했기 때문이다. 붓다는 스스로 전법에 온힘을 기울이면서, 불제자들이 뿔뿔이 흩어져서 전도하도록 다음과 같은 말로 독려했다. 즉,

어떤 나라에라도 가서 이 가르침을 전하라. 가난한 사람도 부자도, 신분이 천한 사람도 높은 사람도 모두 평등하며, 이 종교에서는 많은 강이 흘러 들어가는 바다와 같이 모든 계급이 녹아 없어진다고 전하라.

붓다는 주로 갠지스강 중류 지역에서 활동했는데, 그 제자들은 인도 각지에서 모여들었고, 특히 인도 서부 지역 출신 제자 중에는 고향으로 돌아가서 불교를 크게 넓힌 인물들이 적지 않았다. 서부 해안 지역과 서북부 간다라 지방은 바라문교 영향이 약한 곳이었으므로 불교 전파가 비교적 쉬웠고, 붓다 입멸 후 한동안 불교가

초기불교 : 붓다의 근본 가르침과 네 가지 쟁점

번창했으며, 독자적인 경전도 만들어진 것으로 알려져 있다. 오래된 불교 유적이 그 지역에 많은 것도 그 때문이다. 한편, 바라문 전통이 강한 갠지스강 상류 지역에는 불교가 거의 전파되지 못했다.

한국 승단에는 승려를 이판승(理判僧)과 사판승(事判僧)으로 나누는 풍토가 있다. 전자는 수행에 전념하는 승려, 후자는 전법활동이나 봉사 실천 활동을 행하는 승려를 말한다. 이판사판이라는 말의 어원이기도 한 이 구분에는 사판승을 폄하하는 듯한 뉘앙스가 있다. 그러나 붓다의 삶을 보면 출가 후 6년간 이판승과 45년간 사판승 생활이었다.* 생활 속에서 법을 실천하고, 더 많은 사람이 행복할 수 있도록 인도하는 것이 붓다의 삶이었다는 사실을 상기해 보면, 이판사판이라는 구분은 하릴없는 분별이라고 생각된다. 불교 연구 개척자 데이비스는 붓다의 하루 생활을 다음과 같이 묘사했다.

이른 아침 일어나 길을 떠난다. 안거 중일 때에는 탁발 시간이 될 때까지 기다리고, 길 떠나는 날이면 탁발 시간 이전에 십 리 정도의 길을 걷는다. 승가의 규칙은 하루 한 끼(아침식사)였고 정오 이후에는 딱딱한 음식을 들지 않았다. 붓다는 가끔 아침식사를 초대받기도 했는데, 식사 후에는 설법으로 감사를 표했다. 식사 초대가 없을 경우에는 집을 돌면서 손수 탁발한다. 낮에는

◇◇◇◇◇◇

* 이에 대한 언급은, 박광준, 「승려의 복지문제와 한국 승가복지의 과제」, 『승가복지 심포지움 자료집』(동국대학교, 2015. 5. 9.)를 참고하시오.

휴식을 하거나 명상을 한다. 오후에는, 여정 중일 경우 여정을 계속하고, 체재 중일 때에는 나무 밑 등에서 제자들을 접견한다. 재가신자나 출가자들이 설법을 청하여 찾아오는 경우에는 그들과 이야기를 나눈다. 일몰이 되어 모두 해산하면 붓다는 목욕하고 제자들과 이야기를 나눈다.

법(다르마)

붓다가 깨달았다고 하는 그 진리란 무엇인가? 그것은 다르마 혹은 담마(진리라는 뜻)라고 불리는데, 그것의 한자 훈역이 법(法)이며, 드물게는 길[道]로도 번역된다. 다르마는 사람을 사람답게 만드는 것, 사람이 걸어야 할 길이라는 의미로 널리 사용되던 말이었다. 붓다가 출가한 목적은 중생의 고통 해결이었으므로 그가 깨달았다는 것은 중생의 고통 해소 방법을 찾아내었다는 뜻이다. 모든 사물은 상호의존적으로 존재하며 늘 변화한다는 것을 인식하고, 갈애(渴愛)라고 불리는 강한 욕망을 끊고 팔정도를 실천하면 고통으로부터 벗어날 수 있다는 진리였다.

이 연기법이라는 진리는, 붓다가 만든 것이 아니라 발견한 것이었다. 연기법은 붓다가 설령 발견하지 못했더라도 세상 이치로 존재해 온 것이었다. 코페르니쿠스는 지구가 움직인다는 것을 처음 발견했으나, 그가 그것을 발견하지 않았더라도 지구가 움직인다는 사실은 우주 진리로 존재하는 것과 같은 이치이다. 붓다는 스스로 자신 이전에 이미 많은 붓다가 존재했으며 자신도 그들이 걸었던 오래된 길을 걸어서 붓다가 되었다고 했다.

연기법은 한 인간을 모든 생명들과 서로 수평적으로 연결되어 있는 존재로 볼 뿐 아니라, 수직적(시간적)으로 연결되어 있는 존재로 본다. 생명을 수직적으로 본다는 것은, 선조들과의 관계 속에서 자신을 보는 것이다. 사실 인도불교에서도 효는 매우 소중한 윤리였다. 2~6세기에 만들어진 인도 및 스리랑카 불탑에 새겨진 비문 연구에 의하면, 거기에는 부모를 위하여 탑이나 조각들을 공양한다는 내용이 많은데, 그중 거의 절반이 비구에 의한 것이라고 한다.* 효는 인도에서도 중요한 가치였고 출가승에게도 마찬가지였다. 초기경전에서도 부모에 대한 보은이 강조되고 있다.

붓다는 일체중생이 일찍이 나의 부모이며, 나 또한 일찍이 모든 중생의 부모였다고 설했는데, 이것은 인간 존재를 오랜 시간적 차원의 생명들과 연기적 관계로 본 것이다. 붓다는 유행 중 한 무더기 인골(人骨)을 보고 깊이 절했는데, 그 연유를 묻는 제자들에게 '이들은 그 옛날 나의 선조이거나 몇 대에 걸친 나의 부모이기 때문이다'라고 답한 적이 있다. 사실 인간이란 두 부모 사이에서 태어나는데, 부모 역시 각각 부모 두 사람 사이에서 태어난다. 이렇게 20세대를 거슬러 올라간다면, 그동안 100만 명 정도의 조상들과 직접 연결된다. 20세대라고 하면 500~600년 정도의 시간이다. 더

◇◇◇◇◇◇

* 　장춘석, 「인도불교의 孝 樣相」, 『불교학연구』창간호, 불교학연구회, 2000.

더욱 거슬러 올라가면, 현재의 한 인간은 천문학적 숫자의 조상들과 연결되는 것이다. 뼈를 남긴 모든 사람이 부모와 같다는 가르침은 결코 터무니없는 것이 아니다.

승가와 계율

붓다가 법을 설하자 그를 따르는 사람들이 출가하여 수행자가 되기도 하고 재가 신자들로 늘어나면서 승가(僧伽)가 형성되었다. 승가는 산스크리트어 상가를 한자로 음역한 것으로 화합, 공동체를 의미한다. 승가는 출가자 개개인이 아닌 불교 교단 전체를 뜻했지만, 동아시아불교에서는 그 공동체 속의 개인 한 사람 한 사람이라는 의미로도 사용되었다. 당시 인도에는 비단 불교만이 아니라 다른 슈라마나 공동체도 민주적으로 운영되는 상가를 가지고 있었다. 한역은 화합중(和合衆)인데, 그것은, 붓다 승가에서 무엇보다 화합이 강조되었음을 시사한다.

붓다 승가는 인간 평등 실천의 장이었다. 바라문교에서는 바라문계급에게만 교리를 전하다가 많은 시간이 흐른 뒤 바이샤에까지 개방했지만, 수드라에 대해서는 베다 가르치기를 금지했다. 그것은 모든 신분계급에게 열려 있던 붓다법, 붓다 승가의 이념과는 확연히 다르다. 승가발전에는, 사리풋다[사리자(舍利子)]나 못가라나[목련존자(目連尊者)] 등 이미 수행자로서 일가를 이루고 있던 인물들이 자신들이 거느리던 수행자들과 함께 집단적으로 입문했던 것이 크게

초기불교 : 붓다의 근본 가르침과 네 가지 쟁점

공헌했다.

　승가 규모가 커지면서 승가를 유지하기 위한 계율(戒律)이 만들어진다. 계와 율은 원래는 다른 개념이다. 율(비나야)이란 승가의 질서유지를 위한 규칙으로 그 규칙을 범하면 벌칙이 따르고 경우에 따라 파문당하기도 한다. 반면에 계(시라)란 승가에 입문하는 자가 자발적으로 지키기를 맹세하는 것이므로, 비록 계를 지키지 못하는 경우가 있더라도 공식적 제제가 가해지지는 않는다. 율은 타율적 규칙, 계란 자율적 규칙을 의미한다. 다만, 여기서는 양자를 구분하지 않고 계율이라는 용어를 사용하기로 한다. 붓다가 재가신자에게 장려한 계는 불살행·불투도·불망언·불음주·불사음의 5계이다. 자이나교 5계는 붓다 5계 마지막인 불사음 대신 무소유(사유재산의 상한선을 스스로 결정하여 그 이상의 재산은 교단에 기증하는 것)가 들어 있을 뿐 나머지는 같다. 출가자 계율은 매우 엄하여 비구는 250계, 비구니는 384계가 정해졌다.

　승가가 결성된 직후는 계율이 필요하지 않을 만큼 승가가 청정했다. 즉 화합중을 해치는 행위가 없었다. 그러나 점차 문제가 발생함에 따라 계율이 만들어진다. 계율은 구성원의 구체적 비행이 있을 때 장차 그러한 행동을 방지하기 위하여 만들어진다. 그러한 방식으로 계율이 만들어지는 것을 수범수제(隨犯隨制)라고 한다. 예를 들어 한 비구가 영취산 봉우리에서 투신하여 자살을 시도했는데, 그 몸이 밑에 있던 다른 사람 위에 떨어져, 밑에 있던 사람은 죽었으나 투신한 비구는 살아남은 적이 있다. 그러한 일이 실제로 일어났기 때문에 '투신 금지'라는 율이 정해지고 그 비구는 추방되었다.* 계율이 많아진다는 것은 계율이 엄격해진다는 뜻이기도 하다. 왜 계율이 점점 많아지는가를 묻는 마하카사파에게 붓다는, 법 아닌 것을 법이라 하고, 계율 아닌 것을 계율이라고 하는 풍조가 있기 때문이라고 답했다.

승가 발전에는 재가불자의 보시가 큰 역할을 했다. 당시 수행자들은 일정한 거주지를 가지지 않고 유행했다. 다만 우기(雨期)가 되면 많은 미물들이 나와서 수행자들이 자신도 모르게 그 생명을 해칠 수 있었기 때문에 동굴 등에 머물렀다. 그것을 안거(安居)라고 한다. 붓다를 따르는 재가신자 혹은 국왕은 안거 기간 중에 승려들이 머물 수 있는 정사를 기증했다. 그것이 오늘날 사찰의 기원이다. 마가다국 빔비사라왕이 보시한 죽림(竹林)정사, 장자 수닷타가 보시한 기원(祇園)정사가 그 시초이다. 붓다의 시대는 전쟁이 흔히 일어났으므로 전쟁이 일어나면 붓다는 승려들을 정사에 머무르도록 했다. 중요한 시주자로서 베사카 부인 같은 여성 신자도 있었다.

이렇게 해서 불교 삼보인 불법승, 즉 붓다, 붓다의 법, 그리고 붓다 가르침을 따르는 교단이 성립되었다. 불법승 삼보는 인도 전통 의학에서 말하는 양의(良醫, 바이자), 양약(良藥, 바이사자), 간호인(압사

◇◇◇◇◇◇

* 박광준, 2013(274쪽 각주 참고); 데미언 키온 지음, 허남결 옮김, 『불교와 생명윤리학』, 불교시대사, 2000; 안양규, 「누가 허물 없이 자살할 수 있는가?」, 『불교평론』, 17호, 2003; Harvey, P., *An Introduction to Buddhist Ethics*, Cambridge University Press, 2000 등을 참조.

야카)에 해당하는 것으로 비유되어 왔다. 그만큼 붓다 가르침에는 고통 혹은 병고(病苦) 치유라는 실천이 중시되었던 것이다. 삼보를 표기하는 순서에 대해서는 불법승보다는 법불승이 보다 바르지 않은가 하는 논의도 있었다. 실제로 병고를 치유하는 것은 좋은 약이기 때문에, 양약을 제일 앞에 두어 법불승이라는 순서가 이치에 맞다는 주장이 있었다. 그러나 한 사람 한 사람의 질병이 다르고 그 원인도 다르기 때문에, 병고와 그 원인[苦와 集]을 찾아내어, 적절한 치유 처방[滅과 道]을 선택하는 것은 결국 좋은 의원, 즉 불이기 때문에, 역시 불법승이라는 순서가 합당하다는 논리가 통했다고 알려져 있다.

2. 초기불교 경전 성립과정

경전 결집의 경위

붓다법을 기록한 것이 경전이다. 붓다는 스스로 기록을 남기지 않았다. 경전은 직제자들이 생전에 들었던 붓다 육성을 기록하면서 시작된 것이다. 경전 만드는 일을 결집(結集)이라고 하는데, 1차 결집은 붓다 입멸 직후 붓다 직제자들을 중심으로 이루어졌다. 붓다 직제자 수가 어느 정도였는지는 가늠하기 어렵지만, 『중일아함경』(「제자품」)에는 주된 제자가 비구[百賢聖] 101명, 비구니 50명, 법을 듣고 깨달음을 얻은 자[賢聖證]가 10명, 우바새(優婆塞: 산스크리트어 '수파사이' 음역. 남성 재가자) 40명, 우바이(優婆夷: 산스크리트어 '수파시이' 음역. 여성 재가자) 30명 이름이 열거되어 있다. '1250명 비구대중'이라는 말은 정형구처럼 경전에 자주 등장한다.

붓다는 후계자를 지정하지 않았다. 승가란 누구의 지도하에서 움직이는 것이 아니라는 붓다 철학의 반영이었다. 또한 붓다가 입멸했을 때는, 오랫동안 승단의 중심인물이었던 사리풋다나 못가라나 등이 이미 입멸한 상태였다. 결집은 승가 장로였던 마하카사파의 주도하에서 이루어졌다.

경을 만드는 목적은 정법 수호, 즉 붓다의 가르침이 후대에 오전되지 않도록 정확히 기억해 둔다는 것이었다. 붓다 입멸 현장에 있지 않았던 마하카사파가 붓다 입멸소식을 전해 들었을 때, 어떤 석가족 비구가 '우리 행동에 이런 저런 규제를 해 온 분이 안 계시니 이제 좀 편하겠다'라는 발언을 했던 모양으로, 마하카사파는 그것을 심각한 심경으로 듣고, 붓다법을 정확하고 바르게 전해야겠다고 결심했다고 한다. 결집 장소는 칠엽굴이었다.[사진 9-3, 9-4] 칠엽굴은 왕사성 북문 반대편 나지막한 바위산 중턱에 있는데, 굴에 들어가면 일곱 갈래의 동굴이 있다는 것에서 유래한 명칭이다. 지진으로 약간씩 붕괴되어 지금은 깊이 들어가지 못하게 되어 있지만, 라지기르에서 나고 자란 한 인도인의 말에 따르면, 수십 년 전에 굴 깊숙이 들어간 사람이 있었는데, 그 안에는 운동장만한 넓은 공간이 있었다고 한다. 결집은 500명의 아라한들이 모여 7개월에 걸쳐 붓다 가르침 하나하나를 검증하고 공인된 내용만을 경전에 실었다. 이것이 1차 결집이며, 여기서 삼장 중 경장과 율장이 결집되었다.

먼저, 율장이 결집되었는데, 계율제일의 제자 우파리의 낭송으로 진행되었다. 경은 붓다 만년에 붓다를 가까이서 모셨던 다문(多聞)제일의 제자 아난다의 낭송으로 진행되었다. 한문 경전은 산스크리트어(혹은 프라크리트어)로 된 인도 경전을 번역 혹은 편역한 것인데, 한문 경전 첫머리 여시아문(如是我聞. '我聞如是', '聞如是'로 시작하는 경우도 있음. '나는 이렇게 들었다'를 의미하는 산스크리트 '에밤 마야 슈탐'의 직역)에서 나[我]란 좁게 말하면 아난다를 지칭한다. 그만큼 경전 만들기에서 아난다의 영향력이 컸다. 그런데, 보다 넓게 생각하면 아난다 한 사람만을 지칭한다기보다는 그 설법에 관련된 승려들, 나아가 결집장소에 모인 오백 아라한을 의미하는 것으로 받아들일 수 있다. 불교 경전은 처음부터 '붓다 설법을 제자들이 어떻게 들었는가?'의 관점에서 만들어진 것이다.

암송에 의한 법의 전승

결집을 뜻하는 상기티는 '함께 읊는다[합송(合誦)]'라는 뜻이다. 그 말이 시사하듯 1차 결집은 붓다법을 암송하여 기억하는 방식이었다. 이때에는 아마도 주로 짧은 게(偈) 형식으로 기억했을 것이지만 그 내용은 방대했다.

인도에는 고대부터 암송 전승 문화가 있었다. 붓다 탄생 훨씬 이전인 기원전 1200년경부터 베다가 구전되고 있었고, 기원전 800년 경에는 오늘날 모습으로 편찬된 후 지금까지 암송되고 있다. 붓다 승가에도 전문적으로 경전만을 외워 다음 세대에게 전하는 출가자가 있었으므로, 비록 경전 내용 그 자체에 오전이나 각색이 있을 수는 있지만, 외우기를 잘못하여 경전 내용이 잘못 전해졌을 가능성은 희박하다고 보아도 좋을 것이다. 지금도 상좌부 전통을 가진 나라(스리랑카, 미얀마, 타이, 라오스 등)에서는 경이란 눈으로 읽는 것이 아니라 소리 내어 읽는 것이 기본이라고 한다. 오히려 암송은 글로 기록된 것보다 더 정확할 수도 있다. 베다의 경우라면, 문장이나 단어의 억양과 장단음 등을 정확히 전하는 데에는 암송이 글자보다 더 정확하다고 한다.

나는 남방불교에서 특히 중시한다는 『담마파다』 제2장을, 스리랑카 장로이자 콜롬보대학 팔리어 교수가 직접 행한 팔리어 독송을 들은 적이 있다. 팔리어 경전 독송에는 음률, 높낮이, 장음과 단음 등이 포함되어 있음이 느껴졌다. 그 전승은 우리의 예로 들어 본다면 판소리 전승에 비유할 수 있을 것이다. 판소리란 가사와 음률이 포함된 노래[창(唱)]를 통하여 전승되는 것이지, 가사만 기록한다고 정확하게 전해지는 것이 아니다.

중국에서 인도 경전을 번역했을 때에도, 문자로 기록된 경전만을 번역한 것이 아니었다. 경전을 완전히 외우는 인도승이 중국에 가서 경전을 암송하고, 그것을 듣고 한역하는 경우도 적지 않았다. 불교와 동시대에 성립했고 여러 가지 면에서 공통점을 가진 자이나교 역시 현존하는 성전은 5세기경 비로소 성문화된 것이며 그 이전에는 구전형식이었다. 어쨌든 1차 결집 내용은 붓다 직설이었다. 붓다 직설이나 직제자의 직설은, 초기불교와 구분하여 근본 가르침이라고 일컬어지기도 한다.

근본분열과 2차 결집

붓다 입멸 후 100~200년경이 지난 후, 즉 기원전 3세기경에 승가는 분열된다. 그 시기가 되면 승가는 붓다 재세 시와는 크게 달라져 있었다. 붓다 재세 시에는 수행자들이 일정한 거주지를 가지지 않고 유행하거나 숲에서 거주하는 경우가 많았다. 이미 정사(비하라: 사찰의 원형)라고 불리는 수행자 거주지가 만들어졌던 것은 사실이지만, 그것은 주로 우기에 바깥 외출을 삼가고 수행하는 경우에 사용되었다. 말하자면 우안거를 위한 곳이었다. 정사가 만들어진 후에도 붓다와 제자들은 기본적으로 탁발에 의지하여 유행했다. 대중의 삶속에 머물고 있었던 것이다. 그러나 붓다 입멸 후 세월이 지나면, 승려들이 정사에 머물며 법의 학습과 해석에 골몰하는 경향이 현저해지고 탁발 전통도 희미해졌다. 그로 인한 갈등이 승가 내부에서 나타나는데, 승가는 장로를 중심으로 하는 보수 성향의 장로들로 구성된 상좌부(上座部, 테라바다)와 혁신적 성격을 가진 일반 승려, 즉 대중부(大衆部, 마하상기카)로 분열된다. 이것이 근본분열이다.

근본분열과 떼어 놓을 수 없는 것이 2차 결집이다. 기원전 3세기경, 비구니승가가 만들어진 곳이자 붓다가 마지막 안거를 보냈던 바이샬리에서 700명의 장로가 모여서 행한 것이 2차 결집이다.[사진 7-2] 그 직전에 바이샬리 지역 비구들은 금전보시를 금지한 계율을 완화하는 방향으로 변경하려고 했다. 바이샬리는 상업도시였으므로 그만큼 화폐경제가 보급되어 있었다. 10개 항에 이르는 계율 완화[흔히 '십사(十事)'로 불림] 내용을 보면 '금은정'(金銀淨: 淨은 율장에 비추어 저촉되지 않는다는 것을 의미함)은 그 열 번째였으나 2차 결집 발단이, 출가자들이 금전보시 받는 것을 목격한 어느 비구가 문제를 제기한 것이었기 때문에, 금전보시가 사실상 가장 중요한 쟁점이었던 것으로 보인다.

십사 중 첫째는 염정(鹽淨)이었다. 탁발음식은 그날 소비할 만큼만 받고, 저장해 두어서는 안 된다는 것이 승가 계율이었으나, 소금은 음식이라기보다는 약품에 가까운 것이므로 보시 받은 소금은 보관이 용인되어야 한다는 것이었다. 그렇게 열 가지 계율을 완화하려고 시도했던 것이다. 그러나 장로들은 그것을 모두 각하했고, 더구나 계율 완화 움직임 자체를 문제시하여 바이샬리에 모여 경전 결집을 행했다. 다만 그 결집은 새로운 경을 만드는 것이 아니라 경도 율로 변경하지 않는다는 것을 확인한 것이었다.

좀 전문적인 내용이지만, 이 정법(淨法)에 관해서는, 불교 변화과정을 이해하기 위해서도 필요한 내용이므로 간단한 설명을 부연해

둔다. 사실, 위의 십사는 상좌부 율장 내용에 근거한 것인데, 대중부 율장에는 오정법(五淨法)으로 설해져 있었고, 오정법이 대중부가 전승한 1차 결집 율장과 일치한다고 한다.* 오정법이란 제한정(制限淨: 특정 사원이나 승려의 습관적 행동), 방법정(方法淨: 국가의 관습적 규정), 계행정(戒行淨: 계를 가진 비구의 관습적 규정), 장로정(長老淨: 장로의 관습적 규정), 풍속정(風俗淨: 재가자의 관습으로 정해진 시간 이외의 식사, 음주, 행음)을 말한다.

정법이란 쉽게 말하면, 율장에는 저촉되지만 사회에 관습화되어 있는 행위라면 합법으로 해석할 수 있다는 주장이다. '붓다가 만든 율장 규정은 변경하지 않는다'(佛制不改變)라는 것이 승가 입장이었으므로, 일단 조문화된 율장을 수정하기는 매우 어려웠다. 하지만 사회변화에 따라서 율장 조문을 변경할 필요가 생기면, 율장 조문을 바꾸지 않고 사대교법(四大教法: 불설인지 아닌지를 판별하는 네 가지 기준. 제7장 참조)에 비추어서 그 행위의 합법성 여부를 판단하게 되는데, 그것이 정법이다.

그러나 장로들의 반대에도 불구하고 바이샬리의 진보적 출가자들은 1만 명이 모여 자신들의 뜻을 관철시켰는데, 보다 많은 비구 대중이 모였다고 해서 대중부라고 불렸다. 그러므로 2차 결집은 상좌부와 대중부 따로 따로 이루어진 것이다. 그렇게 상좌부와 대중부로 분열된 승가는 그 이후 다시 100~200여 년에 걸쳐, 대중부

◇◇◇◇◇◇

* 이에 관해서는 平川彰, 『律藏の研究』(山喜房仏書林, 1960)을 참고하시오.

가 다시 분열되고 상좌부도 분열되어[근본분열과 대비하여 흔히 지말(支末)분열이라고 함], 마지막에는 약 20개 부파로 나누어진다. 부파분열은 기원전 1세기경에는 완료되었다고 전해진다. 이 시대 불교가 부파불교이다. 중요한 경전 사료들을 남긴 것은 주로 상좌부에서 분열된 부파들이었다. 이 시기까지 경전은 여전히 문자화되지 않고 암송으로 전승되었다.

비(非)중앙집권 전통과 승가의 다양성

그러나 붓다 가르침에 대한 해석이 갈라진 것은, 근본분열 때 처음 있었다기보다는 그 이전부터 지역이나 승가에 따라 견해를 달리하는 집단들이 생겨 있었을 것이라고 보는 것이 합리적이다. 1차 결집 때에도 경전에 실리지 못한 소수 의견이 있었을 것이다. 인도는 땅이 넓은 나라이고 지역에 따라 언어도 다양했다. 특히 바라문교 교세가 강한 지역과 그렇지 않은 지역은 붓다 승가가 직면한 과제를 달리 했다.

바이샬리에 모인 장로들은 인도 서부 출신이 많았다고 하는데, 붓다 직제자 중에 그 지역 출신자가 많았었다. 상좌부는 서북부 지역 상좌부[후일 설일체유부(說一切有部)]와 서남부 지역 상좌부가 있었는데, 서남부는 바라문교 영향이 거의 미치지 못했던 지역이었으므로 근본 가르침이 비교적 잘 보존되었다. 그것이 기원전 3세기경 스리랑카로 전해져서 남방불교의 전형이 된다. 남방불교를 초기불교가 그대로 남아 있는 것이라고 여기는 이들이 적지 않으나 그것은 오해이다. 남방불교는 부파불교 전통을 이은 불교이며, 따라서 초기불교가 가진 개혁성은 크게 퇴색된 불교이다. 무엇보다 초기불교 개혁성을 상징하는 신분 차별이나 여성 차별이 지금까지도 남방불교에 남아 있는 것이 그 증거이다.

반면, 남방불교 역시 신도들의 행복을 증진하기 위한 활동에 적극적이므로, 남방불교가 자리(自利)에만 집착한다는 것도 오해라고 해야 할 것이다. 그리고 스리랑카에 대승불교가 전혀 전해지지 않았던 것도 아니다. 대승불교나 밀교 그리고 힌두교도 스리랑카에 전해졌으나 영향력을 갖지 못하고 상좌부 일색이 된 것이다.

한편, 서북부 상좌부 지역은 바라문교 전통이 강한 지역이었으므로, 그에 대항하여 경이나 율, 그리고 아비다르마라고 하는 논장을 독자적으로 만들어 갔다.

승가는 작은 지역을 단위로 하는 현전(現前)승가와 단 하나의 이념적 평등주의적 승가인 사방(四方)승가로 구분된다. 계율은 현전승가가 마음대로 바꿀 수 없도록 되어 있었기 때문에 바이샬리와 같은 계율 소동이 있었지만, 당시에도 그 밖의 승가 운영은 현전승가에 맡겨져 있었다. 승가 계율이란 원래 그 지역 기후나 풍토를 고려해서 만들어지는 것이다. 그러므로 불교가 인도에 널리 퍼지자 지역에 따라 계율 해석을 둘러싼 갈등이 생겼던 것은 어찌 보면 당연한 일이었다. 더구나 인도는 고대나 지금이나 중앙집권적 전통이 약하며, 한국사찰에서 보이는 '총본산-본사-말사' 같은 체제를 가지지 않고 각각의 정사가 점재(點在)했다. 지역에 따라 언어가 다르다는 사정도 계율 해석에 논란을 가져온 원인일 것이다. 후일 대승불교도 어떤 전국적 통일적 운동 형태로 형성된 것이 아니라, 다양한 지역에서 다양한 방식으로 전개되었는데, 그 역시 이와 유사한 사정으로 볼 필요가 있다.

부파가 여러 갈래로 나누어졌다는 것은, 각 부파가 다른 부파를 경쟁 상대 혹은 논쟁 상대로서 여기게 되었다는 뜻이다. 그들은 자기 부파 교리의 정당성을 내세우기 위해서도, 전승되어 오던 경전을 자기 부파에 유리하도록 해석하거나 편집했을 수 있다. 이 시대는 불교를 국교로 삼았던 아소카왕 시대(혹은 그에 가까운 시대)였으므로 승가는 권력자의 지원과 엄호를 받으면서 정사에서 경전 해석에 몰두하는 경향을 띠었다. 자연히 대중으로부터 멀어지게 되었던 것이다. 이러한 경향에 대한 반발로서 기원 전후 그러니까 붓다 입멸 후 400여 년 지나서 불교개혁운동과 결부되어 형성된 불교가 대승불교이다.

그러나 대승불교가 부파불교를 완전히 대체한 것은 아니다. 부파불교는 대승불교 이후에도 계속 존속하여 인도에서 불교가 소멸할 때까지 남아 있었다. 대승불교는 부파불교를 소승불교라는 차별용어로 폄하했는데, 동아시아 불교에서는 소승불교라는 개념이 잘못 이해되어, 부파불교뿐만 아니라 초기불교까지 모두 소승불교라고 지칭하는 오해가 있어 왔다. 반면, 부파불교 일부는 대승불교와 결합하기도 한 것으로 보이지만, 전체적으로 볼 때 부파불교

는 대승불교를 거의 상대하지 않고 무시하는 경향이 있었다. 아비
다르마 문헌에 대승불교에 관한 언급은 없다고 한다.

1차 결집 이후 경전 편집

초기경전은 왜 남전과 북전으로 나누어지게 되었는가? 왜 팔리
어와 산스크리트어로 나누어지게 되었는가? 거기에는 물론 지역적
인 언어 차이가 있었겠으나, 바라문교 영향력에 따른 지역적 요인
이 작용했음은 이미 언급했다. 하지만, 1차 결집 이후 전승 내용이
어떤 과정을 거쳐 팔리어 5부로 재구성되었는가는 명확하지 않다.
이미 보았듯이, 5부 니카야나 4아함경은 경전의 길이나 성격에
따라 분류 편집된 것이다. 1차 결집은 주로 운문형식으로 편집되
었을 것으로 추정되므로, 당초부터 그 내용이 5부로 분류되어 있
지는 않았을 것이다. 따라서 1차 결집 이후 전승된 내용들을 나름
대로의 기준을 가지고 편집(재편집)하는 작업이 지속적으로 진행되
었을 것이며, 그 결과가 5부 경전으로 나타났다고 추측된다. 5부
니카야나 4아함경은, 대중부에서도 상좌부에서도 전승하고 있었
으므로, 근본분열 이전에 이미 그 형태가 갖추어져 있었을 것으로
추정된다. 다만, 불멸 후 근본분열이 생길 때까지의 기간 중에 경
전 재구성 작업이 어떻게 이루어졌는지는 분명하지 않다. 기록에
의하면 『구분교』[九分敎 혹은 십이분교(十二分敎)]라고 하여 1차 결집 내
용을 아홉 가지(혹은 열두 가지) 종류별로 편집하는 과정이 있었다고

하지만 그 실체는 전해지지 않고 있다.

승가가 분열되어 부파불교가 성립되는 과정과, 1차 결집을 재구성하는 편집 작업은 아마도 병행해서 일어났을 것이다. 부파불교는 자기 부파를 대변하는 방식으로 경전을 편집했고 특히 경전을 해석하는 논장에 힘을 쏟았다. 부파불교 중 인도 서부 지역 상좌부가 전승한 것이 팔리어 삼장이며 그것이 오늘날까지 전승된 것이다. 경전이 문자로 기록되기 시작하는 것은 1세기경이다. 현재 남아 있는 문자 경전은 가장 오래된 것이라도 기원후에 만들어진 것이다.

한편 부파 중에는, 전승된 경전을 산스크리트어나 프라크리트어로 편집하여 자기 부파 경전으로 삼는 경우도 있었을 것이다. 하지만 팔리어 경전과는 달리, 산스크리트어 경전들은 완전한 형태로 남아 있지 않고, 각 부파가 전승하던 경들이 부분적으로만 남아 있을 뿐이다. 그렇게 부분적으로 전해져 온 경전들을 중국에서 한데 모아 편집 번역한 것이 아함경이다. 즉 현존하는 4개 아함경은 어느 한 부파가 전승하던 경전 세트가 아니라, 적어도 세 개 부파에서 전승되던 부분들을 한데 모아 놓은 것이다. 예를 들면, 『장아함경』은 법장부(法藏部)라는 부파, 『잡아함경』은 설일체유부, 『증일아함경』은 대중부가 전승한 것이다. 법장부는 『사분율(四分律)』이라는 율장을 남기고 있기 때문에, 상좌부와 마찬가지로 완전한 경전, 즉 경율론 삼장을 구비하고 있었을 것으로 추측되지만, 그것들이 실제로 남아 있지는 않다. 이들 구전된 경전은 인도에서 1세기경부터 약 4세기에 걸쳐 문자화된다.

부파불교를 거쳐서 전해진 경전

위의 경전들이 초기경전인데, 강조해 두고 싶은 것은, 초기경전이라고는 하지만 어디까지나 그것이 부파불교가 전승한 경전이라는 사실이다. 1차 결집 이후 승가는 통일적인 아함경 그리고 율장을 가지고 있었을 것이지만, 부파불교 이전의 아함경과 율장은 현재 남아 있지 않다. 부파불교는 승려 중심, 정사 중심의 불교였다. 사실 붓다는 재세 시에 출가자들뿐만 아니라 재가신자를 위해서도 많은 설법을 했을 것이지만, 경전 내용은 거의 대부분 출가자를 상대로 한 설법이다. 그것은 곧 승려 중심이라는 부파불교의 특성을 반영하는 것이라고 볼 수 있다. 또한 경전 내용을 각색한 부분도 적지 않다. 그렇기는 하지만, 어쨌든 초기불교를 전하는 경전 중 현존하는 것은 부파불교가 전해 준 니카야와 아함경이다. 거기에 나타난 붓다 사상이 곧 초기불교사상이다.

앞서 구전이라는 방법 때문에 경전 내용이 잘못 전해지는 가능성은 낮다고 했는데, 확실히 암송 그 자체의 정확성은 의심할 여지가 적다. 그러나 베다 구전과는 달리, 불교 경전의 경우는, 불교 역사상 교단 그 자체가 분열을 경험했기 때문에 초기경전 내용이 붓다 근본 가르침과 달라졌을 가능성이 결코 적지 않다. 1차 결집 내용이 부파불교 시대에 수정되거나 의도적으로 결락시키는 일이 발생했을 수 있다는 것이다. 따지고 보면, 부파불교란 법해석을 둘러싼 견해차이로 말미암아 분열된 불교이다. 따라서 근본 가르침과는 달라진 교리도 있을 수 있고, 부파에 따라 자신들이 중시하는 교리를 반영하여 경전을 전승했을 수도 있다. 만약, 자기 부파 교리가 붓다의 근본 가르침과 다른 교리를 가지고 있다면, 그에 관련된 초기불교 교리를 더 이상 전승하지 않았을 가능성도 있다. 초기경전에 서로 모순되는 내용이 포함되어 있는 것은, 부분적으로는 이러한 사정에 의한 것일 수 있다.

그렇다면 부파불교는 자신들의 입장을 어떻게 경전에 반영시켰는가?

무엇보다 부파불교는 탁발 등 두타행(頭陀行: 후술함)을 등한시했다. 그러므로 고행주의를 높이 평가할 리가 없었다. 제5장에서 상세히 검토하지만, 나는 붓다가 행한 고행에 관해서는 경전상 오해가 있고, 그 오해는 부파불교 입장과 관련되어 있다고 생각한다. 육년고행설이 그 대표적 오해이다. 사실 초기불교 경전 중에서도 가장 오래된 초기경전은 고행에 바람직한 측면이 있음을 인정했고 오히려 고행을 찬양하기도 했다. 그러나 부파불교 후대가 되면, 붓다는 고행을 버림으로써 깨달음을 얻었다고 하는 점만이 강조되고 그 교리가 특히 동아시아불교에 큰 영향을 미친다. 고행에 관한 이러한 오해는 초기경전을 모두 같은 시대의 것으로 간주한 것, 혹은 초기불교가 부파불교를 통하여 전해졌다는 사실을 고려하치 않은 것에서 비롯된 것이다. 한 번 고착화된 설이라면 깊은 의심 없이, 인용을 반복하는 학계의 태만 역시 고쳐야 할 과제이다. 물론 이 추론은 나의 논리 비약일 수도 있다. 그러나 상식적으로 생각해 보아도 정사(精舍)주의를 견지하는 부파불교가 탁발이나 고행을 높이 평가한다는 것은 생각하기 어렵다. 자신들의 수행 방식을 스스로 부정하는 것이나 다름없기 때문이다.

3. 초기경전 시기 구분과 경전 내용 차이: 출가와 입멸

초기경전 시기 구분과 그 필요성

팔리어 경전은 완전한 형태로 남아 있고 그것이 현존하는 경전 중 붓다 근본 가르침에 가장 가깝다. 그러나 아함경이 완전성을 결하고 있다고 해서, 팔리어 경전에 비해 근본 가르침에서 멀어져 있다고 말할 수는 없다. 왜냐하면, 팔리어 경전에도 상당한 각색이 있고 부파(상좌부)의 견해가 반영되어 후대에 변경되기도 했기 때문이다. 경전 내용이 추가되는 것을 증광(增廣)이라고 하고 축소 혹은 삭제된 것을 손모(損耗)라고 하는데, 후대로 가면 증광이나 손모가 이루어지고 정형문구가 등장하고 같은 문장이 반복된다. 경전문장의 문법을 분석하거나, 우파니샤드에 관한 간접적 기술이 있는지 없는지를 판단기준으로 삼아, 팔리어 경전이 아함경보다는 오래된 것이라고 주장하는 연구자도 있지만, 두 경전은 동시대의 것으로 보는 것이 자연스럽다는 의견도 만만치 않다. 오히려 중요한 사실로서 직시해야 할 것은 니카야가 먼저냐 아함경이 먼저냐를 따지는 것이 아니라, 그 각각의 초기경전 안에 상당한 시차를 두고 만들어진 경전들이 한꺼번에 실려 있다는 사실을 확인하는 것이다. 그 시차는 100년 이상일 가능성도 있다. 그러므로 초기경전 중에서, 어떤 것이 가장 오래된 것인가, 가장 오래된 경전과 후대의 경전 사이에는 어떤 내용상 차이가 있는가를 구별해 내는 것이 중요하다.

경전 결집 시기에 따라 그 내용이 달라질 수 있다는 것은 경전 연구에서 반드시 유념해야 할 일이다. 예를 들어 초기경전에 한하여 보더라도 붓다 출가 동기는 적어도 세 가지 설이 있다.(제3장) 다소 설화적인 각색이 더해진 아함경 일부 내용이 그 첫째요, 그보다 더 고층인 『숫타니파타』 제3장(「출가」) 및 일부 아함경이 그 둘째이며, 가장 최고층인 『숫타니파타』 제4장(「무기-몽둥이-를 손에 들고」) 내용이 그 셋째이다. 그 내용들은 약간씩 다른데, 이 중 가장 신뢰할 수 있는 내용은, 물론 가장 먼저 만들어진 『숫타니파타』 제4장이라고 나는 생각한다.

더구나 같은 이름의 경전 내에서도 오래전에 만들어진 부분과 나중에 추가된 부분이 섞여 있으며, 양자는 내용상·문법상·기술 방법상 분명한 차이가 있다. 위에서 예시한 『숫타니파타』의 제4장은 원래 독립된 경전이었는데, 후대에 『숫타니파타』에 합쳐진 것이다.*『상윳타니카야』에도 운문 부분과 산문 부분이 동시에 들어 있다. 오래된 부분은 내용이 간결한 반면, 후대 부분은 각색과 해석이 추가되어 장황해진다. 만약 어떤 주제에 대하여, 초기경전 안에서로 다른 두 가지 내용이 같이 들어 있다고 한다면, 어느 내용을 보다 더 중시해야 할까? 어느 것이 붓다 근본 가르침에 더 가까운가를 그 판단기준으로 삼는다면, '가장 오래된 초기경전' 혹은 '초기경전 중 가장 오래전에 만들어진 부분'의 내용이 더 중시되어야 할 것이다. 왜냐하면 그것이 붓다의 원음에 보다 가깝다고 할 수 있기 때문이다.

초기경전 시기 구분의 방법

그런데 2천 년 이전에 만들어진 경전 내용을 다시 초기와 후기로 구분하는 것이 과연 가능한가, 만약 가능하다면 어떤 방법으로 구분해 낼 수 있는가?

사실 이러한 시도는 불교학자들에 의해 일찍부터 이루어져 왔다. 그 시초는 불교 연구 선구자의 한사람 올덴베르크에 의해서인데, 그는 1879년에 팔리어 경전을 시기별로 7단계로 나눈 바 있

◇◇◇◇◇◇

* 『숫타니파타』 제4장은 「8개의 시구(詩句)의 장(章)」이라는 제목이다. 이 부분의 한역 경전은 『의족경(義足經)』인데, 경의 이름이 그 내용과 맞지 않는다. 그 이유에 대해서는, 원래 '義品'으로 번역된 것을 옮겨 적는 과정에서 '義足'으로 잘못 적었기 때문에 『義足經』이 되었다는 설이 유력한 것 같다.

다. 그 후 데이비스도 1903년 저서에서 붓다 재세 시부터 아소카 왕 시대까지 약 200여 년간에 만들어진 불교 경전들을 시기별로 10단계로 나누었다. 비록 그들의 구분 중에는 지금은 사실과 다른 부분이 밝혀진 경우도 있지만, 연구자 나름의 근거를 가지고 분류를 시도했던 학문적 태도가 불교 연구를 한발 전진시킨 원동력이었다는 점은 높이 평가해야 할 것이다. 진부한 내용을 거듭 소개 나열하는 안이한 연구풍토와는 대극점에 있는 자세이다. 이후 유럽의 초기 불교학자들은 경전에 서로 다른 내용이 있음을 확인하고, 그것을 설명하려고 노력했다. 그 노력의 일환이 경전을 신구(新舊)로 구분하는 것이었다. 그러한 서구 불교학자들의 시도는 내가 확인한 범위 내에 한하여, 그리고 지금부터 100년 전인 1920년대까지로 한정시켜 보더라도, 이미 5개의 연구가 발표되고 있었다.

일본불교학계의 경우, 경전을 시기별로 분류하려는 시도는 1930년대에 있었지만, 정교한 구분이 이루어진 것은 1980년대 이후인 것으로 보이며, 지금은 어느 정도 정설이 확립되어 있다. 오래된 부분과 뒤에 추가된 부분을 구분해 내는 연구방법은 너무나 전문적인 영역이기 때문에, 여기에서는 전문 연구들에 의하여 확인된 것들을 소개하는 정도로 언급한다.

우선 경전 문법 분석을 통하여 그 연대를 확인할 수 있다. 거기에는 불교 경전보다 훨씬 오래된 베다 문법이 비교기준이 된다고 한다. 팔리어 경전 안에 팔리어 문법 이전의 고대어가 삽입되어 있다면 그것을 고층(古層)으로 판별하는 것이다. 혹은 경전이 1인칭으로 기술된 것인지 3인칭으로 기술된 것인지도 참고가 된다. 1인칭으로 기술된 경전 내용은 극히 적지만, 그것이 붓다 직설일 가능성이 높다. 이러한 방법들을 통하여 우선 운문(韻文)경전이 산문(散文)경전보다 오래된 것이라는 점에 대해서는 이미 합의가 있다. 예를 들면, 『상윳타니카야』 안에도 운문 부분[유게품(有偈品)]이 있고 산문 부분이 있는데, 전자가 더 오래된 것으로 단정할 수 있다는 것이다. 오해가 없도록 부연하자면, 후대에 만들어진 산문경전도 그 속에 붓다 가르침이 녹아 있다는 사실에는 변함이 없다.

현존하는 초기경전 중 가장 오래된 경전은 『숫타니파타』 4장(그중에서도 최고층은 15장)과 5장, 『담마파타』, 『상윳타니카야』 신(神) 부문 등이다. 이렇게 초기경전을 시기적으로 구분함으로써 무엇을 발견해 낼 수 있는가? 가장 중요한 발견은, 그 경전들을 비교 분석함으로써 붓다 가르침이 어떻게 체계화되어 가는지를 확인할 수 있다는 점이다. 초기경전이라고 해서 모두 같은 내용이 아니라는 것, 때로는 서로 모순되는 내용이 있다는 것, 그럴 경우 보다 오래된 경전 내용을 붓다 근본 가르침에 보다 가까운 것으로 받아들여야 한다는 점을 확인해 두는 것이 중요하다.

출가 동기에 관하여: 설화와 초기경전

붓다 출가 동기와 입멸을 소재로 하여, 초기경전 내용이 얼마나 다양하게 기술되어 있는가를 살펴보자.

출가 동기는 각각의 슈라마나에 따라 다를 것이지만, 고타마의 출가 동기는, 태어난 사람이라면 누구나가 겪게 되는 노병사라는 고통을 해결할 방도가 없을까 라는 것이었다고 일반적으로 알려져 있다. 고(苦)가 불교의 출발점이라고 하는 사실은 오늘날 불교사상을 논의할 때에도 무엇보다도 염두에 두어야 하는 사실이다. 다만 출가란 인생관의 대전환이므로 그 결단은 오랫동안 고뇌를 거듭한 결과였을 것이다. 한국에는 국보로 지정된 반가사유상(半跏思惟像)이 몇 점 있다. 5세기 말 중국 운강석굴에서도 발견된 이 상에는, 그 유래 기록이 새겨져 있는데, 그에 의하면 반가사유상은 출가할 것인가 말 것인가를 고민하는 고타마의 모습을 본뜬 것이라고 한다. 고타마는 미래에 붓다가 되므로, 출가 전 모습이라도 미래불로 숭상되는 미륵보살과 동일시되어 미륵반가사유상으로 불리고 있다. 이것이 한반도에 전래된 것은 6세기경, 그리고 다시 일본으로 전해진 것이 6세기 말 혹은 7세기경이다.

붓다 출가 동기가, 태어난 사람이라면 누구나가 겪어야 할 노병사라는 고통 해결에 있었다는 점은 이론의 여지가 없다. 다만 그 출가 동기를 전하는 경전을 시기나 성격별로 나눈다면, 크게 세 가지로 나눌 수 있다. 첫째는 설화적 차원의 설명이다. 이 설명은 초기경전『쿳다카니카야』에 실린『본생담』, 아함경 일부 내용, 그리고 대승경전『방광대장엄경(Lalitavistara)』등에 근거한다. 이 경들은 붓다 내면세계에 중점을 두고 다음과 같은 두 개 경험을 출가 동기와 연결시킨다. 즉 소년시대에 살벌한 세상을 목격하고 선정에 들었던 경험, 그리고 사문출유의 경험이다.

농경제 의식을 참관하던 중 소년 고타마는 다음과 같은 현실을 목격한다. 농토에서 벌레가 나오니, 작은 새가 그 벌레를 쪼아 물고 날아가는데, 다시 맹금류 새가 나타나서 그 작은 새를 채어 날아갔다. 그 모습을 보고는 나무 아래에 앉아 왜 이 세상은 긴장과 고통이 차 있는 것일까 하고 선정에 들었는데, 선정은 그에게 편안함을 주었다.

고타마는 석가족 수도 카필라성의 동문, 서문, 남문을 각각 나서서, 차례로 늙은이, 병든 이, 죽어가는 이를 목격한다. 그리고 늙어서 병들어 죽는다는 것은 인간이라면 누구도 피할 수 없는 고통임을 깨닫는다. 고타마는 북문을 나서서 출가한 수행자 사문을 만나는데, 그 청정한 모습을 보고 나도 사문이 되어야겠다고 결심한다.

출가를 설명하는 두 번째 문헌은, 『숫타니파타』의 제3장 「출가」 항목에 설해져 있는 내용이며, 아함경에도 그 내용이 설해져 있다. 이 경은 출가 동기를 붓다와 마가다국 국왕인 빔비사라왕과의 대화를 통하여 전하고 있다. 다음은 그 내용 요약이다.

고타마는, 재가의 삶은 좁고 번거로우며 먼지에 가득 차 있지만,

출가생활은 자유롭고, 몸이나 말로 행하는 악행에서 떠날 수 있다고 생각하여 출가했다. 출가하자 마가다국 수도인 왕사성으로 갔는데, 성위에서 고타마가 (생물을 해치지 않으려고) 밑을 보면서 조심스레 걷는 모습을 보고 비범함을 느낀 빔비사라왕은 고타마가 수행하는 산속으로 찾아 간다. 그리고 정치권력과 재보와 코끼리를 나누어 줄 테니 협력하여 이곳 지배자가 되는 것이 어떠냐고 권유한다. 그러나 고타마는 이렇게 말하며 고사한다. "대왕이시여, 나는 어떤 욕망을 이루기 위해서 출가한 것이 아닙니다. 모든 욕망에는 반드시 고통이나 재앙이 있다는 것, 그 욕망에서 벗어남으로써 평화로운 삶이 있다는 것을 깨닫고, 수행정진하여 니르바나에 도달하는 것을 즐거움으로 삼고 있습니다."

최고층 경전으로 본 출가 동기

고통 해소, 그리고 해탈 염원이 붓다 출가의 동기였다는 것은 깨달음 이후 붓다의 삶을 통해서도 충분히 증명되는 것이다. 그 점은 의심의 여지가 없다. 그런데, 붓다 출가를 설하는 가장 오래된 경전 『숫타니파타』의 제4장(15. 「무기를 손에 들고」) 역시 출가 동기를 언급하고 있다. 다음이 그 내용 요약이다.

서로 죽이려고 싸우고 무기(몽둥이)를 손에 들고 대립하는 모습에서 공포심을 느꼈다. 물이 적은 곳에 모여 있는 물고기와 같이,

초기불교 : 붓다의 근본 가르침과 네 가지 쟁점

사람들이 겁에 질려 있는 모습에서 공포심이 생겼다. 세상은 어느 곳이나 동요하고 견실하지 않아서, 의지할 곳을 찾으려 했으나 노병사의 고통에서 벗어난 곳을 찾지 못했다. 혼란 속에 살아가는 인간 마음속에는 번뇌의 화살이 있고 이 화살에 맞으면 방향을 찾지 못하여 헤매지만 그 화살을 뽑아 버리면, 방황하지도 번뇌의 홍수에 빠지지도 않는다. 그 속박에서 벗어나는 삶은, 성실하고 오만하지 않으며, 기만하거나 나쁜 말 않고, 화냄과 탐욕과 게으름이 없는 삶이다. 이미 있는 것에 만족하지 않고, 새것에 매료되지 않으며, 없어져 가는 것에 슬퍼하지 않는 삶이다. '이것은 내 것이다'라는 관념에서 벗어나면, '나에게는 그것이 없다'라는 괴로움에서 벗어날 수 있다.

이것은, 출가 동기가 고통 해방이라는 틀 내에 있는 설명이지만, 나에게는 아무래도 세 번째 설명이 가장 설득력 있는 것으로 생각된다. 거기에는 정치적 상황, 즉 서로 싸우고 무기(몽둥이)를 들고 폭력을 휘두르는 사회가 설정되어 있는 것이다.

나는 당시 정치적 배경, 제국이 형성되면서 소국들이 멸망해 가는 시대적 상황을 결코 경시할 수 없다고 본다. 사실 빔비사라왕이 고타마에게 세속적인 제안을 하면서 코끼리를 제공하겠다고 한 것은, 바로 강력한 무기(武器: 象軍)를 제공하겠다, 즉 석가족을 위협하는 코살라국을 견제 혹은 멸망시키겠다고 하는 의미로 해석되기도 한다. 이와 관련된 설명인데, 암베드카르는 석가족의 내분과 갈등이 붓다 출가의 동기였다고 주장한 바 있다. 그에 의하면 당시 석가족은 상가라고 하는 민주적인 의사결정체를 가지고 있었는데, 한때 석가족이 이웃 부족과 물 이용을 둘러싸고 전쟁 위기까지 갔었다. 그때 고타마는 전쟁에 반대했고, 그로 인하여 상가에서 배척 당하게 된 것이 출가 동기라는 것이다. 그 감정 응어리가 남아서, 붓다가 깨달음을 얻은 후 석가족을 방문했을 때에도 고타마를 배척하였던 사람들은 그에게 적대적인 태도를 보였고, 그때 석가족 젊은이들 중에서 붓다 승가에 입문한 사람들은 그 이전부터 고타마에 호의적인 사람들이었다는 것이다.

이 설명에는 문학적 창작이 가미되어 있다는 생각이 들지만, 이미 살펴본 『숫타니파타』 제4장의 내용과 어느 정도 정합성을 가지고 있다. 석가족 내부 그리고 주변 국가들과의 정치적 관계는 당시 상황을 이해하는 데에 있어 중요하다. 붓다 시대는 작은 부족이나 나라들이, 코살라국과 마가다국이라는 강대한 두 개의 국가로 병합되거나 그들에 의해 멸망해 가는 시기였기 때문이다.

더구나 경전 여러 곳에서 석가족은 자부심이 매우 강한 민족으로 표현되고 있다. 지나친 민족적 자부심은 타민족에 대한 강한 배타심이나 멸시로 나타나기 쉽고, 그것이 이웃 국가들과 갈등을 일으키는 요인이 되었을 수도 있다. 석가족은 붓다 재세 시에 코살라국에 의해 멸망했는데, 그것은 강대국에 의한 약소국 병합이라기보다는 코살라국이 석가족을 완전히 멸족시킨 것이었다. 그리고 거기에는 국왕 비두다바가 일찍이 석가족으로부터 받았던 모욕에 대한 복수 감정이 개입되어 있었다. 이러한 분위기 속에 있었기 때문에, 붓다가 석가족 출가자를 승가에 많이 받아들인 것은, 석가족 멸족으로부터 그들을 구하려고 한 행위였다는 설도 만들어진다.

붓다 입멸에 관련된 경전과 그 해석

한편, 『디가니카야』에 실려 있는 『대반열반경』(大般涅槃經: 마하파리니파나경. 전재성 번역은 「완전한 열반의 큰 경」. 『장아함경』의 「유행경」)은 고층 경전이자, 붓다 만년을 자세히 기록한 중요한 문헌이다. 또한 그 내용은 고고학적 발굴에 의해 고증되어 사실성이 매우 높으며, 임종을 앞둔 붓다가 가림 없이 보여 주는 인간적 모습을 실제로 눈으로 보는 듯이 현장감 있게 묘사하고 있다. 완전한 열반이란 대반열반 혹은 무여열반(無餘涅槃)을 말하는데, 생전에 도달할 수 있는 열반인 유여열반에 대비되는 말이며, 여기서는 붓다 입멸을 의미한다. 같은 이름의 대승경전도 있지만 그 내용은 완전히 다르다. 이경은 몇 개의 한역이 한역대장경에 실려 있고, 티베트대장경에도 실려 있다. 또한 중앙아시아에서 산스크리트어본이 부분적으로 발견되어 출간되어 있다. 이러한 여러 경전들을 비교 분석하면 『대반열반경』을 보다 객관적으로 이해할 수 있다고 한다.

붓다 마지막 여정은 독수리봉에서 시작된다. 독수리봉은 왕사성 외곽 작은 바위산 봉우리이며 훈역하여 영취산(靈鷲山)이다. 최근 한국 저작 중에는 영축산이라고 표기하는 경우가 있으나 어떤 옥편(玉篇)을 보아도 독수리 취(鷲)를 축이라고 읽는 경우가 없으므로 오류이다. 한자말이라도 사실이 잘못 전해지지 않도록 유의해야 할 것이다. 붓다는 행선지를 밝히지 않은 채, 나란다와 파트나, 바이샬리를 거쳐 북쪽으로 여정을 이어가던 중 쿠시나가라에서 입멸한다. 이 여정은 일찍이 고타마가 출가 시에, 카필라성을 나서서 마가다국 왕사성으로 갔던 여정의 역코스이다. 달라진 것이 있다면 석가족은 이미 멸망한 상태였기 때문에, 설혹 붓다가 여정을 계속할 수 있었더라도 그 옛날 석가족 모습을 볼 수는 없었을 것이다.

이 경전에는 마지막 여정 도중에 매우 주목할 만한 핵심적 설법들이 등장한다. 나는 이 경전의 특징을 키워드로 표현한다면, 인간 붓다, 평화로운 사회, 인간 평등, 정진이라는 네 가지를 들고 싶다. 즉 『대반열반경』은 붓다가 인간 붓다라는 것, 평화로운 사회 만들기에 필요한 조건들, 인간 평등 실천이란 약한 자의 편에 서는 것이라는 점, 그리고 정진이 중요하다는 것을 설한 경이라고 평가할 수 있다는 것이다.

먼저, 붓다는 80세 쇠약해진 몸을 이끌고 여정에 나서면서 "아난다여, 나는 지치고 노쇠했다. 낡은 우마차가 가죽 끈으로 보강해서 겨우 움직일 수 있는 것처럼, 나의 신체는 도움 없이는 움직일 수가 없다"라고 말한다. 여행 중 심하게 앓기도 했고, 악마로부터 바로 입멸하도록 유혹받기도 했지만(제5장), 악마를 물리치고 3개월 후 입멸하겠다고 예고한다. 깊은 수행을 통한 혜안으로 스스로의 임종을 예견할 수 있었을 것이다. 붓다가 사랑했던 땅 바이샬리에서는 인생은 감미로운 것이라고 술회한다. 인간의 몸으로 도전했던 일들, 그리고 도전을 성취한 사람의 평화가 눈앞에서 보이는 듯하다. 탁발에서 돌아와 식사를 마치고 바이샬리를 떠날 때에는, 이것이 바이샬리를 보는 마지막이라는 말을 남긴다. 그 모습은, 마치 코끼리가 뒤를 돌아보는 듯했다고 묘사되어 있다. 고개 돌려 보는 것이 아니라 온몸을 돌려 바라보는 성자의 모습이다. 춘다(純陀)의 음식을 들고는 극심한 고통에 시달리고, 참기 어려운 심한 갈증으로 물을 찾기도 했다. 여러 장면에서 붓다가 인간 붓다의 몸이었음을 보여 주는 것이다.

둘째, 평화로운 사회에 대한 염원이다. 경전의 시작은 마가다왕 아자타삿투가 사신을 보내어 밧지국(수도 바이샬리)을 침공해도 좋은지 붓다에게 의견을 구하는 장면이다. 붓다는 아난다에게 밧지국의 7가지 특징을 확인하게 한 다음, 7가지 특징을 가진 사회는 쇠퇴하지 않는다고 설함으로써, 밧지국 침공에 반대하는 뜻을 전한다. 이 설법은 사회의 평화, 그리고 특히 승가의 평화를 설한 것으로 칠불퇴법(혹은 승가법)으로 알려져 있는데, 그 일곱 가지 원칙은 다음과 같다. 즉 '민주적 운영, 승가 내의 협동, 계율의 중시, 교단 내 노인 공경, 집착 끊기, 수행에 적합한 성지에 거주하기, 선지식을 구해서 서로 공경하기.' 비록 이러한 모습을 가지지 못해서 나라나 사회가 멸망하고 쇠퇴하는 현실이 있었지만, 평화로운 사회에 대한 붓다의 열망이 이 설법에 담겨 있다.

셋째, 인간 평등을 실천하는 것이란, 결국 약한 자 곁에 서는 것이라는 점을 이 경전은 강하게 암시한다. 보살피기라는 말의 어원은 고대 산스크리트어 세이바(serve)라고 한다. 이것은 '그 사람 옆에 서는 것', 곁에 서서 같은 입장임을 표하는 것이라고 한다. 약자 옆에 선다는 것이 무엇인가를, 붓다는 적어도 재가신자의 두 차례 식사 초대 장면을 통하여 보여 준다. 첫째는 암바팔리라는 유녀(遊女)의 초대이다. 바이샬리에서 암바팔리의 망고원에 머물던 붓다는 그녀의 초대를 받고 승락했다.[사진 2-8] 뒤늦게 그 사실을 안 왕족들이 그녀에게 그 초대를 자신들에게 양보해 준다면 막대한 금전을 제공하겠다고 제안하지만 거절당한다. 그러자 그들은 붓다에게 식사 초대에 응해 줄 것을 직접 호소한다. 그러나 붓다는 암바팔리와의 선약을 이유로 그들의 초대를 고사한다.

다른 하나는 후술하는 춘다의 초대이다. 암바팔리나 춘다는 모두 천민이었다. 물론 유녀는 거대한 부를 소유해도 이상하지 않다. 자이나교에서도 유녀가 사원을 기증한 예도 있다. 특히 암바팔리는 지바카 의사의 산모이자(다른 설도 있음) 이미 붓다에 귀의해 있었으므로, 그녀와 춘다를 나란히 세우기는 무리일지 모르나, 바라문 사회에서 유녀는 어쨌든 천민이었다. 바라문이 음식보시를 받아서는 안 된다고 정해진 계급에는 니샤다(바라문 남자와 수드라 여자 사이에 태어난 천민)와 더불어 금속공과 유녀가 포함되어 있었다. 천민의 손을 거친 음식만이 아니다. 그들이 눈으로 쳐다본 음식이라면 입에 대어서는 안 된다고 하는 극단적 차별이 존재했다. 그러나 붓다는 자신의 마지막 유행에서 기꺼이 유녀와 금속공 곁에 섰던 것이다. 이 두 사람을 등장시킨 것은, 필경 『대반열반경』의 분명한 의도에 의한 것이었다고 나는 생각한다.

마지막으로 정진의 중요성이다. 나는 정진이란 지금도 늦지 않다는 것을 행동으로 보이는 것이라고 정의하고 싶다. 첫 번째 화살을 맞더라도 정진한다면 두 번째 화살을 맞지 않을 수가 있다는 것이다. 붓다 역시 심한 육체적 고통을 받았으나 정진의 힘으로 고통을 이겨내었다. 그리고 춘다의 초대에서는 식중독을 유발하는 음식이 들어 있어서 병을 얻게 되지만, 붓다는 그로 인하여 춘다가 사람들로부터 비난 받을 것을 우려했다. 그래서 깨달음 얻기 직전에 받았던 수자타의 우유죽과, 열반에 들기 전 마지막 식사인 춘다의 음식이 가장 공덕이 큰 공양이라고 공언했다. 이미 일어나 버린 일에 연연하지 않고, 앞으로 일어날 수 있는 춘다의 고통 문제 해소에 관심을 기울였던 것이다. 붓다가 마지막으로 남긴 말 역시 정진이었다. '모든 사물들은 스쳐 지나가는 것이다. 게으름에 빠지지 말고 수행을 완성하라'가 마지막 말씀이었다.

춘다의 공양에 관하여

경전은 팔리어 경전과 한역 경전이 다르고, 그 경전을 우리말로 번역한 사람에 따라서 그 내용이 달라질 수 있다. 『대반열반경』에서 오랫동안 논란이 되어 온 '춘다의 공양'을 소재로 하여 경전 내용과 해석이 얼마나 다양한지 살펴보자.

춘다가 제공한 음식이 붓다 마지막 공양이었다. 그 음식을 입에 대던 붓다는, 수행 완성자를 제외하고는 이 음식을 소화시킬 수 있는 사람은 없다고 하면서 그 음식을 다른 수행자들에게 주지 말고 땅에 묻으라고 한다. 그리고는 춘다에게 법을 설하고 자리를 뜬다.* 그 후 붓다는 그 음식을 들고 혈변을 동반한 심한 고통에 시달리게 된다. 그렇게 고통스러운 몸을 가누면서 서쪽으로 길을 재촉하고, 도중에 카쿠타강에서 목욕한 다음 입멸의 땅 쿠시나가라에 들어서 입멸한다. 춘다의 음식을 든 그날 저녁에 입멸하게 되는 것이다. 붓다를 신격화한 후대 경전에서는 이 장면이 그려져 있지 않지만, 인간의 몸으로 고통을 이겨내면서 걸음을 옮겨 가는 모습이 생생하게 전해진다. 붓다는 이미 바아샬리에서 삼 개월 후 입멸을 예고하고 있었으므로 춘다의 음식이 아니었다면 입멸하지 않았다고 단정하기 어려울 것이다.

이 마지막 여정에 관련하여, 붓다를 수행한 승려 수, 춘다의 직업과 경제 상황, 마지막 음식 내용 등을 검토해 보자.**

◇◇◇◇◇◇

* 『대반열반경』에는 이때 붓다가 춘다에게 설한 법이 어떤 내용이었는지는 기록되어 있지 않다. 춘다에게 행한 설법 내용에 관해서는 『숫타니파타』(제1장, 83-90)에 비교적 자세히 설해져 있으므로 참고할 수 있다.

** 여기에서 검토하는 선행연구와 경전은, 『유행경』(동국역경원), 「완전한 열반의 큰 경」(전재성 역, 『디가니까야』 수록), 나카무라 번역(中村元訳, 『ブッダ最後の旅―大パリニッバーナ経』, 岩波書店, 2001), 법륜 스님과 마성 스님의 저서, 번역서인 틱낫한 스님 저서, 유럽 저작(데이비스, 올덴베르크, 베크의 저작), 그리고 『마누법전』 등이다.

처음부터 붓다 유행에 함께한 수행승 숫자는, 아난다를 포함하여 몇 사람 정도였던 것으로 생각된다. 유행 도중 바이샬리를 떠나기 전 붓다는 비구들을 강당에 모이게 하는 장면이 있는데, 그때 바이샬리 지역에 있던 출가자들이 붓다 유행에 참가했을지 모른다. 『대반열반경』 어디에도 대규모 승려들이 뒤따랐다는 내용은 없지만, 대승경전, 그리고 그것을 인용하는 저작자들은 많게는 1500명, 혹은 300명의 비구들이 붓다를 따랐다고 설한다.

춘다의 직업, '캄마라'에 대해서는, 전재성은 금세공사로, 한역 경전 그리고 국내 및 유럽 저술들은 대장장이로 번역하고 있다. 사실 중요한 것은 양자가 같은 직업군이라는 점이다. 이 직업이 어떤 신분계급이었는지 객관적 자료를 통하여 살펴보자. 『마누법전』 제12장은 '큰 죄를 지은 자의 윤회전생'을 논하고 있는데, 금속공에 대하여 다음과 같이 기술하고 있다. 즉 '탐욕을 가지고 보석, 진주, 산호 혹은 기타 보석을 빼앗는 자는 금속공 가문에 태어난다.' 이것을 보면, 캄마라는 전생에 나쁜 짓을 한 대가로 태어난 천민 신분이다. 천민은 상위 세 계급을 위하여 시기심 없이 봉사하는 것이 그 역할이었다. 즉 농민(바라문, 바이샤)을 위하여 농업도구를 만들어 봉사하는 것, 크샤트리아나 바라문을 위하여 금세공하는 직업이 캄마라였다. 앞서 언급했듯이 바라문은 천민으로부터 음식 보시 받는 것이 금기였다. 그러므로 붓다가 춘다 초대에 응했다는 것, 그 자체를 인간 차별 철폐라는 신조를 행동으로 보여 준 것이라고 해석해야 옳다. 즉 그것은 인간 차별 교리를 뿌리치는 붓다의 결연한 선택이었다.

　춘다의 경제상황은 어떠했는가? 팔리어 경전은 춘다가 망고 숲을 소유했고, 거기에 붓다가 머무르고 있음을 알고 춘다가 망고 숲으로 가서 붓다를 뵈었다고 전한다. 하지만 망고 숲이 춘다 소유였다는 것을 전혀 언급하지 않은 경전도 있으며, 춘다가 매우 가난했음을 시사하는 경전 내용도 있다. 망고 숲은 천차만별이다. 망고나무에는 반드시 주인이 있다고 하는데, 몇 그루 나무로 된 망고원도 있고 큰 규모의 망고원도 있다. 춘다가 부유한 대자산가라고 주석한 번역도 있다. 이미 제1장에서 언급했듯이, 카스트와 경제적 부는 반드시 일치하지는 않는다. 즉 천민이라도 큰 재산을 소유하는 경우가 적지 않았다. 비록 바라문교리에는 천민이 재산을 가지면 바라문을 공격하기 때문에 재산을 가져서는 안 된다고 되어 있었으나 현실은 반드시 그렇지 않았다. 그렇기는 해도 춘다가 '부유한 대자산가'였다는 의견에는 동의하기 어렵다.

　병을 유발하게 한 그 음식, 즉 '스카라 맛다바(sūkara maddava)'가 무엇이었는가는 일찍이 주석서에도 등장할 정도로 오래된 논란거리이다. 스카라는 야생돼지, 맛다바는 부드럽다는 의미가 있다고 한다. 이 요리는 돼지고기라는 설과, 버섯이라는 설, 돼지가 밟고 다니는 곳에 있는 죽순 혹은 버섯, 혹은 불로장생 약초, 우유죽 등 다양한 설이 있다. 데이비스 등 서양 불교학자 3명은 모두 어린 돼지고기 혹은 돼지고기 요리라고 소개하고 있다. 『장아함경』에는 전단나무[栴檀樹]에 붙어 있는 버섯이라고 되어 있는데, 그렇게 번역한 근거는 알 수 없다. 마성 스님은 돼지고기라고 소개하고 있고, 틱낫한 스님은 백단향나무에 붙어 있는 버섯이라고 말한다.

채식주의자들은 돼지고기 종류라고 말하기 꺼리는 문화가 있었기 때문에 버섯으로 번역하는 경향이 있다는 주장도 있다. 하지만 만약 그렇다고 하더라도 그것은 한국불교에 한하는 경우일 뿐, 남방불교에는 해당되지 않는다. 나카무라(中村元)는 이 문제를 검토하면서, 스리랑카 학승에게 스카라 맛다바라는 단어를 직접 문의했던 모양인데, 그것은 돼지고기 중 지방이 많은 부분을 뜻한다는 대답을 들었다고 한다. 그들은 발우에 담긴 음식이라면 가리지 말고 받아야 한다는 계율을 믿고 있었으므로, 남방불교도 입장에서 그것을 돼지고기라고 해석하는 것에 전혀 거부감을 가지지 않는다는 것이다.

그런데, 법륜 스님 불교 역사 강의에는 주목할 만한 설명이 있다.(전기한 법륜 스님 저서와는 다른 견해임) 맛다바가 토란(들감자)의 방언일 가능성이 있으므로, 스카라 맛다바는 '돼지토란'이라는 이름의 야생토란이라고 볼 수 있지 않을까라는 의견이다. 생각해 보면, 어떤 식물이나 과일이 야생이라는 것을 나타내기 위하여 그 이름 앞에 돼지나 개를 붙이는 경우가 있다. 이 설은 내가 본 어떤 경전, 주석서, 연구에서도 찾아볼 수 없는 독자적인 것이고, 법륜 스님은 인도 현지 경험이 풍부한 분이므로 주목할 필요가 있다.

사실 버섯은 인도문화에서 칭찬받을 만한 식재료가 아니다. 『마누법전』의 식재료에 관한 내용(제5장 및 제6장)을 보면, 바라문이 먹어서 안 되는 음식으로서 파, 부추, 양파와 더불어 버섯이 열거되어 있고, 특히 나이든 바라문의 금기음식으로서 꿀, 육고기와 더불어 땅에서 나는 버섯을 들고 있다. 붓다는 육식을 금지하자고 하는 데바닷타의 제안을 물리친 적이 있었는데, 그것은 육식을 권장한 것이 아니라 탁발그릇에 들어온 음식이면 무엇이든 감사히 받아야 한다는 의미였다. 그러므로 재가신자가 붓다를 위하여, 인도문화에서 좋은 식재료로 취급되지 않는 돼지고기를 주재료로 한 요리를 준비했다는 것은 뭔가 납득하기 어려운 점이 있다.

이상에서 붓다 마지막 공양에 관련된 다양한 견해들을 제시했는데, 그렇다고 해서 진실이 밝혀진 것은 아니다. 그러나 이렇게 다양한 견해들이 있다는 사실을 확인하고 받아들임으로써, 우리는 적어도 보다 겸손해질 수 있다. 하나의 진실만을 믿고 거기에 속박되는 것, 자신의 견해만이 옳다는 아집에서 벗어날 수 있다는 것이다.

4. 초기불교의 특성

초기불교의 특징은 그것을 대승불교 곁에 두고 볼 것인가, 바라문교나 힌두교 곁에 두고 볼 것인가, 아니면 기독교와 같은 세계종교의 곁에 두고 논의할 것인가에 따라 달라진다. 예를 들자면 바라문교나 힌두교와 비교해 볼 때, 불교는 그 교조가 존재한다는 것이 특징일 수 있으며, 크리스트교와 비교해 본다면 창조설을 가지고 있지 않다는 것도 그 특징이라고 할 것이다. 동시대에 있었던 자이나교와 비교하여 그 특징을 논할 수도 있다. 더구나 전체 불교에 포함된 특성도 당연히 초기불교의 특성으로 논할 수 있다. 예를 들어 불교 근본교리라고 하면 연기법과 제행무상을 들 수 있는데, 그것은 초기불교, 부파불교, 대승불교, 밀교(후기 대승불교) 등 불교 전체를 관통하는 특징적 교리이다. 이에 대해서는 후술하므로, 여기에서는 가능한 한 초기불교 고유의 특성만을 간추려 다음 몇 가지로 제시한다.

인간 붓다의 가르침인 초기불교는 종교라기보다는 삶의 행복(해탈)을 추구하는 실천윤리에 가까웠다. 불교학자 중에는 인간 붓다를 '철저한 종교비판자'였다고 규정하는 사람도 있다. 바라문교에 대해서뿐만 아니라, 종교 그 자체를 초월하려고 했다는 것이다. 이러한 성격으로 인하여, 붓다 추종자들은 종교를 초월하여 광범위하게 존재한다. 종교로서의 불교를 신봉하지 않더라도 붓다의 세계관과 대화방법, 사물의 인식방법 그 자체에 대한 존경이 폭넓게 보이는 것이다.

붓다는 행복이란 절대자가 주는 것이 아니라 스스로 노력해야만 얻을 수 있다고 설했다. 그런 의미에서 초기불교는 철저한 자기 책임주의였다. 단적으로 말하면, 자기 자신 이외의 누구도 자기를 해탈시켜 주지 못한다는 생각이다. 다른 각도에서 본다면, 초기불교는 인간이란 자신의 해탈을 가로막는 어떤 장벽도 극복할 수 있는 잠재력을 가진 존재라고 보았다. 어떤 인간이라도 자신이 가진 무한한 가능성을 믿고 해탈을 향하여 정진하도록 하는 것이 중생에 대한 인간 붓다의 관심사였다.

인간 평등의 승가

초기불교 특징으로서 내가 무엇보다 먼저 내세우고 싶은 것은 실천성, 그중에서도 인간 평등주의 실천이다. 당시 인도에서 인간다운 삶을 제약하는 가장 큰 장벽은 카스트라고 하는 신분제도였다. 특히 노예계급 혹은 불가촉천민계급은 다음 생에서도 고통 속에 살 운명이었다. 붓다는 인도 신분계급이 결코 신의 의지에 의해 정해진 것이 아니라, '직업(하는 일)이 무엇인가'에 따라 계급 명칭이 나누어졌다는 점을 분명히 했다.(제7장) 이것은 붓다 설법 중에서도 특히 주목할 가치가 있다.

먼저 붓다는 신분계급을 가리지 않고 출가자를 받아들였다. 평등한 승가는 큰 바다에 비유되었다. 붓다는 다음과 같이 설한다.(『증일아함경』「제4미증유법」)

세상에는 강가, 야무나, 아치라바티, 사라부, 마히 등의 큰 강이 있다. 그러나 이것들도 큰 바다에 도달하면 이전의 이름을 버리고 단지 큰 바다라는 이름만으로 불린다. 그와 마찬가지로 사성계급도 출가하여 여래의 법과 율을 따른다면, 이전 이름을 버리고 다만 사문석자(沙門釋者)라는 이름만으로 불린다.

부글레 같은 초기 불교학자는 붓다 제자들은 대부분 지배층 자녀였다고 잘못 지적한 적이 있으나,* 붓다는 최하층계급 사람들도 승가에 받아들였다. 올덴베르크도 붓다와 제자와의 관계는 바라문이 베다 학습 시에 맺는 사제관계를 모방했다고 말했지만, 그것은 형식에 치우친 견해라고 생각된다. 붓다 제자로서 이름이 밝혀진 사람이 1160명, 그중 신분이 확인된 사람이 532명인데, 그 신분구성을 보면, 바라문 219명(41.2%), 크샤트리아 128명(24.1%), 바이샤 155명(29.1%), 수드라 30명(5.6%)이었다.** 수드라의 비율이 낮기는 하지만 그들에게도 승가는 열려 있었던 것이다.

붓다 승가가 수드라에게 열려 있었다는 점도 중요하지만, 바라문이 자신들의 특권을 포기하고 평등주의 승가에 입문하는 비율이 매우 높았다는 사실 또한 눈여겨보아야 할 일이다. 붓다 승가는 종교공동체이자 평등공동체였으며, 신분에 관계 없이 열려 있었지만, 부모가 반대하는 사람, 범죄자, 채무자, 과거 승가에서 축출된 사람 등의 출가는 허락되지 않았다. 또한 불법을 받아들일 준비가 되

◇◇◇◇◇◇

* 프랑스의 저명 사회학자 부글레(C. Bougle)가 1930년대에 발표한 인도 카스트제도와 불교 관련 연구서(여기서는, 일본어 번역 藪中静雄 訳, 『インドのカースト制度』, 1943을 참고함). 불교의 혁신성을 인정하면서도 붓다가 인도적 풍토 속에서 살았다는 관점이 반영되어 있다.
** 붓다 제자의 출신 신분에 관한 통계는 赤沼智善, 『原始仏教の研究』, 法藏館, 1937(1981년 복각판)에 근거했다.

어 있지 않다고 판단되면 4개월간 입문 유예기간을 두기도 했다.

붓다는 승가 내에서 어떤 특권적인 지위를 가지지 않았고 평등 공동체의 한 구성원으로 살았다. 붓다는 임종 직전까지 스스로 탁발했다. 아난다가 붓다를 수행하면서 보살폈던 사실이 잘 알려져 있지만, 그것은 붓다 55세 이후의 일이다. 임종을 앞두고 붓다는 승가에 대한 믿음을 언급하면서, "나는 승가 내에서 구성원들을 지도한다고 생각한 적도 없고, 구성원들이 나에게 의지하고 있다고 생각한 적도 없다"라고 술회했다.

불가촉천민과 여성의 수용

붓다가 불가촉천민 수니타를 승가에 받아들였던 사실은 매우 상징적이다. 인간은 신분계급에 상관없이 깨달음을 얻을 수 있다는 사실을 보여 주기 때문이다. 깨달음을 얻은 수니타의 술회는 『테라가타』에 남아 있는데, 거기에는 인분을 치우던 불가촉천민이었던 나날과 붓다를 만난 뒤의 나날이 극명하게 대비되어 있다. 그의 게송은 다음과 같이 끝맺는다. "사람은, 성실한 수행과 청정한 행위, 감정의 자제에 의해 바라문이 된다. 그것이 최상의 바라문 경지이다."(앞서 언급했듯이 여기서 바라문이란 바람직한 수행자를 뜻함) 『숫타니파타』에도 마탕가라는 불가촉천민이 승가에 입문하여 깨달음을 얻고 왕족이나 바라문들로부터 존경받았던 이야기가 등장한다.

10년 전, 라지기르(구 왕사성)에 사는 한 30대 인도 남자는 어린 시절에 지팡이로 땅을 치면서 걷는 불가촉천민을 흔히 보았다고 나에게 말해 준 적이 있다. 주민들이 자신과 신체 접촉을 하지 않도록 알리기 위해서, 걸을 때는 반드시 지팡이로 소리를 내면서 걸었다는 것이다. 오늘날까지 뿌리 깊게 남아 있는 이러한 차별 문화를 보면, 카스트를 초월하려 했던 붓다의 도전이 얼마나 원대한 것이었는가를 가늠할 수 있다. 자이나교 역시 불가촉천민의 출가를 인정했다. 오래된 자이나교 경전에는 불가촉천민 출신 자이나교 수행자가 깨달음을 얻고 바라문들을 논쟁으로 압도하는 장면이 있다.

흔히 인도의 인간 차별이라고 하면 카스트를 떠올리지만 여성은 천민 이상으로 차별받는 존재였다. 바라문교에서, 여성은 남편이나 부친의 신분에 관계 없이 노예계급 수드라와 같은 운명의 사람으로 취급되었다. 『마누법전』은 아내와의 식사는 물론, 식사 중의 아내를 보는 것도 금하고 있다. 여성은 독립할 수 없고 부친, 남편, 아들에 종속된다고 정해져 있었다. 현재도 인도의 여성 차별은 매우 심각하며 다양한 사회문제의 온상이다. 예부터 결혼한 인도 여성들이 보리수나무 밑에서 기도하는 것은 두 가지라고 한다. 하나는 아들을 낳게 해 달라는 것, 다른 하나는 남편보다 일찍 죽게 해 달라는 것이다. 여성은 재산을 가지지 못하는 경우가 많으므로 부모들은 노후를 오직 아들에게 의지할 수밖에 없고 그것이 오늘날 극단적인 남아선호 현상으로 남아 있다. 또한 미망인에 대한 사회적 냉대나 차별 문화가 뿌리 깊고, 지금도 인도에서는 미망인이 마녀(魔女)라고 지목되어 린치를 당하고 목숨을 잃는 일이 적지 않게 일어나고 있다.

그런 사회에서 붓다는 여성 출가를 인정했다. 양모 마하파제파티로부터 출가 소원을 받고, 비록 좀 망설였던 듯하지만, 석가족 여성들의 집단 출가를 인정하여 비구니승단이 만들어졌던 것이다. 이것은 혁명적인 결단이었다고 아니할 수 없다. 붓다가 여성을 승가에 받아들이면 불법이 500년 빨리 멸망한다고 했다는 설도 있지만, 그것이 후대에 추가된 이야기라는 것은 이미 증명되어 있다. 석가족 여성들을 승가에 받아들인 것은, 코살라국에 의해 석가족 남성들이 대부분 살해되고 석가족이 멸망하자, 석가족 여성들을 보호하려는 의도가 있었다는 해석도 있다.

자이나교 역시 여성 출가를 인정했다. 그런데 자이나교 전문연구서들을 검토해 보아도 그 부분을 명확하게 설명하는 경전 내용이나 선행연구를 찾을 수 없다. 자이나교 교리를 보면, 양대 종파인 공의파(空衣派, 裸形)와 백의파(白衣派: 흰옷 입는 것을 인정하는 파) 중 계율이 엄격한 공의파는 지금도 여성 해탈을 인정하지 않고 있으므로, 여성에 대한 개혁적 실천이라는 관점에서 본다면 붓다가 자이나교보다 철저했다고 해석할 수 있다.* 즉 붓다는 인도에서 여성해방을 가장 먼저 가장 철저하게 실천했다고 말할 수 있다는 것이다.

◇◇◇◇◇◇

* 자이나교에 관해서는, 자이나교 경전과 더불어 다음 보고서를 참고했다. 中島克久·岩井昌悟, 「ジャイナ教についての実地調査—釈尊の生活と教団組織を知るために—」, 調査報告会, 2006. 2. 8.

초기불교 : 붓다의 근본 가르침과 네 가지 쟁점

오히려 붓다는 파세나디왕 마츠리카 왕비가 여자아이를 낳고서 실망할 때, 덕 있는 여성은 남성보다 훨씬 훌륭할 수 있다고 하며 딸 출산에 실망하는 태도는 잘못이라고 지적하기도 했다. 불교 고층 경전에는 비구니장로 언행을 수록한 『테리가타』가 있다. 거기에는 예를 들면, "가난하고 고통 속에 살던 여자(키사고타미 장로니**)는 두 아이가 죽고 남편도 죽고, 부모형제가 모두 죽어 한꺼번에 화장하는 괴로움을 겪었습니다. 그러나 친족이 모두 죽고 세상 사람들의 조소를 받으면서도 불사(不死)를 체득했습니다"라는 고백조의 시구에서 보듯이, 인생 역경을 이겨내고 마침내 깨달음을 체득한 비구니 모습이 그려져 있다.

안타까운 점은, 초기불교에서 보인 인간 평등정신이 부파불교 시대에는 크게 퇴색되었다는 사실이다. 부파 중에는 여성승가를 인정하지 않거나 여성 폄하적인 교리를 주장하는 경우도 있어서, 비구니승가는 그 시기를 특정할 수는 없지만, 상좌부불교가 스리랑카로 전해진 기원전 3세기경에는 이미 인도에서 사라진 것으로 보인다. 상좌부 전통을 계승한 남방불교에서는 비구니승가가 인정되지 않고 있다.

◇◇◇◇◇◇

** 이 내용은 『비구의 告白, 비구니의 告白』(초기불전 테라가타 테리가타), 민족사, 1991, pp.264~265를 참조할 것.

교리의 합리성과 객관성

초기불교의 두 번째 특징은 그 교리가 합리적이고 객관적이라는 점이다. 교리가 합리적이라는 것은 인간 중심의 사고라는 뜻이다. 그것은 초인적인 힘에 기대는 삶과 사고방식을 배격한다. 당시에도 갠지스강에 목욕하면 모든 더러움이 씻겨 없어진다고 믿는 사람들이 많았다. 실제로 불가촉천민, 생리 중인 여자, 사체를 접한 사람은 목욕으로 몸을 정화해야 한다고 되어 있었다.[사진 2-5] 그러나 붓다는 만약 그 말이 맞으면, 갠지스강 물고기가 가장 깨끗한 존재일 것이라고 하며, 오염된 마음은 오직 바른 수행법과 진정한 참회에 의해서만 정화될 수 있다고 설했다.(『중부경전』 「포유경(布喩經)」, 『중아함경』 「수정범지경(水淨梵志經)」) 합리적으로 설명되지 않는 교설이나 생활 태도는, 돌이 물에 가라앉지 않게 해 달라고 기도하면 돌을 뜨게 할 수 있다고 믿는 어리석음에 비유했다.

붓다 설법은 주로 고통을 가진 사람을 고통으로부터 벗어나게 하는 것이었지만, 눈앞의 고통 해소를 위하여 초자연적인 것이나 주술, 기도(무엇인가를 실현하기 위한 기도를 말함), 마력 등을 동원하지는 않았다. 바라문교에는 방향에 대한 이상할 정도의 집착이 있었다. 베다를 학습하는 바라문이 음식을 먹을 때는 반드시 동쪽을 보고 입을 헹군 후에 먹어야 한다는 것, 동쪽을 보고 먹는 바라문은 장수, 남쪽은 명예, 서쪽은 번영, 북쪽은 정직을 가져온다고 되어 있었다. 『육방예경』을 연상시키는 무엇이 있다.

교리가 객관적이라는 것은 원인 분석적이라는 말이나 마찬가지이다. 붓다는 어떤 현상이나 제도에 대해서는, 그 원인이나 기원을 분석함으로써 그 본질에 접근했다. 각묵 스님은 "초기불교의 핵심을 한마디로 말해 보라고 하면, 주저 없이 해체해서 보기라고 말하겠다"(강조는 인용자)라고 밝힌 바 있다. 세상사를 법이라는 관점에서 해체해서 살펴보게 하여 그 본질을 깨닫게 하는 것이 초기불교의 핵심이라는 것이다. 『상윳타니카야』에 있는 이 용어로 초기불교 특징을 적절하게 표현한 것인데, 해체해서 본다는 것은 객관적 진리를 준거로 하여 분석한다는 뜻이며, 그것은 오늘날 과학적 분석이라고 불리는 것에 다름 아니다.

인간 붓다는 만능이 아니다. 질병에 대해서도 붓다는 합리적으로 대응했다. 초기불교 승가가 의약에 관한 특별한 지식과 기술을 가지고 있었다는 것은 율장에서도 잘 나타나 있는데, 붓다와 승가 구성원들은 질병에 대해서는 의사 지바카[耆婆, 時婆]의 의술에 따랐다. 불면(不眠) 수행으로 눈병을 얻은 아나룻다(천안제일로 불리는 제자)에 대해서도 붓다는 지바카에 의지했다. 다른 종교 신도들이 지바카에게 치료 받을 목적으로 붓다 승가에 입문하고 치료받은 후에 다시 탈퇴하는 경우도 있었다.

이 점은 주술을 금지하는 합리적 교리를 불교와 공유하고 있는 자이나교가 약이나 의술 사용을 금지하고 있는 것과 대비된다. 자이나교는 숲이나 호수에서 먹이를 구하는 동물들이 결코 의료를 이용하지 않듯이, 병이 있더라도 자제와 고행으로 살아야 한다고 설한다.

현실주의 내지 현장주의

세 번째 특징은 현실주의 내지 현장주의이다. 붓다의 관심은 지금 여기에서 고통받는 사람들의 현실 문제였다. 현실 문제는 구체적이므로 추상적인 교설로는 해결하기 어렵다. 또한 그 원인과 모습이 극히 다양하기 때문에 그 해소방법도 일정하지 않다. 더욱이 문제를 가진 이의 상태나 신분계급 혹은 종교적 배경에 따라 그 대처방법이 달라질 수 있다. 이러한 개별적인 문제 해결 접근은 어떤 도그마를 확립한 후 그 도그마에 맞추어 교리를 설하는 방식과는 대조적이다. 불교에 도그마와 같은 교리가 없다는 말은 바로 이러한 모습을 표현한 것이다. 도그마가 없다는 것은 초기불교 교리가 체계화되지 않은 측면이 있다는 뜻이기도 하다.

붓다는 대중의 언어로 설법했다. 바라문교 성전이 산스크리트어로 되어 있고, 산스크리트어는 문어이지만 지금도 바라문끼리는 대화에 사용하는 경우가 있는 만큼 당시 인도 사회에서는 산스크리트어를 최고 언어라고 간주하는 풍토가 강했다. 베다어와 유사한 산스크리트어는 기원전 4세기경 문법학자 파니니에 의해 문법이 확립된 후 지금까지 인도 표준어로 이어져 오고 있다. 한 비구가 붓다에게 승가 내에서 산스크리트어 사용을 건의한 적이 있는데, 붓다는 대중의 언어로 설해야 한다며 받아들이지 않았다. 현장주의라는 붓다 원칙을 보여 주는 사례이다. 현장 언어를 가지지 못한다면, 현장에 보다 가까이 갈 수 없는 법이다.

사실 붓다는 현실 문제와 동떨어진 형이상학적 문제에 대해서는 언급을 극구 회피했다. 문제제기뿐만 아니라 그에 대답하려는 태도 역시 현실 문제 해결에 도움이 되지 않는다고 판단했기 때문이다. 붓다가 설한 열반이란 사후세계가 아니라 이 생에서의 행복이었다. 비단 형이상학적 문제만이 아니라, 붓다는 출가자들 잡담을 매우 경계했다. 중생 고통과 무관한 논의로 시간을 보내지 않도록 거듭 강조했다.

형이상학(metaphysics)의 어원은 'meta-physica', 즉 자연학(physica)의 배후(meta)에 있는 것을 탐구한다는 의미이다. 형이상학적 논의란, 눈에 보이는 자연 배후에, 그 자연을 만들어 낸 무엇이 있는지 없는지 등을 논의하는 행위이다. 만물에 아트만이 존재한다는 교리는 형이상학적인 논의였다. 그러므로 만약 '아트만이 존재하지 않는다'라고 바라문 교리를 부정한다면, 그것 역시 자연히 형이상학적 논의가 된다. 그러한 논의를 하지 않는 것, 그것을 무기라고 한다.* 바라문교 교리는 형이상학적인 것으로 채워져 있었기 때문에, 그것을 두고 옳으니 그르니 하고 말하는 행위 자체가 형이상학적 논의로 빠져드는 결과를 초래하게 된다. 붓다의 무기는

◇◇◇◇◇◇

* 무기에 관해서는 이중표, 「無記의 의미에 관한 고찰」, 『한국불교학』 제11권, 1986; 中村 元, 「形易上学的問題についての沈黙」, 『印度哲学仏教学』第3号, 北海道印度哲学仏教学会, 1988을 참고할 것.

바라문 교리가 사실인지 아닌지에 관해 직접 언급하지 않았다는 뜻이다.

붓다에게 있어서 고통 문제는, 예를 들어 '고통은 인간을 성장하게 하는 것인가 아닌가?' 등과 같은 철학적인 고민거리가 아니었다. 붓다는 그보다는 눈앞에 존재하는 고통을 어떻게 해결할 것인가에 고심했다. 그 고통이 다양했던 만큼 붓다 설법 또한 다양했다. 붓다 설법은 지식 전달을 위한 것이 아닌 철저한 문제 해결 설법이었다.

붓다는, '내가 단정적으로 말하지 않은 것은 단정해서 말하지 않았다고 받아들이고, 단정적으로 말한 것은 또 그렇게 받아들이라'고 누누이 강조했다. 붓다가 단정적으로 설한 것이란 사성제, 특히 고통 소멸로 나아가는 길이며, 단정해서 말하지 않은 것은 위와 같은 형이상학적 문제였다. 이러한 붓다의 태도와, 칸트나 소크라테스 등 서양 철학자가 보여 준 태도의 유사성을 논의하는 연구자들도 있다. 독일 불교학자들 사이에서는 특히 칸트와의 비교 관점에서 붓다 사상을 논의하는 경향이 있는 것 같다. 칸트는 당시에 존재하던 유물론이나 유심론이라는 철학적 견해는 경험의 범위를 넘어선 것이고 해결이 불가능한 형이상학 문제이라는 이유로 그것을 배척했다. 경험으로 설명하기 어려운 존재에 대해서 언명하기를 피하는 태도, 그것이 붓다 태도와 유사하다는 것이다. 또한 붓다의 태도는 소크라테스가 실생활에 도움이 되는 도덕을 설했던 것과 유사하다고 일컬어진다. 당시 그리스 소피아철학이 실생활의 도덕이나 수양에 관계 없는 논의를 펼쳤던 것에 대하여 소크라테스는 반대 입장을 분명히 했기 때문이다.

이상과 같은 붓다 태도는 매우 확고한 것이기 때문에, 경전 내용에 서로 모순적인 내용이 있다면, 형이상학의 부정과 현실적 고통 해소 지향이라는 경향이 보다 강한 내용을 붓다 가르침에 보다 가까운 것으로 판단할 수 있다. 여러 경전 내용 중에서 어떤 것을 보다 중히 여겨야 할 것인가 하는 문제에 봉착했을 때, 지금 고통받고 있는 사람들의 문제 해결에 어느 것이 더 도움이 되는가 하는 기준으로 판단하면 될 것이다.

도덕적 행위론, 그리고 전통과 개혁의 조화

초기불교의 네 번째 특징은 도덕적 행위의 실천, 즉 윤리성이다. '바라문이란 출생에 의하여 정해지는 것이 아니라 행위에 의해 정해진다'라는 말은 붓다가 거듭 되풀이한 말이다. 당시 바라문이라는 용어는 바람직한 인간이라는 의미로도 사용되었는데 이 말씀에서의 용법이 그러하다. 인간은 신분이나 성별 등에 관계 없이 열반에 도달할 수 있는데, 그러기 위해서는 극복해야 할 두 가지 생활 태도가 있었다. 하나는 자신의 노력으로 열반에 도달할 수 있다는 사실을 생각하지도 믿지도 않고, 보다 나은 삶을 추구하지 않는 태도였다. 두 번째는, 허황된 믿음이나 미신에 사로잡힌 나머지 해탈을 추구하면서도 정작 해탈에는 도움이 되지 않는 수행을 거듭하는 태도였다. 이 두 가지 태도는 초기경전에서 '양극단의 회피'라고 표현된 것이며, 깨달음으로 이끌어 주지 못하는 태도라고 규정되어 있었다.

초기불교가 강조하는 도덕적 행위는 구체적으로는 계율을 지키는 것인데, 그 특징은 두 가지이다. 하나는 도덕적 행위에는 그 결과뿐만 아니라 동기가 중시된다는 점이다. 당시 바라문교 영향이 강했던 인도 사회에서는, 좋은 행위란 보다 나은 내생을 보장해 주는 행위로 간주되었으며, 바라문에게 보시하는 것, 제의에 참가하는 것이 곧 좋은 행위였다. 그러나 붓다는, 도덕적 행위란 자신의 행복을 위한 것, 자신과 관련된 사람들의 행복을 위한 행위라고 설했다. 붓다 도덕행위론이 가진 또 하나의 특징은, 불교를 관통하는 연기법에서 온 특징인데, 도덕적 행위에는 상호적 책임과 의무가 강조된다는 점이다. 부자관계에 있어서도 부모 역할과 의무, 자식 역할과 의무가 동시적으로 강조된다.

마지막으로 들 수 있는 초기불교 특성은, 전통과 개혁의 조화이다. 현대사회과학 용어로 표현하자면 선택과 집중이라고 할까, 반드시 필요한 개혁에 힘을 집중하면서, 다른 한편에서는 전통을 존중하는 태도를 견지하는 것이다.

한때 붓다가 설법 도중 재채기를 했는데, 모인 사람들이 "장수(長壽)하세요, 장수하세요"라고 소리를 지르는 바람에 설법이 중단된 적이 있었다. 그 지역에서는 누군가가 재채기 할 때 그렇게 말해 주지 않으면 당사자가 요절한다는 이야기가 있었던 것이다. 붓다는 그러한 행위를 그만두어야 한다고 타일렀고 제자들은 그에 따랐다. 그런데 그 이후 승가에 대한 평판이 나빠졌다. 그 지방 사람들은 "오래된 관습을 무시하는 것은 잘못이다"라고 수군댔다. 한 제자가 "사람들은 납득하지 못하고 있습니다. 재채기의 전설을 믿고 있습니다"라고 보고했을 때, 붓다는 "그런가? 그러면 그대들도 그 사람들 앞에서는 그 풍습에 맞추어 행동하면 될 것이다"라고 그 문화를 우선 수용했다. 붓다는 미신적 행위가 바람직하지 못하다는 것을 분명히 했으나, 법이 전해지지 않을 때, 그들의 습관을 단시일에 바꿀 수 없다는 이치를 있는 그대로 받아들인 것이다.

인간 고통의 원천인 카스트에 대해서는 언제 어디서나 분명한 반대 입장을 표했지만, 인도 사회에서 카스트에 큰 변화를 가져오기 어려운 현실 역시, 붓다는 있는 그대로 보고 있었다. 현실이 그렇다는 것을 있는 그대로 보는 것, 그것이 이 책에서 제안하는 용어, 제념(諦念)의 태도이다.(종장 참조) 제념은 포기하거나 좌절하는 것과 다르다. 한정된 시간 내에는 바꿀 수 없는 일이 있다는 것, 다른 일들은 자신의 바람과는 다른 원리로 움직인다는 사실을 깨닫는 마음, 곧 제(諦)의 마음이다. 사성제(四聖諦)란 바로 이러한 경지에 도달하기 위한 진리일 것이다.

제3장
경전의 중국 전파와 한역

1. 설법 기록과 대기설법

대기설법이 담긴 경전

경전에는 붓다 설법이 담겨 있고, 설법은 대부분 질문에 대한 대답의 형식을 취하고 있다. 또한 붓다는 말에 의한 설법만이 아니라 짧은 시나 게송으로 축약하여 법을 전하기도 했다. 경전에는 설화나 전설도 많이 담겨 있다. 특히 『본생담』은 붓다 전생에 관한 수많은 설화를 담고 있다. 물론 설화라고는 해도 그 본질은 자비 실천이다. 본생담은 붓다가 입멸하고 200~300년이 지난 뒤, 불교에 윤회사상이 유입되는 시기에 만들어진 경전이다. 『본생담』은 일찍이 많은 나라 언어로 번역되어 알려졌는데, 이 경전을 통해서 불교가 윤회전생을 인정하는 것 같은 인식이 확산된 측면이 있다.

초기경전과 대승경전은 세계관이 다르기 때문에 경전 내용에 큰 차이가 있다는 점은 이미 지적한 대로이다. 그런데, 초기경전만 보더라도 그 안에는 후대에 추가된 내용도 있으며 오전(誤傳)도 있고, 서로 모순되는 내용이 함께 담겨 있기도 하다. 그 이유는, 대부분의 붓다 설법이 질문에 대답하는 형식이었기 때문이다. 질문자의 문제 해결에 설법 초점을 맞추다 보면 질문자가 누구냐에 따라 설법 내용이나 순서가 달라질 수 있는 것이다. 초기불교에 도그마가 없다는 것은 절대적 경전이 존재하지 않는다는 뜻이다. 혹은, 어쩌면 붓다가 설법한 기간이 45년이나 되는 긴 세월이었기 때문에, 그동안 사회변화도 있었을 것이고, 그에 따라 붓다가 스스로의 생각을 수정했거나 설법방법을 수정했을 가능성 역시 전혀 배제할 수는 없다.

불교에서는 사람을 대하는 것을 대인(對人)이라고 하지 않고 대기(對機)라고 한다. 여기에서 '機'란 불법을 듣는 사람, 불법을 들으려고 하는 마음 자세, 혹은 불법을 들음으로써 발휘되는 능력을 뜻한다. 한마디로 듣는 이의 자질과 가능성이다. 기는 기근(機根) 혹은 근기(根器)라고도 한다. 기근은 사람마다 다르고 그들이 가진 고통 역시 각양각색이다. 붓다는 그 해결책을 제시할 때, 기근에 맞게 설법하거나 지도했다. 그것을 대기설법(對機說法)이라고 한다. 붓다가 우선시한 과업은 고통 해결이었으므로, 어떤 교리를 정해 두고 그 교리에 사람이나 문제를 끼워 맞추려고 하지 않았다. 그래서 대기설법은 병든 이에게 약을 주는 것과 같은 행위, 즉 응병여약

(應病與藥)으로도 불린다.

대기설법이라면, 당연히 질문자의 생각이나 행동을 바꿀 수 있는 설법을 해야 하고, 그러기 위해서는 상대방의 상황이나 이해력을 고려하지 않으면 안 된다. 붓다법을 구하는 사람들은 높은 수행을 쌓은 출가자도 있었지만, 재가불자도 있었고 불교에 무지한 일반 사람들도 있었기 때문이다. 설법에 많은 비유를 도입한 것도 그 때문이다. 그 비유는 항시 문제 해결에 도움이 되는 것으로써 삶 속에서 나오는 친근한 사물이나 이치가 그 소재였다.

상담 전문직 분야에서 말하는 상담 '기술'은 아트(art)의 번역어이다. 아트는 기계적으로 암기하거나 지식만으로 행할 수 있는 일이 아니다. 만약 바이올린 실기를 하지 않고서, 어떤 각도에서 어느 정도의 스피드로 활을 켤 때 그런 소리가 난다고 아무리 외워둔다고 해도, 그것만으로 실제 바이올린을 잘 켤 수 없는 이치와 마찬가지이다. 현장과 실천이 없으면 그러한 지식들은 공허한 것이 되고 만다. 책으로 공부하여 의료수술을 할 수는 없는 일이다. 붓다 설법도 바로 그와 유사하다.

엄격한 계급사회와 설법

붓다의 대기설법은 바로 현장에서 행해진 것이므로, 듣는 이에 따라 설법이 달리 받아들여질 가능성이 언제나 있었다. 한때 고타마는 수행 중에 미인 딸을 둔 한 부호로부터 혼인을 제안받았는데, "천마의 유혹도 뿌리쳤는데 하물며 인간 여자에게 혹할 수 있겠는가"라고 하여 그 제안을 뿌리친 적이 있다. 그런데, 그 말을 엿들은 당사자 여성은 모욕당했다고 느끼고 복수를 결심하여 후일 붓다를 해치려고 한 적이 있다. 한 사람을 납득시키는 말은 경우에 따라 다른 이에 상처를 줄 수가 있다. 그러한 일이 발생하는 이유의 하나가 대기설법이라는 설법형식에 있다.

붓다가 형이상학적 논쟁에 가까이 가지 않았음은 이미 지적했다. 붓다는 수행자들 사이에 논쟁이 일어나면 득의와 실의로 엇갈리는 결과를 가져오고 그것은 아무런 이익도 없다고 하여, 다음과 같이 말하여 제자들의 형이상학적 논쟁에 빠지지 않도록 경계했다. 즉 "특별한 철학적 견해를 가지고 와서 논란을 일으키며, 이것만이 진리다, 라고 말하는 사람이 있거든 이런 말로 대응하라. 그대와 상대할 사람은 여기에는 없다, 라고."(『숫타니파타』 832. 강조는 인용자)

사실 논쟁을 좋아하는 풍토는 지금도 인도 사회에 남아 있다고 한다. 당시 인도에는 아트만이나 브라흐만이 무엇인지 등에 관하여 수많은 주의 주장이 제기되고 있었는데, 붓다는 그러한 현상을 논의의 밀림이라고 칭하고 문제시했다. 그것은 곧 번뇌의 화살을 맞는 것이나 다름없고, 그것을 화살이라고 알아차리는 사람에게는, 이것만이 진리이며 이것 이외에는 거짓이라는 주장이 있을 수 없다고 설했다. 붓다는 형이상학적 고민이나 물음을 고뇌에 찬 속박이라고 불렀다.

승려들에게도 잡담을 삼가라고 거듭 설했다. 『장부경전』에는 수행자 포타파다 제자들이 서로 이야기를 나누고 있을 때, 붓다가 가까이 오는 것을 본 포타파다가 제자들에게 다음과 같이 말하는 장면이 있다. 즉 "조용히 하라, 소란을 삼가라. 저기 붓다가 오고 있다. 그는 소음을 싫어하고 조용함을 찬미하는 사람이다. 우리들이 조용히 있는 모습을 본다면, 혹 이곳에 들려줄지 모른다."

붓다는 정치에 관하여 제자들이 설왕설래하는 것을 보고, 비구들에게 어울리는 것은 두 가지라고 설했다. 하나는 법에 관하여 말하는 것이고, 다른 하나는 침묵하라는 것이다. 성묵(聖默)과 설법(說法)이 중요하다는 가르침(『자설경』)은 논쟁을 일삼는 사회풍토를 경계했기 때문에 나왔을 것이다.

그러나 바라문계급과 대화할 때는 그들의 논리를 반박하고 자신의 법을 명확히 전하는 경향이 있었다. 대부분의 형식은, 어느 바라문이 먼저 말을 걸고 붓다가 그에 대응하는 형식이다. 주목할 만한 붓다의 대응은, 바라문의 견해를 듣고 나서 '나는 이렇게 생각한다'라고 하는 말로 대화를 마무리할 뿐, 당신들이 틀렸다고 직설하거나 직접적이고 공격적인 주장을 펴지는 않았다. 이와 관련해서 주목할 만한 붓다 대화법이 반문(反問)이다. 그것은 붓다법에 회의를 표하는 사람들이, 자신의 주장을 설하거나 혹은 붓다에게 질문을 해왔을 때, 논리적으로 되물음으로써 자신들의 교리적 논리적 모순을 스스로 자각하도록 유도하는 대화 방식이다. 바람직한 대화가 실종된 듯한 오늘날 우리사회에서 특히 본받고 싶은 대화 자세이다.

설법의 요청은 모든 신분계급에게 열려 있었고, 계급이나 지위에 관계없이 요청을 수락한 순으로 행해졌다. 바이샬리에서 암바팔리라는 유녀의 설법 요청을 수락한 뒤에, 지방의 귀족들로부터 설법 요청을 받았을 때, 붓다는 이미 설법 약속이 있다고 하여 그 요청을 고사했다.

이렇게 본다면, 인도 사회가 엄격한 계급사회였다는 사실을 무엇보다 고려할 필요가 있다. 계급사회임을 고려해야 한다는 것은, 듣는 이의 신분계급에 따라 설법 내용이 모순적으로 들릴 가능성이 있기 때문이다. 지배계급 사람이 '지금 사회질서는 바람직한 것이다'라고 말할 때, 붓다는 그렇지 않다고 반박할 수 있다. 반박한다는 것은, 사회질서 체제가 바람직하지 못하다는 의사표시이다. 그러나 그렇다고 해서 피지배계급 사람에게 '현 사회질서는 바람직하지 않다'라고 설하는 것은, 아무런 도움이 되지 않는 말이라고 붓다는 판단했다. 피지배계급이라도 스스로의 노력을 통하여 오늘보다는 내일 보다 행복한 삶을 누릴 수 있다는 것을 자각하게 하는 것이 중요하다고 생각했기 때문이다. 모든 고통의 원인이 사회구조에 있다는 주장은, 구체적인 고통 문제를 가진 사람에게는, 당장의 해결책이 될 수 없는 법이다.

출가자 중에서도 높은 수행을 쌓아 아라한 경지에 도달한 사람도 있었지만, 막 입문한 승려도 있었으므로 그 각각에 대한 설법 내용에 차이가 있을 수 있다. 불법에 관심을 가지고 수행하는 재가불자도 있지만, 불법에 무지한 사람도 있다. 대기설법은 구체적인 행동 및 생각 변화를 가져오기 위한 것이었으므로, 같은 내용의 설법이라도 당사자가 아닌 사람에게는 무의미하게 들릴 수 있었다.

문화적 다양성을 고려한 설법

들는 이의 자질이 각기 다르다는 것은, 다름일 뿐 우열이 아니다. 권위주의적 사회일수록 다양성은 우열이라는 수직적 질서로 이해되기 쉽다. 근기에는 상중하가 있다거나, 선(禪)은 상근기이고 염불은 하근기라는 풍토도 있다. 근기는 혹 사람의 지적인 수준을 의미하기도 한다. 그러나 그릇은 크고 작음뿐만 아니라 그 자체가 다양하다. 대기설법이 전제하고 있는 기(인간)는 다음의 네 가지 측면의 인간을 있는 그대로 파악하는 것에서 출발한다. 첫째, 듣는 능력이 천차만별인 사람, 둘째, 가지고 있는 고통 문제가 천차만별인 사람, 셋째, 다양한 언어와 용어를 가진 사람, 넷째, 다양한 문화와 종교 속에서 살아가는 사람.

대기설법은 듣는 이 중심의 설법이다. 거기에는 무엇보다 인간 고통 문제에 대한 공감을 필요로 한다. 그러한 공감적 태도를 인간적 모습으로 잘 보여 주는 붓다의 사례가 있다. 붓다는 깨달음을 얻고 6~7년 지난 후 석가족 고향을 방문했다. 부친과 양모를 만난 후 붓다는 부인 야소다라가 있는 곳으로 향한다. 그때 붓다는 수행하던 사리풋다와 못가라나에게 다음과 같이 당부하고 있다. '나는 이미 어떤 것에도 얽매이지 않지만 야소다라는 그렇지 않다. 그

초기불교 : 붓다의 근본 가르침과 네 가지 쟁점

녀는 오랫동안 나를 만나지 못했다는 감정에 북받쳐 그동안의 슬픔을 모두 토로할 수 있다. 그녀는 나에게 매달릴 수도 있겠으나, 그대들은 그러한 행동을 제지해서는 안 된다.'

대기설법은 대중의 다양한 언어와 다양한 종교를 고려한다. 오늘날에도 인도의 공용어는 헌법에 명시된 것만도 20개가 넘을 정도로 언어가 다양하다. 당시에는 더더욱 그러했을 것이다. 붓다는 바라문 출신의 제자들이 산스크리트로 붓다의 법을 배우고 싶다고 요청해도 민중언어로 설법하는 태도를 바꾸지 않았다. 내가 일하는 대학은 교토에 있는데, 먼저 개호 현장 경험을 쌓아 장차 노인복지시설을 운영하고 싶어 하는 학생 중에는 '교토 사투리'를 배우는 이들이 있다. 입소 노인들을 이해하려면 서로 의사소통을 해야 하는데 친화관계를 맺는 데에는 사투리가 좋은 효과를 가지기 때문이라고 한다.

문화적·종교적 다양성에 대한 고려도 중요하다.* 붓다 시대에는 베다교리가 사회 속에 자연스럽게 자리 잡고 있었고, 자이나교 등 바라문적 질서에 도전하는 사상가들의 교의 역시 넓게 퍼져 있었다. 그러므로 설법에서 듣는 이가 어떤 종교적 배경 속에서 살아왔는가는, 불필요한 종교적 갈등을 방지하기 위해서 반드시 고려해야 할 것이었다. 또한 자신의 가르침이 다른 종교나 다른 사상가의 교리와 어떻게 다른지를 설명하기 위해서도 종교적 배경에 관한

◇◇◇◇◇◇

* 김호성, 『불교해석학 연구』, 민족사, 2009.

이해가 필요했다.

선택적 설법

대기설법은 선택적 설법이었다. 자신이 알고 있는 내용 중, 문제 해결에 도움이 되지 않는 것은 설하지 않는 태도이다. 그것은 유명한 씽사파(申恕林) 나뭇잎 설법을 통하여 잘 보여 준다. 한때, 붓다는 제자들과 코삼비(밧차국) 씽사파를 거닐 때, 약간의 씽사파 나뭇잎을 손바닥에 두고, 손안의 잎과 숲의 잎 중 어느 것이 많은가를 물었다. 그리고는 다음과 같이 설했다.(『잡아함경』) '숲의 잎이 더 많듯이, 나는 완전히 깨달은 것 중에서 그대들에게 설한 것보다 설하지 않은 것이 더 많다. 설하지 않은 것은 무엇인가? 바른 실천으로 인도하지 않는 것, 정각과 열반으로 이끌어 주지 않는 것이 그것이다.'

대기설법은 의의는 범천(梵天) 권유(혹은 범천권청) 설화에 암시되어 있다. 그 내용은 붓다가 깨달음을 얻은 후 자신의 법이 매우 실천하기 어려운 일이기 때문에 사람들에게 전하는 것을 망설였는데, 범천이 붓다에게 가서 '설법을 권유'하고 그것을 받아들임으로써 붓다가 법의 전파를 결심한다는 것이다. 범천은 힌두교의 3대 신의 하나로 만물의 근원인 브라흐만을 신격화하여 불교에서 받아들인 신이다. 쉽게 말하면 인도인들이 가장 좋은 신이라고 여기는 신이다. 붓다는 범천의 유혹을 받아들였다. 같은 유혹이지만, 그것이

중생에게 도움이 되는 것이기 때문에 악마가 아닌 범천의 모습이
된 것이다.

범천이 대중에게 깨달음을 전하라고 권유했을 때, 붓다는 연못
의 연꽃을 보고 있었다. 거기에는 완전히 물속에 잠긴 꽃, 수면에
서 나온 꽃, 그리고 막 수면에 도달한 꽃이 있었다. 그것을 보고
붓다는, 설법 없이도 깨달음을 얻는 인간이 있고, 설법을 듣고서야
깨달음을 얻는 사람도 있으며, 법을 설하더라고 깨달음을 얻지 못
하는 사람이 있음을 보았다. 이것은 흔히 근기를 상·중·하로 나누
는 예시로서 많이 인용되고 있다. 법을 들어야만 깨달을 수 있는
사람이 있다면 그들을 위하여 법을 설하는 것이 좋겠다고 결심했
다고 되어 있다.

그런데, 범천권유 설화도 그 해석이 중요하다. 설화 해석은 각 논
자의 붓다관 내지 경전관을 반영한다. 붓다의 법 전도 결심을 보다
극적으로 표현하기 위하여 범천을 등장시켰을 뿐, 전도는 붓다의
의지에 의해 정해져 있었다는 것이 바른 해석일 것이다.* 범천 권
유가 없었다면 전도를 하지 않았을 수 있다는 해석은 난센스이다.
전도는 붓다 한 사람의 이익이 아닌 제행에 이익되는 일임을 증명
하기 위하여 범천을 동원한 것으로 해석하는 것이, 붓다 출가 동기

◇◇◇◇◇◇

*   예를 들어 『중부경전』 「성구경(聖求經)」(『중아함경』의 「라마경(羅摩經)」)에 의하면, 붓다는
    자신의 법을 '세상 흐름과 역행되는(거스르는) 것'이라고 생각하여 전도에 망설인 것
    으로 회상한다. 즉 법은 깊은 뜻을 가진 것[심심(甚深)]이므로 탐욕 등에 지배되는 사
    람들이 알기 어렵지 않을까 하고 염려했다는 것이다.

가 고통 해소였다는 사실과 정합성을 가진다.

상대를 고려한 설법을 보여 주는 두 개의 사례, 즉 소몰이 설법과 말채찍 설법 내용을 보자.

소떼를 몰고 강을 건널 때, 잘못하면 소를 익사시킬 수 있다. 좋은 소몰이는 먼저 자신이 강에 들어가서 강의 깊이 등을 잘 조사한 후, 먼저 힘센 소를 건너게 하고 다음부터 차례로 힘센 소, 그리고 마지막으로 겁이 많은 소를 건너게 한다. 사람들을 이끌기 위해서도, 세상을 파악하고 인간을 파악한 다음에 이끌어야 한다. 현명한 소몰이는 강과 소를 잘 관찰한 후에 소를 무사히 건너게 하듯이, 설법도 마찬가지로 상대를 잘 관찰한 후에 행하지 않는다면, 사람을 익사시킬 수가 있다는 가르침이다.

근기를 말채찍 그림자에 비유한 설법도 있다. 채찍 그림자만 보아도 달리는 말이 있고 채찍을 가해야만 가는 말이 있다. 그처럼 노병사의 고통에 대해서도, 그 말만 들어도 바른 삶을 실천하는 사람이 있고, 노병사를 직접 보아야 바른 행동을 실천하는 사람이 있으며, 자신이 노병사를 당했을 때에 비로소 바른 행동을 하는 사람도 있다. 그런데 이 말채찍 설법에서 주목해야 할 것은, 붓다가 이들 세 부류의 사람들을 상하로 구분하지 않고 모두 '좋은 행위의 사람'이라고 평가한다는 점이다. 그것은 무엇을 의미하는가? 붓다는 바람직한 인간인가 아닌가를 가르는 기준은, 설법을 빨리 알아듣는가 늦게 알아듣는가가 아니라, 바른 행동을 실제로 실천하는가 아닌가에 있다는 점을 강조했다. 설법을 늦게 알아듣는 사람이라도 그것을 실제로 행동에 옮기는 사람, 그 사람을 훌륭한 인간으로 평가했던 것이다.

질문만 있고 대답이 없는 경우: 무기(無記)

그런데 경전에 질문만 있고 대답이 명기되어 있지 않은 경우가 있다. 붓다가 침묵으로 대답하는 경우, 즉 질문에 대한 직접적인 대답을 회피한 경우가 있었기 때문이다. 그러한 태도를 무기라고 한다는 것은 이미 앞장에서 말한 대로이다. 그러므로 붓다의 침묵이 무엇을 의미하는지는 그때그때의 문맥과 붓다의 삶에 비추어 그 의미를 해석할 수밖에 없다. 왜냐하면 침묵은 부정 의미도 긍정 의미도 있기 때문이다. 예를 들어 재가신자의 식사 요청이 있을 경우, 많은 경우 붓다는 침묵으로 동의했다. 그러나 사후세계가 있는가 없는가 등의 질문에 대한 침묵은, 부정 의미가 대부분이었다고 생각된다.

붓다는 현실 문제를 앞에 두고 철학적 논의에 빠지는 것은, 독화살을 맞았음에도 화살을 뽑아 치료하지 않고 누가 쏘았는지를 알아보려고 하는 어리석음과 같다고 설했다. 그런 철학적 논의는 수행의 목적에도 도움이 되지 않고 마음의 평화(니르바나)에도 도움이 되지 않는다고 설한 '독화살의 비유', 그리고 무기(無記)의 가르침이 주는 의미를 살펴보자.

한때, 붓다 제자 마룬캬풋타는 다음과 같은 10개의 형이상학적 질문을 하면서, 만약 붓다가 그 질문에 명확한 답을 주지 않는다면 수행을 그만두겠다고 했다. 붓다는 그 질문에 바로 회답하지 않고, 대신 '독화살의 비유'(『중아함경』「전유경(箭喻經)」)라는 설법을 통하여, 그러한 물음에 답을 얻는 것이 중요하다고 여기는 생각 그 자체를 번뇌라고 지적했다. 붓다의 이러한 태도는 산스크리트어로 '아비야크리타'라는 것으로 경전에 질문만 있고 그 질문에 대한 대답이 기술되어 있지 않기 때문에, 무기[혹은 사치답(捨置答)]로 한역되었다. 무기 혹은 난(難)무기는 10무기, 14무기, 16무기 등으로 열거되지만, 그 기본이 되는 10무기는 다음과 같다.

①세계는 영원한가
②세계는 영원하지 않은가
③세계는 유한한가
④세계는 무한한가
⑤생명과 신체는 동일한 것인가
⑥생명과 신체는 별개의 것인가
⑦여래는 사후에 존재하는가
⑧여래는 사후에 존재하지 않는가
⑨여래는 사후에 존재하면서 존재하지 않는가
⑩여래는 사후에 존재하지도 않고, 존재하지 않지도 않는가

이렇게 형이상학적 문제에 대하여 직접 대답을 하지 않는 것, 혹

은 침묵으로 대답하는 것이 무기이다. 그것은, 고통 해결에 도움이 되지 않는 논쟁이 가져오는 폐해를 피하고자 한 것이자 소위 논의의 밀림에서 벗어나기 위한 선택이었다. 바꾸어 말하면 무기 그 자체가, 현실적 고통 해소야말로 붓다의 최우선 과제였음을 보여 준다. 사실 무기를 설하는 불교 경전은 매우 많은데, 한 연구자의 조사에 의하면, 그 경전 수는 팔리어와 한문 경전을 합하여 모두 53개에 이른다고 한다.* 형이상학적 질문에 대한 간접 대답인 독화살 설법의 개략은 다음과 같다.

> 예컨대 어떤 사람이 독화살을 맞아서 사람들이 화살을 뽑고 치료를 하려 한다고 해보자. 그러나 그는, 나를 맞춘 사람이 누구인지, 화살에 묻은 독은 어떤 것인지 등등을 알기 전에는 화살을 뽑아서는 안 된다고 버틴다. 그러면 그 사람은 알고자 하는 것 중 아무것도 알지 못하고 죽을 것이다. 이 세상이 영원한 것인지 아닌지 등에 답을 추구하는 것은 수행의 근본원리가 아니며, 번뇌 소멸이나 깨달음에 도움을 주지 않는다. 세상이 유한하든 무한하든, 정신과 육체가 같은 것이든 아니든, 병들고 늙고 죽는 현실의 고통이 있다. 나는 어떻게 하면 그 고통에서부터 벗어날 것인가를 설할 뿐이다.

◇◇◇◇◇◇

* 森章司, 『仏教的ものの見方—仏教の原点を探る』, 国書刊行会, 2001.

한편, 무기의 해석은 여전히 논란거리이다. 붓다의 대답 회피는 그 답을 알 수 없기 때문이었다는 논의(불가지론)도 없지는 않다. 다만 경전 중에는 무기의 이유를 좀 더 자세히 설명한 경(『상윳타니카야』)이 있는데, 그 예 두 가지를 들어 보자. 하나는 대답하지 않은 이유를 언급한 것이고, 다른 하나는, 어떤 질문에도 같은 대답('아니다'라는 대답)만을 하는 이유를 언급한 것이다.

밧차곳타라는 자가 붓다에게 '我(아트만)는 있습니까?'라고 물었는데, 대답하지 않았다. 다시 '我는 없습니까?'라는 물음에도 대답하지 않았다. 밧차곳타가 돌아가고 나서 아난다가 붓다에게 대답하지 않은 이유를 물었다. 붓다는 다음과 같이 설했다. '있다라고 대답하면 상주론(常住論)이 될 것이고, 없다고 대답하면 단멸론(斷滅論)이 될 것이다.* 있다고 대답하면, 제법은 아트만이 아니다라는 지혜 얻기에 방해가 될 것이고, 없다고 대답하면, 어리석은 밧차곳타는 더욱 혼란에 빠질 것이기 때문이다.'

편력행자 밧차가 붓다에게 '세계는 영원한가'를 물었는데 붓다는 '아니다'라고 답했다. '세계는 언젠가는 없어지는가' 하는 물음에

◇◇◇◇◇◇

* 상주론이란 '늘 그대로 있다', 즉 영원하다는 입장이고, 단멸론이란 죽음으로 모든 것이 끝난다는 입장이다. 연기론은 상주론과는 양립할 수 없으므로 붓다는 상주론을 거부했다. 그러나 어떤 종교든, 비록 상주론을 거부하는 교리를 가지고 있더라도, 단멸론을 주장한다는 것은 생각하기 어렵다. 단멸론은 현실사회에서 도덕적 규범을 경시하게 만드는 위험성을 가지기 때문이다.

도 '아니다'라고 대답했다. 영혼과 신체는 같은 것인지 다른 것인지 등등의 질문에 모두 '아니다'고만 대답했다. 왜 아니라고만 대답하느냐는 질문에 붓다는 다음과 같이 설했다. '그 모든 질문들은 일방적인 질문이다. 일방적인 질문은 밀림과 같아서 한번 빠지면 헤쳐 나오기가 어렵다. 그것은 고통을 수반할 뿐 아무런 도움이 되지 않기 때문이다.'(강조는 인용자)

위의 ⑦~⑩의 문제는, 불교의 윤회관과 깊이 관련되는데(제6장 참조), 학계에서는 그것들이 '여래에 한정된 질문'인가, 아니면 일반 중생까지도 포함된 견해인가를 둘러싸고 지금까지 논란이 있다. 그 주체가 '여래'에 한정된 것이라면, 여래는 이미 윤회에서 벗어난 존재이므로 당연히 윤회는 없다는 의미에서 침묵을 지켰을 것이지만, 만약 '범부는 사후에 존재하는가'라는 물음이라면 '범부에게는 윤회가 있다. 그들은 사후에 존재한다'라고 대답했을 가능성이 있다고 주장한다. 하지만 그러한 논의는 순전히 연구자들의 몫이다. 붓다 가르침의 실천을 우선시하는 사람이 만약 이 같은 문제에 깊이 파고든다면, 붓다는 어떻게 반응할까? 아마도 다음과 같이 말씀하지 않을까? '그대들, 아직까지도 윤회를 등에 업고 있는가? 내가 알고 대답하지 않았건, 몰라서 대답 못했건, 그것이 뭐가 중요한가? 그것을 알게 된다고 해서 보다 행복해지는 것이 아니지 않는가? 그런 것을 궁금해하는 것, 나는 그것을 번뇌라고 설하지 않았던가?'

2. 불교의 중국 전파

경전 언어와 전파

초기경전 언어는 크게 다섯 가지이다. 먼저 산스크리트어가 있다. 불멸 후 얼마 지나지 않아(기원전 4세기경) 산스크리트어 문법이 확립되었고 지금까지 그 문법이 이어지고 있다. 대승경전은 기본적으로 산스크리트로 되어 있다. 다만 정통 산스크리트어 문법에 맞지 않는 산스크리트 속어(프라크리트어)로 된 경전도 있는데, 그것은 불교산스크리트어라고 불리기도 한다. 붓다가 설한 인도 동북부 구어인 마가다어는 팔리어와 유사하지만 같은 것은 아니다. 또한 현재 이 지역 언어는 고대 마가다어와 다른 것이라고 하므로, 붓다가 사용한 언어는 현재 남아 있지 않다. 마가다어는 비문 등에 부분적으로 남아 있다고 하는데, 올덴베르크는 그것이 팔리어와 유사하며, 양자의 관계는 이탈리아어와 라틴어에 비유할 수 있을 정도의 유사성이 있다고 말한다. 첫 번째 결집이 이루어진 곳도 마가다 지역이었다. 마가다어로 전승된 경전은 어느 시기에 산스크리트로 편집된 후 전승되다가, 그것이 서역을 통하여 중국으로 전해졌다.

두 번째는 팔리어이다. 팔리어는 고대 인도 서부 지역 속어인데, 팔리어로 전승된 경전이 스리랑카로 전해졌다. 이미 본 대로 남전경전은 경율론 삼장이 완전한 형태로 남아 있고, 주석서도 남아 있다. 세 번째는 한문이다. 이것은 주로 산스크리트 인도 경전을 중국에서 번역한 것이다. 하지만, 중국에서 새로 만들어진 경전도 있고 몇 개의 경전 내용을 부분적으로 떼어 와서 중국에서 편집된 경전도 있다. 중국에서 경전을 한역했을 때에는 유교적 가치가 개입되어 경전 내용이 수정되는 경우가 있었다. 오랫동안 동아시아 불교 경전은 한문 경전이었다. 네 번째는 티베트어이다. 티베트 경전도 완전한 체제, 즉 대장경 체제를 갖추고 있다.

마지막으로 간다라어(간다리)로 된 경전이 있다. 간다라어는 인도 북서부 간다라 지방과 중앙아시아에서 사용되던 언어이다. 붓다 제자들 중에는 이 지역 출신이 있었고 그로 인하여 간다라 지역에는 불교가 성행했다. 실제로 초기 한역 경전『장아함경』은 간다라어 경전을 한역한 것이라는 주장이 있다. 노력하는 사람이라는 뜻의 사문은 산스크리트어로는 슈라마나이지만, 중국에서 사문이라고 음사한 그 원어는 간다라어 '사마노'라고 한다.

구전되던 경이 문자화되는 것은 기원후로 알려져 있다. 오늘날 문자로 전해지는 경전 중 오래된 것은 팔리어 경전이다. 팔리어 경전은 유럽에 비교적 일찍 소개되어, 유럽 불교학계는 팔리어 경전을 활용한 연구가 19세기 중반 이후부터 시작되었다. 팔리어 경전이 마지막으로 결집된 것은 1954년 미얀마에서 행해진 6차 결집이다. 팔리어 경전이 한국에서 본격적으로 읽히게 된 것은 최근 들어 열성적인 불교인들의 노력(빠알리성전협회 및 초기불전연구원)에 의해 우리말로 번역되면서부터이다. 일본의 경우도 19세기 말에 인도를 유학하여 팔리어 경전을 소개한 승려가 있었지만 남전경전이 본격적으로 소개된 것은 20세기에 들어서다. 일본에서는 남전경전이 소개된 것을 제2의 불교 전래라고 말하는 사람도 있다. 그만큼 대승경전과는 달리 붓다 육성이 들어 있다는 뜻이다. 다만, 중국을 통하여 전해 받은 한문대장경 안에 이미 초기경전 아함경이 들어 있었다. 그렇지만, 아함경은 의지해서는 안 되는 경전이라는 대승경전 주장을 사실이라고 잘못 받아들여, 그것을 중시하지 않았을 뿐이다. 그렇기 때문에 초기경전이 중시된 것은, 팔리어 경전이 번역되어 소개되었다는 의미와, 이미 들어와 있던 아함경이 재발견되었다는 의미가 있다고 하겠다.

다만, 팔리어 경전이 스리랑카로 전해진 시기는, 부파불교 시대였고 그 시대 이후 경전에 새로운 내용이 추가되었다는 사실이 밝혀져 있다. 그렇기 때문에 팔리어 경전만이 붓다 근본 가르침을 가장 정확하게 전한다는 주장은 지나친 것이다. 아함경과 비교해 볼 때, 내용에 따라서는 간결하고 각색이 없는 아함경이 오히려 붓다 육성에 가깝다고 여겨지는 경우가 적지 않기 때문이다. 더욱이 앞서 지적했듯이, 부파불교 자체가 붓다 정신에서 크게 후퇴했고, 그점은 부파불교를 계승한 남방불교의 현재 모습에서도 확인할 수 있다.

한편, 붓다 입멸 후 약 500년이 지나서 생성된 대승불교는, 경전을 만들고 그것을 통하여 교세를 확장하는 특징을 가진다. 산스크리트어로 된 대승경전이 처음으로 중국으로 전해진 것은 기원후이다. 그것을 한문으로 번역한 것이 소위 북전경전이다. 그것이 4세기경에 한반도에 전해졌고 7세기경 일본으로도 전해졌다. 그러므로 20세기 이전까지 한국과 일본 등 동아시아의 불교는 한문으로 번역된 경전을 토대로 학습되고 해석되고 대중에게 전해졌다. 다만 대승경전에는 율장이 없고, 경장 역시 어떤 경위로 편찬되었는지가 불명이다. 그중에는 재가자가 만든 경도 있다는 주장도 있다.

불교 전파는 남쪽과 북쪽에 그치지 않고, 서쪽으로도 상당한 영향을 미쳐, 그리스문명과 결합되어 동서양 문화의 융합으로 이어진 것으로 보인다.

불교의 중국 전파

한반도 불교는 중국을 통하여, 즉 한문 경전을 통하여 전파되었으므로, 한국불교에 절대적 영향을 끼친 것은 한문 경전이었다. 중국이 대승불교를 받아들이면서, 대승경전을 중시하는 경향, 아니 대승경전 이외의 경전을 경시하는 경향 역시 그대로 한반도에 전해졌다. 원래 대장경에는 초기경전, 부파불교경전, 대승경전이 모두 들어 있었다. 하지만 초기경전은 상대적으로 경시되어 주목을 받지 못했다. 대승불교를 중시했기 때문이며, 대승경전에는 소승에 의지해서 안 된다는 내용, 대승경전만이 진정한 불교라는 내용이 기술되어 있었기 때문이다. 위계질서와 상하관계에 집착하는 한국 문화는 초기경전 경시를 더욱 가중시켰을 것이다.

또한 중국이 불교를 받아들일 때에는 이미 유교를 통치이념으로 받아들인 뒤였기 때문에 불교 경전 한역에서도 유교적 가부장주의라는 가치가 반영되었다. 혹은 가부장적 가치를 담은 경전이 중국에서 불교라는 이름으로 창작되는 경우도 있었다. 한국에 전해진 경전 원본이 모두 인도 경전인 것은 아니다. 중국에서 만들어진 경전이 있었기 때문이다. 인도에서 만들어진 경전을 진경(眞經), 중국 등에서 만들어진 것을 위경(僞經)이라고 한다. 『부모은중경(父母恩重經)』은 위경의 하나이다.

더구나 한문 경전 중에는 편집 경전이라는 것이 있다. 이것은 진경과 위경의 중간 형태이다. 편집 경전이란, 여러 단편적 인도 경전을 모아서, 하나의 한문 경전으로 편집하여 만든 경전이다. 따라서 한문 경전은 있으나 그에 대응하는 인도 경전이 없는 경전이 편집 경전이다. 이것 역시 중국인의 논리력을 보여 주는 것이다. 말하자면, 한문 경전은 한역 경전, 편집 경전, 위작 경전이라는 세 가지로 분류할 수 있다.

이 절에서는 한국불교에 절대적인 영향을 미쳐 온 한문 경전이 번역되는 과정과 그에 관련된 문제들을 생각해 본다. 이 문제에 지면을 할애하는 이유는, 이것이 한국에서는 별로 다루어지지 않았던 주제이고 비교적 잘 알려져 있지도 않은 사실이기 때문이다. 불교 교리는 그냥 경전에 있는 내용만 보면 될 뿐 아닌가 하는 생각도 있을 수 있지만, 그러나 인도 경전 한역 과정은, 한문 경전을 바르게 이해하기 위해서도 필요하다.

앞에서 본 바와 같이 인도 경전은, 초기불교에서 부파불교 그리고 대승불교로 변화하면서 각 시대적 특성을 반영하여 만들어졌다. 그러나 불교가 중국에 전파될 때에는 이 세 종류의 경전이 한꺼번에 전해졌다. 기록상 가장 오래된 한역은 서기 1세기 중엽부터 시작되었다고 한다. 그 이후 오랜 세월에 걸쳐 한역이 이루어지는데, 산스크리트어로 문자화된 경전을 한역하는 경우도, 암송된 인도 경전을 한역하는 경우도 있었다. 기록에 의하면, 한 경전 암송자가 한역 과정 도중에 사망하여 번역 작업이 중단되었다가, 또 다른 인도 암송자가 중국으로 와서 경전을 구전함으로써 번역이 완성된 경우도 있었다. 구마라습(鳩摩羅什, 344~413년경)과 함께 이대역성(二代譯聖)으로 일컬어지는 현장(玄奘)이 7세기 인도에서 중국으로 돌아올 때에는 많은 경전을 싣고 왔다고 전해진다. 후기로 갈수록 점차 문자경전을 통한 한역으로 수렴된 것이다.

인도와의 문화교류와 중국 독자적 발전

우문으로 들릴지 모르나, 인도불교는 경전이 한문으로 번역되는 것에 반대하지 않았는가, 라는 질문도 제기해 볼 수 있다. 왜냐하면, 예를 들어 이슬람교 성전인 코란은 아라비아어로 되어 있고 다른 언어로 번역되는 것은 허락하지 않기 때문이다. 성서 역시 라틴어로 된 것만을 인정하던 시대도 있었다. 하지만 인도불교는 경전이 한문으로 번역되는 것에 반대하지 않았다. 그 배경에는 인도에 많은 지역 언어가 존재했다는 사실, 불법은 그 지역 중생의 언어로 설하는 것이 하나의 관습으로 자리 잡고 있었던 사실이 있다. 거기에 다른 견해나 다른 존재에 대한 사회적 관용성, 혹은 중국에 대한 지적 호기심도 작용했을 수 있다.

사실, 인도불교가 중국에 소개되고, 그 후 중국 승려들이 인도로 유학 간 것은 인도와 중국 간의 대규모 문화적 교류였다.* 그 교류는 서로의 세계관에도 변화를 가져왔다. 중국에서는 인도가 불교국으로 인식되었고 두 나라는 서로에 대한 지적인 관심이 많았으며 상대국에 대해 존경심을 가지고 있었다고 전해진다. 중국 승려 의정(義淨)은 7세기 인도유학을 마치고 중국으로 돌아가면서, '인도 어디에도 중국을 공경하지 않는 사람이 있으랴?'라고 기록했다. 그는 인도 나란다에서 10년 이상 체제하면서 불교를 연구했는데, 기원후 1천 년간 인도를 방문하여 장기간 체재한 중국인 수는 기록에 남아 있는 것만도 200명 이상이다. 또한 같은 기간 중, 인도인이 중국으로 가서 경전 번역, 천문학 연구 등으로 장기 체재한 사람도 수백 명에 달했다. 인도인 중에는 중국에서 천문 분야 최고관리가 된 자도 있었다. 8세기 초에는 혜초가 인도를 방문하지만, 그것은 그가 유학했던 중국에서 인도 방문을 권장받았기 때문

◇◇◇◇◇◇

* 아마르티아 센의 저서(Amartya Sen, *The Augumentative Indian: Wrighting on Indian History, Culture and Identity*, kindle ed.)는 불교의 중국 전파를 문화교류라는 관점에서 본 것이다. 이 책에서 이 문헌을 인용할 경우, 『논쟁을 즐기는 인도인』으로 표기한다.

초기불교 : 붓다의 근본 가르침과 네 가지 쟁점

으로 전해진다. 혜초는 중국에 밀교를 전한 인도승 금강지(金剛智)의 제자로서 중국 밀교 발전에 크게 기여했고 중국에서 생을 마쳤다.

인도와 중국 사이에는 서로를 변방으로 여기는 풍토가 없지는 않았으나 불교를 통한 교류 확대는, 중국인에게 더 넓은 바깥세상에 눈을 돌릴 필요가 있음을 자각하게 했다. 일부 중국인들은 인도에도 예지의 원천이 있음을 인정하여, 인도를 세계 중심으로 보고 중국을 변방으로 여기기도 했다. 인도에서도 중국을 변방으로 여기는 풍토가 없지 않았다는 것은, 5세기 초 인도를 유학한 법현(法顯)의 기록을 통하여 확인할 수 있다. 그러나 불교 전파와 더불어 중국불교도가 인도로 들어와 인적 교류가 이루어지면서, 인도 역시 자신들의 편협한 세계관을 바꾸어 갔다. 7세기에 현장이 나란다 유학을 마치고 귀국할 때에, 인도에서 그의 귀국을 만류했다는 것은 유명한 일화이다.

불교 역사에 관련하여 한 가지 지적해 둘 것은 중국에서 선종(禪宗)이라는 특유의 불교가 탄생했다는 점이다. 서기 6세기경 인도에서 중국에 간 보디다르마(菩提達磨)를 시조로 하여, 좌선을 수행 방식으로 한 불교이다. 선[禪定]이란 산스크리트 디야나의 음역[禪那]에 정이라는 훈역을 더해서 만들어진 용어인데, 원래의 뜻은 '명상을 통하여 진리를 관찰하는 것'을 의미한다. 명상은 인도불교에서도 중시되었고, 붓다에게도 명상 수행은 깨달음에 중요한 역할을 했으므로, 선정 그 자체는 중국 발명품이 아니다. 다만, 중국 선종이 특이한 점은, 선을 수행 방식 중에서도 최상위에 두었다는 점이다.

원래 불교 교리는 흔히 '계학(戒學)·정학(定學)·혜학(慧學)'의 삼학(三學)으로 불린다. 순서대로, 계율을 지키는 것, 명상수행을 하는 것, 지혜를 닦는 것이 그것이다. 그런데, 중국 선종 6대조인 혜능(慧能, 638~713)은 '선정 가운데 지혜가 있고, 지혜 가운데 선정이 있다'[定慧一等 禪戒一如]라고 주장하여 선정을, 지혜나 계율을 포함하는 최상 위치에 두었다. 인도에서는 말하자면 불교의 한 부분을 차지했던 선이, 중국선종에서는 불교수행 전체가 된 것이다. 선종은 한국불교에도 큰 영향을 미쳤다.

3. 중국 전파를 전후한 인도불교: 대승불교의 발흥

인도불교의 역사

불교는 인도 북중부 지역에서 생성된 세계종교의 하나이다. 인도에서 발생한 종교이지만 인도를 초월한 것이다. 불교는 그 교조가 살아 있는 동안에 크게 번창했다는 특징을 가진다. 그것은 두 가지로 해석할 수 있겠다. 하나는, 그만큼 불법이 중생에게 쉽게 받아들여지고 지지를 받았기 때문이다. 다른 하나는, 불교가 당시 인도의 지배적 사상이나 지배체제로부터 포교를 방해받거나 억압받지 않았기 때문이다. 전자는 붓다법이 가진 고(苦)의 소멸에 대한 열의가 그만큼 대중의 공감을 얻었다는 뜻이고, 후자는 인도에 이 단적 사상에 대한 관용문화가 있었음을 의미한다. 불교사상의 본질과 그 전파력을 생각할 때, 이 두 가지는 어느 하나도 빠뜨릴 수 없는 중요한 요소이다.

역사적으로 볼 때, 인도불교는 초기불교, 부파불교, 초기 대승불교, 후기 대승불교(밀교)로 나눌 수 있다. 그중 초기불교가 붓다 법에 가장 가까운 불교일 것이지만, 초기불교의 가르침 그 자체를 전하는 문헌은 남아 있지 않고, 초기불교는 부파불교의 문헌을 통하여 전해진 것이라는 한계가 있다.

붓다 입멸 후 100년 이상이 지난 후 형성된 부파불교는 아비다르마[阿毘達磨]불교라고 불린다. 아비다르마란 '다르마에 관하여'라는 의미로 붓다 다르마(법)를 기록한 경전에 대한 해석을 뜻한다. 아비다르마를 모은 것을 논장이라고 하는데, 부파불교 시대에 논장이 만들어지기 때문에 아비다르마불교라고 불리는 것이다. 이미 보았듯이 1차 결집에서 경장과 율장이 결집되어 있었기 때문에, 아비다르마불교 시대에 논장이 완성됨으로써 소위 삼장이 완성된다.

팔리어 경전을 스리랑카로 전한 상좌부불교는 기원전 3세기 아소카왕 시대와 겹친다. 아소카왕은 인도를 통일한 후 불교를 지배적 종교로 만들었는데, 그 후 불교는 적어도 700년 이상 인도에서 지배적인 지위를 가지고 있었다. 아소카왕은 상좌부에 귀의한 것으로 알려져 있으나, 불교 이외의 모든 종교를 존중했으므로 바라문교나 자이나교도 소중히 여겼다. 상좌부와 대중부로 나누어진 부파불교는 그 각각이 다시 분열을 거듭했다. 아소카왕 칙서에는 불교 분열을 걱정하는 내용도 기술되어 있다고 한다.[사진 5-3] 최종적으로 18개 혹은 20개의 부파가 만들어지는 시기가 기원 전후이다. 각 부파는 다른 부파나 혹은 바라문교 등을 경쟁 상대로 삼고 자신들의 경전을 편집하고, 불교 경전에 대한 독자적인 논장도 만들었다.

기원을 전후하여 대승불교가 생성되고 7세기경에는 대승불교의 마지막 단계인 밀교(密敎)가 생성되는데, 인도불교는 정체성을 잃고 명맥만 유지하다가 13세기경 거의 완전히 인도에서 소멸했다. 20세기에 들어서 인도에서는 불교 부흥운동이 있었지만, 아직 그 세력은 미미하다.

인도에서 불교가 소멸했다고는 하지만, 그것은 인간 붓다라는 존재가 인도 사회에서 완전히 잊혀져 있다는 것을 의미하는 것은 아니다. 오히려 붓다는 오늘날 힌두교도나 이슬람교도들 사이에서도 존경받는 경우가 적지 않으며, 인도나 네팔에서는 붓다 탄생이나 입멸에 관한 기념일이 힌두교도들에게도 중요한 행사로 위치지워져 있다.

불교 교리는 왜 이론화되었는가: 내부경쟁과 타종교와의 경쟁

그런데, 붓다 입멸 이후 불교는 왜 교리적으로 발전해 가는가? 급기야는 계율이나 교리 해석을 둘러싸고 승가가 분열하면서, 각 부파는 왜 스스로의 교리를 정교화해 가는가?

불교 내부적으로 본다면 승가 입문자가 많아지고 경전 연구가 심화되면서 자연스럽게 붓다 사상이 이론적으로 체계화되어 가는 것으로 볼 수 있겠다. 또한 부파로 분열되면 다른 부파나 초기불교는 자신들의 경쟁 상대가 되는 것이므로, 자기 부파가 정통성을 가진다는 점을 보이기 위해서라도 교리 정교화에 더 힘을 쏟을 것이다. 초기경전에서도 열반으로 향하는 수단을 둘러싸고 승려들 간에 논쟁과 갈등이 있었음이 기록되어 있다. 예를 들어 『앙굿타라니카야』는, 한편에서 선정수행을 통하여 깨달음을 지향하는 수행자들과, 다른 한편에서 교리학습과 분석을 통하여 깨달음을 추구하는 수행자들 간에 갈등이 있으며, 그들은 서로를 비난하고 있다고 전한다. 불교 내부의 논쟁은 교리 발전을 촉진했을 것이다. 다음은 『상윳타니카야』에 등장하는 무실라와 나라다 이야기인데, 이에 대한 이해에 도움이 된다.*

사비타가 무실라에게 '당신은 연기와 해탈에 관한 직관적 지식, 즉 지혜를 완성했는가?'라고 묻는다. 무실라가 그렇다고 답하자, '그렇다면 당신은 번뇌를 떠난 아라한이다'라고 말한다. 무실라는 그 말에 대해 침묵한다(즉, 자신이 아라한임을 인정한다). 한편 나

◇◇◇◇◇◇

* 무실라와 나라다에 관한 한국어 참고문헌은, 푸셍, 김성철·배재형 역, 「무실라와 나라다: 열반의 길」, 『불교학리뷰』 10권을 참고함.

라다에게도 같은 문답을 한 다음, 사비타가 '그렇다면 당신은 번뇌를 떠난 아라한이다'라고 말한다. 그런데, 나라다는 '연기와 해탈에 관한 지혜를 가졌지만, 나는 아라한이 아니다'라고 고백한다. 이어서 그는 자신의 상태를 다음과 같이 비유한다. '목마른 자가 사막에서 우물을 발견했는데, 그 물을 어떻게 퍼 올릴지 모르는 상태이다. 아직 물을 마신 상태가 아니다'라고.

이 경전 내용의 해석에 관한 선행연구들도 반드시 의견이 일치하고 있지는 않은 것 같다. 두 사람이 같은 수준의 지혜를 얻었음에도 불구하고, 무실라는 선정수행을 겸했기 때문에 아라한이 되었지만, 지혜만을 닦은 나라다는 아라한이 되지 못했음을 설했다는 해석이 있다. 반면, 두 사람의 차이는 선정수행을 했느냐 아니냐의 차이가 아니라, 지혜의 깊이에 차이가 있음을 의미하는 것이라는 주장도 있는 것 같다.* 다만 그 자체에 관한 해석은 접어 두고, 내가 여기서 말하고 싶은 것은, 이와 같은 불교 내부의 대화 혹은 논쟁들이 불교 교리 이론화와 체계화를 촉진하였고, 그러한 경향은 부파불교 시대에 더욱 격화되었을 것이라는 점이다.

그러나 이 문제를 전적으로 불교 내부 사정만으로 설명하기는 어렵다. 오히려, 불교와 불교를 둘러싼 다른 종교 및 사상들과의

◇◇◇◇◇◇

* 예를 들면 다음 문헌이다. 韓尚希, 「Naradaはなぜ阿羅漢ではないのか」, 『インド学仏教学研究』, 62-2, 2014.

경쟁이라는 측면에서 살펴보아야 한다. 특히 바라문교가 바라나시 등 갠지스강 중류 지역으로 진출하여 자신들의 지반을 굳혀 가고, 그곳을 중심으로 여러 종교 및 사상가들이 집결하면서 종교 간 교리 경쟁은 격화되었다. 불교가 타종교와 교리논쟁을 한 것으로는, 자이나교와의 논쟁이 비교적 잘 알려져 있다. 그러나 베다나 우파니샤드에 대항하여 불교 교리를 이론화해 가는 과정에 대해서는 선행연구가 적은 것 같다. 그 이유의 하나는 초기경전에 우파니샤드에 대한 직접적 언급이 없기 때문이다. 학자들 중에는 이 점을 이유로 들어, 붓다가 우파니샤드 철학 존재를 잘 알지 못했다고 주장하는 이도 있다. 그러나 초기경전에 우파니샤드 사상이 간접적으로 기술되어 있다는 점은 이미 학계에서도 인정되어 있고, 고대 인도 교육체계를 살펴볼 때, 붓다가 우파니샤드를 학습했음은 사실로 인정되기 때문에 그러한 주장은 받아들이기 어렵다. 더욱이 후대 경전들은 붓다가 베다와 우파니샤드를 학습했다는 것을 명확하게 설하고 있다. 초기불교가 교리를 보다 정교하게 만들어 가는 데에, 우파니샤드에 대한 대항의식이 있었다는 점은 분명하다고 생각된다. 물론 그 과정에서 붓다 근본 가르침이 변형되는 경우도 있었을 것이다.

베다에 도전하는 사상과 슈라마나 출현이 붓다 시대 이전에 일어나고 있었다는 사실은 앞서 지적하였는데, 요컨대, 그러한 사상적 경쟁은, 붓다가 출현함으로써 수습된 것이 아니라, 붓다 시대 및 불멸 이후에도 한동안 지속되었다고 보아야 한다는 것이다. 보다 많은 연구 축적이 이루어져야 할 것이지만, 어쨌든 그러한 사상적 경쟁은 불교 교리 체계화 논의에서는 반드시 고려해야 할 요인이다. 그리고 이 점은 대승불교 형성에 관해서도 마찬가지로 고려할 필요가 있다. 대승불교 형성기는 힌두교 발흥기와 겹치기 때문이다. 따라서 대승불교 형성은 힌두교에 대항하기 위한 교리 개발이라는 차원과 분리해서 생각하기가 어렵지 않을까 생각한다. 다만 이 점은 본제에서 벗어나므로 더 이상 언급하지 않는다.

대승불교와 밀교

붓다 입멸 후 500년 정도가 지난 기원 전후에 나타난 불교가 대승불교이다. 부파불교는 고통받는 중생을 구제한다는 붓다 가르침과 유리되어, 출가자가 불탑 주위에 지어진 정사에 거주하면서 경전 해석에 몰두하는 경향을 띤다. 이에 대한 반발로 시작된 개혁운동을 통하여 생성된 불교가 대승불교이다. 다만 그 운동은 어떤 통일된 운동이라기보다는 여러 지역에서 일어난 다양한 형태의 개혁운동이었고 주체세력도 다양했을 것으로 추정된다. 왜냐하면, 대승불교에는 율장이 없는데 그것은 통일된 승가조직이 없었다는 증거의 하나가 될 수 있기 때문이다. 중국이나 한반도불교에서 널리 사용되어 온 『사분율』은 법장부라는 부파의 율장이다.

그러나 대승불교가 율장을 가지고 있지 않은 사정은, 대승불교를 추진했던 재가자나 출가자들이 마치 붓다 출가와 같은 성격을 가진 사람들이었을 가능성이 있다는 주장도 있는데, 이 견해는 주목할 만하다. 돌이켜 보면, 붓다는 출가 후 수행할 때, 어느 승가에도 소속되지 않은 상태에서 깨달음을 얻었다. 대승불교 운동을 주도했다고 알려져 있는 보살이라는 존재는, 어쩌면 붓다 경우처럼, 출가하기는 했으나 어느 승가에 소속되어 있지 않은 상태로 있었을 가능성이 있다는 것이다. 사실이 그러하다면, 보살로 불리던 사람들은 승가를 가지지 않았고, 따라서 율장도 가질 필요가 없었다고 유추할 수 있는 것이다.

대승불교는 부파불교의 하나였던 대중부 전통을 계승한 것이라는 주장도 있고, 그것과는 별개로 재가불자들이 주도한 불교라는 주장도 있다. 한때, 대승불교 기원 설명의 하나로서 거론되어 온 것 중 스투파(불탑)신앙이 있다. 종래에 그것은 재가자가 중심이 된 운동이었다는 주장이 있었으나 학계에서는 이미 받아들여지지 않고 있는 것 같다. 스투파에 새겨져 있는 기증자 기록 분석에 의하면, 출가자 역시 대승운동에 깊이 관여하고 있었음이 밝혀졌기 때문이다. 교리상으로 보아도 대승경전은 부파불교를 그 바탕으로 하고 있으므로, 대승불교가 부파불교와 단절된 것이라고는 보기 어렵다. 그러므로 대승불교 운동이 전적으로 재가자 중심이었다는 주장은 수긍하기 어려우며, 역시 출가자가 깊이 관련되어 있었을 것이라고 생각된다.

대승불교라는 명칭은 그들 스스로가 붙인 이름이다. 대승이란 큰 수레(마하야나, 摩訶衍)를 뜻하는데, 수레란 어떤 목적을 이루는 수단이다. 대승이란 많은 사람들을 싣고 고통이 없는 피안으로 건너간다는 뜻이다. 그들은 깨달은 자(아라한)를 목표로 수행하는 부파불교를, 자신들만의 작은 수레 즉 소승(小乘, 히나야나)이라고 폄하했다. 극단적으로는 서승(犀乘)이라고 비판했다. 코뿔소처럼 한 사람만 탄 수레라는 뜻이다. 그러나 소승이라는 용어는 대승불교 초기까지는 없었던 용어였다. 또한 후일 대승불교가 소승이라고 지칭했던 대상은, 상좌부에서 분파하여 가장 큰 세력을 형성하던 설일체유부였다는 점은 이미 학계에서 논증되어 있다. 요컨대, 대승불교에서 소승이라는 용어를 사용한 것은 대승불교가 성립한 후였으며, 대승불교가 소승이라고 지목한 대상은 설일체유부라는 부파였다는 것이다. 즉 부파불교 전체를 소승이라고 지칭하지도 않았고, 하물며 초기불교에 대해서는 말할 것도 없다는 것이다. 대승이라는 용어 이전에는 보살승(菩薩乘)이라는 용어가 사용되었다고 한다.

그러므로 위의 사정을 본다면, 대승불교가 어느 정도 정착된 이후, 설일체유부(혹은 부파불교)를 소승으로 폄하하려는 의도로 보살승이라는 용어 대신 대승이라는 용어를 사용했을 가능성이 크다. 따라서 인도에서 대승불교가 형성될 때 부파불교를 소승이라고 비판했다는 것은 사실이 아니다. 그럼에도 불구하고 중국불교에서는 부파불교 전체를 소승이라고 부르는 경향이 있었고, 또 한국을 포함한 동아시아 불교인들 중에는 부파불교뿐만 아니라 초기불교까지를 모두 소승불교라고 잘못 이해하는 경우도 있었다. 쉽게 말하면 아함경을 소승경전이라고 이해하는 당치 않은 오류를 범하기도

했다는 것이다.

경위야 어쨌든 소승불교는 차별 용어이고, 세계불교도회의에서 소승불교라는 용어의 사용금지를 결의한 지도 이미 70년이나 흘렀지만, 여전히 소승과 대승이라는 분별지(分別智)를 가지고 있는 이들이 적지 않다. 이러한 경향은 중생구제를 위한 알기 쉬운 붓다 설법을 가볍게 보고, 그 가르침을 여러 각도에서 어렵게 해석한 대승경전을 보다 무겁게 보는 잘못된 풍토를 만들었다. 아주 최근까지도 한국사회에서는 붓다 근본 가르침에 가장 가까운 아함경전이 비교적 경시되는 경향이 있어 왔다.

한편, 대승불교 다음으로 밀교(密敎)가 생성된다. 붓다의 가르침은 누구나가 들을 수 있는 가시적인 가르침, 즉 현교(顯敎)이다. 그런데, 밀교는 붓다 가르침 중에 말로 표현하지 않고 비밀리에 전한 말씀[眞言]이 있다고 믿는다. 물론 그것은 모든 사람에게 전해지는 것이 아니라, 어느 정도 신심을 갖춘 사람에게만 전해진다고 한다. 밀교는 그것을 붓다 가르침으로 받드는 종파이며, 구체적인 상징을 통하여 가르침을 설명하려고 한다. 밀교는 스스로를 금강승(金剛乘, 바쥬라야나)이라고 칭했다. 금강으로 된 수레라는 뜻이므로, 대승을 의식한 용어일 것이다. 일찍이 붓다가 깨달음을 얻은 자리를 금강 좌라고 하듯이 초기불교에서도 금강이라는 용어가 사용되었으나 밀교에서 본격적으로 사용된다. 자신들의 교의야말로 영원불멸의 최고 진리라는 생각이다.

이념으로 본다면, 밀교는 붓다의 가르침 중에서 훌륭한 이론이나 실천을 모두 계승하고 있으므로 붓다법에서 전혀 벗어나 있지 않다. 그러나 이러한 건전한 밀교가 존재했던 반면, 인도문화와 습합하여 타락한 밀교(흔히 좌도밀교라고 함)가 성행했고, 그것은 인도불교가 소멸하는 단초를 제공했다. 비크라마쉴라사원의 파괴는 불교 소멸의 결정적 타격으로 일컬어지는데 그 사원은 밀교 사원이었다.

밀교는 인도불교가 소멸하기 직전 모습이다. 밀교는 민간신앙인 여신숭배나 성력주의(性力主義, Saktism)와 결합하여 인도 사회의 습속과 동화되는 결과를 가져왔다. 애초에 붓다 말씀 중에 비밀스러운 가르침이 있었다는 발상법 그 자체가 베다적 발상이라고 할 것이다. 왜냐하면 리그베다에 의하면, 말이란 4부분으로 되어 있는데, 보통 사람이 할 수 있는 말은 그 4분의 1뿐이고 사려 깊은 바라문은 나머지 4분의 3을 비밀리에 숨겨 둔다고 설해져 있기 때문이다. 밀교는 티베트로 전파되어 크게 번성했다. 티베트밀교는 원나라, 그리고 청나라 때 중국으로 유입되어 중국불교에도 큰 영향을 미쳤다.

인도에서의 불교 소멸과 그 시사

대승불교는 이윽고 인도 종교의 중심 교단으로 자리 잡고 인도 동북부 나란다(那爛陀寺)를 중심으로 번창했고, 세계 각지에서 불교를 배우고자 나란다를 찾아 왔다. 밀교가 생성된 이후 나란다에는 밀교적 풍토가 강했다고 한다. 11세기 이슬람에 의해 나란다가 파

괴되었을 때, 그 사원은 6개월간 불탔다고 전해진다.[사진 7-3]

밀교는 의례와 주술을 중시한다. 탄트라라고 불리는 밀교경전은 붓다가 설법하는 형식이 아니라 대일여래불이라는 별칭을 가진 대비로자나불(大毘盧遮那佛)이 설법하는 형식으로 편찬된다. 초기불교에서는, 비록 호신을 위한 주문(예를 들어 뱀을 피하기 위한 주문)은 율장에서도 허용되었다고는 하지만, 승려에게 주술은 일반적으로 금지되어 있었다. 그러나 대승불교는 재가자의 생활문화와 융합되어, 다라니 등 주력(呪力)신앙 그리고 윤회사상과 같은 인도적 풍토를 적지 않게 받아들였다. 그것은 불교를 대중에게 전파하는 것에는 효과가 있었으나, 결과적으로 붓다 사상이 가진 개혁성을 퇴색시켰다. 4세기 이후가 되면, 인도에서 기우제 등 주술의식을 불교계에서 행하고 있었다는 것이 밝혀져 있다. 한국 불교인에게 사랑받는 『반야심경』에도 진언을 찬양하는 내용이 들어 있다. 시대신주(是大神呪: 가장 신묘한 주문)로 시작되는 주(呪)에 대한 찬양에서 주란 곧 만트라이다. 반야심경 마지막 구 보디사바하(菩提薩婆訶)의 사바하는 행복을 기원하는 의미를 가진 감탄사인데, 베다 마지막 구이다. 불교 경전에 베다사상을 그대로 붙어 넣은 것이다. 이것은 대승불교가 바라문교와 한층 가까워졌다는 것을 상징적으로 보여준다.

밀교는 더더욱 힌두교와 가까워졌다. 그러한 경향은 인도불교가 힌두교에 흡수되는 한 원인이 되었다. 인도불교 소멸은 불교 안팎의 다양한 요인들로 설명될 수 있다. 힌두교가 인도 국교가 되면서 불교도는 힌두교 혹은 이슬람교를 선택하지 않을 수 없었다는 설명도 있으며, 이슬람 침입과 불교사원 파괴 등이 그 요인이라는 설명도 있다. 그 원인에 대한 설명은 접어 두고, 여기에서는 인도불교 소멸이 우리에게 어떤 시사를 주는가에 관하여 다음 두 가지만을 지적해 두기로 한다.

4세기 인도 북부를 통일한 굽타왕조(320~520년경)가 힌두교를 국교화하자 불교 신자는 급격히 줄어들게 되었지만, 그 이전까지는 여러 종파 중에서 불교가 가장 우위에 있었다. 아소카시대에서 굽타왕조 이전까지의 약 700년간의 인도를 불교적 인도(Buddhist India)라고 칭하는 학자도 있다. 그러나 그 이후 불교는 쇠퇴한다. 형식적으로는 1200년경 이슬람교 침공으로 인도 최대의 불교사원 비크라마쉴라(인도 동부 벵골 지방)가 철저히 파괴되고 약 3천 명의 승려가 살해됨으로써 인도불교는 거의 사라졌다. 불교도들은 힌두교나 이슬람으로 개종하였고 살아남은 불교승려들은 네팔이나 티베트로 피신했다.

무엇보다, 불교는 오랫동안 왕권과 너무 깊이 손잡고 있었다. 탁발에 의하지 않고 정사에서 교리연구에 열중하자면 많은 재정지원과 권력의 비호가 필요하다. 불교는 아소카왕 이후 그러한 지원에 힘입어 탁발이나 고행 없는 생활이 이어졌고 그것은 민중과 유리되는 결과를 가져왔다. 다른 한편, 친불교 왕권과 대립하던 권력의 입장에서 본다면, 불교는 적대자(적대국)의 중심세력으로 여겨졌다. 따라서 불교를 비호하는 권력이 몰락하면, 이번에는 새로운 권력에 의해 불교가 박해받게 되었던 것이다. 권력에 의해 행해지는 비호와 박해는, 불교 외부적 요인이라기보다는 불교 내부 문제였다. 그리하여 당나라 현장이 인도를 방문했던 7세기경에 이르면, 불교 쇠퇴는 현저해졌고 그것은 현장이 기록한 내용으로도 확인된다. 그리고 8세기 초 혜초는 붓다 입멸의 땅 쿠시나가르를 비롯하여 부다가야와 사르나트(녹야원) 등을 방문하여 『왕오천축국전』에 그 기록을 남기고 있는데, 이 시기에는 불교 성지에서조차 이미 불교는 거의 사라진 것이나 다름없었다. 열반당 주위는 인적이 드물어 기도드리는 사람이 짐승 피해를 당하기도 한다고 적고 있다.*

재가신자의 성격 변화

재가신자의 성격이 변한 것은, 인도불교 소멸과 관련하여 주목해야 할 요인이다. 승단이 폭넓은 신자들에 의해 지원되는 것이 아니라, 일부 부호나 권력자에 의해 유지되는 경향이 강했다는 뜻이다. 이 역시 대승불교 운동에서 이념과 현실 사이에 큰 괴리가 있었음을 보여 준다. 신자가 폭넓게 퍼져 있지 않다는 것은, 불교사

◇◇◇◇◇◇

* 지금까지 전해지고 있는 인도 기행록은 5세기에서 8세기 사이의 인도 불교 유적에 관한 고증자료의 역할을 하면서, 또한 인도에서 불교가 쇠퇴해 가는 모습 역시 생생하게 전하고 있다. 신라 승려 혜초(蕙草, 704~787)와 당나라 현장(玄奘, 602~664)의 기행록은 우리말로 번역되어 있다.(혜초, 지안 스님 역, 『왕오천축국전』, 불광출판사, 2010; 현장, 『대당서역기』, 동국역경원.) 그 외 법현(法顯, 377~422)의 기행록(『法顯傳』=『佛國記』)도 있다.

원이라는 존재가 불교의 거의 모든 것이라는 뜻이기도 하다. 이런 상황에서 외부세력에 의해 사원이 파괴되면 그것은 곧 불교 전체의 소멸로 이어지게 된다. 비크라마쉴라사원 파괴와 승려 학살은 곧 인도불교의 소멸로 이어졌다. 그러나 자이나교 경우는 이슬람에 의한 사원 파괴를 신자들이 몸으로 막아 내었다고 전해진다. 인도불교 소멸은 결국 신자의 성격이라는 측면에서도 설명될 수 있으며, 그 점이 시사하는 바는 크다.

그리고 불교 교리가 독창성을 잃고 힌두교 교리에 접근하여, 힌두교에 흡수되는 측면이 있었다는 것은 이미 살펴본 바와 같다. 오도(육도)윤회라는 대승불교 윤회관은 힌두교 윤회관과 다를 것이 없을 정도이다. 그런 상황이라면 현세에서 고통 속에 사는 사람들이 불교에 의지하려는 마음을 가질 리가 없다. 대중에게 가까이 다가서자는 취지로 일어난 대승불교 운동이 고통 속에 있는 대중에게서 도리어 멀어지는 결과를 낳고 말았다는 것은 아이러니이다.

한편, 바라문교도 인도 민간신앙과 결합되어 힌두교로 체계화되어 간다. 힌두교는 불교 교리의 강점을 적극적으로 수용하였고 종파에 따라서는 불교를 포섭하는 경우도 있었다. 예를 들어 힌두교 비슈누파는 10대 비슈누 화신 중 아홉 번째 화신을 붓다로 삼고 있다. 바라문교(힌두교)에 대한 불교의 독자성과 혁신성이 사라지면서 불교는 인도 사회에서 자연적으로 소멸해 갔던 것이다.

다른 한편, 힌두교나 인도 풍토에서 너무나 자연스럽게 받아들이는 생활규범을 불교승가가 받아들이지 않았다는 것이 불교가 대

초기불교 : 붓다의 근본 가르침과 네 가지 쟁점

중으로부터 멀어진 원인일 수 있다는 지적도 있다. 대표적인 것이 고행(타파스)의 포기이다. 거기에는 붓다의 고행관이 잘못 알려진 측면도 있었다. 이 점에 대해서는 제5장에서 상술한다. 『마누법전』 등에 소개된 힌두교 수행자가 행해야 할 고행 내용을 보면, 고행이 인도 사회의 소중한 가치였음을 짐작하기에 충분하다. 최상위계급인 바라문의 수행이란 곧 고행이었으므로, 고행은 수행자의 상징과 같은 것이었다. 그런 인도인 눈으로 볼 때, 탁발과 고행을 행하지 않는 출가자는 수행자로 보이지 않았을 수 있다. 그것이 불교로 하여금 대중과 유리되게 했다는 것은 결코 부정할 수 없다.

4. 경전 한역과 한역 경전의 문제

이미 본 대로, 인도에서는 시대에 따라 불교의 모습과 경전이 달랐다. 그러나 기원 직후부터 불교가 중국에 전파될 때에는 초기불교와 부파불교, 그리고 대승불교 경전들이 불교라는 이름으로 한꺼번에 전해졌다. 인도에서 불교가 오랜 시간을 두고 순차적으로 발전했다는 사실을 모른 채 경전을 통해 불교를 처음 접한 중국인들은, 왜 이렇게 이질적인 경전들이 불교라는 이름으로 함께 묶여 있는가 하고 의아했을 것이다. 후일 그들은, 알기 쉬운 초기경전은 우매한 중생을 위한 경전이고, 어려운 내용의 대승경전이야말로 진정한 가르침이라는 그들 나름대로의 잘못된 설명을 만들어 낸다.

인도 경전의 한역: 용어 문제

먼저, 산스크리트어 경전이 어떤 방식으로 한역되었는지를 살펴보자.

경전을 번역하려면 불교용어를 한자말로 바꾸는 것이 필요하다. 한자는 표의문자이자 고립어이다. 즉 글자 한 음절이 하나의 문자로 되어 있다. 그렇기 때문에 중국어는 다른 나라의 언어에 대하여 발음기호를 달기 어렵다. 그래서 다양한 방법으로 외래어를 한자로 바꾸어 표기한다.

우선 훈역이 있다. 단어의 뜻을 헤아려 거기에 맞는 한자를 골라 한역하는 경우이다. 중국에는 불교가 전래되기 전에 이미 유교나 도교가 자리 잡고 있었기 때문에 그 사상에서 사용되는 용어를 불교에도 응용했다. 깨달음(보디)이라는 말은 노자사상에 등장하는 도(道)로 번역되었다. 새로 들어온 불교사상을, 이미 존재하는 중국 사상에 비추어서 이해하도록 했던 것이다. 이러한 방식을 격의(格義)라고 한다. 같은 인도 용어도 시대에 따라 훈역이 달라지기도 한다. 나가르주나(기원전 2세기)를 용수(龍樹)로 번역한 것, 아라한을 응공(應供: 마땅히 공양을 받을 만한 사람)으로 번역한 경우가 훈역의 예이다.

격의는 불교사상을 대중에게 알기 쉽게 알리는 유효한 방법이기는 했지만, 불교의 독창성을 희석시키는 측면이 있었다. 그런 영향도 있어서 훈역이 아니라 음역 혹은 음사(音寫)가 채용된다. 그것은 산스크리트어 단어 발음에 가까운 한자들 중에서 어느 하나를 선

초기불교 : 붓다의 근본 가르침과 네 가지 쟁점

택하여 번역어로 만드는 방식이다. 음역을 하려면, 글자를 모으는 집자(集字)가 필요하다. 예를 들어 보살(菩薩)은 '보디사트바'라는 산스크리트어 발음에 가까운 한자 중에서 [보디=菩]+[사트바=薩]라는 두 글자를 따와서 한 단어가 된 것이다. 이런 방식으로 단어를 번역하게 되면, 새로운 한자 단어가 탄생하게 된다. 실제로 불교 경전 한역 시에 중국에서 처음 만들어진 한자 용어가 적지 않으며, 그 용어가 정착되어 지금까지도 그대로 쓰이는 예가 적지 않다. 극락(極樂) 등 불교 용어뿐만 아니라 인과(因果), 과거(過去), 현재(現在), 미래(未來), 세계(世界) 등의 단어 역시 그러하다. 악마인 마라는 '魔'로 음역되었는데, 그것 역시 처음 만들어진 글자였다. 사실 '마'라는 발음만 본다면, '麻'라는 한자도 가능했겠지만, 거기에 '귀신[鬼]'을 붙여서 '魔'라는 글자를 새로 만든 것이다. 그러나 처음 만들어진 글자였으므로, 사람들에게 그 용어 이미지를 보다 명확하게 전하기 위하여 '惡' 자를 앞에 넣어, 마지막으로 '惡魔'라고 한역하였다고 추정된다.

외래어를 음역하는 경우, 그 외래어 발음에 가까운 한자로 번역하면서 어느 정도 그 뜻을 살리는 경우도 있고, 한자 의미가 완전히 무시되고 발음만으로 행해진 음역도 있다. 경전에 등장하는 하리티는 훈역으로 귀자모신(鬼子母神)으로 번역되었으나 동시에 음역으로 訶利帝(하리제)로 번역되었다. 이 경우, 하리제라는 한자 하나하나는 발음을 내기 위한 것일 뿐 뜻과는 무관하다.

경전에 등장하는 많은 용어는 음역과 훈역이라는 두 가지 방법으로 번역되어 함께 사용되기도 한다. 예를 들어 큰 수레를 의미하는 마하야나는 대승으로 훈역되기도 하고 마하연(摩訶衍)이라고 음역되기도 했다. 그러므로 한자로 음역된 용어를 우리말 발음으로 읽는 것은 의미가 없다. 산스크리트어 원전 발음과 다를 뿐만 아니라 그 한자 자체가 어떤 뜻을 가진 것이 아니기 때문이다. 우리말 마하연이라는 발음으로 산스크리트어 큰 수레라는 뜻이 전해질 리 없다. 또한 마하연이라는 한자는 그 의미에 있어서 큰 수레와는 무관하다.

음역과 훈역이 한 용어에 한꺼번에 담기는 경우도 있다. 선정(禪定)이라는 용어가 그러한데, 선은 산스크리트 도야나를 음역한 것이고, 정은 그 훈역이다. 이러한 단어를 범한겸거(梵漢兼擧)라고 한다.

산스크리트어 한역에서는 원래 의미와 한자 의미가 미묘하게 달라진 경우도 적지 않았다. 그러므로 경전에서 한자 의미에 지나치게 매달리면, 오히려 경전 내용을 정확하게 이해하는 데에 방해가 되는 경우도 있다. 예를 들면, 중도의 '中'은 산스크리트어 마디야마의 훈역이다. 그것은 '가장 적절한, 표적을 정확하게 맞춘, 완전한'이라는 뜻이라고 한다. 그래서 지요지도(至要之道)라고도 한역되었던 것이다. 그러나 한자에 익숙한 사람들이라면, 中이라는 한자에서 중간이라는 이미지를 떠올릴 수가 있다. 하지만 그렇게 한자에 집착하면, 중도라는 개념을 바른 이해를 방해할 수도 있다는 것이다.

불교에 대한 중국의 파격적 예우

그런데, 중화사상은 중국 변경에 있는 민족들을 동이(東夷), 남만(南蠻), 서융(西戎), 북적(北狄)이라고 칭하여 야만시했다. 중화에서 볼 때 여진족(만주족, 청나라 민족)과 한(韓)민족이 동이였다. 사(邪)·왜(倭)·비(卑) 등의 용어도 마찬가지이다. 중국은 야만인 나라라고 여기는 나라의 사상에 대해서는 관심을 가지지 않았다. 번역을 의미하는 '譯'에 대한 후한(後漢)시대 자서(字書: 사전)에는 '譯이란 사이(四夷: 동서남북의 오랑캐)의 말을 전역(傳譯)하는 것'이라고 풀이되어 있다. 동아시아에서는 나라마다 말은 달라도 한자가 쓰이고 있었기 때문에, 중국에서 본다면 외래어를 한역할 필요도 크지 않았고 설사 그럴 필요가 있더라도, 좋은 의미의 한자로 번역하는 일은 드물었다. 그러나 불교 경전에 대한 중국 태도는 그 이전까지와는 판이하게 달랐다.

인도로부터 전해진 불교 경전은 중국인에게 처음 겪는 문화충격이었다고 일컬어진다. 그리고 외래어를 한자로 표기하는 것이, 중국에서 중요한 의제로 대두된 것도 불교 경전 전래가 가져온 변화였다. 예를 들어, 불교승가에 입문한 자를 의미하는 'bhikkhu'(빅쿠: 걸식하는 자)는 비구(比丘)로, 걸식녀인 'bhikkhuni'는 비구니(比丘尼)로 음역되었다. 여기에서 '丘', '尼'라는 한자는, 이전까지 혹은 그 이후에도 중국이 주변문화나 변방민족을 표기할 때 쓰던 한자와는 완전히 격이 다른 것이었다. 단적으로 말하면, 그 글자들은 중국이 불교 경전을 예외적으로 정중하게 대하기 위하여 선정된 것이었다. 잘 알려진 대로 공자의 이름은 구(丘), 자는 중니(仲尼)이다. 그러므로 불교출가자를 번역하면서 공자 이름에 들어 있는 한자를 떼어 와서 比丘와 比丘尼로 음역하였다는 것은 결코 우연으로 볼 수 없다. 그것은 불교를 공자와 같은 높은 수준의 가르침으로 인정하였다는 것을 보여 주는 증거이다.

다시 인도 경전 한역 문제로 돌아와 보자. 외래어인 산스크리트어 모든 낱말을 중국어로 표기할 수 있는 것은 아니었다. 예를 들어 중국에는 없고 인도에만 있는 나무가 경전에 등장하면, 그 나무 이름은 중국어로 번역할 수가 없다. 고타마가 소년 시절 즐겨 그 밑에서 사색했다는 나무는 '잠부(jambu)나무'인데, 그 단어를 한역할 때에는 그 발음에 가깝게 '염부수'(閻浮樹)로 음역했다.[사진 1-1] 이런 경우처럼 중국에는 없는 물건이나 개념 등은 훈역할 수가 없다. 이렇게 훈역이 불가능하여 번역하지 않은 다섯 가지를 오종불역(五種不譯)이라고 한다.* 뜻으로 번역하지 않은 예는 반야(般若)나 삼매(三昧) 등도 있다. 반야란 지혜를 뜻하는데, 산스크리트어 프라즈나(prajñā), 팔리어 판냐(panna)를 음역한 것이다. 이것은 그냥 안다는 뜻이라기보다는 '발견하다, 확실하게 안다'라는 뜻이다. 그러므로 만약 그것을 지식 혹은 이해라고 훈역하면 반야가 가진 본래

◇◇◇◇◇◇

* 　문을식, 「현장의 오종불번(五種不翻)의 음역이론 고찰」, 동국대전자불전연구소.(http://skb.or.k/down/papers/062.pdf)

초기불교 : 붓다의 근본 가르침과 네 가지 쟁점

의미가 정확하게 전달되지 않는다고 판단하여 원음을 살려 般若라고 음역한 것이다. 삼매(三昧)는 산스크리트 사마디(마음가짐을 기복 없이 갖는다는 뜻)를 음역한 것이다. 다라니(陀羅尼)나 아뇩다라삼먁삼보리(阿耨 多羅三藐 三菩提)와 같은 진언도 마찬가지이다.

한문 번역의 과정과 절차

이러한 용어 번역을 토대로 산스크리트 경전은 한문 문장으로 번역되는데, 그것은 1세기 후반에 시작되어 거의 1천 년이라는 세월에 걸친 사업이었다. 번역과정은 매우 조직적인 분업체계로 이루어졌다. 흔히 인도인의 힘이라고 하면 상상력, 중국인의 힘이라고 하면 논리력이라고 일컬어지는데, 인도 경전 한역 과정을 보면, 경전에 담긴 인도인의 상상력이 논리력으로 무장된 중국사회 방식으로 표현되고, 때로는 다시 편집되어 간다는 느낌을 강하게 받는다.

『불조통기(佛祖統紀)』라는 책에는 산스크리트어 경전이 중국에서 한역되는 과정과 절차가 비교적 구체적으로 그려져 있으므로 그것을 통하여 한역 과정을 살펴보자. 이 책은 중국 남송 승려 지반(志磐)이 1269년에 편찬한 방대한 불교 역사서인데, 거기에 서기 982년 북송 수도 개봉(開封)의 역경원에서 행해지던 불교 경전 번역의식이 그려져 있다. 예시된 것은 인도승려 천식재(天息災)가 중심이 되어 행했던 『반야심경』 번역 과정이다. 경전번역은, 많은 승려와 관리들의 분업체제 아래서 여러 단계로 나누어 이루어졌다. 참고문헌과 원문*을 확인하여 그 번역 절차를 요약한 것이 다음이다.

①역주(譯主): 산스크리트어 원문을 인도승 천식재가 낭송하는 것이다.

②증의(證義): 역주 왼쪽에 앉아서, 역주와 함께 산스크리트어 문장의 뜻과 내용에 문제가 없는지에 관해 토의한다.

③증문(證文): 역주 오른쪽에 앉아서, 역주가 높은 목소리로 낭송하는 산스크리트어 문장에 틀린 곳이 없는지를 점검한다.

④범학승(梵學僧)의 서자(書字): 역주가 낭송하는 산스크리트어 음을 듣고서 그것을 한자로 받아쓴다. 산스크리트 'hṛdaya'를 한자로 음사하여 '紇哩 第野'로, 'sutra'를 음사하여 '素怛 覽'으로 받아 적는다.

⑤필수(筆受): 한자로 음사된 산스크리트어를 뜻으로 훈역한다. '紇哩 第野'는 '心', '素怛 覽'는 '經'으로 훈역하여 '심경'(心經)이라는 번역어가 만들어진다.

⑥철문(綴文): 한자로 번역된 단어를 중국어 문법에 맞도록 순서를 맞추고 문장으로 만든다. 즉 한문 형식으로 만든다. 필수가 '照見五蘊彼自性空見'으로 번역한 것을 이 단계에서 '照見五蘊皆空'으로 수정한다. 산스크리트어와 중국어는 어순이 다르기 때문

◇◇◇◇◇◇

* 내가 확인한 바로는, 이에 관한 내용은 10년 전 일본의 한 한문학자가 언급한 것(金文京, 『漢文と東アジア』, 岩波書店, 2010)이 처음이다. 여기에서 검토한 『佛祖統記』 원문은 臺灣 湛然寺가 1995년 출간한 것이다.

에, '佛念'이라는 산스크리트어 어순을 한문식 표기 '念佛'로 바꾼다.(그렇지만 모든 단어 어순을 중국식으로 바꾼 것은 아니다. 如是我聞은 중국식 어순으로 하면 我聞如是가 되지만, 그냥 산스크리트 어순 그대로 둔 경우이다. 단, 我聞如是로 된 경전도 있다.)

⑦참역(參譯): 산스크리트어 문장과 한문 문장에 잘못이 없는지 점검한다.

⑧간정(刊定): 번역된 한문 중 지나치게 긴 문장을 줄인다. 산스크리트어는 표현을 상세하고 길게 하는 경향이 있지만, 한문은 간결함을 중시하기 때문이다. 예를 들어 '無無明無明'이라고 번역된 글귀에 대해서, 간정단계에서 마지막 두 글자를 삭제하고 '無無明'으로 간결하게 만든다.

⑨윤문관(潤文官): 승려들 남쪽에 자리 잡고, 번역된 한문 표현이 적절한가를 검토하여 뜻에 맞도록 문장을 윤색하고, 필요에 따라 글귀를 추가 삽입하기도 한다. 『반야심경』의 경우, '照見五蘊皆空 度一切苦厄'이라는 글귀에서 '度一切苦厄'은 산스크리트어 원문에는 없는 내용이지만 윤문 단계에서 인위적으로 삽입된 것이다. '是故空中無色'의 글귀에서 '是故' 역시 원문에는 없지만, 문장을 매끄럽게 만들기 위하여 삽입한 것이다.

①에서 ⑧까지(역주에서 간정까지) 여덟 단계는 승려가 담당하지만, 윤문은 문장에 능한 일반 관리가 맡은 역할이었다.

이상과 같은 단계적 의식은 경우에 따라 부분적으로 생략되는 경우도 있었다. 예를 들어 저명한 번역승 구마라습의 번역 작업을 보면, 그는 산스크리트어와 중국어 모두 정통했으므로 산스크리트어 경전을 손에 들고 소리 내어 읽고 나서, 다시 그것을 한문으로 바꾸어 읽었다고 하므로, 그 경우라면 별도로 사람을 두어 산스크리트어를 한자로 음사하게 하는 과정은 생략될 수 있다. 또한 『불조통기』 이외에, 불경 번역 과정을 해설한 서적 중에는 위에서 소개한 과정보다 간략하게 그려진 경우도 있다고 한다. 어쨌든 불경 한역이란 몇몇 개인의 노력으로 이루어지는 것이 아니라 승단 차원에서 그리고 국가 지원과 개입을 통하여 조직적으로 이루어졌다. 그만큼 신중하게 진행된 사업이었다. 생각해 보면, 확실히 경전 언어의 표기 문제나 발음 문제는 혼란이 발생하지 않도록 통일적으로 조정하는 것이 필요하다.

이러한 역사적 사실은, 한국에서 진행되어 온 팔리어 경전 우리말 번역에 시사하는 바가 있다. 최근에는 팔리어 율장도 번역되었다고 하는데, 그 번역 사업은 몇몇 불교인들의 노력에 의한 것이다. 하지만, 나는 그것을, 지금부터라도 불교 교단 차원이나 국가 문화 사업으로 위치지우고, 지금까지 번역에 공헌해 온 사람들을 뒷받침하는 형태로 번역 사업을 조직적으로 마무리하는 것이 필요하다고 생각한다. 나는 팔리어도 산스트리트어도 알지 못하지만, 두 언어에 모두 정통한 사람 이야기에 의하면, 팔리어 번역은 비교적 오역 가능성이 적다고는 하지만, 그 표현은 역자에 따라 매우 달라질 수 있다고 한다. 앞서 소개한 리처드 곰브리치(김헌구 외 역, 2017)

에는 두세 줄의 팔리어 경전에 대한 4가지 번역이 소개되어 있는
데, 그 번역들은 내용에 상당한 차이가 있는 것이 아닌가 하는 느
낌을 받았다. 용어나 발음 하나하나에 대해서도 합의를 형성해 가
면서 오랫동안 후대에 참고가 되는 번역 경전으로 완성되기를 바
라고 있다.

가부장적 내용의 주입

하여간, 위와 같은 과정을 모두 거친 정확한 번역이라고 하더라
도, 중국에서는 대장경에 수록하기 위해서 또 하나 거쳐야 하는
과정이 있었다. 그것은 흠정(欽定)이라고 불리는 황제의 감식이다.
그것은 황제의 정치적 생각에 반하는 내용이 없는지를 점검 확인
하는 절차이다. 이 과정이 있기 때문에, 경전 한역에는 의도적인
곡역(曲譯)이 행해지기도 했다.

불교가 처음 중국으로 전파될 때에는 우선 지배층에게 먼저 전
파되었다. 중국사회는 이미 한(漢. 기원전 206년~서기 9년)나라 이후에
유교가 통치이념으로 도입되어 가부장적인 질서가 확립되어 있었
다. 그리고 인도 풍토와는 달리, 중국에서 황제의 권위란 누구도
거스를 수 없는 절대적인 것이었다. 그러므로 경전 내용에 중국사
회 지배질서에 반하는 내용이 있다면, 그것들을 자신들의 사정에
맞게 의도적으로 수정하거나, 심지어는 창작하는 경우마저 있었다.
효도 등 가족윤리에 관한 내용이 특히 그러했다.

예를 들면, 인도불교에서는 부모를 언급할 때, 어머니와 아버지 순으로 표기하는 것이 일반적이다. 인도 경전 『정법염처경(正法念処経)』에는 '4가지 은혜'가 설해져 있는데, 그 순서를 보면, 첫째, 어머니 은혜, 둘째, 아버지 은혜, 셋째, 붓다 은혜, 넷째, 법사(法師) 은혜로 되어 있다. 그리고 인도에서는 사람 이름을 표기할 때 모계를 중시하여 '어느 여인의 아이'라는 형식이 많다고 한다. 아버지가 가장이기는 했으나 모계사회 성격이 강했던 것이다. 구마라습과 그 제자인 승조(僧肇)는 인도 경전에 등장하는 사람들은 모두 그 어머니의 이름을 이어받은 것이라고 말한 바 있다.

그러나 그러한 사실은 남성 중심 가부장적 사회질서를 확립하고 있던 중국 지배층 눈으로 본다면 불편한 진실이었다. 그래서 중국 사회질서와 양립하기 어려운 경전 내용이 있다면 그 내용을 바꾸는 경우가 있었다. '어머니와 아버지'라는 순서는 모두 부모 순으로 바꾸었다. 원전에 없는 내용을 삽입하는 경우도 있었다. 예를 들어 『대무량수경(大無量壽經)』의 한 구절을 소개해 보자.

서방정토에 태어나고 싶은 사람은 세 가지 복을 닦지 않으면 안 된다. 부모에게 효도하고 스승과 손윗사람을 공경하며, 자비심을 가지고 살생을 행하지 않고 선행을 닦지 않으면 안 된다.(강조는 인용자)

여기에서 강조 부분, 즉 '부모에게 효도하고'라는 글귀는, 효도를

초기불교 : 붓다의 근본 가르침과 네 가지 쟁점

강조하기 위하여 중국에서 자의적으로 삽입한 것이다.

　이러한 사례야 경전의 본뜻을 왜곡하는 것이라기보다는 문화적 조정과정이라고 여길 수도 있으므로 큰 문제는 아닐 수 있다. 정작 심각한 문제는 경전 내용이 거의 완전히 달라진 경우가 있다는 것이다.* 『육방예경(六方禮經)』이 그 경우이다. 인도 경전에는 가정 내에서 부인이 지켜야 할 보편적인 윤리가 설해져 있지만, 한역 경전에는 남편에게 복종하지 않으면 안 되는 아내의 의무가 주로 열거되어 있다. 남편이 외출에서 돌아오면 반드시 사립문 밖에 나가서 인사한다는 내용도 삽입했다. 이것은 날조라고 해야 할 일이며, 불교가 여성을 폄하한다는 이미지가 만들어진 한 원인의 하나이다.

지의(智顗) 교판론의 악영향

　이미 지적하였듯이, 경전에는 서로 모순되는 내용이 들어 있다. 그러므로 경전에 있는 내용이라는 이유만으로 그것이 모두 붓다 가르침이라고 간주할 수 없다. 또한 경전 인용자는 서로 다른 내용의 경전을 인용할 때 어떤 경전을 더 우선해야 하는가에 관한 판단기준을 가질 필요가 있다. 이 점에 대해서는, 나는 이미 졸저(『붓다의 삶과 사회복지』)에서 경전선별 활용론을 논의한 적이 있다.

◇◇◇◇◇◇

* 　경전의 한역 과정에서 중국적 가치가 유입되는 문제에 대해서는 다음 중국어 논문이 있다. 中村元, 「佛敎思想對佛典漢譯帶來的影響」, 『世界宗敎硏究』, 中國社會科學院 世界宗敎硏究所, 1982.

초기경전과 대승경전은 세계관이 판이한데, 불교가 중국으로 전파될 때에는 그것들이 한꺼번에 들어왔다. 더구나 대승경전에는 소위 요의경(了義經)-불요의경(不了義經) 논의가 들어 있었다. 4가지 의지해야 할 것을 제시한 사의설(四依說)에는, 대승불교 이전 경전이 '의지해서 안 되는 경전'(불요의경전)으로 지목되었다. 아마도 그러한 영향도 있었기 때문이겠으나, 중국에서는 독자적인 경전교판론이 등장했다. 교판이란 교상판석(敎相判釋)의 준말로 경전 형식이나 내용을 분류하여, 우열과 심천(深淺)으로 판단하는 것을 말한다. 즉 다양한 경전을 비교하여, 어느 것이 더 우월하고 깊은 가르침인지를 판단하여 공표하는 것이다. 원래 붓다 가르침은 일음교(一音敎: 하나의 가르침)인데, 가르침을 듣는 사람에 따라 그것이 달리 받아들여지기 때문에 경전 내용이 달라졌다는 것인데, 대승경전은 일음교를 제대로 받아들인 사람을 위한 경전, 그 이외 경전은 우둔하게 받아들인 사람을 위한 경전이라고 자의적으로 해석한 것이다. 사실은 일음교라는 말 자체가 중국 대승불교가 만들어 낸 개념이다.

　중국 교판론의 대표적인 것이 지의(智顗)가 제시한 오시론(五時論)이다. 지의는 6세기 중국 승려로 중국천태종의 실제적 종사인데, 잘못된 해석에 근거하여 초기경전을 폄하함으로써 동아시아불교에 매우 큰 악영향을 끼쳤다. 지의의 천태사상에 심취하였고 그것은 『법화경』을 체계화한 것이므로 그는 대승경전인 『법화경』 지상주의자였던 셈이다. 그는 붓다가 다섯 개 시기에 따라 법을 다르게 설했기 때문에 서로 다른 경전이 생겼다고 주장했다. 다음이 그 내용이다.

제1시는 붓다가 깨달음을 얻은 직후 깨달음 내용을 설한 시기로 그것이 『화엄경』이다.

제2시는 『아함경』을 설한 시기이다. 『화엄경』 내용이 너무 어려워서 사람들이 알아듣기 힘들어하자 그 수준을 낮추어 설한 시기이다.

제3시는 점차로 설법 수준을 높여서 『유마경』이나 『승만경』 등을 설한 시기이다.

제4시는 설법 수준을 더욱 높여서 설한 시기로 『반야경』을 설했다.

제5시는 붓다 마지막 8년간으로 『법화경』을 설했고 마지막으로 『열반경』을 설했다.

경전의 제작 경위가 밝혀져 있는 오늘날 관점에서 본다면 엄청난 오류이자 너무나 대담한 공상이다. 문제는 이러한 설명 때문에, 이 설명에서 유일하게 등장하는 초기경전인 '아함경은 수준 낮은 사람들을 위해 만든 것이라는 사실 왜곡을 불러일으켰다는 점이다. 그 업보는 대승경전의 요의경-불요의경 논의와는 비교가 되지 않을 정도로 큰 것이라고 나는 믿는다. 왜냐하면, 오시론은 사실을 알지 못한 채 행한 거짓 논의이기 때문이다. 그에 비하면, 요의경-불요의경 논의는, 대승불교가 초기경전의 존재를 알고 있으면서 사실과 다르게 왜곡한 거짓 논의이다. 얼핏 보기에 사실인지 모르고 한 거짓말의 해악이 더 적을 것으로 인식하기 쉬우나, 붓다는 사실인지 모르고 행한 거짓말의 과보가 더 크다고 설했다. 그 점을 다시 깊이 생각해야 할 것이다.

한반도불교에의 영향

현재, 중국에는 한역 경전 원본인 산스크리트어 경전이 남아 있지 않다. 한역하기 전에 있었을 그 많은 산스크리트어 경전이 하나도 남아 있지 않다는 것은 정상적이라고 생각하기 어렵다. 옛 서역(둔황 등)이나 혹은 일본(『반야심경』 산스크리트어 원본이 보존되어 있음)에 단편적으로 산스크리트어 경전이 보존되어 있을 뿐이다. 왜 그러할까? 이상한 질문으로 여겨질지 모르나, 만약 그러한 상황이 중국에서 의도적으로 산스크리트어 경전을 감추었기 때문이라고 한다면, 다음의 두 가지 설명이 가능하지 않을까 싶다.

하나는 한역 번역에 대한 중국불교의 자신감이다. 경전을 완벽하게 번역하였다면, 원전에 집착할 필요가 없고, 따라서 그것을 소중히 보존할 필요도 없을 것이다. 다른 하나는, 한역 경전이 인도 경전 내용과 다른 부분이 있고, 만약 그 일부가 의도적인 수정이나 의도적 왜곡에 의한 것이라면, 그들은 그러한 사실을 감추려 했을 것이다. 부질없는 논의로 여겨질지 모르나, 나는 아무래도 후자 가능성을 지워 버리기 어렵다.

역사적으로 볼 때, 한역 경전 영향을 압도적으로 받았던 한국불교는, 당연히 거기에 포함된 가부장적 질서로부터 영향을 받았다. 초기경전을 경시하는 경향도 심했는데, 그것은 우리사회에, '다름을 우열로 해석하는 풍토'가 반영된 탓일 것이다. 동아시아에서는 여성 차별 문화가 있다고 흔히 지적되지만, 그러나 그 정도가 인도에서 보이는 여성 차별보다 더욱 심각하다고 보는 이는 없을 것이다. 확실히 경전 속에서 여성 차별적 경향은 인도 경전에서도 발견되지만, 한역 과정에서 더욱 심화되었다. 그리고 여성 차별 문제에 대해서도 여권이 신장된 유럽인 시각과 동아시아인 시각에도 차이가 있을 수 있다. 예를 들어, 올덴베르크(제4장)는 비구니는 어디까지나 비구에 종속된 존재였다는 것, 탁발에 협력해 준 사람들이 대부분 재가의 여성들이었음에도 불구하고 승가 내의 여성 차별이 있었음을 지적한다.

그 지적대로, 불교 경전이나 율장 내용을 오늘날 관점에서 본다면 여성 차별적 내용이 들어 있지만, 그 한 부분만을 떼어 내어 해석할 일은 아니다. 당시 인도 사회에서 여성이 독립된 인격으로 존재할 수 없었던 상황을 고려해야 하며, 붓다 승가의 여성관을 당시 인도 사회라는 콘텍스트 안에서 해석해야 한다고 생각한다. 인도 사회의 편견과 폭력으로부터 비구니를 보호하기 위해서, 비구를 비구니 보호자로 삼았던 사정 등을 이해해야 한다는 것이다. 오히려, 붓다는 여성 출가를 인정했다는 것, 그리고 상당수의 비구니가 아라한 경지에 도달했다는 사실이 보여 주는 여성평등 개혁을 보다 중시해야 할 것이다.

오늘날 비구니 차별 문제에 대하여, 한문 경전을 방패 삼아 그 차별을 합리화하려는 경향이 없지 않은 것이 한국 현실이다. 남성으로 태어났다는 것 이외에 내세울 것이라고는 없는 사람들이나 보일 수 있는 안쓰럽고도 부끄러운 소치이다. 여성 차별의 정당성을 기어이 경전에서 찾고자 하는 집요함은, 그 내용 몇 구절이, 여성을 차별해 온 자신의 죄를 없애 줄 면죄부라고 믿기 때문에 생긴 것이다. 인권문제나 사회적 약자에 관련된 문제일수록, 인간 평등이라는 붓다 근본 가르침으로 돌아가서 생각해야 할 것이다.

한역 경전은 한문을 아는 이만이 읽을 수 있다. 고려시대나 조선시대, 그리고 심지어 근대 이후에도 한자를 아는 사람은 지배층이거나 지식층이었다. 더구나 근대 이전까지 한국은 언문 불일치 사회였다. 불교에 있어서도 말과 글이 달랐다. 경전이란 2500년 전 붓다 가르침을 오늘날 사람들에게 전해 주는 소통자이다. 하지만, 경전 정보는 한자를 아는 사람들에 의해 독점되는 경향이 있어 왔다. 어려운 한자 용어로 불교 교리를 설명하는 경향은 여전하며, 그것이 붓다와 오늘날 사람들 간의 소통을 방해하기도 한다. 소통을 촉진해야 할 경전이 오히려 소통에 걸림돌로 작용하는 것이다. 경전은 매개체이다. 가능한 쉬운 말로, 가능한 일반 사람들이 사용하는 용어로 불법을 전하는 것이, 곧 붓다가 누구에게나 법을 설했던 모습을 받드는 것이다.

초기불교 : 붓다의 근본 가르침과 네 가지 쟁점

2

초기불교에 관한
네 가지 쟁점

나란다에 있는 어느 불탑 외벽의 불상

제4장
깨달음의 조건 및 그 의미

1. 붓다 및 깨달음의 조건

붓다의 조건 ①: 깨달음

깨달음은 붓다의 필요조건이다. 그러나 깨달았다고 해서 모두 붓다가 되는 것은 아니다. 붓다는 깨달음을 얻고, 그것을 중생의 고통 해소에 이바지하려는 자비심을 실천했기 때문에 숭상받는 존재가 되었다. 자비심이야말로 깨달음을 추구하게 했던 동기였다. 더구나, 붓다는 대중에게 법을 알기 쉽게 전하는 특별한 대화능력과 인격을 갖추고 있었다. 깨달음에, 자비심과 완전한 인격이라는 충분조건이 더해져서 비로소 붓다가 탄생한 것이다.

불교는 깨달음에 의해서 시작되었지만, 정작 붓다가 무엇을 깨달았는가에 대해서는 경전에 따라 그 내용이 다르다. 한 불교학자(宇

井伯寿)가 깨달음 내용을 언급한 불교 경전을 조사해 보았더니, 가장 대표적인 연기법을 포함하여, 모두 15종이나 되었다고 한다. 붓다를 탄생시킨 근본교리에 관해서조차도 완전히 일치된 견해가 없는 것이다. 거기에는, 붓다 스스로가 자신이 깨달았던 것이 무엇인지를 명확하게 말하지 않았다는 사정이 있다. 혹은 훗날 불교사상으로 체계화된 사상이, 당시에는 아직 체계화되어 있지 않은 상태였을 가능성도 있다. 불교에 도그마가 존재하지 않는다는 말은 바로 그러한 사정을 보여 주는 것이다.

붓다는 어떤 인간에게나 통용되는 도그마를 깨달았던 것이 아니다. 그는 현실 속에는 수많은 인간들이 존재한다는 것, 그들은 다양하고도 고유의 고통 문제를 가지고 있다는 것을 직시했다. 그 개별적 문제들을 해결하기 위해서는 그 사람 혹은 문제에 맞는 해결책이 필요한데, 그 각각의 문제 해결 방법 속에 내재하는 보편적인 원리가 무엇인가를 깨달은 것이다.

흔히 붓다의 대표적 교리로 여겨지는 연기법은, 모든 사물이 다른 것과의 관계[緣]에 의하여 일어난다[起]는 원리이다. 장작에 붙은 불은 장작이 모두 타서 없어지면 불도 사라지는 이치와 같다. 한 이교도는 '큰 불덩이에서 불이 떨어져 나와 허공으로 솟아오르듯이, 불은 장작이 없더라도 타오를 수 있다'라고 하여 붓다 연기법에 이의를 제기한 적이 있다. 그때 붓다는, 허공에 머무는 불은 바람으로 인하여 생긴 것이요, 바람이 멈추면 불꽃도 사라진다고 대응했다. 인간과 관련된 모든 존재나 현상은, 그 원인이나 조건이 갖추어짐으로써 생겨나고, 만약 그러한 원인이나 조건이 없어진다면 존재 자체도 없어진다는 진리가 곧 연기법(인연법)이다. 만물은 상호의존 상태로 존재한다는 것이다. 연기법은 부파불교와 대승불교 나아가 중국불교에서도 그 이론이 크게 발전한 대표적 불교 교리이다.

연기법은 사회현상을 보는 눈에 획기적 변화를 가져왔다. 예를 들어 카스트제도를 보더라도, 지배계급인 바라문과 천민계급 수드라는 서로 아무런 관계없이 존재하는 것이 아니라, 바라문계급이 있기 때문에 천민계급이 있다는 상호의존적 관계에 눈뜨게 했기 때문이다. 그것은 인도 민중으로 하여금 자신이 사회적 존재라는 점, 자신들이 겪고 있는 고통에는 사회적으로 형성된 부분이 있음을 자각하게 했다.

붓다의 조건 ②: 자비와 완전한 인격

연기법은 베다질서에 대한 도전이었다. 왜냐하면, 그것은 어떤 절대적인 힘에 의해서 만물이 존재한다는 생각을 거부하는 것이기 때문이다. 연기법은 인과론(因果論)으로 인식되기도 한다. 인과론은 어느 사회나 종교도 가지고 있는 것이지만, 당시 인도 사회의 주류적인 생각은, 어떤 행위든 반드시 결과를 가져온다는 것이었다. 그러나 붓다는 인-과의 관계가 기계적이고 결정론적인 것이 아니라고 생각했다. 붓다는 어떤 원인이 결과로 나타나기 위해서는 그 과정에 연(緣)이라는 것이 필요함을 깨달았다. 그것은, 어떤 원인이 발생했다고 하더라도 그것이 일어날 조건이나 환경이 갖추어지지 않으면(연이 갖추어지지 않으면) 결과가 일어나지 않을 수 있다는 생각이었다. 붓다 연기론은 당시 인도에 널리 퍼져 있던 숙명론적 인과론을 극복하게 하는 새로운 사고법이었다. 인도의 인과론은 바라문적 윤회사상과 깊이 관련되므로 후술한다.

그런데, 이상과 같은 세상 이치를 발견했다는 사실만으로 붓다가 될 수 있는가? 붓다가 붓다인 것은 그 깨달음을 실천으로 옮기고 그것을 중생구제에 활용했기 때문이다. 왜 깨달음을 실천할 필요가 있었는가? 그것은, 그 실천이 곧 중생의 고통 해소였기 때문이다. 고통 해소가 우선 과제였으므로, 깨달아서 알고 있는 것이라고 하더라도, 붓다는 그것이 고통 해소에 실제적 도움이 되지 않는 것이라면 설하지 않았다. 즉 붓다가 설할 것인가 아닌가를 판별하는 기준은 고통 해결에 도움이 되는가 아닌가, 즉 아르타[利, 義]였다.

자비는 중생 고통을 들어주고자 하는 마음이다. 붓다는 깨달음을 얻은 후, 그 법을 보다 많은 중생들에게 전하는 데에 진력했다. 고통받는 중생들도 해탈을 얻을 수 있도록 도와주려는 마음, 그것이 자비이다. 후일 대승불교는 부파불교를 비판하면서 깨달음을 얻은 후 혼자만의 행복 경지에 든 수행자를 벽지불(辟支佛, 독각, 연각)이라고 폄하했다. 비록 본인은 연기라는 원리를 깨달았다고 하더라도, 그것을 보다 많은 중생의 행복으로 이바지하려고 힘쓰지 않는 자세를 비판한 것이다. 벽지불이라는 용어는 후대에 만들어진 것이지만, 그러나 붓다가 자신의 해탈에만 만족하고 중생을 위하여 적극적으로 법을 설하는 자비심을 가지고 있지 않았더라면, 오늘날 숭상받는 붓다는 없었을 것이다.

라다크리슈난은 바라문교가 천 년 이상 지배적인 종교로서 군림하던 인도 사회에서 불교가 주류 종교가 되고 아소카시대 이후 수백 년간 국가 종교로서 공인되었던 것은 세계 역사상 어디에서도 찾을 수 없는 예라고 말하면서, 불교가 인도에서 종교로서 성공한 요인은 소위 불교 삼보 모두에 있다고 말한다. 즉 붓다라는 인간이 훌륭했고, 그 법이 수월한 것이었으며, 승가 또한 법 전파에 매우 열심이었기 때문에 그것이 가능했다는 것이다. 그는 특히 붓다의 인격에 대해서 다음과 같이 평했다. 즉 '붓다는 평정함과 우아한 권위, 생명 있는 모든 것에 대한 무한한 자비심, 고통받고 있는 모든 것에 대한 연민, 완전한 도덕적 자유와 모든 편견으로부터의 자유로움 등에 있어서 더 이상 찾기 어려운 모범적 인물이었다'라고. 깨달음이 강조되는 것에 비하면 붓다 인격의 중요성은 가려져 있는 느낌이지만, 라다크리슈난은 붓다가 완전한 인격체였다는 사실이 불교 성공에 중요한 요인이었음을 상기시켜 준다.

연기법이나 사성제와 같은 진리는 깨달음을 통해서 얻을 수 있다고 하자. 그러나 깨달음을 얻는다고 해서 과연 인품이 완전해지고, 누구에게나 법을 전하는 특별한 능력이 생긴다고는 생각하기 어렵다. 붓다법이 대중 속에 쉽게 받아들여진 것은, 붓다에게 고통에 공감하는 특별한 능력이 있었기 때문이다. 그러한 공감력은 깨달음과는 별도의 덕목이며 깨달음에 의해 자연히 습득되는 것이 아니다.

붓다가 가진 온화한 인품과 평화로운 대화법은 법 전파에 중요한 역할을 했다. 경전에서 바라문이 붓다에게 공연히 적의를 보이는 장면은 거의 없다. 붓다 역시 오래된 사회관습을 쉽게 공격하지 않았다. 바라문교와는 명백히 다른 교의를 가지고 있었지만, 그것을 면전에서 직접 비판하기보다는, 자신의 생각을 꾸준히 말하는 태도로 일관했다. 그러한 대화 방식은 불필요한 논쟁을 줄여 주었을 것이다. 실로 붓다는 바라문이라는 존재를 부정하기보다는 친청한 바라문이라는 이상적 인간을 설정함으로써, 갈등 억제와 이상적 인간상 제시를 동시에 실현했다. 붓다가 다른 이의 견해를 격렬하게 비판한 경우는 숙명론자였던 고살라에 대해서가 유일했던 것으로 보인다.

깨달음의 조건 ①: 철학적 지식과 소양

붓다 깨달음의 조건은 크게 두 가지이다. 첫째는 교양 학습이요, 둘째는 적절한 수행 즉 중도의 실천이다. 교양 학습이 없었고 적절한 수행법이 없었다면 깨달음이란 결코 없었다는 뜻이다. 붓다 깨달음을 탐구하려면, 무엇보다 깨달음을 가져오는 객관적 조건을 살피는 것이 필요하다. 이 점은 자칫 간과하기 쉽다. 그러나 이 사실을 등한시하면 무모하게 큰 깨달음을 시도하는 어리석은 현상을 부채질하는 결과를 가져온다. 기초적인 조건을 갖추고 적절한 방법으로 수행하는 것은, '마른 대지 위에서 마른 나무를 마찰시킴으로써 불을 일으킬 수 있는 이치'와 비견된다고 경전은 전한다. 젖은 나무로는 아무리 비벼도 불을 일으킬 수 없고, 불을 일으킨다고 하더라도 대지가 젖어 있다면 불이 퍼지지 못하는 법이다.

붓다 시대에 베다나 우파니샤드 학습은 당시 지도층 젊은이에게는 교양과 같은 것이었다. 합리적으로 생각해 본다면, 사회에 관한 기초지식과 경험을 가지지 못한 사람이 선정만을 통하여 깨달음을 얻는다는 것은 이치에 맞지 않는다. 그러나 붓다 깨달음을 논하는 저술 중에서, 이 문제에 주목하는 저술은 오히려 드물다.

철학이란 사유(思惟)를 통하여 얻어진 지식이다. 그것은 실험이나 관찰 혹은 탐구를 통하여 얻어진 지식인 과학과는 다르며, 체험이나 선험을 통하여 얻어진 상식과도 다르다. 그러나 주의할 것은 단지 사유라는 행위만으로 철학을 획득하기는 어렵다는 점이다. 철학이라는 지식을 창출해 내기 위해서는 기본적으로, 사유 대상물에 관한 기초지식과 체험이 필요하다. 그것들이 풍부할수록 철학적 지식도 깊어지는 법이다. 그러한 기초 없이 깨달음을 기대하는 것은 종자도 뿌리지 않고 수확을 기다리는 것이나 다름없다. 붓다는 계율과 정신통일과 지혜 쌓기라는 세 가지 배움(즉, 계·정·혜 삼학)을 거듭함으로써 깨달음을 얻었다고 스스로 설했다. 계율이란 수행(고행)에 관련되며, 정신통일은 선정과 관련된다. 그리고, 지혜 쌓기란 결국 자신이 습득해 온 지식과 경험에 관한 사유를 통해서 얻어진다. 지식 없는 사유는 공상에 가깝다.

다만, 어린 시절 고타마의 학습 과정을 언급한 경전은 찾기 어렵다. 경전적 근거가 빈약함에도 불구하고, 출가 시점에서 고타마에게 당시 인도의 사상, 역사, 지리에 관한 지식과 기초적 소양이 갖추어져 있었다고 주장할 수 있는 근거는 무엇인가?

그 근거는 두 가지 측면에서 제시될 수 있다. 첫째는, 고대 인도의 교육시스템 탐구를 통하여 추정하는 것이다. 붓다 시대 이전부터 바라문은 유력가 집안의 교사 역할을 하고 있었다. 바라문은 자기 아들이나 제자에게 베다를 가르쳐서 전승하게 하면서, 국왕이나 유력 집안 자제의 직업교육 역시 담당했다. 크샤트리아인 국왕에게는 제왕학과 같은 교육을, 바이샤계급 사람들에게는 농업이나 목축, 상업에 관한 교육을 수행했다. 경전에는 농사일 하는 바라문이 많이 등장하듯이, 바라문계급 남성들은 다양한 직업에 종사했다. 이러한 사정으로 크샤트리아나 바이샤는 베다사상이나 직업교육을 바라문으로부터 배우는 경우가 많았다. 농부라면 농사기술을 부모로부터 뿐만 아니라 바라문에게서 전문적 지식을 전수받기도 했다. 그만큼 바라문이 가진 교육자적 지위는 확고했다. 다만, 크샤트리아나 바이샤는, 습득한 베다 지식을 다른 이에게 가르치는 것이 엄격히 금지되어 있었다. 베다를 가르치는 것은 오로지 바라문에게만 부여된 특권이었기 때문이다.

붓다가 풍부한 기초적 소양을 갖추고 있었음을 추정할 수 있는 다른 하나의 증거는, 풍부하고 다양한 설법 내용 그 자체이다. 바라문계급, 출가한 비구, 재가신자 등이 붓다에게 던지는 질문은 매우 폭넓었다. 그러한 질문들에 대한 붓다 대답에는 거침이 없었는데, 그것은 어떤 의혹이나 두려움이 일어나지 않을 정도로 완전한 깨달음을 얻었기 때문이라고 경전은 전한다. 그 절대적 자신감은 소위 4가지 자신감[사무소외(四無所畏): 모든 법을 깨달았다는 것, 모든 번뇌를 끊었다는 것, 수행에 방해가 되는 것을 스스로 체험한 후 설법으로 제시하였다는 것, 고통을 벗어나서 해탈에 이르는 길을 스스로 체험한 후에 설법으로 제시하였다는 것]이라고 일컬어진다.

하지만, 사회 기초지식을 깨달음만으로 얻을 수는 없는 일이다. 붓다 설법에는 세상 이치나, 바라문 교리, 다양한 종교사상 및 사상가들, 대중문화, 사회구조, 계급 탄생의 기원, 국제관계 등 매우 광범한 주제들에 대한 **빼어난** 식견이 담겨 있다. 붓다는 법을 설할 때, 자신의 법이 바라문교와 어떻게 다르며 카필라 교의와는 어떻게 다른가 등 늘 비교사상적 관점에 서 있었다. 그러한 사실은, 붓다가 인도사상에 대한 지식을 이미 갖추고 있었기 때문에 가능했다. 이 점은 깨달음의 조건에 관한 이해와 깨달음의 본질 해석에 있어서 **빠뜨릴** 수 없는 핵심적 진실이다.

붓다 설법 방법에 전의법(轉義法)이란 것이 있다. 전의법이란, 붓다 사상과는 다른 많은 교설들이 존재함을 있는 그대로 인정하고 나서, 자신의 법이 그것들과 어떻게 다른지를 명확하게 제시하는 설법 방식을 말한다. 당연히 설법 내용에는 다양한 사상이나 사회 현상에 관한 지식이 녹아 있다. 『숫타니파타』를 보면 붓다가 얼마나 다양한 문제들에 대해서 명확한 견해를 가지고 있었는가를 실 감할 수 있다. 만약 그러한 식견을 갖추고 있지 않았더라면 비교사 상적 관점에 선 설법이 가능했을 리가 없다.

논리적으로 본다면 이상과 같은 추정이 지극히 자연스럽다. 그럼에도 불구하고 왜 경전에서는 그러한 사실들이 언급되어 있지 않은가? 붓다법은 당시 지배적인 바라문교에 도전하는 인간 해방 사상이었다. 경전 편집자들로서는, 붓다 사상이 가진 위대함과 독창성을 강조하기 위해서, 붓다가 어린 시절 바라문으로부터 교육을 받았다는 사실을 밝히지 않는 편이 낫다고 판단했을 수 있다. 생각하기에 따라 확실히 그것은 불편한 진실일 수 있기 때문이다. 그러나 나는 그보다는, 그러한 사실은 따로 기록할 만큼 중요한 것이 아니라고 판단했기 때문일 수 있다고 생각한다. 바라문으로부터 교육을 받는다는 것은 그만큼 당연시되는 일이었기 때문이다.

깨달음의 조건 ②: 태만 및 바르지 않은 수행방법 멈추기

도전이라는 용어에는 새로운 일을 시작한다는 것, 없었던 것을 새로이 만든다는 이미지가 있다. 즉 도전에는 적극성이 전제되어 있다고 생각하기 쉽다. 그러나 나는, 진정한 도전이란 늘 해오던 당연한 일을 멈추는 것이라고 믿는다. 도전의 소극적 측면을 강조하고 싶은 것이다. 그리고 또한 붓다의 삶 자체가, 멈추기야말로 진정한 도전이라는 진리를 보여 준 것이었다고 믿는다. 멈추기의 본

초기불교 : 붓다의 근본 가르침과 네 가지 쟁점

질은 중도이다. 중도는 흔히 두 가지 극단으로부터 벗어나는 것을 의미하지만, 보다 날카롭게 표현하자면, 두 가지 극단을 멈추는 것이다. 멈추기라고 하는 도전이 가진 가치는 경전(『맛지마니카야』)에서 다음과 같이 극적으로 비유되어 있다.

바라문 출신 살인귀 앙굴리마라가 있었다. 그는 붓다를 발견하고는 저 사문을 죽여야겠다고 마음먹고 뒤쫓았다. 그러나 아무리 쫓아가도 걸어가는 붓다를 따라잡을 수 없었다. 그래서 '어이 사문 멈추어라'라고 소리쳤다. 그 말에 붓다는 이렇게 답한다. '나는 멈추고 있다. 그대야말로 멈추어라'라고. 연유를 묻는 앙굴리마라에게 붓다는 다음과 같이 설한다. '나는 어떠한 경우에도 생명을 해치는 마음을 버리고 멈추어 있다. 그러나 그대는 생명 가진 존재에 대하여 스스로를 자제하지 않고 있다. 그러므로 나는 멈추고 있고 당신은 멈추고 있지 않은 것이다.'

붓다는 깨달음 전에 두 개의 위대한 멈추기를 실천했고, 그것이 깨달음으로 이어졌다. 첫째, 붓다는 보다 평화로운 삶을 실현하기 위해 노력하지 않는 태도를 멈추었다. 경전 용어로 말하자면 애욕과 쾌락을 멈추었다. 쾌락 혹은 사치의 본질은 태만이다. 쾌락을 풀어서 쓰자면, '바른 행동을 함으로써 오늘보다 내일은 더 평화로운 삶을 누릴 수 있다는 믿음을 갖지 않고 사는 것'이 된다. 쾌락을 멈추었다는 것은, 보다 행복한 삶을 추구하기에 지금도 늦지 않다는 사실을 자각했다는 뜻이다. 지금도 늦지 않다는 자세는 붓다 출가의 원동력일 뿐만 아니라 붓다 실천사상의 진수이다.

멈추기 도전이라는 붓다 사상은 우파니샤드 철학과 닮았다. 우 파니샤드에서는 현실에 만족하면서 보다 바른 생활을 주체적으로 추구하지 않고 자신의 삶을 시간과 운명에 맡기는 태도를 '태만'이 라고 정의했다. 그리고 태만을 열반의 장애물로 규정했다. 보다 평 화로운 삶이 있을 수 있다는 생각조차 가지지 않는 것, 그것이 태 만이다. 그러므로 태만한 삶을 가지고 있는 한, 열반에는 아예 한 발자국도 가까이 갈 수 없다. 이 태만이라는 개념에 해당하는 것 이, 불교 경전에서는 다소 문학적으로 과장된 쾌락이다.

출가 설화는 출가 전에 고타마가 궁 안에서 온갖 사치에 둘러싸 여 있었다고 과장한다. 하지만 붓다는 그러한 사치를 그만두었다. 오늘보다 내일 더 평화로울 수 있다는 생각을 하지 않고 살아가던 태도를 멈춘 것이다. 보다 나은 삶을 위해서 지금부터 할 수 있는 일이 무엇인가를 고민하지 않는 생활 태도를 멈추었다. 출가는 바 로 멈추기라는 도전이었던 것이다.

두 번째 위대한 멈추기 도전은 극단적 고행을 그만둔 것이었다. 붓다는 출가 후 6년간 다양한 수행법을 시도하거나 병행했고 때로 는 극단적 고행도 시도했다. 당시 대중은 수행자가 고행하는 것을 당연시했다. 바라문교 수행법은 기본적으로 고행이었고 슈라마나 사이에서는 고행이 널리 행해지고 있었기 때문이다. 고행이란 무엇 인지, 그것이 깨달음과 어떤 관계에 있는지에 대해서는 다음 장에서 자세히 논의하지만, 하여간 붓다는 신체를 극단적으로 학대하는 방법으로 깨달음을 얻을 수는 없다고 판단하고 고행을 그만둔다. 그는 네란자라강에서 몸을 씻고, 수자타가 제공한 우유죽으로 체력을 서서히 회복하면서 명상수행을 계속하여 이윽고 깨달음을 얻는다.[사진 7-4]

이상과 같은 과정을 본다면 붓다 깨달음의 조건은 첫째, 기본적 지식과 교양 학습, 둘째, 위대한 도전이라는 두 가지였다. 위대한 도전도 나누어 보면 두 가지인데, 하나는 태만을 멈춘 것, 다른 하나는 극단적 고행을 멈춘 것이었다. 붓다는 그 두 가지 멈추기를 중도라고 설했다. 중도란 양극단을 절충한다는 의미가 아니다. 극단으로부터 떠나는 것이 중도이다. 고행을 그만두는 것뿐만 아니라, 고행을 통해서만 깨달음을 얻을 수 있다고 하는 생각 그 자체를 버리는 것이 중도이다. 중도의 '中'은 '가장 적절한'이라는 뜻이다. 붓다는 후일 다음과 같이 설했다.

출가수행자는 두 가지의 극단을 가까이해서는 안 된다. 첫째는 애욕쾌락을 구하려고 하지 않는 것이며, 둘째는 육체적인 피로소모(疲勞消耗)를 추구하지 않는 것이다. 여래는 이 양극단을 피한 중도를 확실히 깨달았다. 중도는 사람의 눈을 열게 하고 이해를 생기게 하고 마음의 진정, 훌륭한 지혜, 바른 깨달음, 열반에 도움이 된다.

2. 연기법과 그 사회성

연기법의 의의

  연기란 '조건+함께+일어남'이라는 의미를 가진 산스크리트어(프리 티티야 삼 우투파다)의 훈역이다. 초기에는 인연(因緣)이라고 훈역되기도 했지만 연기라는 용어로 수렴되었다. 연기란 '인연생기'(因緣生起: 연을 원인으로 하여 일어난다)의 약어이다. 즉 사물은 그 존재를 있게 만드는 조건들이 갖추어졌을 때 존재한다는 것이다. 그리고 그 원인이나 조건은, 독립적으로 존재하는 것이 아니라 '서로 의존하면서 서로 이바지하는 관계'[相依相資] 속에서 존재한다는 것이다. 이것은 붓다법의 가장 기본적 교리이며, 붓다 깨달음이란 바로 연기법을 깨달은 것이라고도 일컬어진다.

  연기법이 붓다법의 핵심이라고 평가되는 이유는, 붓다의 고(苦) 해결 원리가 이 연기법에 설해져 있기 때문이다. '모든 일들은 원인에 의해서 일어난다. 그러므로 진리를 설하는 자는 그 원인을 설한다'(『율장대품』)는 가르침은 연기법을 간결하게 대변한다. 연기법은 사회현상인 고 발생과 변화에 관한 법이다. 객관적이고 과학적인 인식방법이며, 어떤 현상들이 신의 의지에 의해 일어난다고 보는 인식을 거부한다. 연기법은 모든 현상들이 객관적인 법칙성을 가지고 일어난다고 보는 것이다. 그 법칙성을 깨달아서 고통을 만들어 내는 원인들을 예측하고 제거한다면 고는 해결될 수 있다는 것이 연기법의 중요한 의의이다. 그러므로 연기법을 논할 경우에는, 무엇보다 현실에 존재하는 고와 관련짓는 것을 잊지 말아야 한다.

45년에 걸친 붓다 설법은 모두 연기법에 기초한 것이었다고 해도 과언이 아니다. 연기심심(緣起甚深)이라는 말이 있듯이 연기론은 매우 심오한데, 그것은 교리가 복잡하다는 의미라기보다는, 연기론에 믿음과 깨달음과 수행의 근거가 모두 농축되어 있기 때문이다. 초기경전에는 연기를 보는 것이 곧 법을 보는 것이라고 설해져 있지만, 그 내용에 관한 상세한 설명은 없다. 짐작컨대, 그것도 사성제 교리와 마찬가지로 지식으로서 배우고 외워서 아는 것에는 한계가 있고, 체험이나 깨달음을 통해서만 알 수 있기 때문일 것이다.

붓다는 다툼에서 승리하는 것을 행복으로 여기지 않았다. 오히려 승리는 증오를 만들어 낸다고 경계했다. 그 이유는 패배하여 정복당한 자는 불행해지기 때문이라는 것이었다. 승리는 곧 패배와의 관계 속에 존재한다는 점을 상기시킨 것이다. 붓다가 공희에 반대한 것도, 자신이 남에게 위해를 받는 것이 싫듯이 모든 생명체에게 상처 주지 말아야 한다는 논리였다. 연기법은 공감력으로 이어진다. 붓다의 공감력은 대중들로 하여금 붓다법을 기쁘게 받아들이게 한 요인이었다.

연기설이라고 하면 아함경에도 12연기설이 설해져 있으므로, 12연기는 붓다 직설, 즉 근본설법이라고 주장되기도 한다. 12연기란 인간의 근본적인 고(苦)인 늙어 죽는다는 것이, 무명(無明)에서 시작하여 모두 12과정을 거친다는 설명이다. 무명은 제행무상이나 사성제 원리에 대한 무지이며 번뇌의 근원을 말한다. 하지만, 12연기설은 붓다 직설이라기보다는 후대에 체계화된 것이다. 12연기설에는 상키아철학이 유입되었다는 견해가 유력한 것 같다. 붓다는 처음 연기법 원리를 간결하게 그 진수만을 설했다. 그것이 후대 제자들에 의하여 점차 체계화되면서 5연기설, 9연기설을 거쳐서, 부파불교에 이르러 12연기설로 구체화된 것이다.*

이 12연기설에 대해서는, 붓다 연기설을 저속하게 해석한 것이라고 신랄하게 비판하는 학자도 있다.** 부파불교가 연기설을 과거·현재·미래라는 삼세에 걸친 시간적 인과관계만으로 좁게 해석하여 소위 삼세양중(三世兩重) 연기설을 고착화했다는 것이 그 이유이다. 다만 이 문제를 지적하는 나의 의도는, 12연기설은 붓다 재세 시의 가르침이 아니다 하는 것을 말하고 싶을 뿐 12연기설이라는 교리가 붓다 직설과 다르다고 주장하는 것이 아니다. 12연기설이란 어디까지나 붓다 원음에 기초하여 이론화한 것이므로, 그 본질은 붓다 연기설과 같다고 보아야 한다.

그렇다면 근본교리는 그 진수만을 설하는 것으로 충분할 터인데, 왜 이론화하고 체계화해 가지 않으면 안 되었을까? 예를 들어 최초기 경전 『숫타니파타』에는 초기불교의 대표적 교리로 간주되

◇◇◇◇◇◇

* 초기불교 연기설의 발전과정에 관해서는 다음을 참고했다. 唐井隆德, 『初期経典における縁起説の展開』, 佛教大学大学院文学研究科博士学位論文(仏教学専攻), 2017.
** 대표적인 연구자는 水野弘元(『原始仏教』, 平楽寺書店, 1956: 제4장)이다.

는 「37도품」 그 각각에 관한 구체적 언급은 없다. 숫자로 표기되는 그 많은 교리들은 후대에 체계화된 것이다.

이미 제3장에서 지적한 바와 같이 그 대답을 찾으려면 붓다 입멸 후, 붓다법이 바라문교를 비롯한 여러 종교 및 사상가들과 경쟁 체제 속에 놓여 있었고, 특히 베다나 우파니샤드에 대항할 필요가 있었다는 사실을 고려해야 한다. 실제로 12연기설은 베다에 등장하는 우주창조설에 대한 반론으로서 체계화되었다는 연구도 발표되고 있다. 연기설에 대해 아난다가 '놀랍습니다. 심오합니다. 하지만 저도 분명히 알아듣겠습니다'라고 말했을 때, 붓다는 '그렇게 말하지 말라. 연기법은 심오하다. 그것을 알아듣기 힘들기 때문에 사람들이 해탈할 수가 없다'라고 경고했다. 나는 이 경전 속 대화가 어쩐지 바라문교로부터의 비판에 대한 불교의 반응을 보여 주는 것이 아닐까 생각한다. '무슨 교리가 그렇게도 간단한가?'라는 바라문교 혹은 다른 사상으로부터의 비판에 대하여 '간단하게 보이지만 사실은 매우 심오하고 복잡한 것'이라고 주장하는 불교의 방어적 반응으로 보인다는 뜻이다.

깨달음의 사회성

연기는 내연기(內緣起)·외연기(外緣起)로 구분되기도 한다. 외연기란 외계의 자연현상에 관한 연기이며, 내연기는 정신 현상이나 사회현상에 관한 연기이다. 전재성은 『디가니카야』의 해설 첫머리에서 틱낫한 스님의 다음과 같은 말을 소개하고 있다. '당신이 만약 시인이라면 한 장의 종이 안에 구름이 흐른다는 것을 볼 수 있을 것이다. 구름이 없으면 비가 없고 나무도 자랄 수 없고 종이도 만들 수 없다. 그러므로 구름과 종이는 공존한다. 종이를 깊이 보면 햇빛도 볼 수 있다. 햇빛이 없으면 숲도 없고 인간도 살 수 없다. 그러므로 햇빛 또한 이 종이 한 장 안에 있고 종이와 햇빛은 공존한다.'(요약한 것임)

이 말은 외연기를 설한 것이다. 즉 연기의 눈으로 자연계 순환을 본 것이다. 그런데, 잊어서는 안 될 것은, 붓다 연기법의 궁극적 의의는, 그것이 현세에 존재하는 고통 해소 원리였다는 점이다. 사실, 외연기란 내연기를 알기 쉽게 설명하기 위한 방편일 뿐이다. 즉 내연기야말로 본질적인 연기이지만, 그것이 난해하기 때문에 자연계를 예로 든 외연기를 설명하는 것이다. 따라서 외연기가 본질적인 연기법인 양 잘못 이해한다면, 연기법의 근본 취지가 흐려질 수 있다.

현실 고통이 다양한 사회제도나 관습과의 관련 속에서 일어난다는 인식은 고타마의 사문출유 전설에서 나타난 문제인식이기도 했다. 고타마는 농경제에서 벌레와 새뿐 아니라 더위 속에서 혹독한 노동을 해야 하는 하층민을 보았다. 전설은 고타마가 죽어 가는 사람을 보고 충격을 받았다고 전한다. 고타마가 태어나자 그가 전륜성왕이 될 가능성이 있다고 예언한 이가 있어, 부친인 정반왕이 고타마가 사람의 노병사를 볼 수 없도록 온갖 궁리를 하였다고 한다. 이 이야기들은 출가나 깨달음을 보다 극적으로 보이게 하기 위한 문학적 각색이다. 생각해 보면, 20대의 장성한 성인이요 더구나 부족의 지도자 교육을 받아 온 사람이, 인간이 죽는다는 사실에 충격을 받았다는 것은 이해하기 어려운 일이다. 그가 충격적으로 받아들인 죽음이란, 집안에서의 편안한 죽음이 아니라 숲에 버려진 채 고통 속에 죽어 가는 사람들의 모습이었다. 지배층의 안락한 삶과 산 채로 버려지는 하층민의 비참한 죽음을, 서로 관계 지어 보았던 것이다. 즉 죽음이라는 고통 문제를 내연기로 본 것이었다.

사회현상의 복잡한 관련성을 보여 주는 내연기를 알기 쉽게 보여 주는 예가 있다. '바람이 불면 나무통[桶,오케] 장사가 돈을 많이 번다'라는 일본 속담이다. 그 사정은 이렇다. '바람이 불면 흙먼지가 일어나고 그것이 사람 눈에 들어가서 눈병을 일으킨다. 그중에는 시력을 잃는 사람이 생긴다. 옛날 시각장애인은 안마로 생계를 이어가는 경우가 많았다. 그들은 샤미센[三味線: 비파처럼 생긴 전통악기]이라는 전통악기를 연주하면서 손님을 찾아다닌다. 그러므로 안마 영업을 하려면 샤미센을 사야 한다. 그런데 샤미센 뒷면은 고양이 가죽을 붙이게 되어 있어서, 샤미센 장사는 들고양이를 많이 포획한다. 들고양이가 줄어들면 쥐가 늘어나고, 쥐는 부엌에 있는 나무통들을 갉아 구멍을 낸다. 그래서 나무통을 다시 사려는 사람이 많아지므로 통장사가 돈을 번다.'

이러한 연기적인 사고가 널리 퍼지면, 개인이나 기업이나 정부가 어떤 결정을 할 경우에, 인간 능력으로는 모두 파악하기 힘든 영향들을 가능한 한 신중히 검토하게 될 것이다.

근자에는 세계화가 심화되면서 국제적 영향으로 고 문제가 발생하는 경우가 많다. 수년 전 에치젠 쿠라게(일본 니가타 근해와 동해에 서식하는 대형 해파리)가 호주 연안에 크게 번식하여 호주 수산업에 타격을 준 일이 있었다. 해파리 이동 경로가 재미있다. 오늘날 나라 간 물류 이동은 컨테이너선에 의존한다. 컨테이너선은 많은 짐을 싣는 것으로 가정하여 설계되어 있으므로 짐을 싣지 않고 이동할 때에는 배에 물을 가득 넣어 배를 약간 가라앉혀서 운행한다. 니가타 근처 항구에 컨테이너를 내려놓고 빈 배에 물을 가득 채울 때 그곳 바다에 살던 해파리가 컨테이너선에 따라 들어갔다. 그 배는 호주로 간 다음, 호주에서 새 컨테이너를 선적하기 전에 그 물을 배수했다. 그래서 그 해파리가 호주 근해에서 번식하게 되었던 것이다.

연기론적 신체관: 오온가화합

베크는 불교 경전에 등장하는 '유(有)'라는 개념은 모두 오직 '생성'이라는 의미로만 사용되고 있다는 중요한 주장을 제기한 적이 있다. 즉 지금 '있는 것'은 그것을 만들어 내는 조건의 '지금 이 순간 모습'이라는 것이다. 그것은, 존재 혹은 육체적 생존이라는 의미에서 사용되는 有와는 다르다. 어떤 존재의 절대적인 실재성을 인

초기불교 : 붓다의 근본 가르침과 네 가지 쟁점

정하지 않고 오로지 생성과정 속에 있는 존재만을 인정하는 것이며, 그것이 불교의 독자적 인식방법이요, 연기적 인식방법이다.

당연한 것이지만, 붓다 인간관은 매우 연기적인 것이었다. 인간은 오온(五蘊: 色受相行識)이 일시적으로 결합된 존재라는 것, 그것은 초기경전에서도 대승경전에서도 일관된 관점이다. 따지고 보면, 오온가화합(五蘊假和合)만큼 불교인들 사이에 확고한 합의가 형성되어 있는 교리도 드물다. 사람이란 신체를 구성하는 다섯 가지 요소가 일시적으로 모임으로써 이루어진 존재라는 것이다. 마치 여러 부품이 모여서 수레라는 이름이 만들어지듯이, 오온이 모임으로써 살아 있는 사람이 만들어진다는 것이다. 오온가화합은 후술하는 무아설−비아설이나 아트만론과도 관련되기 때문에 간략하게 설명해 두기로 한다.

온(蘊)이란 산스크리트어 스칸다(모임, 집합)의 훈역이다. 인간이나 현상세계는 다음 다섯 가지 요소가 일시적으로 갖추어지면(모이면) 만들어지고 그 조건들이 없어지면 인간 존재도 없어진다. 그러므로 영원불멸의 존재란 없다.

①색(色): 물질적인 것, 물질로서의 신체
②수(受): 감수(感受)작용, 여섯 개의 감각기관(眼耳鼻舌身意)이 접촉함으로써 발생하는 작용
③상(想): 표상(表象)작용, 여섯 개의 인식대상(형상, 소리, 냄새, 맛, 촉감, 생각 대상)이 여섯 개 감각기관들과 접촉함으로써 발생하는

작용

④행(行): 여섯 개 인식대상에 대한 의지(意志) 작용

⑤식(識): 여섯 개 감각기관이 대상을 구별하여 인식하는 식별작용

오온가화합은 곧 인간에게 오온 이외의 것은 없다는 가르침일 뿐, 현존하는 자기가 있음을 부정하는 것이 아니다. 지금 존재하는 자기는 지금의 생성 조건을 갖춘 자기이다. 무아를 자칫 잘못 해석하여, 허무주의에 빠지거나 신체를 학대하고, 심지어는 신체를 버리는 일까지 있었다.(제5장) 다만, 지금 모습은 지금 조건들에 의해 나타난 모습일 뿐, 그 조건들이 변화하면 자기 역시 변화하게 된다. 그렇기 때문에 변하지 않는 영원한 자기란 없다는 뜻이다. 인간 세포를 보아도 수많은 세포가 한편에서 소멸하면서 또 한편에서 생성되는 과정이 이어진다. 뇌에 문제가 생기면 신체기능에 장애가 생기고, 심장이 정지되면 신체가 싸늘해진다. 심장이 멈춘 뒤에도 잠시 머리카락이 자라는 것은 그저 물질 변화 중 하나일 뿐이다. 이것을 이해하는 사람이 곧 자기를 잘 관찰하여 지금 존재하는 자기는 진정한 자기가 아니라는 것을 깨닫는 사람이라고 붓다는 설했던 것이다.

3. 문제 해결 방법 발견으로서의 깨달음: 팔정도와 사성제

문제 해결 방법의 발견

고통 없는 삶과 깨달음은 어떤 관계에 있는가? 깨달음이란 고의 해결인가, 아니면 고를 해결하는 방법을 발견한 것인가?

이 문제는 오늘날 한국불교에서도 가끔씩 불거지는 쟁점이다. 불교계에서는 돈오돈수(頓悟頓修), 돈오점수(頓悟漸修)라는 두 가지 입장 대립이 수면 위로 올라오기도 하고 다시 잠기기도 한다. 돈오돈수란 한번 깨달으면 더 이상 수행할 것이 없는 경지라는 입장이며, 돈오점수란 깨달음을 얻더라도 계속적인 수행이 필요하다는 입장이다. 이 관념적 논란이 이루어진 배경에는 중국불교 선종이 드리운 그림자가 있다.

붓다는 형이상학적 논의에 빠지지 말라고 누누이 설했으므로, 불제자라면 관념적 논의를 멀리하는 것이 마땅하다. 그러나 현실적으로 논란이 있다면 그에 대한 입장 표명도 필요할 수 있다. 나는 먼저, 이 문제에 관심 있는 사람들에게는 「깨달음의 일상성과 혁명성」(창작과 비평, 1993)이라는 법성 스님 글을 읽어 보도록 권하고 싶다. 글의 본뜻과 논리, 대화자로서의 예의 등 여러 측면에서 본받을 만한 훌륭한 글이다.

본론에서 다소 벗어나는 이야기이지만, 내가 지금까지 접한 많은 불교인들 중에서, 개인적인 관계를 가진 분들은 제외한다면, 크게 기억에 남는 스님이 세 분 있다. 직접 만난 한 분과 글로 만난 두 분이다. 후자 중 한 분은 오로지 위의 글 한 편만으로 알게 된 법성 스님이고, 다른 한 분은 법륜 스님이다. 법륜 스님의 실천 활동은 어렴풋이 알고 있었는데, 그의 불교 역사강좌 시리즈(불교방송)를 들어 보았더니, 높은 식견과 실천지식으로 어우러진 훌륭한 강의였다. 만나서 기억에 남은 분은 종범 스님이라는 분이다. 오래전의 일이지만, 일본의 한 행사장에서 처음 뵌 그분과 우연히 같은 원탁에 앉게 되어 몇 말씀 나누었는데, 우둔한 나에게도 높은 식견과 수행이 느껴졌다. 불교계에 과문한 탓에 그 후 한국불교에 밝은 어느 교수에게, 종범 스님이라는 분이 비범해 보였다는 말을 꺼냈었다. 그랬더니 부끄럽게도 그 교수는 "아니 아직 종범 스님을 모르고 계셨다는 말입니까?"라고 오히려 놀라워했다.

붓다 깨달음은 완전한 깨달음이다. 그 깨달음은 기초지식과 소양, 철학적 문제 제기, 멈추기의 도전, 그리고 적절한 수행을 통하여 이루어졌으므로 붓다는 깨달음으로 단번에 니르바나에 도달했다. 그것은 곧 고통 문제의 해결이었다. 하지만 그 깨달음은 문제 해결 방법의 발견이기도 했다는 점을 여기에서 특히 강조해 두고 싶다. 깨달음이 곧 문제 해결이라면 더 이상의 수행이 필요하지 않다. 그러나 문제 해결 방법의 발견이라고 한다면, 그 해결 방법을 계속 실행에 옮겨야만 문제가 해결되거나 혹은 새로운 문제가 발생하지 않는다. 붓다는 깨달음 후에도 늘 수행하고 계율을 지키려는 실천 생활을 임종 때까지 실천했다.

이 문제 논의는 형이상학적 요소가 있으므로, 여기에서는 나의 판단 근거가 되는 경전 내용을 제시하는 것으로, 가능한 한 간명하게 의견을 표명해 두고 싶다. 결론부터 말하자면, 붓다 깨달음은 문제 해결이자 문제 해결 방법을 발견한 깨달음이었다. 그 사실을 뒷받침해 주는 경전적 증거는 두 가지이다. 하나는, 초기경전에서 붓다 입멸 직전까지 수행을 그만두라고 유혹하는 악마가 등장한다는 사실이다. 다른 하나는, 초전법륜에서 붓다가 설한 법이 팔정도와 사성제였다는 사실이다. 전자, 즉 악마라는 존재를 어떻게 해석할 것인가는 다음 장에서 논의하기로 하고, 이 장에서는 우선 사성제와 팔정도를 논의하기로 한다.

완전한 깨달음

번뇌에는 이성적 차원과 감정적 차원이 있다. 예를 들어, 아트만이 있는가 없는가, 니르바나는 있는가 없는가 등에 관한 영역에서 나타나는 번뇌가 전자이다. 한편, 후자는 분노와 혐오, 욕망과 같은 정서적 번뇌이다. 사성제와 팔정도와 같은 교리 그 자체는 이성적 차원의 번뇌를 해소하게 하는 지혜이다. 즉 사물의 본질에 관한 지혜이다. 하지만, 그러한 지혜를 얻는다고 해서, 감정적 차원의 번뇌가 자연히 없어지는 것은 아닐 것이다. 붓다는 연기와 사성제에 관한 깨달음 이전에, 6년간 수행을 통하여 감정적 번뇌를 이미 소멸시킨 경지에 가 있었다고 해석하는 것이 옳다. 다시 말하면, 붓다는 감정적 번뇌를 끊은 상태에서 연기법과 사성체를 깨달았기 때문에 완전한 깨달음을 이룰 수 있었던 것이다. 그와 달리, 제행의 원리에 관한 지혜를 먼저 얻은 사람이라면, 그 이후에도 감정적 번뇌의 소멸을 위한 지속적이고 바른 수행이 필요하다. 이 경우라면, 팔정도 실천을 거듭하지 않는 한 진정한 깨달음을 얻기 어렵다고 나는 생각한다.

붓다가 깨달음을 얻고서, 갠지스강을 건너 수행자들이 모여드는 바라나시 근교 녹야원(鹿野苑: 사슴이 살았다는 것에 연유한 이름)에서 처음으로 행한 설법(초전법륜)은 사성제와 팔정도였다. 대상은 한때 같이 수행한 적이 있었던 5명의 비구였다. 경전(『맛지마니카야』)에 의하면 붓다는 이들을 의도적으로 찾아간 것으로 되어 있다. 같은 석가족 출신이었다는 것도 초전법륜의 대상이 된 요인으로 작용했을 것이다. 다만, 5명의 비구가 붓다 설법에 의해 깨달음을 얻기까지에는 상당한 시일이 소요된 듯이 보인다.[사진 5]

사성제와 팔정도는 실천수행과 결부된 진리였다. 그리고 그 자체가 붓다법의 본질이 실천에 있음을 암시한다. 마지막 유행 중에 붓다는 해탈로 이끌어 주는 진리를 언급하면서, 그 첫 번째로 바른 행동, 즉 계율을 들었다. 깨달은 사람이든 아니든 누구라도 항시 바른 수행을 염두에 두어야 한다는 것을 다시 강조한 것이다. 이하 이 점을 검토하기로 한다.

사성제

초전법륜에서 붓다는 먼저 팔정도를 설하고 이어서 사성제를 설하는 것으로 되어 있다. 그 설법 순서 또한 시사하는 바가 있지만, 여기에서는 사성제와 팔정도 순으로, 내가 그것을 어떻게 이해했는지를 제시한다.

사성제(四聖諦)란 4가지의 성스러운 진리로서 흔히 고(苦)·집(集)·멸(滅)·도(道)라고 일컬어지지만, 원래는 그 앞에 苦를 붙여서 고성제·고집성제·고멸성제·고멸도성제(苦滅道聖諦)로 한역된 것이다. 그 각각은 다음과 같은 뜻이다.

첫째, 인생의 본질은 고통이라고 하는 진리(알아야 할 것)
둘째, 고통이 만들어지는 원인들은 복잡하게 얽혀 있다는 진리
(끊어야 할 것)
셋째, 고통을 없애고 열반에 드는 것이 가능하다는 진리
(깨우쳐야 할 것)
넷째, 위의 고·집·멸을 실현하는 길, 그 방법에 관한 진리
(실행에 옮겨야 할 것)

사성제는 인생 문제의 본질과 그 해결법에 관한 진리이다. 모든 동물의 발자국이 코끼리 발자국 안에 들어가듯이 모든 가르침은 사성제 안에 수렴된다고 일컬어진다. 그만큼 사성제는 붓다가 깨달

은 진리 중에서도 가장 성스러운 진리로 여겨진다. 붓다는 스스로, 나는 고제를 알고, 집제를 끊고, 멸제를 깨치고, 그리고 도제를 실행하여, 세상 이치를 있는 그대로 알게 되었기 때문에 붓다가 되었다고 천명했다.

그런데 사실 사성제라는 진리 모두가 붓다가 처음으로 발견한 진리라고 주장하는 것은 무리이다. 왜냐하면 사성제 중에서 앞부분 고집멸의 삼제는 이미 인도에 널리 퍼져 있던 것이기 때문이다. 인생이 고(두카)라고 하는 것은 언제부터인지도 알 수 없을 만큼 오래된 인도문화였다. 야즈나발키아도 오직 아트만만이 불사(不死)의 존재이며 아트만 아닌 것은 모두가 고라고 말했다. 해탈과 열반의 세계는 우파니샤드에도 명확하게 기술되어 있으며, 슈라마나 운동이 그렇게 성행했던 것도 바로 해탈과 열반에 대한 열망이 있었기 때문이었다. 그러므로 사성제에 관련된 모든 진리를 붓다의 창안물이라고 단정하고 그 내용을 논의하는 것은 적절하지 않다. 힘을 쏟아야 할 일은, 붓다가 발견한 사성제가 고대 인도의 고사상 및 해탈사상과 비교하여 어떤 독창성을 가지는가를 밝히는 것이다.

나는 붓다 사성제가 진정으로 높이 평가받아야 하는 근거는 다음 두 가지라고 생각한다. 하나는 인도사상에서 널리 논의되던 고문제를 연기론의 관점에서 다시 해석하여 체계화했다는 점이다. 다른 하나는, 사성제의 마지막에 고멸도성제를 설하고 그 실천방법으로서 팔정도를 제시했다는 점이다. 고멸도성제 자체가 실천이 전제된 개념이다. 이렇게 본다면 붓다의 위대한 발견은 사성제 중

특히 집제와 도제에 집중되어 있다고도 말할 수 있겠다. 집제란 고통의 원인이 한 가지가 아니라 여러 요인들이 서로 얽혀 있다는 것이며, 그것도 늘 그대로 있지 않고 변한다는 것을 발견한 것이다. 즉 고라는 문제를 연기론적으로 조견(照見)한 것이다. 그리고, 도제란 후술하듯이 깨달음으로 나아가는 실천방법이다.

요컨대, 사성제란 고통 해결 방법인 팔정도라는 중도 실천방법을 그 중심에 두고, 고통의 본질과 그것이 일어나는 원인 그리고 고통을 없앨 수 있다는 진리를 체계화한 것이다. 팔정도를 제시할 수 있었던 것은, 붓다 스스로가 그 실천방법의 효능을 스스로 체험했기 때문이었다고 생각된다. 이 점은 매우 중요한데, 왜냐하면 출가 이후 깨달음을 얻기까지 6년이라는 시간은, 붓다가 팔정도를 완전하게 실천하는 기간이었음을 인정하는 것이기 때문이다. 후술하듯이 붓다는 6년간 극단적 고행만을 했다고는 볼 수 없다.

달라이 라마의 사성제론

사성제는 흔히 인도의 고대의료론에 비유되어 왔다. 즉 병은 인식되어야 하고, 병의 원인은 제거되어야 하며, 건강한 상태가 달성되어야 하고, 약과 시술이 이루어져야 한다는 것이다. 달라이 라마는 미국에서 행한 일련의 불교사상 특별강좌(*Dalai Lama at Harvard*, 1988)에서 사성제를 『대비바사론』을 참고하면서 설명하는데 사성제 이해에 참고가 되므로 소개해 두고 싶다.

그는 고집멸도 네 가지 진리는 각각 4개의 성질을 가지고 있어서, 사성제에는 모두 16가지 성질[四諦十六行相]이 있다고 한다. 그런데 그 16가지 각각에 관한 잘못된 견해가 있는데, 그 잘못된 견해들이 어떤 것인가를 확인함으로써 사성제의 본질을 명확하게 알 수 있다고 주장한다.*

예를 들어, 그 첫 번째 고제의 성질은 ①무상(非常), ②고통, ③공(空), ④무아(非我)이다. 이 네 가지 각각에 대한 오해는 다음과 같다. ①고는 순수하고 청정한 것이라는 생각, ②고는 안락함이라는 생각, ③고는 이대로 계속 이어진다는 생각, ④고는 실체가 있는 것이라는 생각.

두 번째 집제의 성질은 ①원인[因], ②기원[集], ③조건[緣], ④일어남[生]인데, 그 각각에 대해서는 다음과 같은 오해가 있다. 즉 ①고에는 원인이 없다는 생각, ②고의 원인은 하나라고 하는 생각(즉, 고에는 다양한 원인[集]이 있지 않다는 생각), ③고는 절대자의 힘에 의하여 생겼다는 생각, ④고의 상태는 일시적이지만 그 본질은 영속적이라는 생각.

세 번째 멸제의 성질은 ①소멸[滅], ②평정[靜], ③길상[妙], ④결정

◇◇◇◇◇◇

*   Dalai Lama, *The Dalai Lama at Harvard: Lectures on the Buddhist Path to Peace*, Snow Lion Publications, 1988을 참고할 것. 불교사상 전반을 다루고 있는데, 초기불교 교리에 대한 독특한 설명 방식이 눈길을 끈다. 달라이 라마의 불교 교리 관련 저서 중 우리말로 번역되어 있는 것은, 주민황 역, 『달라이 라마의 불교 강의』, 불광출판사, 2015가 있다. 티베트불교(밀교) 사상이나 불교 근본사상을 엿볼 수 있는 저서이다.

적인 탈출[離]이다. 이에 대한 오해는, ①해탈이란 있을 수 없다는 생각, ②번뇌 원인이 그대로 있는데도 그것을 해탈이라고 생각하는 것, ③실제로 고통인 현실을 해탈 상태라고 생각하는 것, ④해탈이라는 것이 있지만 그것은 자기와는 무관계의 것이라고 생각하는 것.

마지막 도제의 성질은, ①도(道), ②적절[如], ③달성[行], ④해탈[出]이다. 그 각각에 대한 오해는 ①윤회에서 해탈로 이어지는 길은 없다고 생각하는 것, ②무아를 깨닫는 지혜는 해탈에의 길이 아니라고 생각하는 것, ③정신집중 상태를 해탈이라고 생각하는 것, ④어떤 길을 가더라도 고통을 영원히 끊는 방법은 없다고 생각하는 것.

이상의 16가지 생각이 사성제를 잘못 이해한 것인데, 이러한 예시는 사성제의 본질 이해에 큰 도움을 준다.

팔정도

팔정도(八正道)란 사성제의 마지막, 고멸도성제 실천행을 구체화한 것이다. 그것은 정견(正見), 정사(正思), 정어(正語), 정업(正業), 정명(正命), 정정진(正精進), 정념(正念), 정정(正定)의 8가지 실천이다. 물론 그 각각은, 하나의 진리에서 나온 여덟 개 갈래이며 상관관계 속에서 존재하는 것이다. 마치 손에서 손가락이 분리되어 있지만 본바탕은 한 가지인 것과 같다. 이러한 관계를 상섭(相攝)이라고 하는데, 비단 팔정도만이 아니라 육바라밀이나 계·정·혜 삼학의 경우에도 그 각각은 상섭 관계에 있다.

　나는 이 중 첫 번째 항목, 즉 정견은 나머지 7항목과는 좀 다른 차원의 교리라고 해석하고 싶다. 정견이란 믿음과 신념의 문제이자 실천의 전체조건이라고 생각하기 때문이다. 이에 대해서는 다음 절에서 따로 상세히 논의하기로 하고, 여기에서는 팔정도 내용을 간략히 소개한다.

　　정견이란 바른 견해이다. 견의 어의는 철학적인 견해, 사람의 과거 경험을 반영하는 견해를 뜻한다. 정견은 고통을 해소하는 길이 있다는 것, 그것은 팔정도의 실천을 통하여 이루어진다는 것을 바르게 인식하는 것이다. 정견은 곧 믿음이다.

　　정사유(정사)는 바른 마음가짐이다. 재산욕이나 명예욕 등 욕심에서 벗어나는 것, 무상해 마음가짐을 가지는 것, 화내지 않기 등을 늘 염두에 두는 것이다

　　정어는 거짓말과 잡담[綺語], 여기 저기서 다른말 하는 것[兩舌], 폭언과 험담을 입에 담지 않는 것이다.

　　정업은 바른 행위를 하는 것으로, 이것은 정사유를 실천에 옮기는 것이며, 기본적으로 계율을 지키는 생활이다.

　　정명은 생명(생활)을 바르게 유지하는 것, 바른 방법으로 생활물자를 얻는 것이다. 출가자라면 탁발로 음식을 얻는 것, 꼭 필요한 만큼 이상을 받지 않는 것이다. 재가자의 경우는 무상해의 방법, 도덕적 방법으로 생계를 유지하는 것이다.

정정진이란 좋지 않은 일들은 일어나지 않도록 노력하고, 좋은 일들은 더 많아지도록 노력하는 것이다. 미발생의 불선업(不善業)은 일어나지 않도록 하는 것, 이미 발생한 불선업은 있는 그대로 받아들이는 것, 미발생의 선업은 일어나도록 하는 것, 이미 발생한 선업은 더 넓히는 것이다.

정념은 바른 사티이다. 사티란 어떤 대상에 대해 가치판단을 하지 않고 중립적 입장에서 늘 염두에 두는 것이다. 구체적으로는 사념처[四念處: 身受心法(몸·감각·마음·법)]에서 일어나는 변화들을 있는 그대로 바라보는 것이다.

정정은 올바른 선정, 올바른 집중력이다. 이것은 오개(五蓋: 탐욕, 화냄, 수면욕이나 권태, 마음의 동요나 후회, 의심)를 사라지게 하는 단계에서 시작하여, 모든 감정들이 사라지고 순수한 평정심과 또렷한 인식만이 남는 마지막 단계로 이루어진다.

4. 신앙이자 실천방법으로서의 팔정도

수행의 전제와 실천수행

거듭 말하지만, 붓다 첫 설법 내용이 팔정도였다는 사실은, 신의 의지로 해탈할 수 있다거나, 몸속에 있을 것이라고 믿는 어떤 힘을 극단적인 고행을 통하여 발휘하게 함으로써 해탈할 수 있다는 것이 아니라, 오로지 바른 실천수행을 거듭하는 것만이 해탈을 보장한다는 사실을 보여 주는 것이다. 그러므로 문제 해결 방법 발견이라는 것이 깨달음의 본질적 요소라고 보는 것이다. 붓다는 깨달음에 도전할 때 열반이 있을 것이라는 믿음을 가졌겠으나, 열반이라는 세계가 존재함은 붓다가 증명했기 때문에, 그 제자들은 열반이 있다는 믿음을 가질 수 있었다.

사실 「사문과경」으로 대표되는, 출가수자의 삶에 관한 경전들에는 출가수행을 실행에 옮기기에 앞서 '열반을 목표로 하는 새로운 삶의 결의'가 설해져 있다. 그러한 결의가 왜 가능한가 하면, 그들이 걷고자 하는 길이 다하는 곳에 열반적정이라는 세계가 있음을 믿기 때문이다. 그것을 믿어 의심하지 않기 때문에 그 길에 들어설 수 있는 것이다. 물론 출가자뿐만 아니라 재가불자라도 붓다법에 따라 길을 걷겠다는 결의를 행할 수 있을 것이다.

초기불교에서 출가자가 목표로 하는 현실적인 열반은 아라한이 되는 것이었다. 아라한은 붓다의 별칭이기도 했고 붓다 역시 아라한의 한사람이었다. 다만, 붓다는 다른 아라한들과는 달리, 붓다 스스로가 열반적정의 경지가 존재함을 처음으로 입증했다. 반면, 붓다 제자로서 아라한이 된 경우는, 열반적정이 존재한다는 사실이 이미 붓다에 의해 증명된 이후의 아라한이다. 그들은 반드시 열반적정이 있다는 믿음을 가지고 도전했으며, 더욱이 붓다 가르침에 따라 수행함으로써 아라한이 되었던 것이다. 같은 아라한이라고 하더라도 붓다의 세계는 특별한 것이었다.

붓다는, 스스로 과거 정각자들이 걸어온 오래된 길, 즉 팔정도를 실천함으로써 깨달음에 이르렀다고 설한다. 팔정도 교리는 삼학, 즉 계·정·혜(戒定慧)를 기준으로 하여 분류되기도 한다. 팔정도를 계·정·혜와 관련지어 설명하는 시도는 일찍이 올덴베르크의 1881년 저작(제3장)에서 시도되었고, 1950년대부터는 많은 불교인들에 의해서도 시도되어 왔다. 논자에 따라 약간의 차이는 있지만 대표적인 것은 다음과 같은 분류가 널리 수용되고 있다.

계(戒): 正語, 正業, 正命
정(定): 正精進,* 正念, 正定
혜(慧): 正見, 正思惟
(*정정진은 계·정·혜에 모두 걸쳐 있다는 견해도 있음)

이런 분류를 시도한 이유는, 아마도 팔정도 각각이 서로 유사성을 가진 추상적 개념이기 때문에, 그 하나하나의 성격을 보다 명확히 하기 위해서일 것이다. 분류란 유효한 연구방법의 하나이며, 이러한 학문적 노력은 불교사상의 이해를 촉진할 수 있다. 기존의 설명이나 경전 내용을 반복해서 소개하는 것이 아니라, 나름대로 그 내용을 이해한 후, 자신이 이해한 것을 설명하는 것이기 때문이다. 다만, 나는 이 분류방법에 전적으로 동의하기는 어렵다. 무엇보다 '정견'이라는 교리는 믿음의 차원으로서 삼학에 끼워 맞추기가 어렵다고 생각하기 때문이다.

팔정도 첫머리가 정견이라는 점을 어떻게 해석할 것인가는 후술하기로 하고, 여기에서는 팔정도의 마지막 정정(正定)에 대해서 간략히 부연해 두기로 한다.

붓다 수행과 요가의 유사성을 강조하는 베크(제2부)는 팔정도 중 앞부분 일곱 가지는 모두가 '정정(바른 선정)'을 위한 준비단계라고 주장한다. 무리한 설명이라고 생각하지만, 비록 그 점을 인정한다고 하더라도, 여기에서 지적해 두고 싶은 것은, 선정이란 그 자체가 최종적인 목표가 아니라 최종적 목표에 달성하기 위한 수단이라는 점이다. 즉 계·정·혜라는 삼학을 거듭하고 또 선정을 포함한 팔정도의 순환적 수행을 거듭할 때 달성되는 것이 해탈이라는 것이다. 그런 의미에서 '계-정-혜-해탈'이라는 네 가지 구분, 즉 윤리, 명상, 지혜, 해탈이라는 4개 부문이 붓다법의 전체를 차지한다고 할 수 있는 것이지만, 거기에서 핵심적인 것은 역시 팔정도라고 생각된다.

신앙으로서의 정견

나는 앞서 팔정도 각각의 상섭 관계에 있다고 하여 마치 손에서 손가락이 갈라져서 존재하는 것에 비유했다. 그런데, 여덟 가지 실천이라고 하지만, 팔정도 중에서 그 근본이 되는 것은 바로 첫 번째, 즉 정견(正見)이라고 본다. 정견이란 사성제라는 이치를 올바르게 본다는 것, 좀 더 구체적으로 말하면, '팔정도를 실천함으로써 열반에 도달할 수 있다는 사실을 있는 그대로 보는 것'을 말한다. 정견이란 곧 법이 있다는 것을 보는 것이며 방법론적으로는 중도 (팔정도)를 보는 것이다. 그것은 깨달음의 세계가 있다는 믿음이자 실천수행 시작의 조건이다. 사실 『증지부경전』에서는 믿음이라는 것과 바른 수행이라는 것이 동등한 차원에서 논의된다. 해탈을 믿지 않는다면, 바른 수행이 있을 수 없으므로, 믿음이란 수행의 전제조건이다. 경전은 수행자들이 깨달음을 얻기 전에 그 전초로서 바른 신앙이 나타난다고 설한다. 이러한 이유로 나는, 정견은 나머지 팔정도 항목들과는 다소 다른 차원의 교리로 보는 것이다.

거듭 말하지만, 내가 이해하기에 '정견'이란 삼학 이전의 차원, 즉 믿음 차원의 실천이다. 이에 관련된 선행연구들과 경전들(『중부경전』, 『대십사경(大四十經)』, 『증지부경전』 등)을 종합적으로 검토해 보면, 정견이란 열반이 있다는 사실을 믿는 것이다. 우선 초기경전에서 정견이 어떻게 설해져 있는가를, 붓다가 직접 설하는 형식의 경전에서 살펴보자. 다음은 그 요약이다.

> 정견이 가장 선행한다. 정견이란 사견(邪見)을 사견으로 알고 정견을 정견으로 아는 것이다. 사견이란… (생략)
>
> 정견에는 유루(有漏: 번뇌에 오염된) 정견과 무루(無漏: 번뇌에 오염되지 않음) 정견이 있다.
>
> 유루 정견은 다음과 같다. '보시가 존재하고 공의(供儀)가 존재하고 환생이 존재한다. 선업은 선과를 만들고 악업은 악과를 만든

다.(선행과 악행에는 이숙과가 존재한다.) 세상에는 이 세상과 저 세상을 초월했음을 실제로 보여 주는 사문 바라문이 존재한다.' 이것들이 유루 정견이다.

무루 정견이란 무엇인가. 성스러운 마음을 가진 자, 성스러운 길을 준비한 자, 성스러운 길을 수행한 자의 지혜, 혜근(慧根), 혜력(慧力), 법찰각지(法察覺支) 등이다. 이것이 성스러운 무루의 정견이다.

난해한 내용이지만, 나는 진정한 정견(무루 정견)이란 해탈이 존재한다는 사실을 바르게 보는 것, 즉 바르게 믿는 것으로 해석하고 싶다. 즉 해탈이라는 성스러운 길이 있음을 확신하는 마음이 정견이다. 위의 가르침에 의하면, 이 세상 저 세상이 있는지, 윤회가 있는지, 보시는 효력을 가진 것이지 등에 마음을 두고 있는 것은, 번뇌가 남아 있기 때문에 생기는 일이다. 한편 최상의 정견이란, 붓다가 그 경지에 도달했다고 하는 사실을 믿고, 완전한 해탈의 길이 있음을 바르게 보는 것이다. 이렇게 본다면, 정견은 수행 이전의 믿음 혹은 수행의 출발점일 수 있는 것이다.

길을 바르게 걸으면 반드시 성과가 있다는 믿음이 곧 정견이다. 정견은 불교수행의 전제조건에 해당할 수 있는 것임에도, 왜 여덟 가지 수행방법의 하나로 위치하게 된 것일까? 많은 설명에 있어서 숫자를 앞세우고 거기에 맞게 사물들을 나열하는 경전 서술 방법은 인도문화의 영향으로 볼 수도 있겠다. 나는 정견이 팔정도의 맨

앞에 위치하는 것은, 정견을 가짐으로써 비로소 바른 수행이 시작된다는 사실을 암시하는 것이라고 생각한다.

만약, 팔정도를 삼학이라는 교의에 끼워 맞추어 분류한다면, 앞에서 든 분류방법이 가장 적절할 수 있겠다. 하지만 팔정도를 다른 교리와 관련지어 이해하려면, 다음과 같은 분류법도 유효할 것이라고 생각한다. 이 분류는 수행이나 고행에 관한 분류법을 원용하여, 팔정도의 내용을 분류해 본 것이다.

실천수행의 전제(출발점): 正見

작위의 실천: 正語, 正業, 正命, (正精進)

무작위의 실천: 正思惟, 正念, 正定, (正精進)

제5장

'육년고행설'에 관하여

1. 고행과 수행에 관한 두 가지 쟁점

육년고행설의 오해

원래는 복잡하게 얽혀 있는 여러 사물과 현상들을 지나치게 단순화시켜 이해하고, 일단 단순화된 것은 마치 정형구처럼 무비판적으로 받아들이는 학계 풍토가 우려스럽게 느껴질 때가 더러 있다. 불교 교리에 관해서도 종종 그렇게 느끼는데, 그중 하나가 육년고행설이다. 육년고행설이란 다음과 같은 설명이다. 즉 '붓다는 출가한 후 6년간 고행하였으나 깨달음을 얻지 못했고, 고행을 포기함으로써 깨달음을 이루었다. 그러므로 고행이란 깨달음에 도움이 되지 않는 것이며, 버려야 할 수행방법이다.'

육년고행이라는 문구는 한문 경전에만 등장하는 것이고, 초기경전 중에서도 비교적 후대에 만들어진 경전에서 소개된 것인데, 언제부터인가 그것이 진리처럼 설해지고 있다. 유럽의 대표적인 불교 개설서에도 육년 고행이라는 용어가 그대로 사용되고 있다. 나는 여기서 이 설에 관하여 두 가지 문제를 논의하고자 한다. 하나는 '육 년간 과연 고행만을 했는가'이며, 다른 하나는 '붓다는 고행을 무가치한 것으로 여겼는가'이다.

육년고행설이 오해라고 하는 견해는 일본에서 제기된 적이 있는데,* 여기에서는 이 선행연구와 초기경전을 조회하면서 이 문제를 논의한다. 필자 역시 육년고행설은 합리적 설명과는 거리가 먼 것이라고 여긴다. 왜냐하면, 그것을 사실로 받아들인다면, '깨달음을 얻기 직전의 고타마'와, 그 6년 전 '출가 당시의 붓다' 사이에 달라진 것이란 별로 없기 때문이다. 출가 직후 선정가들로부터 선정을 배운 것이 거의 모두이지만, 그에 관한 기술은 육년고행에 비하면 매우 미미하다. 결국 육년고행설을 믿는다면, 바르지 못한 극단적 수행에 시간을 허비하더라도 깨달음을 얻을 수 있다는 결론이 된다.

붓다 사상의 특징이 합리적이라는 점을 상기한다면, 육년고행설은 객관성과 과학성을 현격하게 결여한 설명이라고 하지 않을 수

◇◇◇◇◇◇

* 奈良康明,「釈尊六年苦行をめぐって」,『禅研究所紀要』第44号, 2016. 이 논문은 고행의 개념과 용법을 소개하고 육년고행설은 오해임을 주장한 중요한 참고문헌이다. 다만, 왜 육년고행설이 정착되게 되었는지에 관한 설명이 없는 것이 아쉽다. 나는 그 설명을 위해서는 부파불교의 입장을 검토하는 것이 가장 중요하다고 생각한다.

없다. 그럼에도 불구하고 후대의 법사나 연구자들이 경전 내용을 편협하고 단순하게 해석하여, 고행이라는 수행법에 대해서는 물론, 깨달음 그 자체에 대한 잘못된 이해를 조장해 온 측면이 있다. 합리적이지 않은 설명이란, 경전의 전체적인 흐름과 맞지 않는 설명, 붓다의 삶과 맞지 않은 설명이다. 정형화된 문구를 당연시한 나머지, 경전에 고행을 긍정하고 고행을 찬양한 내용이 있다는 엄연한 사실에 눈을 두지 않는 안일한 태도는 고쳐져야 할 일이다.

다만 한역 경전이 육년고행이라는 용어를 사용한 것에도 오해 원인이 있으므로 여기에서는 무엇보다 초기경전에 고행이 어떻게 설해져 있는지를 확인하고자 한다. 그 다음 고행의 내용, 고행과 붓다 깨달음과의 관계, 그리고 깨달음 이후 붓다의 수행법 등을 종합적으로 고려하여, 붓다에게 출가 후 6년간이 어떤 시간이었는지를 규명하고자 한다.

붓다가 고행을 버려야 할 것으로 보았다는 견해는 너무나도 널리 퍼져 있지만, 붓다가 인정하지 않았던 것은 고행이라는 수행방법 중 일부에 한정된 것이었다. 더욱이 극단적 고행은 인정하지 않았다고 하더라도, 그 이유는 고행이 깨달음으로 이끌어 주지 않았기 때문이라는 의미였을 뿐, 고행 그 자체가 전혀 가치 없다고 설한 것이 아니다. 고행을 통하여 번뇌에서 벗어날 수는 있으나, 그것이 깨달음을 얻게 하지는 못했다고 설해져 있고, 진정한 지혜는 팔정도 실천을 통해서 얻을 수 있다고 설해져 있는 것이다. '깨달음에 도움이 되지 못했다는 것'과 '무가치하다는 것'을 동일시하는 것

초기불교 : 붓다의 근본 가르침과 네 가지 쟁점

은 논리적 비약이다. 양자를 동일시한 것 역시 육년고행설이 널리 퍼지게 한 요인일 수 있다.

계율이 의미하는 것

달라이 라마는 붓다 인생을 ①깨달음을 목표로 하여 보리심을 가진 단계, ②수행과 지혜를 쌓아 가는 단계, ③깨달음을 얻은 후 법을 설하는 단계라는 세 가지로 설명하면서, 왜 그렇게 세 단계로 나누어 보아야 하는가 하면, 불교는 크리스트교와는 달리 깨달음을 얻으려고 하면 누구나가 수행하는 과정을 거쳐야 하기 때문이라고 말한다. 하지만, 깨달음의 조건으로서는 수행이 강조되지만, 깨달음 이후 수행 문제는 비교적 소홀히 다루어져 왔다. 이미 제4장 '깨달음의 조건'에서 언급했듯이 이 문제는 수행과 관련된 또 하나의 중요한 쟁점이다.

왜 이 문제를 지적하는가 하면, 한 번 깨달았다고 해서 그 수준이 계속 유지되는 것이 아니라 다시 깨달음 이전 상태로 돌아가는 사례도 기록되어 있기 때문이다. 그 내용은 다음과 같다.(『상윳타니카야』)

비구 고디카는 열심히 정진수행하여 깨달음을 얻었지만, 그것은 일시적인 것이었고 다시 해탈 이전 상태로 돌아갔다. 그런 경우가 6번이나 되풀이되었다. 그에게는 큰 육체적 고통을 수반한 질병이 있었는데, 그 질병으로 인하여 해탈 상태가 유지되지 않았다. 그가 7번째 깨달음을 얻었을 때, 이번에도 다시 해탈 예전 상태로 돌아가는 것이 아닐까 하는 두려움에 휩싸였다. 그래서 그는 자살하려 했다.

이것은 아주 특별한 케이스일 수 있겠다. 그 후 고디카는 결국 자살한다.* 나는 이 사례가 깨달음 뒤에 해탈 상태를 유지하는 것이 결코 쉽지 않다는 것을 시사한다고 생각한다. 승가 계율은 시간이 감에 따라 그 수가 점점 많아진다. 계율이란 잘못이 발생했을 때, 그러한 유형의 잘못을 예방하려고 제정된다. 10대 제자로 꼽히는 승려조차도 승가 계율이 점점 엄격해지는 것에 대하여 불만을 토로한 적이 있다. 특히 오후 금식(禁食)에 대해서는 상당 기간 동안 논란이 있었던 것으로 보인다. 하여간 계율이 많아진다는 것은, 출가수행자에게는 입멸 때까지 지속적인 수행정진이 필요하다는 붓다의 생각이 반영된 것이다.

◇◇◇◇◇◇

* 초기불교에서 자살 문제를 어떻게 보았는가에 관해서는 다음을 참고할 것. 박광준, 「불교의 자살관에 관한 사회복지적 해석」, 『한국교수불자연합학회지』 19-1, 2013. 관련 참고문헌은 앞에서 든 것 이외에, Hellier, S., Suicide and Buddhism, *RAFT Journal*, Buddhist Hospice Trust, 2003; Keown, D. Buddhism and Suicide: The Case of Channa, *Journal of Buddhist Ethics*, Vol.3, 1996; Lamotte, E. Religious Suicide in Early Buddhism, Williams, P. ed., *Buddhism: Critical Concepts in Religious Studies*, Routledge, 2005; Wiltshire, M. The "Suicide" Problem in the Pali Canon, The Journal of the International Association of Buddhist Studies, Vo.4 No.1, 1981; 小池淸廉, 「佛敎思想と生命倫理」, 『龍谷大学文学研究科紀要』第30号, 2008 등이 있다.

승가 생활법으로서, 초기경전에는 고행이 흔히 장려되었다. 먼저 승가의 기본적 생활 방식인 사의(四依)와 두타(頭陀)를 살펴보자.

사의란 슈라마나가 지켜야 할 의식주와 약에 관한 생활 방식, 수하좌(樹下座), 걸식(乞食), 분소의(糞掃衣), 진기약(陳棄藥)을 말한다. 수하좌는 나무밑(지붕 없는 곳)에서 산다는 것, 걸식은 탁발로 음식을 얻는 것이다. 탁발은 먹고 남지 않을 최소한의 양을 오전 중에만 행하는 것으로 되어 있었다. 탁발한 음식은 혼자서 조용히 먹는 것을 강조하지만, 승가 식구들이 있는 경우는 나누어 먹고 혹 뒷사람을 위해 남겨둔 음식이 필요 없게 되면, 풀이 나지 않는 땅이나 생명이 살지 않는 물에 버린다고 되어 있다. 『담마파다』(49)에는 탁발이, 꽃을 상처 내지 않고 꿀만을 얻어 사라지는 꿀벌 모습에 비유되어 있다. 보시하는 자에게 부담이 되는 탁발이 되어서는 안 된다는 가르침으로 보인다. 출가자에게는 수입이나 생산 관련 활동은 금지되어 있었기 때문에 탁발은 가장 중요한 생활원칙이었다. 분소의란 수행자가 입는 옷인데, 시체를 쌌던 천이나 사람들이 버린 천으로 만든 것이다. 이 세 가지가 의식주의 기본이다. 여기에 진기약이라고 불리는 소의 배설물로 만든 약이 있다. 사의란 곧 무소유의 삶이다.**

◇◇◇◇◇◇

** 이러한 무소유의 삶을 가장 철저하게 지킨 붓다 제자가 마하카사파이다. 『테라가타』(1054-1057)에는 마하카사파의 게송이 다음과 같이 기술되어 있다. '나는 침상에서 내려와 탁발을 나섰다. 밥을 먹고 있는 한 문둥병자에게 가서 그 곁에 가만히 섰다. 그는 문드러진 손으로 한 덩이 밥을 주었다. 그가 밥을 발우에 담아 줄 때, 그의 문드러진 손가락이 툭 하고 그 안에 떨어졌다. 담벽 아래에서 나는 그가 준

한편, 붓다는 두타(頭陀 혹은 杜多)행을 비구들에게 장려했다. 두타는 산스크리트어 'dhūta'를 음역한 것으로 의식주에 대한 집착을 버리는 수행이다. 두타는 좁게는 탁발을 의미하지만, 경전에 따라서는 12가지 혹은 13가지 두타행이 열거되어 있다. 그것은 ①분소의(糞掃衣), ②삼의(三衣), ③상걸식(常乞食), ④차제걸식(次第乞食: 차례대로 걸식), ⑤일좌식(一坐食), ⑥발식(鉢食), ⑦시후불식(時後不食: 추가로 받은 음식 불식), ⑧아련약주(阿練若住: 숲에 머묾), ⑨수하주(樹下住), ⑩노지주(露地住), ⑪총간주(塚間住: 묘지에 머묾), ⑫수처주(隨處住: 배정받은 대로 머묾), ⑬상좌불와(常坐不臥: 눕지 않음)(『율장』, 『청정도론』 등).

이 두타행은 승가 수행법 일반을 의미한다. 탁발이라고 하더라도 '때가 아닌 때에 탁발하는 것'(오후 시간에 탁발하는 것)은 금지되어 있었고, 얻은 음식이 아무리 적은 것이라도 하찮게 여기지 않고, 전혀 얻지 못하더라도 슬퍼하지 않으며, 많이 얻은 것을 뿌듯해하지 않도록 경계하는 내용이 『숫타니파타』나 『담마파다』에 설해져 있다. 두타행 그 자체는 이미 베다에도 언급이 있을 정도로 역사가 깊다. 불교 경전은 인도의 전통적 두타행들을 모아서 종합적으로 정리하고 있는데, 그중에서 붓다 승가 입문자에게는 수하좌, 걸식,

◇◇◇◇◇◇

밥을 먹었다. 그것을 먹고 있는 동안, 그리고 식사를 마치고 나서도, 나에게는 혐오스러운 마음이 일지 않았다. 사의(걸식, 수하좌, 진기약, 분소의)만으로 만족하는 사람, 그 사람이야말로 사방(四方)의 사람이다.' 그가 두타제일이라고 불리는 연유를 알게 해주는 게송이다. 평등 이상을 공유하는 승가는 '사방승가'로 불리는데, 사방에 열린 마음을 그 이념으로 하는 승가이다. 사방은 팔리어 차툿팃사의 훈역이며 그 음역은 초제(招提)이다.

분소의가 점차 의무조항이 되었다. 이렇게 보면 두타와 사의는 거의 같은 의미이다. 다만 이것들은 바라문교나 자이나교에서도 마찬가지로 장려 혹은 의무사항이었다.

바른 수행은 범행(梵行)이라고도 한다. 범행은 브라흐마차리야의 훈역인데, 좁게는 음행을 하지 않는 것을 의미하지만, 일반적으로 신성한 행위, 올바른 행위를 말한다. 우파니샤드에는 타파스와 브라흐마차리아에 의해 브라흐만 세계를 발견할 수 있다고 되어 있다. 그런데, 이 범행은 초기경전(『테라가타』)에도 자연스럽게 등장하고 있다. 이 범행에 의하여 얻을 수 있는 최고의 행복을 아무리타(amrta, 훈역은 甘露)라고 하는데, 불사의 물, 생명의 물이라는 이 용어는 불경에도 바라문 경전에도 등장한다. 아무리타는 아슈밧타(보리수)에 그 어원을 가진 말이다.

2. 고행의 의미와 붓다의 고행관

고행의 내용과 관련 개념

고행, 즉 타파스는 경전에 수없이 등장하는데, 고행과 유사한 용어로서 난행(難行, 두카라차리아)이 있다. 난행은 고행을 포함하면서, 경우에 따라 사의나 두타행 등 붓다 승가의 수행방법까지도 포함하는 넓은 개념이다. 원래 고행은 아리안들에 의해 유입된 문화이므로 바라문교 기본적 수행법이었으며, 그 영향으로 슈라마나라고 하면 고행하는 사람으로 여겨지고 있었다.

고행 내용은 불교 경전에 매우 자세히 기술되어 있다. 당시 인도에서 단편적으로 거론되던 고행들을 한 데 모아 정리하고 있는데, 극단적인 고행방법이 많이 소개되어 있다. 불교 경전이 고행방법을 막라하여 정리하고 있는 것에는, 고행이나 두타행을 멀리한 부파불교의 영향이 크다고 생각된다. 부파불교는 바라문교나 자아나교 등에서 행해지던 고행들을 모두 집대성하여, 고행이 비현실적인 수행방법이라고 주장하는 경향이 있었다. 그러나 후술하듯이 최고 층 불교 경전에는 고행이 오히려 장려되는 경우가 적지 않다.

바라문교 전통적 고행은 『마누법전』에도 기술되어 있다. 그만큼 고행은 바라문교와 힌두교가 중요한 가치로 여겼다. 바라문교 고행은 크게 ①절식(節食) 고행과 ②작위 고행으로 나누어진다. 절식 고행은 말하자면 무작위 고행, 즉 어떤 신체동작이나 습관을 멈추는 것에 가까운 소극적 방법으로 행하는 고행이다. 절식 고행에는 단식, 낙곡(落穀)만 먹기 등이 있지만, 바람 연기 광선 증기만을 먹는다고 하는 극단적인 방법도 기술되어 있다. 한편, 작위의 고행은 신체를 움직여서 행하는 고행으로, 한 발 서기, 까치발 서기, 눈 깜빡거리지 않기, 물속에 살기, 침묵하기, 지면에 눕기, 하늘만 쳐다보기 등을 오랜 시간 동안 계속하는 신체 행동이 그 예이다. 7세기 바라나시를 방문했던 현장은 갠지스강 안에 한 발로 서서 하루 종일 얼굴을 들어 태양만 바라보는 고행자를 목격하고 있다.

초기불교 : 붓다의 근본 가르침과 네 가지 쟁점

한편, 자이나교 역시 해탈을 목표로 한 고행을 장려했다. 자이나교 고행은 ①외적 고행과 ②내적 고행으로 나누어지는데, 바라문교 고행과 비교하면, 그 범위가 훨씬 넓으며, 명상과 같은 평화적인 수행방법도 고행에 포함되어 있는 것이 특징이다. 외적 고행은, 단식, 절식, 음식 종류의 제한, 맛의 포기, 독좌, 신체 괴롭히기 등 여섯 가지이다. 자이나교 고행에는 바라문교에서 말하는 절식고행 및 작위고행이 모두 포함되어 있다. 신체 괴롭히기는 몸을 움직이지 않는 것이 포함되는데, 자이나교 성인 석상(石像)에는 나무 덩굴이 팔까지 타고 올라간 모습이 있다. 그만큼 움직이지 않았다는 뜻이다. 한편, 내적 고행은 참회, 절도 있는 생활, 봉사, 면학, 욕심 버리기, 선정 등 여섯 가지이다. 이것은 명상이나 사회봉사 활동과 유사한 개념이다. 이러한 다양한 고행방법 중에서 자이나교에서는, 해탈로 이끌어 주는 최상의 방법은 단식이라고 하여 단식이나 절식이 장려되었다.

이 두 종교의 고행에 관한 가르침만 보아도, 비록 타파스라는 용어를 같이 사용하고 있지만, 그 범위가 매우 넓음을 알 수 있다. 초기경전에서도 고행이 많이 등장하지만, 그것이 바라문교에서 말하는 고행만을 의미하는 것이 아니라, 수행 혹은 두타행이라고 일컬어지는 행위까지도 포함한 개념이었다.

초기경전에 나타난 고행

　불교계에서 오늘날까지 몇 가지 교리가 논란이 되고 있는 까닭은, 경전에 따라 그것을 긍정하는 내용과 부정하는 내용이 같이 담겨 있기 때문이다. 고행 역시 그러하다. 초기경전 중에서도 오래된 경전은 모든 고행을 부정하고 있지 않으며, 고행을 긍정하는 내용도, 찬양하는 내용도 있다. 여기에서는 우선, 초기경전에서 고행을 긍정하거나 찬양하는 내용을 확인해 보자.

　한 자이나교도가 붓다에게, 당신은 고행을 비난하고 그것을 배척한다는데 사실인가 하고 물었을 때, 붓다는 '나는 그렇게 일방적으로 말하지 않았다'라고 대답한다. 그리고, 고행을 통하여 천상에 태어난 사람도 있고 지옥에 떨어진 사람도 있으니 잘 보고 판단해야 한다고 덧붙였다. 붓다 설법에서 가끔 등장하는 '일방적'이라는 용어의 의미는 아마 '예'나 '아니오' 같은 한 가지 대답만을 구하는 것을 뜻하는 것으로 보인다. '세계는 영원한가, 아닌가?' 같은 질문에 대해서도 붓다는 그것이 일방적 질문이라고 규정했다. 위의 사례를 본다면, 붓다는 고행을 일률적으로 부정하지 않았다. 하지만, 붓다는 고행으로 비록 천상에 태어난다 한들, 그것으로 윤회에서 벗어나는 것이 아니라는 점 역시 지적했다. 즉 고행을 통해 천상에서 태어날 수는 있겠으나 그것은 완전한 해탈이 아니라는 것이다. 그 점을 지적한 후 붓다는, 깨달음으로 이어지는 바른 수행법은 팔정도와 계·정·혜라고 다시 설한다.

초기불교 : 붓다의 근본 가르침과 네 가지 쟁점

『숫타니파타』는 바라문교 고행은 부정하면서도, 승가 내의 청정한 생활을 고행이라고 표현하여 고행을 인정하고 때로는 찬양한다. 붓다는, 승가 수행법에는 바라문 고행법이 가진 해악이 없다는 이유로 붓다 승가 고행을 긍정하는데, 그 경향은 특히 최고층 경전일수록 강하게 나타난다. 즉 오래된 경전일수록 고행은 긍정적인 행위로 여겨진다는 것이다. 수행자로서 갖추어야 할 행위나 덕성을 타파스라고 하고 그것을 실천하는 사람을 고행자(tapassin)라고 부르면서, 고행을 붓다 승가의 계율과 같은 것이라고 찬미한다. 즉 '불음행, 계율, 정직, 온순, 고행, 유화, 불상해'(『숫타니파타』 292)를 같은 차원에서 열거하여 찬미하는 것이다. 또한 청정한 고행자, 최상에 달한 고행자, 계율과 예의를 지키는 고행자가 되는 것이 불교 승가의 바람직한 수행이라고 하면서 그것을 고행이라고 이름 붙이고 있다. 이 경우 두타행도 고행으로 간주된다.

승가에서는 정진이나 탁발을 고행과 동의어로 사용하기도 했다. 붓다는 승가 수행을 농사에 비유하여, 신앙을 종자라고 한다면 고행은 비와 같은 것이라고 비유하여 농사에서 비가 필요하듯이 수행에서 고행은 반드시 필요한 것이라고 설한다(『숫타니파타』 77). 그리고 타파스는 몸을 괴롭히는 것이지만, 욕망의 억제, 탁발 등을 실천하게 하는 노력이라고 설하기도 했으며, '고행과 청정한 수행, 성스러운 진리를 보는 것, 열반의 획득은 더 없는 행복'(『숫타니파타』 267)이라고 하여 고행을 크게 찬미하고 있다. 『담마파다』(184)는 인내와 감내를 최고의 고행이라고 하여 그것을 출가자의 미덕으로 칭송한다.

다른 한편, 바라문교나 자이나교의 고행에 대해서는 부정적이었다. 탁발에서 얻어진 생선이나 육류는 먹지 않는 것, 옷을 걸치지 않는 고행, 그리고 희생제의 등도 중생을 청정하게 할 수 없다(『숫타니파타』 249)고 지적하고, 바라문 고행은 '자기만족, 교만, 다른 것의 경멸, 자설의 고집, 탁발로 얻은 것을 고행으로 얻었다고 말하는 것' 등의 결점을 가진다고 설했다. 소금, 생선, 육고기를 먹지 않는 것, 분소의만을 입어야 한다는 것 등은 후일 승가에 큰 해를 끼쳤던 붓다 제자 데바닷타도 주장했던 것인데, 붓다는 그것을 극단적 고행이라고 간주하여 물리친 적이 있다. 음식은 기본적으로 탁발에 의해 얻어지는 것이므로, 어떤 음식이라도 발우에 들어온 것은 감사히 받아야 한다는 입장이었기 때문이다. 그리고 그것은 부파불교를 계승한 남방불교의 입장이기도 하다.

붓다는 보시로 얻는 것 중에, 이런 것만을 먹어야 한다거나, 이러한 것만을 입어야 한다는 것, 그 자체를 집착이자 버려야 할 생활 방식으로 간주했던 것 같다. 아무 음식이나 아무 옷이나 입는 것은 결코 장려하지 않았지만, 반드시 배제해야 할 것을 앞세우는 의식주 생활을 버려야 할 생활 태도로 본 것이다. 바라문 고행을 언급할 때에는, 붓다는 붓다 승가의 고행이 바라문교의 고행보다는 높은 차원의 고행이라는 점을 거듭 강조했다.

고행에 관한 붓다의 입장이 이렇게 찬반으로 나누어지는 것은, 고행이 의미하는 내용이 워낙 광범위한 것이었다는 점에 그 원인이 있다고 생각된다. 일반적인 의미의 고행은 당시 인도 사회에서는 너무나 당연히 받아들여지는 것이었으므로, 고행을 명백하게 부정한다는 것은 생각할 수 없었을 것이다.

붓다가 행한 고행

만약 육년고행설을 받아들인다면, 초기경전에 기록된 거의 모든 수행방법이 고행이자 버려야 할 것으로 간주되는 모순이 발생한다는 사실은, 위에서 확인되었다. 따라서 경전에 나타난 고행이라는 용어가, 먼저 어느 경전에서 등장한 것인가, 붓다 승가의 고행인가 바라문교의 고행인가도 확인할 필요가 있으며, 고행의 내용이 무엇인지를 확인할 필요가 있다.*

팔리어 경전은 붓다가 행한 고행을 과장 윤색하여 기술하고 있다. 거듭 말하지만, 그것은 부파불교 입장을 반영한 것이다. 아함경이 고행을 간략하게 기술하고 있는 것과는 대조적이다. 흔히 팔리어 경전이 붓다의 근본 가르침에 가장 가깝다는 인식이 있지만, 반드시 그렇지만은 않다는 것이 이 고행에 관한 기술에서도 드러난다. 윤색된 부분은 아마 후대에 추가된 내용이라고 추정된다. 예를 들면, 고타마 붓다는 하루 대추 한 알이나 한 알의 콩, 쌀, 깨

◇◇◇◇◇◇

* 불교 경전에 고행이 어떤 개념으로 기술되어 있는가에 관한 참고문헌 중 자세한 것은, 杉本卓洲, 「愛欲(Kama)と苦行(Tapas) : 仏陀の中道説をめぐって」, 『金沢大学文学部論集』 10巻, 1990이 있다.

로 연명하는 감식(減食)고행을 했는데, 팔리어 경전은 '그 열매가 큰 열매였을 수 있다고 생각해서는 안 된다'라는 사족까지 달고 있다.

우선 초기경전에 기술되어 있는 붓다 고행 내용을 보자(『중부경전』「대사자후경」등). 붓다는 4가지 범행(梵行)을 하였다고 스스로 밝혔는데, 그것은 '최고 고행, 최고 빈궁(貧窮), 최고 혐오(嫌惡), 최고 독주(獨住)'이다. 그런데, 그 첫 번째 항목인 최고 고행의 내용은 무려 27개 항목으로 나열되어 있다. 경전에는 이교도 고행방법으로서 38개 고행방법을 열거한 경우도 있는데, 그것에 필적할 정도로 다양한 고행이 기술되어 있는 것이다. 과연 인도인의 상상력이 엿보이는 내용들이다. 이 극단적 사례 중 최고 고행에 들어 있는 몇 가지를 간추리면 다음과 같다.

옷 걸치지 않기, 손으로 핥을 만큼의 양만을 먹기, 초대에 응하지 않기, 남을 만큼 걸식하지 않기, 남이 가져온 것을 받지 않기, 개가 근처에 있는 곳에서는 걸식하지 않기, 생선과 고기를 먹지 않기, 하루 한 끼 이틀에 한 끼 사흘에 한 끼 그렇게 나아가 마지막에는 반달에 한 끼 먹기, 자연적으로 떨어진 과일이나 야채나 곡식 먹기, 분소의 입기, 머리털이나 수염 뽑아 내기, 앉는 도구 사용 않기, 늘 가시가 있는 곳에 눕기, 하루 3번 목욕하기 등

이 고행 내용 중에는 자이나교 고행과 겹치는 것이 적지 않다. 옷 걸치지 않기나 머리털 뽑기(삭발하지 않고) 등이며 그것은 지금도

자이나교 수행자들이 실천하는 고행이다. 이러한 최고 고행 이외에 붓다는 다음과 같은 세 가지 수행도 행했다. 첫째, '최고 빈궁 수행'은, 몸에 때 먼지가 앉아도 그냥 두고 몸에 이끼가 끼어도 손으로 떨어내려고 하는 마음이 생기지 않도록 하는 것이다. 둘째, '최고 혐오 수행'은 물 한 방울에 대해서도 연민을 가지고 작은 미물도 죽임을 당하지 않도록 염원하는 것이다. 셋째, '최고 독주 수행'은 마을과 떨어진 숲속에 거주하며, 목축하는 사람이나 약초 캐는 사람 등에게 발견되면, 그들에게 보이지 않는 곳으로 이동하여 거주하는 것이다.

붓다는 이상과 같은 고행을 행했으나 몸이 극도로 쇠약해졌을 뿐, 그것이 고 소멸과 깨달음으로 이끌어 주지 않았다고 술회한다. 이 고행 항목들은 여러 경전에서 정형구처럼 등장하지만, 위의 27가지 고행을 붓다가 모두 수행했다고 보기는 어렵다. 고행에 대한 설법 역시 대기설법의 특성을 고려하면서 해석하는 것이 필요하다. 붓다 스스로가 자신이 행한 고행이라고 열거한 것들은, 붓다 승가를 떠난 한 비구가 '붓다는 완전한 깨달음을 얻지 못했다. 고행만이 깨달음을 가져온다'라고 주장한 것에 대하여 붓다가 반론한 내용이다. 그러한 문맥을 살필 필요가 있다.

여러 경전이 붓다가 행한 고행을 나름대로 전하고 있는데, 경전이나 관련 선행연구를 검토해 본다면, 공통적으로 인정하고 있는 붓다 고행은 절식(節食)과 호흡 통제라는 두 가지 방법이다. 절식은 널리 행해지던 고행방법이었으나, 호흡 통제는 바라문교나 자이나교에서는 볼 수 없는 붓다만의 고행이었다. 호흡을 통제한다는 것은 늘 깨어 있다는 것이다. 붓다는 깨어 있음으로써 몸과 느낌이 시시각각으로 변하고 감정이나 인식도 매 순간 변하는 것을 체험했을 것이다. 이러한 체험이, 영원불멸의 존재가 몸 안에 있다는 바라문적 교리를 부정하는 근거가 되었을지 모른다.

호흡 통제라는 수행법을 중시한 유파는 상키아철학이다. 그러나 상키아에서는 호흡 통제를 고행 범위에 넣지 않고, 고행보다 나은 대안적 수행법으로 보았다. 상키아가 요가로 체계화되는 것은 붓다 이후 시기이므로, 호흡 정지라고 하는 붓다 고행이 요가 쪽에 영향을 미쳤을 가능성도 있다는 주장도 제기되고 있다.

마지막 깨달음 직전에 붓다가 선정에 들었다는 것은 모든 경전이 일관되게 기술하는 내용이다. 하지만, 선정이란 아무리 높은 차원의 것이라도 깨달음 그 자체는 될 수 없다. 왜냐하면 깨달음은 수행자에게 확실히 인식되는 것, 즉 완전히 깨어 있는 상태에서 이루어지는 것이기 때문이다. 『증지부경전』에는 깨달음을 통해 열반에 든다는 것을 인식할 수 있는가 하는 문제가 등장한다. 사리풋다가 '열반은 안락하다'라고 말하자 다른 제자가 '이미 감각[受]이 존재하지 않는데 어떻게 안락이 있을 수 있는가'라고 반론하는 장면이다. 사리풋다는 '감각이 더 이상 존재하지 않기 때문에 안락하다'라고 답하고 있다. 그리고 나서, 감각이 존재하지 않는 상태는 무의식상태가 아니다라고 부언하고 있다.

붓다가 아라라카라마나 웃다카라마풋타의 선정법에 만족할 수

초기불교 : 붓다의 근본 가르침과 네 가지 쟁점

없었던 것은, 아마도 선정에 들어 있는 시간 동안에는 열반 상태에 가까이 갔지만, 선정에서 깨어나면 여전히 고통 문제가 있다는 것을 알아차렸기 때문일지 모른다. 그것은, 붓다가 목표로 하는 일상적인 삶 속에서 항상적으로 유지되는 고통 해결이 아니었다. 그러므로 붓다 깨달음에는 극단적 고행이나 선정만으로는 설명되지 않는 무엇이 있었다고 생각할 수밖에 없는 것이다.

극단적 고행을 버린 이유는 무엇인가?

그렇다면, 고행이 결코 무가치한 것이 아니라고 하면서도, 붓다가 극단적 고행을 버린 이유는 무엇인가?

바라문교에서 말하는 아트만은, 육체적이면서 동시에 정신적인 그 무엇, 육체와 분리된 것도 합해진 것도 아닌 그 무엇이다. 그것은 일반적으로 말하는 영혼과는 다른 것인데, 이 점에 대해서는 오해가 적지 않은 것 같다. 『찬드기야 우파니샤드』에 있는 다음 내용을 예로 들어 보자.

한 바라문 아들이 12살 때 스승을 찾아가 십여 년간 모든 베다를 배우고 집으로 돌아왔다. 아버지는 아들에게, 마음이란 음식으로 만들어지고 숨은 물로 만들어지며 목소리는 불로 만들어진다고 설명하면서, 15일간 음식을 먹지 않고 물만 마시도록 했다. 물까지 마시지 않으면 숨이 끊어질 것이기 때문이었다. 15일이 지난 후 그는 아들에게 베다를 암송하도록 했다. 몸이 쇠약해진 아들은 '만트라(베다의 진언)를 암송할 수 없습니다'라고 말했다. 아버지는 아들에게 말한다. '크게 타오르던 불도 반딧불만한 불씨만 남게 되면 화력을 낼 수 없다. 마찬가지로 너를 구성하는 16개 부분 중 마지막 한 부분만이 남았기 때문에 그 힘으로는 베다를 읽어 낼 수 없는 것이다. 이제 음식을 먹으렴. 그러면 내 말을 이해할 것이다.'(강조는 인용자)

아들은 음식을 먹고 체력을 회복하자 베다를 암송할 수 있었고 아버지 말을 이해하게 되었다. 아버지는 말한다. '음식이 너의 마지막 남은 한 부분의 힘을 키워서 베다를 읽을 수 있게 된 것이다. 몸의 뿌리는 음식 이외에 어떤 것도 될 수 없고, 음식의 뿌리는 물이며, 물의 뿌리는 불이며 불의 뿌리는 아트만이다.' 그렇게 해서 아버지는 베다 경전을 외워 내는 지적인 힘은 정신만으로 이루어지는 것이 아니라 음식이나 물, 숨이나 열 등으로 이루어짐을 알게 하였다.

이 이야기의 본질은, 몸에 음식이 공급되지 않으면 정신세계가 제대로 작동할 수 없다는 것을 알려 주는 것에 있다. 몸을 구성하는 16가지란 푸루샤가 만물에 불어 넣었다는 그 구성요소를 말한다. 즉 푸루샤는 숨(생기)을 만들었고, 그 숨에서 믿음, 바람, 빛, 물, 흙, 감관(感官), 마음(意), 그리고 음식을 만들었다. 나아가 음식에서 기력[精子], 고행, 베다의 만트라, 아그니[火神] 제사 등의 의식,

그 제사의식 결과로 나타나는 세상, 그리고 그 세상 생명들 각각의 이름을 만들었다는 것이다. 즉 15일간 음식을 섭취하지 못한 아들에게는 그 16가지 중 마지막 부분 곧 '생명의 이름'만이 남았기 때문에 그 힘만으로는, 입으로 할 수 있는 최상의 말인 베다를 암송하는 것이 불가능하다는 것이다. 이름만 남았다는 것은, 사람이지만 사람이 아닌 상태라는 뜻이다.

이러한 생각은 알기 쉽게 말하자면 인간이 유물론'적' 존재라는 관념과 상통한다. 왜냐하면, 그것은 사회과학에서 말하는 유물론과 완전히 합치하지는 않더라도, 신체라는 물질적 조건이 정신세계를 존재하게 하는 조건이라는 것을 분명히 보여 주기 때문이다. 만약 붓다가 출가 전에 우파니샤드를 학습하여 이러한 우파니샤드 철학을 이미 알고 있었다면, 그리고 극단적 절식으로 정신작용이 둔해짐을 느꼈다고 가정한다면, 그 순간 우파니샤드에 들어 있는 이러한 이야기를 생각해 내었을 가능성도 있지 않을까? 그것은 지나친 비약일까?

붓다는 당시를 회고하면서, 몸은 단순한 도구가 아니라 정신의 사원과 같은 것이라고 표현했다. 어쨌든, 정신세계는 신체와 분리되어 존재하지 않는다는 것, 정신이 신체에 영향을 미치고 신체가 정신에 영향을 미치는 것, 현대 용어로 말하면 인간은 정신-신체적(psycho-sometic) 존재라는 것을 실감했고, 그것이 붓다가 극단적 절식을 그만두게 된 진정한 원인일 수 있다. 붓다가 극단적 절식을 그만둔 것은 틀림없는 사실이다. 그 이유를 굳이 설명하려는 것은 부질없는 짓이라고 비난받을지 모르겠으나, 아무래도 나는 정신과 육체의 관계성이라는 관점에서 이 문제를 보고 싶은 것이다.

육년고행설은 왜 고착화되었는가?

이러한 사실을 고려해 보면, 붓다가 출가 후 깨달음을 얻기까지 6년간은 팔정도 실천을 기본 생활로 삼고, 두타, 범행, 명상, 극단적 고행 등을 종합적으로 시도하면서 깨달음을 추구한 시간이었다. 그것은 고행을 초월하는 과정이었다. 출가 후 오로지 극단적 고행만을 시도했고 그 고행을 포기하는 것만으로 깨달음을 얻는다는 것은 합리를 현저하게 결한 설명이자, 초기불교 모습과도 부합하지 않는 설명이다.

요컨대 붓다는 극단적 고행을 시도한 적은 있으나, 계율과 정신 통일과 지혜 쌓기, 즉 계·정·혜 삼학에 의지하는 수행, 즉 중도를 걸음으로써 깨달음을 성취했다. 이것은 『상윳타니카야』의 고층 부분에서 설해진 것으로 매우 의미심장하다. 고행 전체를 버렸다기보다는 고행 중에서 이 세 가지에 해당하지 않는 기행적(奇行的) 고행을 버렸다는 의미이다. 붓다 승가에서는 점차 불교 수행법인 두타행을 고행과 동의어로 사용하는 경우가 많아졌고, 정사가 생긴 뒤에도 두타행은 존중되었다. 출가 후 육 년간 수행은 극단적인 고행만이 아니었다. 깨달음 직전에 극단적인 고행도 하였던 것이고, 극단적 고행을 포함하여 육 년간 치열하게 수행한 결과로서 깨달음이 있었다고 해석하는 것이 옳다. 여기에서도 다시 상기하고 싶은 사실은, 출가 직전에 붓다는 이미 사상가로서의 소양과 지식을 갖추고 있었다는 것이고, 그것이 명상으로 깨달음을 얻을 수 있는 조건이었다는 것이다.

육년고행설이라는 지나치게 단순화된 견해, 더욱이 왜곡 가능성이 있는 견해는, 부파불교의 고행관, 부파불교에 대한 인도 사회의 인식, 그리고 인도에서 불교가 소멸한 것 등과 분리해서 생각하기 어렵다. 부파불교 이후, 고행을 버려야 할 것으로만 해석하고 출가자가 정사에 거주하면서 경전 해석에 몰두하는 모습은, 타파스를 수행자의 상징처럼 여기고 있던 인도 대중들이 불교에 등을 돌리는 계기가 되었을 가능성이 매우 높다. 불교 승려를 수행자로 간주하지 않는 경향이 있었다는 것이다. 실제로 고행을 포기한 것이 인도불교가 소멸한 가장 결정적인 원인이라는 주장도 있는데,* 이러한 주장은 결코 가볍게 보아서는 안 될 것이다. 사실 바라문교에서 볼 때, 불교 승가의 수행은 엄격함을 결한 것으로 여겨졌던 것 같다. 한 바라문은 '붓다 승가는 계율도 약하고 식사도 잠자리도 안락하니 붓다 승가에 들어가자'라고 하여 출가를 신청하고 있다.

왜 육년고행설이 고착되었는가? 붓다가 고행을 그만두었다는 사실과 중도가 강조되는 경향은, 부파불교 이후에 새로 추가된 내용이라고 지적된다. 사실 그러한 견해는 학계에서 간간이 제기되어

◇◇◇◇◇◇

* 예를 들면, 앞에서 인용한 杉本卓洲(1990)의 견해이다.

온 것이다. 부파불교 이후 정사 거주 승려들이 스스로를 합리화하기 위해 고행 포기와 중도를 강조하기 시작했다는 것이다.

붓다 승가 기본 수행인 사의나 두타행 중에도 타파스와 겹치는 것이 있다. 탁발에 대해서도 붓다는 그것을 고행으로 간주한 적도 있고, 고행으로 간주하지 않은 적도 있으므로, 탁발을 설법한 문맥을 살펴서 해석해야 한다. 붓다는 바라문 고행법의 결점을 열거한 적이 있는데, 그중에서 '탁발로 얻은 것을 고행으로 얻었다고 말하는 것'을 그 결점으로 들었다. 그 사실만을 본다면, 붓다는 탁발을 고행으로 여기지 않았던 것이다. 그런데, 또 다른 장면에서는 제자들에게 탁발은 고행의 하나라고 설하기도 했다. 이러한 사실은 붓다 설법이 어떤 상황에서 누구를 상대로 행한 것인가에 따라 그 의미가 달라짐을 상기시켜 준다. 어쩌면 붓다는, 승가 탁발과 바라문 탁발이 그 본질에서 다른 것이라고 생각했을지 모른다. 바라문 교리를 볼 때, 그러한 추정이 무리는 아니다. 상위 세 개 카스트계급이 바라문에 보시하는 것은 그들의 의무라고 규정되어 있었기 때문이다.

붓다가 강조한 두타행 내용 중에 고행과 겹치는 부분이 있다는 것은, 붓다가 고행 모두를 부정한 것이 아니라, 그중에는 긍정한 것도 있고, 더구나 장려한 것도 있다는 것을 뜻한다. 이러한 복잡한 사정이 있음에도 불구하고, 붓다는 고행을 버림으로써 깨달음을 얻었고, 고행은 양극단의 하나이므로 버려야 한다는 극히 단순화된 육년고행설이 퍼졌다. 그리고 그것은 고행을 포함한 육 년 수행이 아니라, 육 년간 고행이라는 인식, 그리고 고행은 깨달음과는 무관하다는 오해를 만들어 내었다. 그리고 한 번 고착화된 이미지를 고민 없이 되풀이하는 안이한 연구 태도가 그 오해를 더욱 증폭시켜 왔다. 이러한 오해는 붓다 깨달음의 본질이나 수행방법의 본질을 잘못 이해하게 하는 것이므로 하루빨리 바로잡아야 할 것이다.

3. 붓다의 신체관과 수행

붓다의 신체관

붓다는 몸(신체)을 어떻게 보았는가? 이 질문은 고행에 관한 이해에도 도움을 준다. 몸이 극도로 쇠약해지면 어떤 일이 벌어지는가? 오온가화합은 일관된 교리이고 그것이 신체관과 관련되지만, 보다 세세하게 보면, 붓다 신체관 역시 모든 경전에 일관되게 설해져 있지 않다. 따라서 이 문제에 관해서도 경전 내용을 종합하여 모순되지 않게 설명하는 노력이 필요하다.

신체라고 하면 먼저 부정관(不淨觀)을 떠올리는 불교인들이 많지 않을까 생각된다. 신체란 깨끗하지 못한 것이니 몸에 대한 집착에서 벗어나야 한다는 가르침이다. 근본 취지는 신체는 무상한 것이니 그에 집착하지 말라는 것이었다. 그런데, 부정관은 예기지 못한 엄청난 문제를 불러일으켰다. 집단적 자살과 같은 일이 벌어진 것이다.

부정관을 가르침 받은 제자들은, 육체는 부패와 타락에 종속되기 쉬우며 소중히 여겨야 할 대상이 아니라고 생각했고, 자기 신체를 극단적으로 혐오하는 제자들까지 생겨났다. 붓다는 부정관을 설한 후 한동안 은거에 들어갔는데, 붓다가 돌아왔을 때에는 이미 많은 출가자들이 죽고 없었다. 붓다는 아난다에게 그 경위를 물었고 아난다는 그 경위를 보고했다. 즉 붓다 설법을 들은 수행승들은 자기 육체를 혐오하게 되었고, 급기야는 부정한 육체를 가지고 살기보다는 죽는 것이 더 나을 것이라고 생각하여 자살하는 승려들이 생겨났다는 것이다.

자살에는 다른 사람의 도움을 받는 경우도 있었다. 수행승들은 사이비 출가자인 미갈란디카에게 도움을 청했고, 그는 승려의 법복과 발우를 대가로 받는 대신 그들을 칼로 신속하게 죽여 주었다. 미갈란디카에게도 심리적인 갈등이 일었지만, 그 순간 악마가 나타나서 '아직 건너지 못한 사람들을 건너게 해 주는 것은 좋은 일'이라고 속삭였고, 그는 자기 행위를 합리화하여 출가자 60명을 죽였다.* 아함경에는 이러한 예상치 못한 부작용으로 인하여, 붓다는 부정관을 더 이상 설하지 않고 호흡을 관찰하는 명상을 통하

◇◇◇◇◇◇

* 율장을 바탕으로 하여 이 문제를 논의한 참고논문은 다음과 같다. 박광준(2013); Attwood, Michael, Suicide as a Response to Suffering, *Western Buddhist Review*, Vol.5, 2004.

여 집착을 물리치게 하는 것으로 교육방법을 바꾸었다고 전한다.

이런 불행한 결과는 붓다로서는 본의 아닌 결과였다. 왜냐하면 붓다 스스로가 어찌된 영문인지를 아난다에게 묻고 있기 때문이다. 또한 붓다는 부정관을 설하기도 했지만, 다른 많은 장면에서 수행자들에게 신체란 소중한 것이라고 누누이 설했기 때문이다. 붓다는 설법 중 졸았다는 가책으로, 평생 졸지 않겠다고 맹세하고 눈을 감지 않는 고행을 고집했던 제자 아나룻다에게, 그것은 좋지 않은 수행이며 몸을 소중히 하라고 만류했다. 아나룻다는 결국 고행을 멈추지 않아서 시력을 잃었으나 대신 심안(心眼)을 얻어 천안(天眼)제일이라는 칭호를 얻은 인물이다. 붓다는 제자 승가를 방문하게 되면, 먼저 제자들 건강상태를 세심히 묻고, 다음으로 수행자들이 서로 화합하고 있는지를 묻고 있다. 그러한 사실은, 붓다가 승가 화합을 매우 중시했지만, 오히려 그보다(혹은 그만큼) 수행자들 건강을 염려하고 있었다는 뜻으로 받아들일 수 있다.

유물론'적' 신체관

하지만, 붓다는 신체와 정신은 같은 것인가 분리된 것인가 하는 질문에 대해서는 무기로 일관했다. 그런데, 필자가 검토한 경전이나 선행연구 범위 내에서 말하면, 붓다는 신체와 정신이 분리되어 존재한다고 생각하기보다는, 양자가 연속적인 관계 혹은 분리되기 어려운 관계에 있다고 생각했던 것 같다. 그것은 육체를 떠나서는 정신이 존재하기 어렵다는 생각이다. 이것은 사회과학에서 말하는 유물론에 유사한 사고이며, 우파니샤드의 견해와도 유사하다. 정신과 육체의 관계에 관한 한, 우파니샤드와 붓다의 결정적인 차이는, 우파니샤드가 생명 속에 영원불멸인 아트만이 존재한다고 여겼고, 붓다는 그에 동의하지 않았다는 것이다. 하지만 정신과 육체가 분리되기 어렵다는 견해에서 붓다와 우파니샤드는 공통점을 가진다.

유물론이라는 용어에 대해서도 그 의미를 분명히 해 둘 필요가 있다. 고대 인도철학에서 유물론은 정신세계를 일체 인정하지 않는 입장을 말하는 것 같다. 경우에 따라서 유물론은 단멸론과 동일시된다. 그렇게 본다면, 불교가 유물론과 무관하다는 주장은 옳은 것이다. 하지만, 사회과학 용어 유물론은 그와 다르다. 흔히 유물론이란 물질세계만을 인정하고 정신세계를 인정하지 않는다고 잘못 이해하는 이들이 적지 않지만 그것은 오해이다. 유물론은 물질세계와 마찬가지로 정신세계가 존재함을 인정한다. 다만 정신세계가 존재하기 위해서는, 신체와 머리와 뇌, 그리고 뇌를 구성하는 중요한 물질이 반드시 필요하다고 보는 것이다. 그러므로 만약 그러한 물질적 토대가 없어진다면, 정신세계 역시 존재할 수 없게 된다고 본다. 불교 교리로 말한다면, 색(色)이라는 신체조건이 갖추어져 있을 때, 비로소 수·상·행·식이 존재한다는 것, 색이 없는 식(識)이란 있을 수 없다는 설명이 된다.

오늘날 흔한 질병이 된 알츠하이머는 뇌 안에 빈 공간 같은 것이 생기면서 인지장애가 발생하는 질병이다. 이 병을 처음 발견한 독일 의사 이름을 딴 질병인데(1906년 사례 발표), 의사 이름이나 환자 이름을 딴 질병은 그 원인이 밝혀지지 않은 질병이다. 알츠하이머 역시 그 원인은 알 수 없지만, 뇌를 구성하는 물질에 어떤 문제가 생기게 되면, 정상적인 정신 활동이 불가능해진다는 사실을 무엇보다도 잘 보여 준다. 영원불멸이자 불변인 아트만이 만물에 인체에 깃들어 있다는 바라문 교리로서는 알츠하이머와 같은 질병을 설명할 수 없다.

신체는 바른 수행의 조건

사실 붓다는 신체의 소중함을 누누이 강조했다. 신체에 집착하지 말라는 가르침은, '젊음, 무병, 살아 있음'(즉 노병사의 반대 상태)이라는 것을 자랑으로 삼는 교만에 빠지지 말라는 것이 그 본뜻이었다. 붓다가 의도한 것은, 몸을 소중히 할 필요가 없다는 것이 아니라 오히려 그 반대였다. 후일 붓다가 몸 상태를 이유로 설법을 포기하는 경우가 있었던 것도 과거 극단적 고행의 후유증 때문이라고 일컬어진다. 그 경험 때문인지, 붓다는 몸의 소중함을 매우 강조했다. 다음 두 가지 경전 사례를 보자.

한때 붓다는 재가신자 설법을 위하여 한 마을에 갔다. 그런데, 누구보다도 붓다를 간절히 기다리던 몇몇 가난한 사람들이, 하필이면 그날 아침에 소를 잃어버렸다. 그들은 소 찾기를 포기하고 붓다 설법장으로 갈까 하고 망설였으나, 생업을 포기할 수 없어서 숲 속으로 소를 찾아 나섰다. 붓다는 설법하지 않고 그들이 올 때까지 기다렸다. 이미 모여든 재가신자들도 설법을 기다렸다. 이윽고 소를 찾은 사람들이 허겁지겁 설법장으로 들어왔다. 붓다는 그들이 종일 아무것도 먹지 못했다는 것을 알았기 때문에 재가신자로부터 제공 받은 음식을 그들에게 주어 먹게 했다. 시주받은 음식을 승려 아닌 자에게 나누어 주는 것은 승가 규칙상 금지되어 있었으므로, 그러한 행위는 매우 파격적인 것이었다. 그러나 붓다는 그 순간 그들의 가장 큰 고통이 배고픔이라고 알아차리고 그 고통 완화를 먼저 실행했다. 육체가 피폐하여 마음이 심란한 상태에서는 설법도 이해할 수 없게 된다고 판단하여 설법에 앞서 그들의 몸을 건강하게 회복한 것이다. 이 일화는 '굶주림은 궁극의 병'(『담마파다』 203)이라고 한 가르침을 붓다가 몸소 보여 준 예라고 이해할 수 있다.

다른 하나는 붓다 제자들이 신체에 관한 붓다 가르침을 어떻게 이해하고 있었는지를 보여 주는 사례로, 『미린다왕의 질문』에 있는 내용이다. 기원전 2세기경 인도까지 진출한 그리스의 메난드로스왕(미린다왕)과 장로 나가세나(음역 那先, 훈역은 龍軍)의 대화이다. 미린다왕이 질문하고 나가세나가 대답하는 형식이다. 『쿳다카니카야』에 실려 있는 이 경을 경전으로 여기지 않는 나라도 있다지만, 일찍이 데이비스가 '교의에 관한 논쟁서로서 그 어떤 서적보다도 최상위의 것이며 인도 산문의 걸작'이라고 평했을 만큼 불교 교리를 매우 명확하고 논리적으로 설한 경이다. 나 역시 무엇보다도 불자들에게 권하고 싶은 경전으로 여기고 있다. 관련 내용을 요약하면 다음과 같다.

미린다왕은 '출가자에게 신체란 사랑스러운 것입니까?'라고 질문했고, '사랑스러운 것이 아니다'라는 나가세나의 대답을 듣고는 다시 묻는다. '그렇다면 왜 출가자들은 신체를 아끼고 내 것이라고 집착하는 것입니까?'

나가세나는 대답하기에 앞서 '대왕은 전투에서 화살을 맞은 적이 있습니까? 그 상처에 약을 바르고 천으로 감싼 적이 있습니까?'라고 되묻는다. 그리고 그렇다는 대왕의 대답을 듣고는 다시 묻는다. '상처에 약을 바르고 부드러운 천으로 감싼 것은 상처가 사랑스럽기 때문입니까?'라고.

그 점을 상기시켜 두고, 나가세나는 다음과 같은 대답으로 대화를 마무리한다. '마찬가지로 출가자에게 신체는 사랑스러운 것이 아닙니다. 몸에 집착하지는 않지만 청정한 수행을 위해서는 신체를 보호해야 하기 때문입니다. 붓다는, 신체는 상처와 같은 것이라고 설했습니다. 그러므로 신체를 마치 상처와 같이 보호하는 것입니다.'(강조는 인용자)

4. '악마'가 의미하는 것은 무엇인가: 깨달음 이후의 수행

악마는 왜 등장하는가

앞장에서 붓다 깨달음은 문제 해결이기도 하고 문제 해결 방법의 발견이기도 했다고 지적하면서 그 증거의 하나로 악마라는 존재를 들었다.

초기경전에는 붓다가 깨달음을 얻기 전에도 그리고 깨달음을 얻은 후에도, 심지어는 입멸 직전까지 악마가 붓다를 유혹한다. 반면, 대승경전에는 깨달음 이후 악마가 등장하지 않는다. 붓다는 이미 초인간적 존재가 되었기 때문이다. 경전 속 악마는 감각세계, 즉 욕계(欲界)의 지배자인데, 수행에 장애가 되는 모든 유혹을 의인화한 것이다. 『상윳따니카야』에는 '마음'이 악마로 표현되어 있기도 하다. 베크는, 악마의 본질은 반드시 선정과 관련지어 논의되어야 한다고 주장하는데, 초기불교에 관한 한 동의하기 어렵다. 그 주장에는 항마성도(降魔成道)의 이미지가 있는 듯 보이나, 초기불교에서 악마는 선정 중에만 나타나는 것이 아니기 때문이다.

악마는 고타마가 출가하기 직전부터 등장한다. 출가를 결심하고 밤중에 카필라성을 나설 때 악마는, 만약 붓다 되기를 포기한다면 곧 세상 지배자가 되게 해 주겠노라고 유혹한 바 있다. 그런데, 출가 후 수행과정에서뿐만 아니라 *깨달음을 얻은 뒤에도* 악마는 붓다를 유혹한다. 이것은 매우 눈여겨보아야 할 사실이다. 왜냐하면, 그것은 붓다가 입멸 직전까지 바른 수행을 의식하고 있었다는 증거로 볼 수 있기 때문이다.

불교 경전에서 등장하는 악마는 매우 다양하다. 전형적으로 등장하는 마라(Māra) 이외에도 나무치(Namuci, 해탈 방해, 베다에 등장), 카마(Kāma, 애욕), 태만, 수면욕, 공포 등을 의미하는 다양한 악마들이 있다. 보다 평화로운 삶, 다른 모든 생명체에 상해를 입히지 않는 삶을 실천해 가려면 많은 유혹이나 어려움, 걸림돌에 직면하는 법이다. 그럴 때, 현재 생활에 만족하고 새로운 삶을 추구하기보다는 좀 편하게 살아 볼까 하는 갈등이 생길 수 있는데, 그것이 곧 악마이다. 올덴베르크는 악마를 '붓다의 소극적 대상'이라는 적절한 용어로 표현했다. 즉 붓다가 '하지 않았던 행위'가 곧 악마라는 것이다. 초기경전에서는 거의 예외 없이 악마가 붓다의 대화상대로서 등장한다. 특히 니카야 중에서도 가장 오래된 『상윳타니카야』에는 악마와의 대화가 경전 내용의 큰 부분을 차지한다. 그 대화의 마무리에는 늘 붓다의 결연한 말이 있다. 즉 악마가 유혹하는 안락한 삶 없이도 평화로울 수 있다고 하는 자신감에 찬 말이다.

악마가 경전에 등장하는 가장 유명한 장면은 역시 붓다 깨달음 직전이다. 소위 항마성도 장면, 즉 악마를 굴복시키고 깨달음을 얻는 장면이다. 악마는 고행 중이던 붓다에게, 보다 편안한 삶이 있으니 고생할 것 없이 수행을 포기하는 것이 어떠냐고 속삭인다. 사실 설화에는 극한 고행 중에 범천까지도 등장하여 붓다에게 죽음에 이를 수 있다는 경고를 주고 극단적 고행을 만류한다. 붓다를 설득하기 위하여 범천은 하늘나라에 있던 붓다 친모 마야부인까지 데려온다. 그러나 그러한 만류는 악마의 유혹과는 본질이 다른 것이기 때문에 가장 선량한 신인 범천을 등장시킨 것이다. 어쨌든 악마의 유혹을 뿌리치고 수행을 거듭하여 붓다는 깨달음을 얻는다.

많은 불교인들이 악마라는 말에서 항마성도를 떠올리는 것은, 그 장면 이후 경전에서 악마가 등장하는 장면을 본 적이 없기 때문일지 모른다. 대승경전에는 그것이 악마 등장 마지막 장면이다. 따라서 대승불교 신봉자가, 깨달은 자에게 유혹이란 있을 수 없다고 주장한들 하등 이상할 것이 없다. 대승불교에서는 붓다가 이미 신격화되어 유혹을 초월한 존재가 되었기 때문이다. 하지만 초기불교에서는, 정각자인 붓다조차도 여전히 수행을 계속한다. 앞의 용어로 말하면 돈오점수의 삶이었던 것이다.

유혹을 뿌리친다는 것: 붓다 만년에 등장하는 악마

초기경전에서 붓다 입멸 직전까지 악마가 나타나 붓다를 유혹하는 것은 무엇을 의미하는가? 이것은 수행이나 깨달음의 의미가 무엇인지를 탐구하려면 반드시 제기해야 마땅한 핵심적 물음이다. 그것은 붓다도 입멸 직전까지 유혹은 받는 존재였다는 점, 거꾸로 말하면 붓다는 입멸 직전까지 유혹을 극복하려고 노력했다는 사실을 알려 주는 가르침이라고 나는 해석한다.

악마는 다른 이들을 이롭게 하지 못하는 생각이다. 그러므로 붓다는 입멸 때까지 스스로 중생에게 도움이 되는 길을 가고 있는지 아닌지를 늘 되돌아보고 있었다는 것이다. 악마가 등장한 덕분에 우리는 그 상황 그 상황에서 붓다 마음이 어떻게 움직였는가를 유추해 볼 수 있고, 또 붓다가 걸었던 길에 비추어 우리 스스로를 돌아볼 수 있는 것이다. 이것이야말로, 오늘날 한시도 멈추지 않고 선택의 기로에 서 있는 우리들로 하여금 좀 더 바른 선택을 할 수 있도록 용기를 주는 가르침이 아닐까?

『상윳타니카야』에는 악마로부터 방어하는 방법에 관한 가르침으로서, 자라와 들개 이야기가 등장한다. 강 언저리에서 들개 14마리가 다가가자 자라는 머리와 다리를 등껍질 속에 감추고 물속으로 숨었다. 들개들은 자라 다리 하나라도 등 밖으로 나오지 않을까 하고 노리면서 기다렸으나, 자라가 허점을 보이지 않자 포기하고 떠나가는 것이다. 악마는 허점을 보일 때 파고드는 존재인 것이다.

정각자를 맴도는 악마의 모습, 그 두 가지만 들어 보자.

붓다는 마지막 여행 중에 바이샬리에서 병을 얻었다. 그때, 혼자 몸이던 붓다에게 마라가 나타나서 속삭인다. 지금 입멸하는 것이 좋으니 그리 하시라, 라고. 붓다는 '아직 할 일이 남았다. 제자들과 신자들이 성스러운 진리를 완전히 안정시킬 때까지 입멸을 미루겠다'라고 했지만, 마라는 재차 성스러운 진리는 완전히 안정되었으니 염려할 것이 없다고 유혹한다. 붓다는 '서두를 것 없다. 많은 승가 식구들에게 급작스러운 일이 되지 있도록 3개월 후에 입멸하겠다'라고 마음을 정하여 유혹을 뿌리쳤다.*

보다 생생한 예를 들어 보자. 붓다는 아침 탁발이 일과였다. 탁발에서 일곱 집을 돌았다면, 비록 그때까지 음식을 얻지 못했다고 하더라도 더 이상 탁발하지 않았다. 붓다에게는 아침 식사가 하루 중 유일한 식사였고 정오가 지나면 딱딱한 음식은 입에 대지 않았다. 한때 붓다는 출가에 연령 제한을 두기도 했는데, 그 이유는 어린이가 하루 한 끼 식사에 견디기 어렵다고 판단했기 때문이었다. 그런데 탁발한다고 반드시 음식이 구해지는 것은 아니었다. 기근이 발생하면 붓다는 승가 식구들에게 흩어져서 수행하도록 했는데, 그것은 한 지역에서 많은 승려들이 생활하면 탁발이 어렵기 때문이었다. 하여간 음식을 시주받지 못 하면 다음 날 탁발까지 먹을 것이 없을 수 있다. 당연히 몇 집 더 탁발해 볼까 하고 생각할 수 있다. 그때 악마가 나타나서 속삭인다. '몇 집 더 돌아 보면 어떨까? 혹 그동안 사람들 마음이 바뀌어서 음식 시주를 해 줄지 모르는 것 아닌가?' 이렇게. 그러나 붓다는 악마에게 대꾸한다. '나는 탁발 음식이 없어도 평화로울 수 있다네'라고.

음식 시주를 적선으로 여기는 인도 풍습에서 본다면, 탁발 한

◇◇◇◇◇◇

* 『대반열반경』에는 붓다가 수명을 연장할 수 있었으나 자발적으로 수명 연장을 포기하는 내용이 들어 있다. 이에 대해서는 다음 논문을 참조할 것. Jaini, P., Buddha's Prolongation of Life, *Bulletin of the School of Oriental and African Studies*, Vol. 21, No. 1/3, 1958; 안양규, 2000, 「붓다의 수명 포기의 원인에 관하여」, 『한국불교학』 제26집.

바퀴 더 도는 것은 마을 사람들에게 적선 기회를 다시 한 번 주는 것이 될 수 있다. 그럼에도 불구하고 붓다가 더 이상 탁발하지 않았던 것은 '먹을 것이 없더라도, 누구도 책망하지 않고 평화롭게 지낼 수 있다'라는 것을 보여 주는 결연한 뿌리침이었다.

논의가 다소 장황해졌지만, 이 장의 요점은 다음과 같다. 즉 깨달음이란 그 자체가 수행의 완성일 뿐만 아니라, 행복과 무상해의 삶을 바로 이 세상에서 실현하는 방법을 발견했다는 뜻으로 보아야 한다는 것이다.

어느 수행자가 연꽃 향기를 맡고 있으니 천신이 내려와, 남이 주지도 않은 향기를 맡는 것은 향기를 훔치는 나쁜 일이라고 지적했다. 그 수행자는, 꽃에 상처 주거나 꺾지도 않고 떨어져서 향기를 맡을 뿐인데 그것이 왜 훔치는 행위인가 하고 납득하지 못했다. 그때 어떤 사람이 연뿌리를 파내어 연꽃을 손상시키자, 그는 천신에게 '왜 저 사람에게는 도둑이라고 하지 않느냐'라고 따졌다. 그러자 천신은 '나는 자신의 잘못을 바로잡을 수 있는 사람에게만 말한다. 늘 청정한 마음을 유지하려는 사람에게는 털끝만큼의 잘못도 구름처럼 커 보인다'(강조는 인용자)라고 말한다. 『자타카』나 『잡아함경』 등에서 이 수행자는 붓다 전생으로서 등장하기도 하고 붓다 승가의 비구로서 등장하기도 하는데, 수행이 깊어질수록 계율을 엄격하게 지키는 것이 더없이 중요하다는 것을 설한 것이다.

제6장

윤회에 관하여

1. 윤회의 의미와 관점

윤회적 사고

　불교는 윤회설을 인정하는가 아닌가, 혹은 붓다는 윤회를 설했는가 아닌가는 오래된 논란거리이다. 윤회전생(삼사라, 流轉)은 사후 세계와 관련하여 시작도 끝도 없이 생명이 생과 사를 반복한다는 생각이다. 인도 사회에서 삼사라라는 말은 세상 그 자체를 의미하는 뜻으로 쓰인다고 한다. 태어나고 죽는 세상, 그런 의미이다. 윤회설에 의하면 한 생명은 전생-현생-내생으로 연결되는데, 생명체가 죽으면 그것으로 모든 것이 끝나는 것이 아니라, 다른 생명으로 다시 태어난다. 지금 생명 역시 태어나기 이전에 어떤 다른 생명이었던 셈이다. 이것은 단순히 생명계에서 일어나는 순환을 말하는 것이 아니다. 생명체 속에 변하지 않는 어떤 본질적인 실재, 즉 아트만이 존재하는데, 그것이 전생-현생-내생으로 옮겨 다닌다는 것이다.

윤회는 고대 인도 문화로서 당시 대중 속에 깊이 뿌리내리고 있었다. 윤회는 인도 토착문화라고 일컬어지지만, 윤회사상은 고대 농경사회에서 흔히 보이는 것이므로, 인도만의 사상이라고 말하기 어렵다. 다만 인도의 특징이라고 하면, 윤회를 근본 교리로 삼은 바라문교가 있었다는 점이다. 윤회는 바라문교의 핵심 사상이다. 왜 핵심 사상이 되었는가 하면, 바라문계급의 특권, 그리고 그 그림자인 노예계급을 정당화하기 위해서는 이 교리가 꼭 필요했기 때문이다. 붓다 사상을 베다에 도전하는 사상이라고 할 때, 그 도전은 바로 바라문교 윤회관에 대한 것이었다고 해도 과언이 아니다. 윤회설은 특권 계급에게는 근거 없는 오만함을 키우게 함과 동시에, 고통받는 민중에게는 희망 없는 숙명의 늪으로 빠뜨리는 교리였다. 지배체제를 유지하기 위하여 지배체제의 정당성을 사회 성원들에게 학습시키는 것을 지배 이데올로기라고 한다. 윤회설은 지배 이데올로기의 차원에서 형성된 전형적 상부구조 문화였다.

한국불교에도 그리고 한국 사회에도 윤회적인 사고가 강하게 남아 있다. 조선 말기에 이 땅을 여행하던 한 외국인은 당시 코리안의 행동양식을 다음과 같이 표현했다. '코리안은 불교적으로 생각하고, 유교적으로 행동하며, 무슨 문제가 생기면 먼저 무속에 의지한다.' 말끝마다 전생이나 내생을 입에 올리고, 행동할 때에는 나이나 신분 상하질서를 먼저 따지며, 현실 문제는 무당굿으로 해결하려 한다는 것이다. 그것을 정곡을 찌르는 지적이라 아니할 수 없는 것이, 그러한 행동 양식은 오늘날 코리안들에게도 강하게 남아 있기 때문이다. 조선 사회를 연구한 한 학자는, 조선 사람들의 사고방식을 한마디로 표현하라고 하면 서슴없이 운명론적 사고를 들겠다고 단언한다. 전생은 고통받는 사람들 푸념 속에 붙어 있었다. 요컨대, 당시에 불교적으로 생각한다는 것은 운명론적으로 생각한다는 뜻이었다.

붓다의 삶을 도외시한 윤회 논의

누군가가 나에게, 오늘날 일부 불교인들 사이에서 행해지고 있는 윤회 논의에 대해 말해 보라고 한다면, '붓다의 삶과 사상을 도외시한 채 오로지 윤회라고 하는 인도 낱말에 골몰하는 모습'이라고 말하고 싶다. 윤회 논의에 붓다의 실천적 삶이 없다는 뜻이다. 현실에 고통받는 사람 구제를 최우선 과제로 했던 붓다의 삶을 윤회 논의에서 완전히 분리시키고, 윤회라고 하는 인도 용어 탐구에만 열중하는 모습으로 비추어지기 때문이다. 그것은 붓다 사상 전도사가 아니라 바라문교 전도사가 보이는 태도이다. 붓다가 왜 윤회를 입에 올리지 않았는지, 윤회를 생각하는 것 자체를 왜 번뇌라고 설했는지, 그 근본적 물음을 설명하려는 태도가 부족하지 않는가 하고 느끼는 것이다.

먼저 윤회라는 용어를 먼저 명확히 규정해 두자. 여기에서는 '바라문적 윤회'에 한정시켜서 윤회를 논의한다. 바라문교 윤회론의 본질은 출생에 근거한 인간 차별, 혹은 장애인 등에게 고통을 주는 인간 차별사상이다. 그럼에도 불구하고 그것을 붓다 사상이라고 주장하는 사람들이 적지 않다. 사실 대승불교는 바라문교 윤회를 어느 정도 받아들였으므로, 윤회가 대승불교 사상의 하나라고 말한다면 수긍하지 못할 것도 없다. 그렇다고는 해도 대승불교 역시 종교로서의 불교 역할을 생각한다면, 윤회란 결코 가볍게 입 밖에 낼 수 있는 그런 말이 아니다. 더구나 붓다가 바라문적 윤회를 인정했다는 터무니없는 주장을 하는 이들도 있다.

나는 윤회 논의는 매우 신중해야 한다고 지적해 두고 싶기는 하지만, 그렇다고 여기서 윤회를 이러이러하게 해석해야 한다는 규범적 주장을 펴려는 의도는 조금도 없다. 붓다 윤회론을 있는 그대로 명확히 밝히고, 붓다는 결코 윤회를 설하지 않았다는 사실을 증명하는 것이 이 장의 의도이다. 윤회론은 우리 사회의 현실 문제이다. 왜냐하면 태어나면서 어떤 질병이나 장애를 가진 사람들이나 불의의 사고를 당한 사람들에게 고통을 주고 있기 때문이다.

만약 오늘날 붓다가 와 계신다면 어떻게 설할까? 우선 유복한 사람에게는 윤회를 설하지 않을 것이다. 사실이 아닐 뿐더러, 그들을 자만에 빠뜨릴 뿐이기 때문이다. 근대 이전 일본불교에서는 승려가 바라문적 윤회설을 태연히 주장하는 경우가 있었다고 한다. 마치 바라문계급이 전생의 선업 덕분에 바라문으로 태어났다고 주장했던 것과 같이, 전생 선업으로 인하여 승려 신분이 되었다고 공연히 말하는 경우조차 있었다는 것이다. 지금은 그러했던 행태가 일본불교의 치부였다고 인정한다. 즉 인간의 신분이나 직업, 지위 등을 윤회전생과 관련지어 해석했던 것이 인간 이성을 마비시킨 행위이자 깊이 속죄해야 할 일로 받아들이고 있다는 것이다. 승려라는 신분도 시대 상황에 따라 사회적 지위가 달라진다. 승려를 천민 이하로 취급하던 조선시대에서 승려로 태어난다는 사실과, 오늘날 승려라는 신분은 매우 다른 것이다. 신분을 전생과 연결 짓는 것은 한마디로 미신적 사고이다.

한편 고통받는 사람에 대해서는 어떠할까? 붓다는 그들에게 윤회를 설하실 리가 없다. 다만 지금의 고통이 전생 때문이라고 설하지는 않겠지만, 무엇인가 그들 자신에게도 원인이 될 만한 과거(지난날)의 업이 있었거니 하고, 현실을 있는 그대로 받아들이라고 설하실 수는 있겠다. 수행자에 대해서라면 어떻게 설하실까? 그런 잡담할 한가한 시간이 있으면, 고통받는 사람 구제 실천에 더 많은 시간을 할애하라고 말씀하시지 않을까?

윤회의 개념

바라문교는 어떤 생명체에도 영원불멸인 아트만[我]이라는 본질적 존재가 있는데, 한 생명체가 죽으면 그 속에 있는 아트만이 빠져나와 다른 생명체 속으로 들어가서 새로운 생명체의 본질이 된다고 설한다. 그러므로 윤회란 아트만을 전체로 한 교리이다. 이것은 흔히 '주체 있는 윤회'라고도 일컬어지는데, 그 주체가 아트만이다. 아트만이 이 생명을 다음 생명으로 짊어지고 가는 주체인데, 아트만이 있다고 가정해야만 윤회가 성립된다. 아트만은 만물에 깃들어 있는 '영혼과 유사한 존재'이다. 사람이 죽은 후에 아트만은 다른 새 생명체에 깃드는데, 그때 생전에 행했던 행위, 즉 업이 그 아트만에 새겨져서, 그 업에 따라 윤회에서 벗어날 수도 있고, 천상, 지옥, 인간, 축생 등으로 윤회를 거듭할 수도 있다고 상정된다. 아트만이 있느냐 없느냐 하는 문제는, 얼핏 보면 현실과 유리된 형이상학적 논의인 것처럼 보인다. 그러나 그것은 불교의 매우 현실적인 문제인데, 왜냐하면 아트만은 윤회 문제와 직결되기 때문이다.

여기에서 윤회를 바라문적 윤회라는 뜻에 한정시켜 논의하는 이유는, 논자들 중에는 윤회라는 용어를 나름대로 다시 정의하여 바라문적 윤회와 다른 의미로 사용하는 경우가 있기 때문이다. '불교는 윤회를 인정한다. 그러나 그 윤회는 바라문적 윤회와는 다르다'는 식의 이야기인데, 대승불교의 입장에서는 있을 수 있지만, 초기불교의 입장이라면 불필요한 오해만을 불러일으키는 논의이다. 논의를 위하여 여기에서는 아트만을 인정하지 않는 윤회를 잠정적으로 '불교적 윤회'라고 칭하기로 한다.

서구학자들 중에는, 바라문적 윤회를 'transmigration'로 표기하고 불교적 윤회는 'metempsychosis'로 표기하여 양자를 구분하는 경우도 있다. 사전에는 두 단어 모두 윤회로 번역되어 있는데, 전자에는 환생이라는 뉘앙스가 가미된 것 같다. 후자는 자연계의 순환 원리, 혹은 문화·지식·추억의 전승과 유사한 개념이다. 불교적 윤회란 쉽게 말하자면 '인간은 무한한 우주 순환계 속에서 존재하고 그 순환계 속으로 사라진다. 생전의 말이나 지식, 사상, 추억 등은 죽은 후에도 남아서 후대 사람들에게 영향을 줄 수 있다'는 정도의 의미가 될 것이다. 이것을 무아(無我)윤회설이라고 칭하기도 하지만, 이러한 생각은 윤회라는 개념을 굳이 사용하지 않더라도, 많은 이들이 공감하고 있는 상식적 의미의 자연계 순환과 유사한 개념이다. 그러므로 불교인이 윤회를 언급할 때에는, 먼저 '바라문적 윤회를 인정하는가 아닌가'에 대한 스스로의 입장을 밝히는 것이 요구된다. 그렇게 하지 않으면 윤회 논의의 초점이 흐려지기 때문이다.

붓다는 많은 장면에서 윤회와 아트만을 언급했는데, 그중에는 바라문적 윤회의 의미로 언급한 경우도 있었고 그와는 다른 의미로 사용한 경우도 있었다. 윤회적 사고는 당시 인도의 풍토였기 때문에, 대중의 질문에도 아트만이나 윤회에 관한 내용이 많았다. 그런 연유로 붓다는 윤회를 자주 언급했으나 그럼에도 불구하고 붓다는 윤회가 있다 혹은 없다고 분명한 입장을 표하지 않았다. 죽은 후 내생이 있는지 없는지 등 형이상학적 질문에는 무기로 대응했다. 그러므로 만약 붓다 윤회관을 밝히려면, 각 장면에 등장하는 무기가 어떤 의미인지를 해석하고, 윤회라는 용어의 사용법을 분석하며, 나아가 그것들을 붓다의 삶에 비추어서 종합적 판단을 내릴 필요가 있다.

윤회와 관련된 용어들은 사상 유파에 따라 다른 의미로 사용된다. 바라문교에서 말하는 아트만은, 한문 경전에는 '아(我)'로 번역되어 있지만, 그것은 붓다가 사용한 자기라는 개념과 같지 않다. 브라흐만, 푸루샤, 아트만 등 바라문교의 핵심 개념들은 다른 사상체계에서는 다른 의미로 사용되는 경우가 흔하다. 예를 들면, 상키아철학에서도 아트만이나 푸루샤를 핵심적인 교리로 삼고 있지만, 그것들은 바라문에서 사용하는 것들과는 완전히 다른 개념이다. 사상 유파에 따라 같은 용어가 다른 의미로 사용되기도 한다는 사실은, 인도사상 탐구에서 특히 주의할 필요가 있다.

경전상의 첫 용례

먼저, 초기경전에서 붓다가 윤회를 처음으로 언급했을 때, 그 사용법을 살펴보자. 가장 오래된 경전 중에서도 최고층『숫타니파타』제4장에 윤회라는 용어가 다음과 같이 등장한다. '사회는 안정적이지 않고 흔들리고 있다. 그 혼란은 번뇌의 화살이 날아다니기 때문이다. 그 화살에 맞으면 사방을 헤매게 된다. 그러나 그 화살을 뽑아 버리면 더 이상 윤회의 홍수, 그 속에 빠져드는 일은 없다'.

당시 사용되던 윤회의 홍수라는 말은 사회 혼란, 도덕 붕괴를 상징하는 말이었다.* 원래 산스크리트어 삼사라에는 방황이라는 의미가 있다고 하는데, 말 그대로 방황의 세상이었다. 나고 죽고 떠다니는 방황의 세상이 윤회의 홍수로 표현된 것이다. 이것은 붓다 최초기 설법 내용인데, 매우 중요한 의미를 가진다. 왜냐하면, 그것은 붓다 출가 동기를 설명하는 내용일 뿐만 아니라, 후일 많은 붓다 설법들이 윤회의 홍수라는 개념 속에서 만들어져 나오기 때문이다.

홍수가 나면 많은 부유물이 생겨서 떠다니는데, 붓다는 그것을 견실하지 않은 것, 의지할 수 없는 것으로 보았다. 그 부유물들에 의지해서 홍수에서 벗어나기는 어렵다. '자등명 법등명'이라는 붓다 마지막 설법은, 세상에 의지하지 말고 자신에게 의지하라, 세상에 의지하지 말고 법에 의지하라는 가르침이다. 여기에서 법이란 원래, 큰 삼각주 혹은 홍수가 나더라도 물에 잠기지 않아 사람들이 피신하는 곳을 뜻했다.(등불이라는 뜻도 있다) 그래서 한역 경전에는 그것을 섬[島 혹은 洲]으로 번역하여 섬에 의지하라고 설해져 있는 것이다. 이러한 문맥을 보면 붓다가 처음으로 사용한 윤회란 혼란 속에서 사는 것을 뜻하는 것으로 바라문적 윤회와는 거리가 있다. 그리고 자신에게 의지하라는 것은, 자신을 둘러싼 바깥세상이 홍수에 떠다니는 혼란 상태에 있음이 전제되어 있다.

◇◇◇◇◇◇

* 이 내용에 관해서는 荒牧典俊, 「原始仏教経典の成立について: 韻文経典から散文経典へ」, 『東洋学術研究』 23-1, 東洋哲学研究所, 1984에 근거했다.

2. 바라문교의 윤회관

오화이도설

　윤회는 일찍이 베다에도 암시되어 있었으나, 윤회라는 용어가 나타나고 그 사상도 체계화되는 것은 우파니샤드에 의해서였다. 윤회에서 본다면, 현생은 과거업의 결과이다. 안락한 삶을 사는 이에게는 현재 상태를 합리화하게 하고, 반대로 고통 속에 사는 사람에게는 숙명론으로 빠트리는 인간 차별사상이었다. 또한 바라문교 윤회설은 베다 지식과 고행을 바라문 최고의 공덕으로 위치지웠다. 그것이 상당히 복잡한 구조를 가진 오화이도설(五火二道說)인데, 그 내용은 다음과 같다.

　　오화란 제사에서 사용되는 불과 관련지어, 인간이 죽은 후 다른 생명으로 다시 태어나기까지 다섯 과정을 설명한 것이다. 오화설에는 물을 생명 기원으로 보는 생각이 깔려 있다. ①죽은 후 화장되면, 생명인 물은 연기가 되어 달로 간다. 그곳은 안락한 곳인데, 거기 머무는 기간은 선업을 쌓은 정도에 따라 다르다. 그 기한이 끝나면, ②비와 함께 땅으로 떨어지고, ③쌀이나 야채 등 식물이 되어, ④남성에게 먹히어 정액이 되고, ⑤여성의 자궁으로 들어가 태아가 된다. 새로운 생명체로 잉태될 때, 생전에 지은 업은 영원불멸의 실체인 아트만에 새겨져서 다음 생으로 전생된다. 곧 소행이 바람직한 사람은 재생족(카스트 상위 세 계급)으로 태어난다. 그러나 그 소행이 바람직하지 못하다면 일생족인 수드라나 동물 등의 모체로 들어간다.

한편, 오화설에 뒤이어 다음과 같은 이도설이 추가된다. 사람이 죽으면 아트만은 두갈래 길, 즉 조도(祖道)와 신도(神道)로 갈라진다. 조도는 제화(祭火)와 보시로 공덕을 쌓은 자가 가는 길인데, 그 길로 들어서면 윤회를 반복한다. 신도는 오화 교의를 알고 있는 사람, 숲 속 고행자들이 가는 길인데, 그들은 신도를 통하여 브라흐만에 도착해서 브라흐만과 일체[梵我一如]가 된다. 즉 윤회에서 벗어나서 생사를 반복하는 고통스러운 현실사회에 다시 돌아오지 않는다. 그것이 해탈이다. 윤회를 벗어나게 하는 것은 베다 학습과 고행이다. 한편, 이 두 개의 길로 들어가지 못하는 극악무도한 사람이 가는 지옥이나 축생 등 제3의 길도 있다.

이러한 생각이 인도에서 확고하게 자리 잡았다는 것은 무엇을 의미하는가? 그것은, 노병사라는 문제가 큰 고통을 수반하는 현실적인 문제였음을 암시하는 것이다. 다시 태어나지 않는다는 것을 열망했다는 것은, 그만큼 살아가는 것과 죽는 일이 참기 어려울 정도로 길고 고통스러운 시간이었기 때문일 것이다. 그것은 고대 인도의 죽음관을 살펴봄으로써 알 수 있다. 그리고 그 죽음관은 죽음이라는 단어의 종류와 용례를 살펴봄으로써 유추해 볼 수 있다. 언어는 문화의 중요한 구성요소이자 그 거울이기 때문이다.

이누이트 사회에는 눈[雪]에 관한 단어가 많다. 눈이 그만큼 그들의 생활에 직접적인 영향을 주는 것이므로 그 종류를 자세하게 구분하여 사용해 왔기 때문이다. 한국에는 친척 촌수에 관한 단어가 많다. 친가와 외가로 나누어 따지기 때문인데, 그 배경에는 여성 차별적 풍토가 자리 잡고 있다.

인도의 죽음 문화

한 연구자가 산스크리트 사전과 자이나교 경전에 나타난 죽음이란 단어 종류를 조사한 적이 있다. 그에 의하면, 산스크리트어 사전에 등재된 죽음은 13가지 종류였다.* 자신을 해하는 것, 생명을 해하는 것, 신체를 버리는 것, 원해서 이루어진 죽음 등등이다. 자이나교 성전은, 죽음을 크게 우자(愚者)의 죽음과 현자의 죽음으로 나누는데, 우자의 죽음은 다시 12가지로 나누어진다. 현자의 죽음은 신체를 전혀 움직이지 않고 죽어가는 것과 단식 죽음(살레카나)이라는 두 가지로 나누어지고, 그 각각이 다시 많은 하위 항목 개념으로 분류된다. 자이나교 단식은 일정 기간을 두고 행하는 단식(2일 단식 후 1식하고, 3일 단식 후 1식… 마하비라가 행했던 방식의 단식)도 있으나 죽음에 이를 때까지 행하는 단식이 있다. 후자가 살레카나인

◇◇◇◇◇◇

* 　이에 관한 자세한 내용은 다음 논문을 참고할 것. 藤田宏達, 「原始仏教における生死観」, 『印度哲学仏教学』 第3号, 北海道印度哲学仏教学会, 1988.

데, 그것은 현자의 죽음이라고 설해져 있다.

신체를 바르게 마모시키는 것을 의미한다는 살레카나는, 물과 공기만을 섭취하면서 자기 의지로 죽음을 선택하는 것인데, 외부 세계로부터는 종교적 자살로 여겨져 왔다. 그러나 자이나교에서는 살레카나를 자살로 여기지 않는다. 다만 살레카나가 허용되는 것은 재난, 기아, 노령, 불치병의 경우에 한한다. 임종이 가까워져 심신 혼란으로 인하여 계율을 지키지 못하는 일이 일어나지 않도록 한다는 명분이다. 자이나교는 살레카나가 자살이 아니라는 이유는 그것이 욕망에 의해 일어난 행위가 아니기 때문이라고 한다. 초기불교에서도 아라한의 자살은 욕망이 없어진 자의 자살이기 때문에, 붓다와 승가에 의해 용인되었다고 보는 견해가 있다. 다만, 나는 그것을, 붓다가 자살을 수용했을 뿐 용인한 것이 아니라고 해석한다.*

하여간 죽음에 관한 언어가 이렇게 발달했다는 것은, 죽음이라는 문제가 인도인 생활양식에 매우 밀접하다는 것, 매우 중대한 문제였다는 것을 시사한다. 인생이 고라는 것은 붓다 이전에 이미 널리 알려진 인식이었다. 바라문계급도 고령이 되면 집을 나가 숲에서 살거나 유행하면서 죽음을 맞이하는 것이 이상적인 삶이라고 설해져 왔다. 집안에서 맞는 편안한 죽음이 아닌 것이다. 불교설화

◇◇◇◇◇◇

* 초기불교가 자살을 용인하지 않았다고 주장하는 일본 참고문헌은 다음이다. 平川彰, 『原始仏教の研究—教団組織の原型』, 春秋社, 1964.

는 붓다가 출가하기 전에 성밖에서 죽음을 목격하고 충격을 받았다고 전하는데, 그가 목격했던 죽음은 바로 숲에 버려진 채 고통 속에서 죽어 가는 사람들이었다. 현실사회에 있는 노병사의 고통은 태어남에 의하여 만들어진 것이므로, 다시 태어나지 않는 것에 대한 염원 역시 강했던 것이다. 현실을 고통스럽게 만드는 요인은 국왕의 수탈(국왕을 강도에 비유하는 기록이 많다), 전쟁과 살육, 비위생과 전염병, 살인적인 더위, 여성이나 노예계급에 대한 극심한 박해와 차별 등 다양할 것이다.

현실적으로 볼 때, 윤회에서 해탈하는 것이 불가능하다면, 내생에는 보다 나은 카스트로 태어나는 것이 사람들의 염원이었을 것이다. 해탈사상 역시 베다시대 이후 변화하는데, 그것은 제사의식을 통한 해탈에서 선행을 통한 해탈로 바뀐 것이다. 선행에도 절대적 선행과 상대적 선행이 있었다. 상대적 선행은 바라문이 베다를 배우고 보시를 행하며 계율을 지키는 행위인데, 그것은 해탈을 벗어나게 하지는 못하지만, 천상이나 보다 나은 카스트로 전생하는 것을 가능하게 해 주는 것이었다. 절대적 선행이란 상대적 선행을 기본으로 하면서, 집을 버리고 출가하여 선정이나 고행을 통하여 범아일여를 체득하는 일이다. 상대적 선행과 절대적 선행은, 각각 불교의 유루선(有漏善)과 무루선(無漏善)에 대응하는 개념이라 할 수 있다.

아트만이란 무엇인가

바라문교에서 말하는 '아트만'은 윤회 및 업 논의와 떼려야 뗄 수 없는 관계에 있다. 하지만 정작 아트만이라는 개념은 매우 추상적이다. 아트만이 베다에서 처음으로 언급될 때, 그것은 호흡 혹은 생명의 본질을 의미했다고 하는데, 점차 영혼이나 자아라는 의미가 더해졌다. 우파니샤드에서도 아트만은 '호흡과 관련된 무엇'으로 보고 있다. 아트만이 몸에서 빠져나가기 때문에 죽은 후 입이 벌어지는 것도 그 때문이라고 설한다. 아트만은 가슴에 있다는 기술이 보이는 것도 그러한 생각의 반영이다.

아트만은 영혼만도 아니고 육체만도 아닌 어떤 본질적인 무엇이다. 그렇게 미묘한 존재이므로, 오직 바른 수행을 통해서만 비로소 알아차릴 수 있는 것인데, 바라문교 성선(聖仙)이라고 불리는 야즈나발키아는, 만약 아트만을 말로써 설명하자면, 'ㅇㅇ이 아니다, ㅇㅇ이 아니다'(네티, 네티)라는 방식만으로 설명할 수밖에 없다고 말했다. 예를 들면, '누구에 의해서 만들어지는 것도 아니며 누구에 의해 소멸하게 되는 것도 아니다. 그 자신 이외의 다른 어떤 근원에서 생겨난 것이 아니며 다른 어떤 것을 낳는 것도 아니다. 태어난 적이 있는 것도 아니며 육신이 죽는다고 없어지는 것도 아니다'(『까타 우파니샤드』, 강조는 인용자)는 식이다. 꽃을 보고 아름답다고 느낄 때, 아트만이란 꽃을 보는 눈도 아니며, 그것을 느끼는 신체도 아니며, 아름답다고 느끼는 감각이나 생각도 아니다. 꽃을 보고 아름답다고 느끼는 것, 그 본질적 존재가 아트만이다, 라는 방식의 설명이다. 왜 그렇게밖에 설명할 수 없는가 하면, 아트만은 인식주체이며, 관찰할 수 있는 객체가 아니기 때문이다.

나는, 아트만이라는 교리가 극히 추상적인 이유의 하나는 아트만이 무엇인지를 체험한 바라문 성자가 없었기 때문이라고 본다. 그 점은 붓다가 실제로 깨달음을 얻었고 스스로 깨달았던 내용을 설했기 때문에 그 설명이 비교적 구체적이었던 것과 대비된다. 열반적정이라는 교리는 붓다가 스스로 깨달음을 체득하여 전한 것이다. 그러므로 열반이라는 세계가 있다는 믿음이 있고, 그만큼 이해도 쉬워진다. 하지만, 바라문교가 고행과 베다 학습 그리고 제의를 통해서만 범아일여를 깨달을 수 있다고 설하고 있지만, 그 진리를 직접 체득한 성인은 아마도 없었던 것으로 보인다. 위의 야즈나발키아도 범아일여를 관념적인 말로 설할 뿐, 자신의 체험을 통한 설법이 아니었던 것 같다. 붓다는 바라문이 범아일여를 주장하는 것에 대하여, 목표를 보지도 못한 상태에서 목표를 정하는 것과 같은 주장이라고 비판했다.

여기에서는 아트만에 관한 추상적 논의를 거듭하기보다는, 내가 이해한 범위 내에서 아트만의 본질을 다음과 같이 정리해 보았다. 무엇보다 바라문교는 어떤 근거로 아트만이 모든 존재에 깃들어 있다고 주장하는지를 보여 주려 했는데, 그 이유는 그 논거야말로 바라문교를 이해하는 데에도 그리고 불교사상 이해에도 중요한 포인트라고 생각했기 때문이다.

아트만은 만물의 본질이며 아트만이 모인 것이 브라흐만이다. 브라흐만이 꿀이라면 아트만은 작은 꿀 입자이므로 아트만이 곧 브라흐만이다. 만물의 시조는 푸루샤이며 푸루샤는 곧 브라흐만이다. 그러므로 브라흐만 아트만 푸루샤는 그 본질이 같다. 사람이나 동물, 신들조차도 푸루샤에서 분할되어 만들어졌다. 따라서 모든 존재 안에 아트만이 있고, 또 아트만 안에 모든 존재가 들어 있다.

인간 성향도 푸루샤로부터 나왔다. 푸루샤가 생겼을 때 그는 혼자였기 때문에 무서웠다. 그래서 사람은 혼자 있으면 무서워한다. 그러나 주위에 존재하는 것이 아무것도 없다면 무서울 것도 없다. 사람도 그리 생각하면 혼자 있어도 무서움이 생기지 않는다. 그런데 혼자이기 때문에 즐겁지 않았다. 사람도 마찬가지이다. 푸루샤는 남녀 둘을 합한 크기였는데, 그래서 둘로 나누기로 했다. 거기서 남편과 아내가, 그리고 그 사이에서 인류가 만들어졌다. 아내는 남편에서 떨어져 나온 셈이다. 아내가 암소가 되자 남편은 수소가 되어 그 사이에서 소가 생겨났다. 그런 방식으로 푸루샤로부터 가축 등이 창조되었다.

푸루샤는 숨(호흡)으로부터 생명 이름에 이르기까지 16가지 구성 요소를 인간에게 불어 넣었다. 사람이 죽으면 그것들은 그 근원인 푸루샤(브라흐만)로 가서 그 속에 잠기며, 이전의 이름들은 사라지고 푸루샤라고만 불린다. 보리수 열매를 갈라 보면 씨가 나오고, 그 씨를 갈라 보면 아무것도 없지만, 그러나 그 씨앗에서 보리수나무가 태어나듯이, 아트만은 그 존재의 본질이다. 그것은 눈으로 볼 수 있는 것도 아니며, 있다고 말한다고 해서 알 수 있는 것도 아니다. 베다 지식과 고행만이 그 이치를 깨닫게 해 준다. 모든 존재에 아트만이 깃들어 있다는 것과, 아트만에 깃들어 있는 모든 존재가 결국은 같은 것임을 깨닫는 것이 해탈이요 범아일여의 경지이다.

이러한 교리를 보면, 만물에 아트만이 실재하는 것은 만물이 만들어진 후에 아트만이 그 속에 들어갔기 때문이 아니다. 아트만에서 만물이 만들어져 나왔기 때문에 그 하나하나에 아트만이 깃들어 있는 것이다. 푸루샤의 입, 팔, 다리, 발에서 각각 사성계급이 만들어졌다는 신화가 잘 알려져 있어서, 푸루샤는 곧 사람의 시조[原人]라는 이미지가 있지만, 사람뿐만 아니라 동물은 물론 신들조차도 모두 푸루샤에서 떨어져 나와 만들어진 것이다.*

◇◇◇◇◇◇

* 『리그베다』는 1028편의 찬가를 담은 방대한 문헌인데, 비교적 잘 알려진 「푸루샤의 노래」는 「우주창조에 관한 찬가」에 속해 있는 노래의 하나이다. 즉 기본적으로는 푸루샤로부터 우주가 만들어졌음을 노래한 것이다. 그 첫 부분에는, '푸루샤는 천 개의 머리, 천 개의 눈, 천 개의 다리를 가졌다는 것, 온 세상을 덮고 있다는 것, 과거 현재 미래의 일체 만물이라는 것, 신들 및 음식에 의해 성장하는 모든 것들(인간 포함한 생물계)이다'라고 설해져 있다.

3. 무아설과 비아설

삼법인과 무아

불교에 도그마와 같은 교리는 존재하지 않는다고 하지만, 그래도 가장 특징적인 불교 교리를 들자면 '삼법인'(三法印)이 될 것이다. 한 불교학자(森章司)가 팔리어 경전과 한문 경전에 등장하는 대표적인 불교 교리를 종류별로 그 숫자를 세어 제시한 적이 있는데, 그에 의하면 사성제 498회, 삼법인 302회, 연기설 180회였다고 한다. 삼법인은 사성제, 연기설과 더불어 불교 삼대 교리라고 할 수 있는 것이며 불교의 인증 도장과 같은 것이다. 삼법인은 한역 경전 용어인데, 제행무상(諸行無常), 제법무아(諸法無我), 열반적정(涅槃寂靜)을 말하며, 거기에 일체개고(一切皆苦: 모든 것은 고통이라는 것)를 더하면 사법인이 된다. 한편, 팔리어 경전에는 가장 대표적인 교리로서 '제행무상-일체개고-제법무아'라는 세 가지를 들고 있는데, 이 세 가지 교리는 순차적인 설명 형식으로 설해져 있다.

그런데, 삼법인이라는 근본 교리에 대해서조차 불교인들 사이에 이견이 있다. 그것은 주로 '제법무아'에 관한 견해 차이에서 발생한 것이다. 제법무아는 후술하는 윤회 문제와도 깊이 관련된다.

제행무상이란, 일체만물(제행)은 늘 같은 모습으로 존재하지 않고 끊임없이 변화한다는 진리이다. 사람이나 물건뿐만 아니라 시간이나 기회와 같은 추상적인 것조차도 쉬지 않고 그 모습이 달라진다는 원리이다. 조건이 갖추어져서 어떤 모습이 생기면, 그 모습은 잠시 머물다가 변형되고 없어진다는 것, 즉 성주괴공(成住壞空)을 반복한다는 것이다. 인간사를 보아도 인간과 그 환경, 그리고 인간관계도 끊임없이 변한다.

붓다는, 점치기로 사람 운명을 잘 알아맞추는 사람이 있다는 이야기를 듣고, 다음과 같이 설했다. '어떤 사람이나 상황도 늘 그대로 머무는 것이 아니다. 사람도 태어날 때 모습과 멸할 때 모습이 다르지 않은가?' 이 말은, 점으로 사람의 현 상황을 알아맞추려는 것은, 현 상황 자체가 늘 바뀌기 때문에 무의미한 일이라고 지적한 것이다. 점치기라는 것이 그냥 미신 같은 것이라고 폄하하지 않고, 눈앞에 좋은 일이라도 그것이 어떻게 변해 가는지는 점치기로는 알 수 없다는 이치를 알기 쉽게 전하는 가르침이다. 붓다는 독병에 꿀 한 방울이 들어간다고 해서 그 독이 모두 꿀이 되지 않듯이, 비록 삶에 안락함과 기쁨이 있더라도 마치 그 꿀 한 방울 같은 것이라고 말했다. 사람들이 지금 눈앞에 벌어진 일을 행복한 일이라고 받아들여도, 붓다는 그 행복한 일이 장차 어떻게 변할 것인지, 그 본질을 꿰뚫어 볼 수 있었기 때문에 그것이 곧 고통이라고 설했던 것이다.

흔히 고대 그리스 탈레스는 최초의 철학자라고 일컬어진다. 그는 만물의 아르케(근원)는 물이라고 설했다. 그를 최초의 철학자라고 부르는 이유는, 세상의 원리를 신의 창조가 아니라, 인간의 눈으로 합리적으로 설명하려고 했기 때문이다. 그의 출생과 사망은, 남방불교의 전승에 따른 붓다 출생과 입멸과 거의 일치한다. 탈레스는 인간은 같은 강물에 두 번 들어갈 수 없다고 했다. 이유는 짧은 순간이라도 강물은 이전이 강물이 아니며, 인간 역시 처음 강물에 들어갈 때의 인간이 아니기 때문이다. 제행무상이란 바로 그 원리와 같다.

열반적정이란 고통이 사라진 조용하고 평화로운 세계이다. 그러한 경지가 실제로 존재한다고 믿을 수 있는 이유는, 붓다 스스로가 열반적정을 체득했기 때문이다. 니르바나는 고통을 만들어 내는 탐진치(貪瞋痴: 욕심, 성냄, 어리석음)라는 삼독(三毒)의 번뇌가 없어진 평화 상태이다. 니르바나에는 불이 꺼지다라는 의미가 있는데, 그것은 삶의 불꽃이 꺼진다는 것(죽음)을 의미하는 것이 아니라 욕망이 꺼진 상태를 말한다. 원래 뜻이 외부적인 힘으로 불을 끄는 것이 아니라, 연료가 다하면 불이 꺼지듯이 스스로 없어지는 것을 뜻한다. 그러므로 번뇌를 일으키는 그 근원을 없앰으로써 번뇌를 꺼지게 한다는 원리이다.

위의 두 교리에 대해서는 거의 모든 불교인들 사이에 합의가 형성되어 있지만, '제법무아'에 대해서는 아직도 논란이 있다. 그것은 '무아(無我)인가 비아(非我)인가'에 관한 논란, 그리고 '붓다는 아트만을 인정했는가 아닌가'의 논란이다.

초기경전의 비아

먼저 비아설을 살펴보자. 오랫동안 제법무아는 모든 존재에 아트만이 없다로 해석되어 왔다. 이것이 말하자면 무아설이다. 그런데, 그것은 경전을 잘못 해석한 것이며, 원래 가르침은 '모든 존재에 있는 것은 아트만이 아니다'라고 해석해야 한다는 주장이 있다. 이것이 비아설이다. 비아설은 경전 해석상의 논의에 그치지 않고 불교가 아트만을 인정하는가, 윤회를 인정하는가 문제와 직결된 논의이다.

무아란 산스크리트어 아나트만(anātman) 혹은 니라트만(niratman)의 훈역이다. 전자는 '아가 없음'[無我] 후자는 '아가 아님'[非我]을 뜻하며, 실제로 한역 경전에도 두 가지 용어로 번역되어 있다. 팔리어는 아나탄(anattan)이라고 한다. 그런데 초기경전에는 아나탄은 '아트만이 아니다' 즉 비아라고 설해져 있다. '보라, 신들과 세속의 사람들은 비아인 것을 아라고 생각하고 정신과 육체에 집착하고 있다'(『숫타니파타』 756, 강조는 인용자)가 그 예이다. 즉 사람들은 아트만 아닌 것을 아트만이라고 잘못 알고 있다는 뜻이다. 그러므로 문맥으로 보면 이것은 비아를 설한 것이다.* 초기경전에서 '아트만이 없다'[無我]라는 문맥으로 쓰인 용례는 없다고 한다. 즉 경전에 명기된 것은 모두 비아라는 것이다. 『담마파다』(277~279)에서도 마찬가지이다.

◇◇◇◇◇◇

* 무아설 비아설에 관해서는 나라 야스아키(奈良康明)의 관련 논문이 우리말로 번역되어 있다.(안필섭 역, 「불교에서 본 나·자아·영혼」, 『인도철학』 제36집, 2012)

제행은 무상하다는 것을 밝은 지혜로 볼 때 고통으로부터 벗어날 수 있다. 이것이 청정한 도이다.

제행은 고(苦)라는 것을 밝은 지혜로 볼 때… (이하 같음)

제법은 아가 아니라는 것을 밝은 지혜로 볼 때… (이하 같음) (강조는 인용자)

제법은 무상이고, 무상이기 때문에 고통이 있고 고통에 의해 비아가 성립한다는 순차적 설명이다. 여기에서 제행이란 오온을 말한다. 제행과 제법은 같은 의미이다. 이것을 산문으로 기술한 『상윳타니카야』에는 다음과 같이 보다 상세히 설해져 있다. 경전의 표현 방식은 적어도 4가지가 있지만, 여기서는 그중 두 가지만 소개한다.

모든 色은 나의 것이 아니고 나의 아트만이 아니다라는 것을 있는 그대로 보아야 한다. 모든 受는… (이하 '모든 想은, 行은, 識은…'의 형식으로 이어짐) (강조는 인용자)

色은 무상이다. 모든 무상한 것은 苦이다. 苦인 것은 무아이다. 무아인 것은 나의 것이 아니고 나의 아트만이 아니다. 이것을 있는 그대로 보아야 한다.

受는 무상이다… (이하 '想은…, 行은…, 識은…'의 형식으로 이어짐) (강조는 인용자)

우선 이 두 경전 내용을 요약하면 다음과 같다.

오온(모든 존재하는 것)은 늘 변화한다. 이것은 절대적 진리이다. 그런데, 그것을 바로 보지 못하고 그것이 변하지 않는 것이라고 생각하여 집착함으로써 고가 발생한다. 고는 제행무상에 의하여 발생한다. 내 몸이라도 늘 건강한 상태로 있는 것이 아니라 병들고 쇠약해져 간다는 것을 자각한다면, 건강한 몸에만 집착함으로써 생기는 고통은 해소되고 열반에 도달할 수 있다. 즉 제행무상을 깨치면 열반적정으로 이어지는데, 제행무상을 바르게 알아차리지 못하고 제행에 집착하기 때문에 열반에 도달하지 못한다는 것이다.

『담마파다』에도 확실히 무아가 아니라 비아가 설해져 있다. 그렇기 때문에, 제법무아는 잘못된 해석이라는 주장이 제기된 것이다. 더구나 비아설을 제기한 사람들 중에는, 붓다가 비아를 설했으므로, 그것은 곧 아트만이 존재한다는 것을 인정한 것이라고 주장하는 이도 있다. 그러나 비아설을 그렇게 해석하는 것은 잘못이다.

『상윳타니카야』에도 명시적으로 설해진 것은 확실히 비아이다. 그런데, 『상윳타니카야』에 인간에게는 오온만이 존재한다는 것 역시 반복적으로 설해져 있다. 이 또한 눈여겨보아야 할 사실이다. '색도 무상이자 무아요, 수-상-행-식도 무상이요, 무아…'라는 기술이다. 오온만이 존재한다는 것, 그것이 반복적으로 설해져 있다는 것, 더구나 경전 여러 곳에서 그 점을 강조하고 있다는 사실은 무엇을 의미하는가? 그것은 바로 오온 이외에 존재하는 것은 없다는 뜻이라고 이해할 수 있는 것이다. 아트만이 없다고 설하지 않더

라도, 오온 이외에 아무것도 없다는 것은, 아트만이라는 것이 존재
하지 않는다는 의미가 된다.

붓다는 왜 무아를 명언하지 않았는가?

경전을 해석할 때에는 자기 주장을 뒷받침하는 내용만이 아니
라, 자기 주장에 반대 증거가 될 수 있는 내용이 있다면, 그것들을
종합적으로 판단하여 해석하는 자세가 필요하다. 이렇게 본다면
초기경전은 아가 아니라는 뜻과 아가 없다는 뜻을 함께 품고 있다
고 해석할 수 있다. 사실 비아설은 좀 철학적인 설명이므로, 한역
경전은 보다 명확한 표현 방법으로 무아라는 용어를 선택했을 가
능성이 있다. 결론적으로 말하면 경전에는 비아라고 설해져 있지
만 비아에는 무아가 포함되어 있다는 것이다.

『잡아함경』에는 '색은 무아이며 수는 무아이며 상은…'의 방식으
로 설해져 있는데, 이에 대해 어느 이교도가 붓다에게 반론하는
장면이 있다. '물질은 곧 나이며 거기서 선악이 생기며, 느낌이나
생각 또한 나이며 거기서 선악이 생긴다'라는 반론이었다. 그에 대
해 붓다는 다음과 같이 말한다. '국왕은 칭찬받을 일을 한 사람에
게 상을 내릴 수 있다. 그렇게 마음대로 할 수 있다. 그렇다면, 몸
에 대해서도 생각에 대해서도… 그렇게 마음대로 할 수 있는가?'
즉 몸이나 생각은 마음 먹은 대로 움직이게 할 수 있는 것이 아니
라는 것을 지적한 것이다. 이렇게 되물음으로써 붓다는 이교도의

생각을 바꾸게 한다.

나는 제법무아를 '만물의 본질은 아트만에 있는 것이 아니다'라고 해석하는 것이 초기경전에 충실한 해석이자 오해의 여지가 적은 것이라고 생각한다. 하지만, 비아가 설해져 있다는 것이 무아를 부정한 것은 아니다. 앞에서 본 것처럼 비아설이란 궁극적으로는 무아설과 다름 없는 것이다. 다른 교리들을 종합해 보아도 붓다가 아트만을 긍정했다고 보기는 도저히 어렵다. 그 오해의 일부는 아트만을 일반적으로 말하는 영혼과 동일시하는 것에서 비롯된 것 같다.

그렇다면 붓다가 아트만이라는 존재를 부정하면서도, 왜 아트만이 없다고 명언하지 않았는가? 그것은 어떻게 설명할 수 있는가?

아트만이 존재한다는 생각은 곧 창조설 교리와 같은 것으로, 핵심적 붓다법인 연기법이나 제행무상과 양립할 수 없다. 그러한 입장은 확고했지만, 그러나 붓다 입장에서 본다면, 아트만이 없다고 추창할 필요도 없었다. 그렇게 주장하는 것은 바라문교를 상대로 형이상학적 논쟁을 유발하는 것이 되기 때문이다. 그렇기 때문에, 생명 안에 있는 것은 '아트만이 아니다'라는 표현 방법이 선택되었을 수 있겠다. 비아와 무아는 궁극적 의미가 같기 때문이다.

데이비스는 무아설이 불교의 매우 중요한 진리이지만 기도교인에게는 이해하기 쉽지 않다는 것을 전제하면서, 『미린다왕의 질문』에 나오는 나가세나 비구의 말을 인용하여 무아를 설명한다. 이 설명이 널리 알려진 탓인지, 불교 무아설을 회의시하는 논자들은, 무아설이 널리 알려진 배경으로서 나가세나의 견해를 지목하기도 한다.

버려야 할 자기와 추구해야 할 자기

한 가지 지적해 두고 싶은 것은, 무아란 지금 존재하는 인간, 그 실체가 없다는 뜻이 아니라는 것이다. 아트만을 부정하기는 했으나 붓다는 자기라는 개념을 자주 사용했다. 그 용법은 크게 나누면 두 가지였다. 하나는 버려야 할 것으로서의 자기이며, 다른 하나는 추구해야 할 것으로서의 자기이다.

먼저, 버려야 할 것인 자기란, 한마디로 아집에 물든 자기이다. 『담마파다』(62)의 한 구절을 보자. '나에게는 아이가 있다. 재산도 있다고 어리석은 이는 고민한다. 그러나 그 자신도 이미 그 자신이 아니다. 아이가 자신의 것이라고 말할 수 있는가? 재산이 자신의 것이라고 말할 수 있는가?' 이것은, 지금 존재하는 자기가 언제까지나 있다거나 언제까지나 나의 것이라고 하는 집착을 버리라는 가르침이다. 붓다는 자기를 보면서 자기가 없음을 아는 사람이 공양받기에 어울리는 사람[應供]이다(『숫타니파타』 466. 강조는 인용자)라고 설했다. 그것은, 지금 이 순간 모습을 진정한 자기라고 여기고 그것을 붙잡아 두려고 하지 말라, 지금 가지고 있는 것을 영원히 자기 소유로 삼으려고 발버둥을 치지 말라는 가르침이다. 모르는 이는 내 이름을 부르고, 동료는 아무개 교수라고 부르고 학생은 아무개 선생님이라고 부르며 아이는 아버지라고 부르지만, 그것들은

초기불교 : 붓다의 근본 가르침과 네 가지 쟁점

비록 지금 있는 나를 두고 지칭한 것이기는 하지만, 그 명칭들이 진정한 나는 아닌 것이다. 백만장자라고 불려도, 살아 있는 성자라고 불려도 마찬가지이다. 백옥미인이라고 칭찬받은들, 시간이 지나면 주름이 생길 것이므로 백옥미인이 진정한 자기는 아닌 것이다.

붓다가 언급한 다른 하나의 용례는, 추구해야 할 자기, 진정한 자기이다. '보석을 되찾는 것과, 자기 자신을 되찾는 것, 어느 것이 중요한가?' 이 말은 한 무리의 청년들이 자신들의 보석을 훔쳐 달아난 여성을 찾으려고 허둥대는 모습을 보고, 붓다가 그들을 깨우치려고 한 유명한 말이다. 이 용법에서 나타난 자기는 추구해야 할 대상으로서의 자기이다. 붓다는 마음이나 의도(뜻, 意)를 매우 중시했다. '사람들은 마음에 지배되고 마음에 기댄다. 만약 오염된 마음을 가지고 말하고 행동하면 반드시 고통이 따라오는데, 그것은 마치 우차바퀴가 소를 따라 오는 것과 같다'(『담마파타』 1)라고 설했다. 그런데, 그 마음을 제어하여 탐진치가 발생하지 않도록 하는 주체가 누구인가 하면, 그것이 자기이다. 이 경우 자기란 아집에서 벗어난 자기이며, 도덕적 행위 주체인 자기이다.

자기 자신처럼 사랑스러운 것이 없다는 가르침은, 코살라국의 파세나디왕과 말리카왕비와의 대화(『상윳타니카야』)를 통하여 잘 알려져 있다. 왕은 왕비에게 누가 가장 사랑스러운가를 물었다. '그야 대왕님이지요'라는 대답을 기대했을지 모른다. 그러나 왕비는 아무리 생각해 보아도 자기 자신이 가장 사랑스럽다고 대답했다. 자신이 누구보다 사랑스러운 것처럼, 다른 이 또한 자신을 가장 사랑스러운 존재로 여길 것이다. 붓다는 그러한 연기적 원리를, 자신을 위해서 다른 생명을 해쳐서는 안 된다는 것, 즉 무상해(無傷害)를 삶의 근거로 삼았다. 무상해란 다른 생명을 자신처럼 소중히 여기는 삶이므로, 지금 실재하는 자기는 당연히 긍정하고 있는 것이다.

4. 붓다의 윤회관

대승불교 및 밀교의 입장

윤회에 대한 불교의 입장을 정리해 보자. 그것은 결국 아트만을 인정했느냐 아니냐의 견해를 검토하는 것이다. 하지만 불교라고 한들 과거 2500년간 많은 모습이 있었고, 교리와 현실의 괴리도 있기 때문에 일률적으로 논의하는 것에는 한계가 있을 수밖에 없다. 그 점을 인정하면서 특히 붓다와 초기불교가 윤회를 어떻게 보았는가를 검토해 보기로 한다. 다만 초기불교의 특징을 밝히기 위해서도 대승불교, 밀교, 동아시아 불교의 윤회관을 살피는 것이 필요하므로 그에 대해서 먼저 간략히 정리해 두기로 한다.

부파불교는 초기불교에 비하여 윤회를 인정하는 경향이 있었다. 부파에 따라, 예를 들어 경량부(經量部)는 단멸론에 가까운 견해를 가지고 있다고 하지만, 전반적인 경향을 보면 초기불교에 비하여 윤회에 친화적이었다는 것이다. 설일체유부와 같은 부파는 제행이 과거·현재·미래에 걸쳐 존재한다는 인식을 바탕으로 하고 있다. 한편, 대승불교 특히 말기 대승불교는 바라문교 윤회사상을 상당 부분 받아들였다. 그 경전들이 중국으로 전파되어 중국에서는 윤회가 불교 고유의 사상인 것처럼 잘못 이해되었다. 도덕 교육이라는 방편 차원에서 설해졌든, 아니면 윤회를 진리로서 설했든간에, 대승불교는 윤회사상을 그 전제로 삼고 있는 것으로 보인다. 하지만, 대승불교라고 해도 불교인이나 종파에 따라 그 입장은 다양하다. 지금 대승불교를 표방하는 한국불교 출가자들 중에서도 윤회가 없다는 입장을 명확히 가진 사람들도 있을 것이다. 그러나 대승경전에는 윤회를 전제로 설법이 행해지고 있으며, 반면 윤회가 없다고 명시한 대승경전은 없다.

윤회를 설한 경전도 다음과 같은 두 가지 입장으로 나누어질 수 있다. 첫째는, 바라문적 윤회는 진리이며 인간은 육도전생한다는 것이다. 다른 하나는, 경전에 있는 육도윤회는 도덕적인 가르침을 위한 방편일 뿐, 진리를 설한 것은 아니다는 것이다. 후자는 바라문교 윤회전생과는 명백히 다른 입장이다.

대승경전 중에서도 특히 동아시아불교에 큰 영향을 미친 법화경의 내용을 예로 들어 보자. '법화경을 비방하면, 여러 가지 나쁜 환경에 태어난다. 만약 인간으로 태어나더라도 신체에 결함이 생긴다.' 이 내용을 어떻게 해석해야 할 것인가?

우선, 이것은 주체 있는 윤회를 설한 것이라고 볼 수 있다. 바라문교 윤회 및 업설을 거의 그대로 받아들이고 있기 때문이다. 물론

나의 생각으로는, 이것은 대승불교의 근본정신에 부합하는 교리가 아니라 방편적 교리로 보아야 한다고 생각한다. 그러나 이 내용을 진리로 받아들이는 불교인이 적지 않다. 불교계는 그러한 경전 내용이 바른 삶을 가르치기 위한 방편적 교리일 뿐, 그것을 진리라고 설한 것이 아니라는 것, 그리고 그러한 내용이 현대사회에서 장애를 가지고 살아가는 사람들에게는 고통을 주고 있다는 점을 진지하게 해명할 필요가 있다고 생각된다.* 경전이란 결국 고통의 해소를 지향하는 붓다법을 전하는 매개체이다. 그런데 그 경전이 인간의 고통을 발생시킨다는 것은 더 이상 심각할 수 없을 정도로 중차대한 일이다.

대승불교가 태동할 당시의 문제의식은 중생에게 다가가서 고통을 구제한다는 것이었다. 그러나 인도적 풍토를 받아들이면서 그러한 개혁정신은 희석되어 카스트에 대해서도 당연하고 자연스러운 문제로 인식하게 된다. 하지만, 그러한 태도는 대승불교가 해결해야 할 교리상의 모순을 남겼다. 왜냐하면 윤회가 제법무아 및 연기법과 모순을 일으키기 때문이다. 바라문적 윤회를 인정한다는 것은, 나고 죽기를 반복하면서도 변하지 않는 윤회 주체인 아트만이 있음을 가정한 것이다. 그러나 제법무아와 연기법은 아트만을 인정하지 않는 교리이다. 만약 대승불교가 무아설을 완전히 받아들

◇◇◇◇◇◇

* 박광준, 「붓다의 윤회업보관과 복지적 장애인관에의 시사」, 『일본불교사연구』, 창간호, 2009.

인다면, 바라문적 윤회는 원천적으로 성립할 수가 없다. 반대로 바라문적 윤회를 그대로 받아들인다면, 이번에는 제법무아와 제행무상이라는 교리가 성립하기 어려워진다. 다만 이 문제는 대승불교의 문제이므로 이에 대해서는 더 이상 논의하지 않는다.

중국의 경우를 보면 불교사상이 자업자득 혹은 인과응보라는 도덕 교육적 역할을 수행하면서 윤회설을 수용해 가는 경향을 확인할 수 있다. 중국에서 불교가 전파되던 4, 5세기경, 내세가 있는지 없는지를 둘러싸고 승려와 유사(儒士)간에 논쟁이 있었다. 윤회적 사고라는 전통이 없는 중국, 특히 지식인들은 내세를 믿지 않는 것이 일반적이었기 때문에 불교 윤회사상에 의문을 제기했던 것이다. 내세를 인정하는 신불멸(神不滅)론과 그것을 인정하지 않는 신멸(神滅)론이 부딪친 것이다. 그런데, 유사들의 신멸론을 제기했지만, 불교는 신불멸론을 주장했다. 내세가 있다는 것을 분명하게 주장했던 것이다. 다만 불교전도의 한 방편으로서 신불멸을 인정한 것인지, 진정으로 신불멸을 믿었던 것인지는 판단하기 어렵다.

대승불교 마지막 단계인 밀교 경우를 보자. 흔히 밀교는 윤회를 인정하는 것으로 알려져 있고, 밀교가 성행한 티베트 불교인들은 윤회전생을 깊이 믿는 것으로 알려져 있다. 확실히 밀교는 윤회를 인정하는 것처럼 보인다. 그런데, 밀교에서 말하는 윤회가 바라문적 윤회와 동일한 것인지에 대해서는 의문의 여지가 있다. 왜냐하면, 달라이 라마는 '공과 무아'를 불교사상의 가장 큰 특징이라고 전제하고 있기 때문이다. 그는 사법인을 불교의 근본 교리라고 소개하면서, 제법무아를 '존재하는 일체의 것은 공이며 무아이다'라고 해석한다. 그러면서도 윤회전생 과정을 구체적으로 소개하고는 있지만, 아트만이 존재한다고 주장하지 않는다. 물론 밀교도 본래 교리와 대중이 가진 현실적 신앙 사이에는 괴리가 있을 수 있다. 그러나 티베트밀교가 제법무아를 그 근본사상으로 삼고 있다는 사실은 명확하게 밝혀진 셈이다.

초기경전의 윤회관

이제, 본론인 초기경전 윤회관을 살펴보자. 이에 대하여 여전히 의견이 분분한 이유는, 붓다가 윤회가 있는지 없는지를 자신의 입으로 명확히 밝히지 않았기 때문이다. 즉 붓다는 사후세계(형이상학)에 관해서 무기로 일관했다. 동서양의 연구자들은 그것을 어정쩡한 태도라고 표현해 왔다. 그러므로, 그 무기의 본심이 어디에 있었는지는 초기경전에 나타난 윤회의 의미를 종합적으로 분석한 다음에야 판단할 수 있다.

최고층 경전 『숫타니파타』나 『담마파다』 등에서도 '다시 태어난다'라는 문구가 여러 곳에서 등장하는 것이 사실이다. 붓다가 윤회를 인정했다고 주장하는 논자들은 그 경전을 윤회론의 근거로 삼는다. 그러나 반드시 유념해야 할 것은, 바로 그 『숫타니파타』나 『담마파다』에 명백하게 윤회를 인정하지 않는 내용 역시 들어 있다는 사실이다. 하나의 경전에 윤회를 인정한 것으로 보이는 내용과 윤회를 부정한 것으로 보이는 내용이 함께 들어 있다는 것이다. 말 그대로 어정쩡한 입장이다. 그러므로 초기경전을 근거로 하여, 붓다가 윤회를 인정했다고 주장한다면, 같은 경전에 왜 윤회를 부정하는 내용이 있는지를 설명해야 한다. 역으로, 만약 붓다가 윤회를 인정하지 않았다고 주장하려면, 왜 윤회전생을 인정하는 듯한 내용이 함께 들어 있는가 역시 함께 설명하지 않으면 안 된다. 경전 일부만을 잘라내어 아전인수적으로 활용하거나, 자신의 견해를 먼저 정해 두고 그에 부합하는 증거들만을 줄 세우는 행동은 삼가야 한다. 경전 내용을 다각도로 종합적으로 판단하는 것, 그리고 경전에서 그렇게 설해져 있는 이유를 설명하는 것은 경전 인용자의 의무이다. 또한 무엇보다 붓다 윤회관은 경전 내용은 물론 붓다의 삶에 비추어서 판단해야 할 것이다.

먼저 『숫타니파타』에 실려 있는 다음 두 가지 내용을 비교해 보자.

온갖 삿된 견해에 사로잡히지 않고, 계율을 지키고 지혜를 갖추며, 모든 욕망에 관한 탐욕을 버린 사람은, 다시는 모태(母胎)에 드는 일이 없을 것이다.(152. 강조는 인용자)

누구 누구라는 이름으로 불려지고, 보이고, 이야기 들었던 사람이라도, 죽고 나면 다만 이름만이 남아서 전해질 뿐이다.'(808. 강조는 인용자)

전자는 사후 세계를 인정하는 내용으로 이해될 수 있다. 다시 모태에 든다는 것은 곧 윤회전생으로 받아들여지기 때문이다. 그런데, 뒤의 내용을 보면, 사후에는 이름 이외에 남는 것이 없다고 설해져 있으므로, 윤회전생을 부정하는 것이라고 볼 수 있다. 더구나후자는 『숫타니파타』 중에서도 가장 오래된 부분 제4장에 들어 있는 구절이다. 그 내용들은, 윤회를 내생과 연관지어 설하는가, 아니면 현세에서의 바른 삶을 강조하기 위하여 설하는가 등 그 문맥을 신중히 살펴서 해석할 일이다. 다만 위의 두 내용 중에, 굳이어느 것이 붓다 원음에 가까운가를 따진다면, 당연히 윤회를 부정한 제4장 내용이 될 것이다. 더 오래된 부분이고 그래서 붓다 육성에 더 가깝기 때문이다. 이렇듯 경전에는 서로 다른 해석을 가능하게 하는 내용이 혼재되어 있으므로 그중 한 구절만을 잘라내어 윤회를 설했다 혹은 설하지 않았다고 주장하는 것은, 거듭 말하지만그릇된 탐구방법이며 지양해야 할 것이다.

붓다 윤회관의 추정

한편, 초기경전이라고 하더라도 경전은 시대에 따라 결집된 시기가 다르므로 가장 오래된 경전과 그 이후의 경전이 윤회를 어떻게설하고 있는가를 탐구하면 윤회사상과 불교의 연관성을 추정할 수있다. 가장 오래된 경전 내용이 붓다 윤회관과 가장 가까울 것이

라는 점은 말할 것도 없다. 이에 대해서는 이미 치밀한 선행연구*
가 나와 있으므로 그것을 다음과 같이 요약 소개하는 것으로 논의
를 대신한다.

> 가장 오래된 경전에서는 윤회를 전제로 한 내세(來世)나 재생(再
> 生)이라는 용례가 있지만 매우 드물고, 모두 부정적인 의미로만
> 사용되고 있다. 윤회와 업보를 연결시키는 내용도, 업보를 내세
> 와 연결시키는 내용도 없으며, 어디까지나 현세의 바른 생활을
> 강조하기 위하여 윤회가 사용되고 있다.
> 그런데, 다음으로 오래된 경전들에는, 윤회 용례가 갑자기 증가
> 하고 처음으로 윤회전생이라는 용어가 나타난다. 그렇지만 윤회
> 는 긍적적인 의미, 부정적인 의미 두 가지로 사용되고 있으며, 그
> 문맥을 분석해 보면 윤회를 긍정한다고 보기 어렵다.

이것이 초기경전이 언급한 윤회에 관한 신뢰할 만한 분석이다.
이러한 방향성을 보면 붓다 윤회관은 가장 오래된 경전에 나타난
윤회관보다도 더욱 윤회에 부정적이었다고 추정할 수 있다. 경전은
오래된 순서에 따라 윤회를 부정적으로 보고 있기 때문이다. 그러
나 붓다 법이 전파되는 과정에서 불교는 대중에 대한 도덕 교육을
중시하지 않을 수 없었다. 또한 대승불교 이후에는 재가불자의 영

◇◇◇◇◇◇

*   並川孝儀, 『ゴータマ·ブッダ考』, 大蔵出版, 2005.

향력이 강해져서 그들과 타협하는 것도 필요했을 것이다. 윤회가 붓다 근본 가르침에 반하는 사상이라는 지적은 공(空)론으로 잘 알려진 나가르쥬나[龍樹]에 의해서도 제기된 적이 있다. 그러나 불교가 전파되고 도덕 교육이 강화되면서, 윤회는 점점 더 많이 각색되고 과장되어 급기야는 그것이 마치 불교의 본질적 가르침인 양 알려져 온 것이 불교 역사라고 할 수 있다.

불교 경전에서 윤회전생이라는 관념, 즉 오도설(五道說)이 처음으로 나타나는 것은 붓다 입멸 후 약 200년이 지난 시기이다. 아소카왕이 인도를 통일하여 마우리아왕조(B.C. 317~B.C. 180)를 건설한 시기이며, 팔리어 경전 『상윳타니카야』 원본이 만들어지는 시기이다. 즉 불교에서 윤회사상이 설해지는 것은 부파불교 시대였다. 오도설이란 인간이 지옥(地獄), 아귀(餓鬼), 축생(畜生), 인간(人間), 천상(天上)이라는 다섯 개의 길을 윤회한다는 것인데, 후일 거기에 아수라(阿修羅)가 추가되어 육도설이 되었다.

결론부터 말하면, 인간 붓다는 바라문적 윤회를 설하지 않았다. 설했을 리도 없다. 바라문적 윤회를 설하는 것은, 자신의 근본법과 모순되기 때문이다. 붓다 사상이 갖는 혁명성은 하층민에게 고통을 강요하는 바라문교 질서에 도전한 것에 있었고 바라문 핵심 사상이 윤회이므로, 윤회를 인정한다는 것은, 붓다 사상의 혁명성을 부정하는 것이자, 인간 붓다의 역사성을 부정하는 것이나 다름없다.

윤회를 수용한다는 것

당시 시간으로 다시 돌아가 보자. 붓다가 윤회를 설하지 않았다는 사실도, 좀 더 깊이 파고들어 보면, 다음과 같은 두 가지 가능성으로 나눌 수 있다.

첫째, 붓다는 바라문 윤회설을 수용했지만 설하지는 않았다
둘째, 붓다는 바라문 윤회설을 수용하지도 않았고 설하지도 않았다

나는 전자가 진실이라고 생각한다. 먼저 수용(acceptance)이라는 개념을 정의해 두자. 수용이란 사물이나 이치에 대하여, 옳고 그름이라는 도덕적 판단을 내리지 않고 있는 그대로의 사실로 받아들이는 것을 말한다. 그것은 사물이나 이치가 그러하다는 수긍 혹은 용인(acknowledge)이 아니다. 용인은 그 이치에 대한 동의이다. 붓다가 민중들의 윤회관을 수용했지만 용인하지 않았다는 것은, 그들의 생각에 동의하지는 않았지만, 그들이 윤회를 믿고 있다는 현실을 있는 그대로 받아들였다는 뜻이다. 그것이 어떤 태도인가는, 한국사회 습속의 하나인 제사 문제를 예로 들어 설명할 수 있을 것이다.

제사에는 조상에 감사한다는 의미도 있고, 오래된 관습이니 그냥 지키는 것이 좋다고 생각하는 이도 있다. 제사를 지내면 조상으로부터 복을 얻을 수 있다고 기대하는 이도 있고, 제사를 지내

지 않으면 조상의 저주가 있을 것이라고 두려워하는 이도 있다. 차리는 음식에 대해서도, 많이 차릴수록 좋다는 생각도 있고 정성이 중요하다는 생각도 있다. 상 차리기가 지나쳐서 생활의 곤란을 불러일으키는 경우도 있을 것이다. 제사를 지내는 사람들에게도 그 의미는 일률적으로 규정하기 어렵다. 물론 제사의 의미보다, 그 형식과 내용에 매달리는 태도는 바람직하지 않다. 초기불교를 내세우는 사찰이 있다고 가정하고 다음과 같은 물음을 제기해 보자.

- 조상에 제사 지내는 사람은 그 사찰 신자가 될 수 없는가?
- 제사 지내기는 근본 가르침과 정면으로 충돌하는 것인가? 즉 근본 가르침을 믿는 사람이라면 제사 지내기를 반드시 그만두어야 하는가?
- 제사는 붓다 근본 교리와는 다른 차원의 일, 불교신자의 개인적인 활동일 뿐, 제사가 붓다 법을 부정하는 것은 아니지 않은가?
- 그렇다면 붓다 가르침을 지킨다는 것과 제사는 양립할 수 있는 것 아닌가?
- 제사를 수긍하지는 않더라도, 제사를 중시하는 사람들이 있다는 현실을 있는 그대로 받아들이는 것이 붓다 가르침을 실천하는 것이 아닐까?
- 제사 지내는 이는 사찰 신도가 될 수 없다고 말하는 태도야말로, 붓다 가르침에 반하는 행위가 아닐까?

나는 당시 윤회사상을 당연한 것으로 여기고 있던 인도 민중들을 마주했던 붓다의 태도란, 바로 위와 같지 않았을까 생각한다. 윤회를 믿는 사람들에게도 붓다는 법을 전파할 수 있었다. 나의 법을 들으려면 윤회라는 사고방식을 버리라고 설하는 일이 없었고, 붓다 삶에 비추어 보면 그것은 상상할 수 없는 일이다. 붓다는, 대중들이 윤회를 믿든 아니든 그것은 자신의 법과는 별개 문제라고 생각했을 것이다. 그러한 태도는, 오히려 재가신자의 사회생활을 보호해 주려는 자비심의 표현이었다고, 나는 해석하고 싶다. 붓다에 귀의하려면 윤회사상을 버리라고 요구하는 것은 문화파괴이자 종교적 폭력이나 다름없다.

그러나 바라문계급을 마주하면, 붓다는 태도를 명확히 했다. 바라문교는 윤회론을 적극적으로 설했기 때문이다. 그러한 태도에 대해서는 반대입장을 분명히 전하고 그 허구성을 지적하는 것이 붓다의 태도였다. 또한 출가수행자들을 마주할 때에는, 사후세계가 있는지 없는지를 생각하는 것 그 자체가 수행을 방해하는 번뇌라고 가르쳤다. 붓다 설법은 마주하는 이가 바라문인가, 제자들인가, 대중인가에 따라 차이가 있었던 것이다.

깨달음의 삶을 붓다의 근본 가르침이라고 하자. 사람들의 삶은 다음 세 가지로 나눌 수 있다고 생각한다.

첫째, 깨달음의 삶

둘째, 비(非)깨달음의 삶

셋째, 반(反)깨달음의 삶

이렇게 나누어 보면, 붓다가 거부한 것은 오직 세 번째, 반(反)깨달음의 삶에 한정되었다고 생각된다. 그것은 바라문교처럼, 윤회를 설하는 것, 숙명적 인생관을 퍼뜨리는 것이다. 그리고 운명만을 탓하고 아무런 노력을 하지 않는 생활 태도이다. 그저 평범하게 살아가는 사람들이 윤회를 믿고 사는 것은 비(非)깨달음의 삶이라고 할 수 있겠으나, 그것은 붓다 법과 모순되지 않는다고 판단했을 것이다.

윤회에 대한 무기가 의미하는 것

이쯤에서 윤회에 관련된 붓다의 무기가 무엇을 뜻했는지에 대하여 결론을 내리고 붓다 윤회관을 종합해 보자.

붓다 사상은 아트만과 모순된다. 그러나 붓다가 아트만은 존재하지 않는다고 명언하지 않았던 것은, 첫째 그럴 필요가 없었고, 둘째, 그런 의사 표명은 형이상학적 논란에 빠질 가능성이 있었기 때문이라는 것은 이미 언급했다. 그런데, 붓다가 혹은 불교가 아트만을 인정하는가 아닌가 하는 문제를 논의할 때 주의해야 할 것은, 아트만이 곧 브라흐만이므로 아트만과 브리흐만을 동시에 고려해야 한다는 점이다.

논리적으로 본다면, 인식주체는 인식대상이 될 수 없다. 아트만을 인식한다고 하면, 그 아트만을 인식하는 주체는 무엇인가라는 문제가 발생하기 때문이다. 만물에 아트만이 있고 아트만에 만물이 들어 있다고 한다면, 다른 이가 고통을 느낄 때, 그 외의 사람들도 그 고통을 느껴야 하는 것이다. 하지만 현실은 그렇지 않다. 붓다는 그러한 현실을 브라흐만이 존재하지 않는다는 증거의 하나라고 보았을 수도 있다. 그런데 자이나교는, 브라흐만이라는 존재는 부정하면서 아트만은 인정했다. 그랬기 때문에 자이나교는 윤회전생을 교리로 삼았던 것이다.

붓다는 윤회사상이 이미 민중들 사이에 널리 퍼져 있다는 사실을 있는 그대로 수용했지만, 윤회는 극복해야 할 사고방식으로 여겼다. 붓다 설법은 중생을 윤회로부터 해탈시키기 위한 것이 아니었다. 그보다는, 윤회가 있다는 그 속박에서 해탈시키기 위한 것이었다. 윤회란 중생의 번뇌였다. 윤회를 믿던 사람이 윤회를 믿지 않게 되었다는 것, 그 변화는 해탈과는 무관하다. 윤회가 있다고 믿든 믿지 않든, 신분이 바라문이든 수드라든, 바른 행위를 거듭할 때에 비로소 해탈이 있다는 것이 붓다의 사상이다. 그렇기 때문에 대중에 대한 설법에서는 윤회를 전제한 듯한 설법도 있었을 것이라고 추측된다. 그러나 붓다가 윤회(재생)를 언급했을 때는 어디까지나 현세에서 바른 생활을 인도하기 위해서였다.

그렇다면 윤회에 대한 붓다의 침묵(무기)은 무엇을 뜻하는가? 대답하지 않은 것은 대답하지 않은 것으로 받아들이라고 붓다는 설했다. 그러므로 이러한 물음을 제기하는 것 자체가 붓다 가르침을 받들지 않는 태도일 수 있겠다. 현실적으로 보면, 무기가 곧 윤회를 인정한 것이라는 주장이 있다. 그러나 그것이 잘못된 해석임을 지적하는 것 또한 중요하다. 붓다는 칭찬받아야 할 견해를 폄하하거나 비난받아야 마땅한 견해를 칭찬하는 것, 그 양자를 잘못된 태도라고 분명히 설했다. 그 가르침에 따라, 위의 물음에 답을 제시해 보자.

붓다가 침묵한 것은, 바라문적 윤회는 인정할 수 없다는 태도였다. 그러나 반드시 생각해야 할 것은, 종교인이 민중들에게 윤회 없음을 단언할 수는 없다는 것이다. 죽음에 의해 모든 것이 끝난다는 주장은, 도덕 혼란이라는 새로운 문제를 만들어 낼 가능성이 있기 때문이다. 고대 인도에서 사회적으로 상식화되어 있는 윤회 사상을 부정하는 것은, 일체의 윤리적 행위를 부정하는 것과 동일시되어 붓다 승가는 사면초가를 초래할 것이 뻔한 일이었다. 종교가 가진 도덕 교육은 결코 가볍게 볼 수 없는 현실적 문제이다. 그러므로 그 침묵은, 아트만이 존재하지 않는다는 것을 입 밖에 내치는 않겠다는 의미라고 생각된다. 나아가 그 침묵은, 누구에게도 도움이 되지 않는 질문일랑 제기하지 말라고 하는 붓다의 묵언 시위였다고 나는 해석한다. 요컨대 무기란, 진리와 현실적 도덕 교육 사이에 놓여진 고뇌였다. 붓다가 윤회를 인정하지 않았다는 것은 무엇보다 붓다의 실천적 삶이 증명해 준다.

제7장
업론과 '인-연-과'

1. 업의 정의와 그 구속력

바라문교 업론

업(業, 카르마)은 행위이다. 다만, 일상생활에서 앉거나 눕거나 숨쉬거나 하는 행위가 아니라, 의식적이고 자발적인 행위가 업이다. 그러므로 업은 다른 사람이나 생명체에 영향을 주는 행위이다. 바라문교에서 보면 윤회와 업은 한쌍을 이루는 교리이다. 윤회는 업론 없이 성립할 수 없고, 업론은 전생 및 내생에 관련된 핵심 개념이기 때문이다.

바라문교는 아무리 하찬은 행동이라도 반드시 그에 상응하는 결실을 가져온다고 설한다. 그 카르마 법칙에서 벗어나려는 것은, 마치 자기 그림자를 뛰어넘으려는 시도만큼이나 무모한 짓이다. 카르마란 아무리 긴 세월이 지나도 희미해지지 않으며, 죽음도 그것을 지워 버릴 수가 없는 것이라고 되어 있다. 그런데, 업의 굴레에서 벗어나는 방법은 베다시대에서 우파니샤드시대로 변화함에 따라 약간 달라졌다. 베다시대에는 과거업으로부터 구원받을 수 있는 유일한 방법은 희생제의였다. 그러나 아리안들이 정착민이 된 우파니샤드시대가 되면, 선업을 쌓음으로써 구원받을 수 있다고 설해진다. 신에 의지하는 해탈에서 인간 행위에 의지하는 해탈이 수용된 것이다. 바라문교가 최고 선업으로 여긴 것은 베다 지식의 습득과 전승, 그리고 고행 이 두 가지였다.

바라문교 업론은 한마디로 업 결정론이다. 업에 의한 속박이 기계적이고 결정적이었다. 현재 카스트는 전생 업이 결정지은 것이며, 카스트는 현생에서 바꿀 수 없다. 전생 업이란 누구도 증명할 수 없는 것이지만, 일단 인간으로 태어났고 특히 남성으로 태어난 사람들은 나름대로 전생 업이 나쁘지 않았다는 위안을 얻을 수 있었을 것이다. 내가 기억하기로 인도에서 초등학교 의무교육이 실시된 것은 21세기에 들어서이다. 경제사정에 비하여 매우 늦게 시행된 것이다. 하지만 지금도 취학율이 높지 않다. 왜 그런가 하면, 거기에는 물론 심각한 빈곤문제가 있지만, 숙명론적 사회문화 그림자가 짙기 때문이다. 학력을 높이려는 행위는 이생에서 운명을 바꾸려는 노력이다. 그러나 이미 정해진 운명을 인간 노력으로 바꿀 수 없다는 숙명론적 사고가 강하게 남아 있다면, 학력을 높이려는 노력이 무모하게 보일 수 있는 것이다.

초기불교 : 붓다의 근본 가르침과 네 가지 쟁점

카스트를 바꾸는 것은 내생에서만 가능하므로, 선업을 쌓는다는 것은 내생을 위한 행위였다. 바라문에 대한 보시는 좋은 내생에 대한 기대에서 나오는 경우도, 보시하지 않은 결과로 나타날 수 있는 나쁜 내생에 대한 두려움에서 나오는 경우도 있었을 것이다. 그러한 의미에서 바라문 업론은 하나의 내세 신앙이었다.

붓다가 본 업의 주체

만약 붓다가 인간을 정의했다면 어떻게 정의했을까? 아마도 업을 행하고 그 업 결과에 속박되는 존재라고 정의하지 않았을까 생각된다.

붓다는 그 결과에 책임을 져야 할 행위주체를 다음의 세 가지로 보았다. 즉 몸[身]으로 행하는 의식적인 행위, 입[口]으로 행하는 의식적인 행위, 뜻[意]으로 행하는 의식적인 행위가 그것이다. 이것이 소위 삼업(三業)이다. 붓다는, 업은 의도이고, 의도함으로써 신·구·의를 통하여 업이 행해지며, 업을 행한 뒤에는 그 업에 속박된다고 보았다. 다만 바라문 업론과 다른 점은, 업으로 인하여 고통 혹은 즐거움이라는 결과를 받게 되면 업이 소멸될 수 있다고 본다는 것이다. 붓다는, 악업은 언제까지나 소멸되지 않는다고 설했다. 세상 어디에 숨는다 하더라도 그 업의 과보를 피할 수는 없다고 설했다. 그러나, 그것은 업을 소멸시킬 방법이 없다는 뜻이 아니다. 업의 과보(고통)를 받기 전에는 결코 그 업이 사라지지 않는다는 뜻이다. 선업 역시 그 결과 즐거움을 얻게 되면 사라지게 되므로, 선업을 지었다고 해서 그것이 언제까지나 남아서 행복을 보장해 주는 것이 아니다.

붓다 업론은 정진론이자 자기 책임론이다. 지은 업의 과보를 받고 나면, 스스로의 노력으로 다시 인생을 개척할 기회가 상정되어 있기 때문이다. 이것이 바라문 업론과의 결정적 차이이다. 바라문교는 전생의 악업으로 수드라나 불가촉천민으로 태어났기 때문에, 내생에도 다시 다른 생으로 태어날 수 없다고 설하기 때문이다.

업을 짓는 행위주체 삼업 중 몸과 입이 짓는 업에 대해서는 수긍이 간다. 그런데, 생각[意]도 업의 주체인가, 생각만으로 업을 지을 수 있는가? 그 점에 대한 의문은 당시에도 제기되었던 것 같다. 예를 들어 자이나교는 행위의 결과만을 중시하고 행위 배경에 어떤 생각이 있었는지는 중요하게 생각하지 않았다. 그래서 생각이나 의도를 업으로 보는 불교를 비판했다. 자이나교는 다음과 같이 문제제기했다. 즉 '새끼줄을 뱀으로 알고 착각하여 막대기로 내리쳤을 때, 실제로 막대기에 맞은 것은 새끼줄일 뿐인데, 그것도 악업이라고 볼 수 있는가?' 즉 다른 생명체에 전혀 나쁜 영향을 주지 않은 행위라고 하더라도, 나쁜 마음을 먹고 한 행위라면 업일 수 있다고 보는 불교를 비판한 것이다. 반대로 새끼줄인 것으로 알고 막대기로 내리쳤는데, 실제로는 뱀을 내리쳐서 죽이는 결과를 가져오는 행위라면 어떻게 보아야 할까? 자이나교는 후자만을 업으로 간주했다. 그러나 붓다 가르침에 의하면 위의 행위 두 가지 모두 업이었다.

그런데, 현대사회를 보면, 생각도 업이라는 인식이 점차로 받아들여지고 있는 것 같다. 실제로 생각만으로 법적 제재를 받는 경우도 있다. 예를 들면, 한국에서 성희롱으로 번역된 현상, 섹슈얼 하레스먼트 중에는 '작업환경형' 하레스먼트가 있다. 일터에서 자기 책상 안에 포르노사진 같은 것을 넣어 두고, 남몰래 서랍을 열어 그것을 보는 행위가 그 유형에 해당한다. 그것은 당사자의 생각에 그치는 것 같지만, 분명히 같은 작업장에 있는 다른 이에게 영향을 미치는 업이며, 상황에 따라 범죄가 되기도 한다. 업을 매우 넓게 해석한 붓다 업론이 2500년의 세월을 거친 후 사회적·제도적으로 실현되어 가는 것이라고 볼 수 있겠다.

카스트를 설명하다

그러나 붓다는 업을 강조하면서도 운명론과는 다른 정진론(자기책임론)을 설하여 업의 의미를 획기적으로 다시 정의했다. 제1장에서 언급했듯이, 리그베다는 바라문, 크샤트리아, 바이샤, 수드라가 각각 푸루샤의 입, 팔, 다리, 발에서 해체되어 나왔다고 설했다. 카스트가 신의 뜻으로 만들어졌음을 강조한 것이다. 붓다는 이 교리를 완전히 인간중심적으로 다시 설명하면서, 카스트를 인간 차별문제로 규정하고, 그에 반대하는 입장을 분명히 했다. 그냥 반대 의견을 낸 것이 아니라, 카스트 각 계급과 그 용어 하나하나가 사람들의 직업을 묘사한 것에서 나왔음을 논리적으로 설하여, 바라문 교리의 대안을 제시했다. 그리고 진정한 열반이란, 특정 신분으로 태어남으로써 성취되는 것이 아니라 보편적인 도덕규범을 지키는 생활에 의해 성취되는 것임을 강조했다. 이것은 붓다 설법 중에서도 특히 높이 평가할 만한 것이다.

카스트 기원에 관한 붓다 설법은 『기원경』(『장부경전』)을 비롯한 여러 초기경전이 전하고 있다. 당시 바라문계급 출신자가 붓다에 귀의하면 바라문들로부터 심한 비난을 받았던 모양이다. 붓다가 사성계급 기원을 합리적으로 설명한 것은, 그러한 비난에 대한 대응이었다. 어느 두 바라문이 붓다 승가에 입문했을 때, 다른 바라문들은 다음과 같이 비난했다. 즉 '바라문은 범천의 아들이요 입이며 최상 계급이다. 크샤트리아는 범천의 팔이다. 바이샤는 범천의 다리이며 수드라는 범천의 발이다. 저 두 사람은 바라문이라는 자부심을 잊어버리고, 크샤트리아 출신인 고타마에게 귀의했다. 범천을 배반한 저들은 반드시 지옥에 떨어질 것이다'라고.

이에 대하여 붓다는 카스트가 탄생한 배경을 합리적으로 설명함으로써 바라문 신분기원설의 허구성을 다음과 같이 지적했다.

크샤트리아라는 명칭과 별칭들은 '대중으로부터 선출된 사람들, 논밭의 주인, 사람들을 안락하게 해 주는 행위'를 뜻하는 말에서 나왔다. 바라문이라는 명칭은 '나쁜 행위를 배척한다, 숲속에서 명상한다, 더 이상 명상하지 않는다'는 말에서 나왔다. 바이

초기불교 : 붓다의 근본 가르침과 네 가지 쟁점

샤는 상업 등 '일반적인 직업에 종사한다'는 의미에서 만들어진 말이다. 그리고 수드라는 '수렵을 업으로 한다, 잡일을 업으로 한다'를 뜻하는 말이 그 어원이다. 마지막으로 슈라마나(사문)은 자신의 규범을 돌아보고 '집을 떠난다'는 의미에서 만들어진 말이며 슈라마나는 모든 신분계급에서 발생했다.

붓다 사상 중에서도 특히 주목하고 싶은 이 설법은, 한 사회철학자의 성찰을 떠올리게 한다. 김규항(『나는 왜 불온한가』, 돌베개)은 우리 사회가 필요로 하는 새로운 가치관에 관하여 다음과 같이 말했다. 즉 '다른 세상을 꿈꾸는 일의 출발은 다른 가치관을 갖는 것이다. 한줌의 지배계급이 잘 먹고 잘 사는 세상에 대한 혁명은, 나도 그들만큼 잘 먹고 잘 살아 보자는 생각, 그들만이 차지하고 있던 특권을 골고루 나누어 갖자는 것이 아니다. 남보다 잘 먹고 잘 사는 일을 자랑스러워 하는 것 자체를 부끄러워하는 세상을 만드는 것이다. 곧 가치관을 바꾸는 것이다'라고.(강조는 인용자, 표현은 약간 수정함)

신분계급 기원에 관한 붓다 설법에서 이 성찰을 떠올리는 이유는, 붓다는 단순히 바라문 특권에 반대한 것이 아니라, 모든 인간 차별에 대한 반대, 계급제도를 당연시하는 가치관 변혁을 설했기 때문이다. 쉽게 말하면 인간 차별은 부끄러워해야 마땅한 제도라는 주장이었다. 하층계급도 노력하면 바라문처럼 상류층이 될 수 있다고 설했던 것이 아니다. 행위에 의하여 사람을 평가하지 않고 신분으로 사람을 평가하는 가치관, 그 자체의 변혁을 설했던 것이다. 이것이 붓다를 위대한 혁명가라고 평가할 수 있는 논거이다.

2. 붓다 업론의 특징

보편적 규범을 지킨다는 것

붓다는, 인간의 가치란 신분에 있는 것이 아니라 보편적 규범을 지키느냐 아니냐에 달려 있음을 거듭 강조했다. '보편적 규범'이라는 용어는 경전에 수없이 반복된다. 보편적 규범의 대표격은 오계(五戒)이다. 살생(殺生), 투도(偸盜: 남이 주지 않은 것을 취하는 것), 사음(邪淫), 망언(妄言: 거짓말, 이간질, 중상하는 말, 폭언, 불필요한 말), 그리고 음주(飮酒)를 금하는 계율이다. 앞의 네 가지는 그 본질이 죄악인 성죄(性罪)이며, 모든 종교나 도덕이 금하는 것들[性戒=主戒]이다. 한편, 음주는 그 자체가 본질적인 죄악은 아니지만 성죄의 위험을 높이는 행위라는 의미에서 차단해야 할 대상, 즉 차죄(遮罪)라고 불리며, 그에 대한 금기[遮戒=客戒]는 뒤에 추가된 것이다. 붓다는 이러한 보편적 규범을 지키는 것이 해탈의 기본적 조건이라고 설했다.

붓다는 붓다 승가에 입문했다는 이유로 바라문으로부터 비난받던 두 바라문 출신 제자에게 다음과 같이 설한다. '계와 율을 지키는 자는, 어떤 신분계급인가에 관계 없이 고귀하며 신분을 초월한다. 반대로 계와 율을 파괴하는 이는 어떤 신분의 사람이라도 비

초기불교 : 붓다의 근본 가르침과 네 가지 쟁점

열하며 신분에 속박된다. 신분에 속박되어 있는 사람들에게는 다음과 같이 말하라. 범천의 자식은 여래에게 귀의하여 여래의 자식으로 다시 태어났다고. 그리고 카르마를 사랑하는 자는 카스트에 속박되고, 다르마(법)를 사랑하는 자는 카스트를 초월한다. 최상의 카르마는 카스트 밖에 나타난다'라고.

아마르티아 센은, 붓다 사상의 특징으로서 '좋은 행위 실천을 신(神)에 대한 회의주의와 결합시킨 것'이라고 통찰한 바 있다. 즉 인간이 보다 좋은 행위를 해야 하는 근거를, 신이나 사후세계와 완전히 분리시켰다는 것이다. 당시의 풍토는, 좋은 행위란 신으로부터 복을 받기 위해서, 혹은 신이 내리는 벌을 피하기 위해서, 그리고 보다 좋은 내생을 위하여 필요하다는 것이었다. 바라문교와 인도 사회문화에서 고통의 해결 문제는 늘 신 혹은 사후세계와 결부되어 있었다.

그러나 붓다는 고통 문제를 현세 문제, 도덕 문제로 보았다. 이 말은, 선업인가 악업인가는, 안락함을 가져오는가 고통을 가져오는가라는 기준으로 판별할 수 있다는 뜻이다. 그러므로 선업을 쌓으면 현세에서 고통 해결이 가능했다. 선업에 대한 보상은 내생이 아니라 바로 이 세상에서 이루어진다고 설했던 것이다. 인간은 왜 좋은 행위를 해야 하는가 하는 질문에 대한 붓다의 답은 '그것이 나와 나에 관련된 사람들 나아가 모든 생명 가진 존재들을 보다 행복하게 해 주는 것이기 때문'이라는 것이었다. 내세나 신과 분리된 인간중심의 생각이자 현세중심의 생각이었다.

브론코스트도 붓다 업론의 특징은 행위의 배경에 있는 의도나 욕망 등의 정신적 태도를 중시하였다는 점에 있고, 그 점은 당시 인도 대중들이 행위란 몸이나 입으로 짓는 것이라고 생각했던 것과 대비된다고 지적했다. 즉 업이라는 문제는 심리적인 문제이기도 하다는 것인데, 그것이 갈애를 버리는 등 심리적 활동을 통해서 해탈이 가능하다는 결론으로 이어진 것이라고 주장한다.*

붓다 업론에서는 업 발생 기점을 현재로 삼는다. 바로 지금 과거 업이 만든 고통을 소멸시키고, 장차 고통을 발생시키는 업을 쌓지 않도록 한다는 가르침이다. 한마디로 말하면 정진론이요 노력론이다. 과거업을 소멸시키고 새 업을 만들지 말라는 가르침은 불교 경전과 자이나 경전에서 공통적으로 보이는 정형화된 것이다. 이것은 숙명론적 업론을 거부한다. 선업이 선과를 가져온다는 것은 종교가 가진 보편적 규범인데, 주의할 것은, 붓다 업론이 흔히 일컬어지는 '선인선과 악인악과'(善因善果, 惡因惡果)와는 다르다는 점이다. 붓다 업론은 '선은 안락함을 가져오고 악은 고통을 가져온다'[善因樂果, 惡因苦果]라는 것이다. 양자는 서로 유사해 보이지만 논리상으로는 큰 차이가 있다.

◇◇◇◇◇◇

* Bronkhorst, J., Did Buddha Believe in Karma and Rebirth? *Journal of the International Association of Buddhist Studies*, Vol. 21 No. 1, 1998. 이 논문은 「붓다는 업과 윤회를 인정했는가」라는 중요한 문제제기인 것 같은 제목이지만, 특히 윤회에 관해서는, 붓다가 어떤 입장이었는지 명확한 견해를 제시하지 않고 있는 것이 흠이다.

이숙인 이숙과의 논리구조

붓다 업론은 정교하다. 업이란 '원인이 되는 행위는 선인가 악인가로 분명히 나누어지는 것이지만, 그 결과는 고통인지 안락인지가 분명하지 않은 것'이라고 정의된다. 여기에서 선인지 악인지 확실하지 않은 성질을 무기(無記)라고 한다. 앞서 형이상학적인 질문에 침묵으로 대답하는 것이 무기라고 말했는데, 무기라는 용어는 업론과 관련하여 이와 같은 또 하나의 의미가 있다. 쉽게 말하면, 어떤 행위의 결과는 원인과는 다른 성질의 것이라는 뜻이다. 선악이라는 차원과 고락이라는 차원은 그 성격이 다르다. 원인은 선악으로 나누어지지만, 결과는 고락으로 나타난다는 것이 붓다 업론의 첫 번째 특징이다.

붓다 업론의 두 번째 특징은 업의 결과가 다시 어떤 일의 원인이 되지는 않는다는 점이다. 그러므로 업의 결과로서 고통 혹은 안락함을 받으면 업이 일단락되며, 설령 고통을 받았다고 하더라도 그 고통이 또 다른 어떤 일의 원인이 되지는 않는다는 것이다. 세 번째 특징은, 인(因)이 과(果)로 나타나는 데에는 너무나 복잡한 과정을 거치고 때로는 긴 시간이 걸리므로, 인-과 관계를 직접적이고 명확하게 규명하기란 극히 어렵다는 것이다.

이상과 같은 교리를 한마디로 말하면, 이숙인 이숙과(異熟因 異熟果)라고 한다. 그냥 인-과가 아니라 '이숙인-이숙과'라는 관계이다. 이숙이란 시간 걸려서 다른 성질의 것으로 익어 간다는 뜻이다. 이 개념은 붓다 입멸 후 백 년 이상 지나서 나온 논장(아비다르마)에서 확립된 것이지만, 그 원리는 붓다 업론에 이미 제시되어 있었다.

다른 사람에게 영향을 주는 어떤 행위인 인(因)은, 선 혹은 악이라는 성질을 가진 것이다. 그 인을 이숙인이라고 하는 이유는, 그 선행 혹은 악행이 시간이 지나면서 안락함 혹은 고통이라는 성질을 가진 것으로 변하기 때문이다. 그리고 그 행위로 말미암아 언젠가 내가 받는 고통 혹은 즐거움이라는 결과를 이숙과라고 한다. 간단히 말하면, 어떤 원인이 되는 행위는 선행 혹은 악행인데, 그 행위로 받는 결과는 선이나 악이 아니라, 고통 혹은 안락함이라는 결과로 나타난다는 것이다. 그리고 그 과정은 매우 복잡하며 또한 결과가 나타나기까지 많은 시간이 걸릴 수 있다는 것이다.

이렇게 붓다 업론이 좀 복잡한 구조를 가지게 된 것은, 인과는 영원히 반복되지 않는다는 점을 분명히 하기 위해서였다고 생각된다. 만약 악인이 악과를 가져온다면 그 악과는 다시 악과를 가져오는 연쇄작용이 일어나, 한 번 악을 저지르면 영원히 악의 구렁텅이에서 벗어날 수 없어진다. 이것이 상식적으로 말하는 악인악과이다. 그러나 악업을 지어도 고통이라는 과보를 받음으로써 악업이 종결된다면, 인간은 스스로 노력을 통하여, 장차 안락함을 가져올 수 있는 선업을 쌓는 새 출발이 가능해진다. 이러한 교리는, 전생의 악업이 영원히 지워지지 않아 수드라나 불가촉천민의 신분이 계속된다는 바라문 업론과 대비된다.

과거업을 수용한다는 것: 업의 소멸

붓다 업론은, 과거업이 현재 삶을 속박하는 것은 사실이지만, 악행은 고통을 받음으로써 일단 종결될 수 있으므로, 고통을 받은 후에는 자유의지로 현재와 미래 삶을 바꿀 수 있다는 것이다. 반대로 선행이라는 것도 한번 안락함을 받으면 그것으로 종결되므로 한 번 선행을 행했다고 해서 언제까지나 행복이라는 과보를 받는다는 보장도 없다. 이렇게 본다면, 현실이란 미래 업을 초청할 수 있는 기회의 창이다. 붓다는 무엇보다 업을 중시했고, 업은 과보를 받기 전에는 결코 소멸되지 않는다고 설했지만, 그 본의는 이생에서 평화(니르바나)를 실현하는 것에 있었다. 즉 현재 삶에는 과거업의 영향이 남아 있고, 현재 업은 미래 삶에 영향을 미치므로, 지난 업의 과보를 있는 그대로 받아들이면서, 미래 삶에 좋지 않은 영향을 미칠 수 있는 업을 쌓지 않도록 해야 한다는 가르침이었다. 물론, 여기서 미래는 앞으로의 삶을 말하는 것이며, 죽은 후의 내생이 아니다.

지난 업의 과보를 수용한다는 것은, 그것을 모두 수긍한다는 의미가 아니다. 업이 과보로 나타나는 경로는 너무나 복잡하기 때문에 그 모든 관계를 밝혀내기는 불가능하며, 만약 사람이 그것을 알아내려고 하면 정신적인 문제가 발생한다고 붓다는 경고했다. 그것은 끊임없는 번뇌에 빠지게 하는 의구심이므로 거기에 가까이 가지 말라는 가르침이다. 다만 붓다는 현재 삶을 수용하는 것 또한 중요하다고 설했다. 과거 일 중에 마음에 걸리는 일이 있든 없든 간에, 지금의 삶은 과거업의 결과라고 받아들이는 자세는, 니르바나 도달에 도움이 된다는 것이다.

수용은 새로운 고를 만들어 내지 않는 생활 태도요, 수행법이다. 인간사에서 고난은 누구에게나 닥칠 수 있다. 법을 경청하는 사람은 첫 번째 화살은 맞아도, 두 번째 화살은 맞지 않는다는 잘 알려진 설법이 있다. 법을 경청하는 사람에게도 고난은 찾아온다. 그것이 말하자면 첫 번째 화살이다. 붓다가 말한 두 번째 화살은, 그 고난이 왜 하필 나에게 찾아온 것일까라는 형이상학적 질문을 제기하고, 도저히 찾아질 리가 없는 그 답을 찾으려고 밀림 속에서 몸부림치는 태도이다. 그것은 고에 스스로 매달리기만 하는 모습이다.

3. 붓다 업론의 구조와 시사점

'인-연-과'(因-緣-果)

바라문교 업론과는 달리, 붓다는 인-과 관계를 기계적으로 그리고 결정론적으로 설하지 않았다. 붓다는 인-과 사이에 연이라는 조건을 설정함으로써, 대안을 제시하는 업론, 말하자면 사회개혁적 성격의 업론을 완성했다. 그 구조는 다음과 같다.

초기불교 : 붓다의 근본 가르침과 네 가지 쟁점

인(因)이란 직접적 원인이다. 식물에 비유하자면 씨앗이 인이다. 그러나 씨앗은 스스로 발아하지 못한다. 땅이 있어야 하고 적절한 수분이나 온도가 제공되어야 하는데, 그러한 조건들이 연이다. 인에 연이 조성되어서 식물[果]이 생겨나는 것이다. 같은 인이라도 연이 다르면 식물 모습도 달라진다. 간접 원인인 연이 어떠하냐에 따라, 씨앗은 건강한 식물로 자랄 수도 있고 혹은 전혀 발아하지 못할 수도 있다.

이것을 사회적으로 설명해 보자. 예를 들자면, 신체장애로 인하여 소득을 얻지 못하고 고통스러워졌다고 할 때, 그 고통의 원인이 신체장애라고 생각하는 것은 붓다의 법이 아니다. 왜냐하면, 그것은 장애라는 인과, 고통이라는 과를 직접 연결하는 사고법이기 때문이다. 인-과 사이에 존재하는 연은, 예를 들자면 고용기회가 될 수 있다. 장애인 앞에 고용기회가 있는 것도 연이요, 고용기회가 없는 것도 연이다. 전자는 좋은 연이요 후자는 좋지 않은 연이다. 신체장애라는 인이 발생했다고 하더라도 연이 어떤 것인가에 따라 고통이 있을 수도 없을 수도 있다는 것이 붓다법이다. 그러므로 우리 사회에 장애인이 어려움을 겪고 있다는 사실은, 장애라고 하는 인에 의해 발생한 문제가 아니라, 적절한 연(적절한 노동기회와 소득보장)이 조성되지 못했기 때문이다. 붓다법으로 본다면, 인이 어떤 것이든 그에 실망할 필요가 없다. 적절한 연이 갖추어진다면 고통 문제는 해결할 수 있기 때문이다. 지금도 늦지 않다는 자세야말로 붓다법을 관통하는 위대한 정신이다.

현재 삶에는 과거업의 영향이 있다. 그렇다고 해서 업과 과보의 관계를 구체적으로 연결하는 것은 극히 어려운 일이며 무모한 시도라는 것 또한 붓다는 설하고 있다. 업은 영묘(靈妙)한 것이므로 그 관계는 기계적으로 정해지는 것이 아니기 때문이다. 지금의 고통은 어떤 악행의 결과인가, 혹은 지금의 안락함은 어떤 선행의 결과인가 하고 그 관계를 구체적으로 파악하기는 불가능하다. 『증지부경전』은 행위와 결과를 직접 연계지으려고 고집하면 광기(狂氣)나 곤혹을 가져온다고 설한다. 인-연-과 관계를 꼭 집어서 밝히려는 것은 너무나 무모하다는 가르침이다. 사실 붓다에게는 다른 깨달은 자에게는 없는 특별한 능력이 있는데, 그중 하나가 업의 과보를 아는 능력이라고 되어 있다. 하지만, 붓다마저도 인-연-과 관계, 더구나 시간이라는 차원까지 개입되어 복잡하기 이를 데 없는 그 관계를 모두 파악하기가 어렵다고 토로했다.

한 열차사고로 본 업론

내가 지금도 가끔씩 떠올리는 이십육칠 년 전 어느 열차사고가 있다. 구포역 부근에서 부산역으로 달리던 열차가 침하된 철로 밑으로 추락하여 수십 명의 사상자를 낸 사고이다. 앞부분 차량만 추락했기 때문에 희생자는 주로 그 객실 승객에 집중되었다. 그 사고에는 왠지 마음에 짚이는 일이 있었는데, 그것은 열차 내 어느 판매원이 사고를 당했기 때문이다. 판매원은 물품을 싣고 여러 객실을 오가기 때문에, 만약 발생시에 뒷 차량에 있었다면 사고를 면했을 가능성이 있다.

그런데, 가령 '어떤 요인이 그분으로 하여금 사고 순간 앞 객실에 있게 하였는가'라는 물음을 제기한다고 하자. 그에 대한 답을 얻을 수 있을까? 다른 객실에서 어떤 손님이 물건 사면서 큰돈을 내어 거스름돈 마련하느라고 시간이 걸리는 바람에 그 객차에 있었을 수도 있을 것이다. 그런 손님이 한 사람 더 있었더라면 다른 객실에 있었을 수도 있다. 아니면 음료수라도 살까 하고 망설이기만 하고 사지 않았던 어느 손님이, 만약 그 판매원으로부터 음료수를 샀었더라면 사고 당시 그는 다른 차량에 있었을 수도 있다. 열차 화장실에서 얼른 나오지 않은 승객 때문에 화장실 이용에 시간이 걸렸을 수도 있고, 손님이 이것저것 물어와서 대답하느라 시간이 걸렸을 수도 있다. 기관사 사정으로 기차가 일 분이라도 늦게 혹은 더 빨리 사고지점에 이르렀으면 그분은 사고를 만나지 않았을 수도 있다. 열차에 타게 된 경위나 열차판매원이 된 계기 등은 차치하더라도, 서울에서 사고지점까지 몇 시간 동안 그분에게 일어난 일을 찾아내어, 그 요인들이 사고 당시 왜 그 객실에 있게 되었는지를 인과관계로 밝히는 것이 과연 가능한 일일까?

사성제 중 집제는, 고통은 서로 얽힌 여러 가지 원인에 의해 일어난다는 진리이다. 다시 말하면 고통은 하나의 원인으로 일어나는 것이 아니라는 것이다. 위의 문제에는 너무나 많은 사람들과 일들이 복잡하게 얽혀 있고 너무나 많은 경우의 수가 생기므로 그 원인을 찾아내기란 불가능하다. 그 원인을 밝히려고 하면 급기야는 그 기차에 탄 모든 승객들, 그에 관계된 모든 사람들이 관련되어 있다는 결론 이상 어떤 결론도 내기 어려울 것이다. 그러므로, 그 관계를 밝힐 수 없을 뿐만 아니라, 많은 무고한 사람들을 그 희생의 가해자로 만들 위험성마저 생기는 것이다.

분명한 것은 부실공사가 지반 붕괴의 원인이었으므로, 그러한 부실공사의 원인을 잘 규명하는 것이다. 거기서 왜 '일부' 사람이 희생되었는가 하는 물음에 매달리는 것은, 누가 화살을 쏘았는지 알기 전에는 독화살을 뽑지 말라고 하는 태도에 비유된다. 중요한 것은 희생자나 가족에게 적절한 보상과 지원에 노력을 집중하는 것과 사고 방지 노력이다. 섣불리 개개인들의 업으로 그 사고를 설명하려는 것은, 그에 관련된 모든 사람들에게 죄짓는 행위요, 그것이야말로 고통이라는 과보를 가져오는 업이다. 전생의 선업으로 다른 차량에 있었기에 화를 면했다고 말하는 사람이 있다면, 그것은 다른 이들에게 고통을 주는 악업을 쌓는 셈이다. 우리들에게 필요한 것은, 그 원인이 악업 때문인가 아닌가를 섣불리 따지는 것이 아니라, 현실 설명에서 과거업을 치우는 것이다.

현재 중심의 업론

붓다 업론을 요약해 보자. 우선 현재 삶에는 과거업 영향이 있다. 그 원인이 된 일이나 계기가 분명한 경우라면, 깊은 반성을 통하여 새 출발을 할 수 있다. 그러나 대부분 그러하듯이 그 원인이란 매우 복잡하게 얽혀 있기 때문에, 현실적 고통이 어디에서 왔는가를 과거업에서 구체적으로 집어내기는 어렵다. 분명한 원인을 찾을 수 없음에도 그것을 찾아내려고 매달리는 태도가 곧 번뇌이다. 현실적 고통이 어디에서 왔건 고통 해소를 먼저 생각할 일이다. 그러나 비록 과거업을 기억할 수도 없고 마음 짚이는 일도 없다 하더라도, 지금 삶에 과거업의 영향이 반영되어 있다는 것을, 있는 그대로 받아들이는 태도(수용)는 니르바나에 한발 가까이 가게 하는 것이요, 바람직한 수행 태도이다. 과거를 수용하는 태도란 참회이다. 참회의 본뜻은, 어떤 일이 자기 책임이든 아니든, 혹은 누구 책임인지 알 수 없어도, 거기에는 스스로에게 반성할 점이 있다는 것을 받아들이는 것 아닐까?

다음으로 현재 행위가 미래에 어떤 영향을 줄 것인가 하는 문제이다. 이 점에 대한 붓다 가르침은 명확하다. 그것은 자기 책임론이자 정진론이었다. 즉 결코 좋지 않은 과보를 받는 일이 없도록, 고를 일으키는 업을 짓지 않도록, 지금 이 순간에도 바른 삶의 실천을 거듭하라는 것이다. 과거업의 영향에 대해서는 그대로 받아들이는 것, 앞으로의 영향에 대해서는 자기 책임으로 나쁜 영향이 없도록 노력하는 것, 그것이 붓다 업론의 요체이다. 그 가르침은, 과거라고 하면 곧 전생, 미래라고 하면 곧 내생과 관련지어 업을 설하는 바라문교 업론과는 근본적으로 다르다.

도덕적으로 우위에 설 수 있게 하는 것은 출생이 아니라 행위라는 말은 붓다의 거듭된 가르침이었다. 출가 목적은 지금의 고통을 없애는 것과, 앞으로 고통이 일어나지 않도록 바른 행위를 실천하는 것에 있었다. 바른 행위, 바른 수행은 미래 고통을 예방하게 한다는 믿음이 그 바탕에 있었다.

그러나 이러한 교리는 대중들에게 오해받을 소지가 있었다. 악은 악을 부른다는 식의 단순한 문제가 아니라는 것, 악업을 지어도 그 과보가 나타나기까지는 시간이 걸리고 경우에 따라서는 죽을 때까지 나타나지 않을 수도 있다고 말하는 것은, 대중들에게는 마치 권선징악을 부정하는 것처럼 들릴 수 있기 때문이다. 그러한 사정으로, 인-과 관계는 초기경전에서도 어정쩡한 입장으로 나타난다. 어정쩡하다는 것은, 대중들 속에 침투해 있는 바라문적 업보관을 인정하는 것 같기도 하고 인정하지 않은 것 같기도 하다는 뜻이다. 예를 들면 『담마파다』에 있는 다음과 같은 가르침이다. '악의 과보가 익지 않은 동안에는 악인이라도 행운을 만날 수 있다. 악의 과보가 익었을 때에는 악인은 재난을 만나는 것이다.' 뭔가 분명한 태도를 감추고 있는 듯한 교리처럼 들린다.

자기 책임론과 『신 없는 사회』의 시사점

그런데, 당시 업과 윤회가 지배하는 문화 속에서, 아트만에 업이 새겨져서 윤회전생 한다고 믿고 있던 민중들이, 제의를 잘 치르지 않아도 행복한 삶이 있다는 붓다 가르침을 어떻게 수용할 수 있었

초기불교 : 붓다의 근본 가르침과 네 가지 쟁점

을까? 불교는 교조가 살아 있는 동안에 가르침이 널리 퍼졌다는 특징을 가진다. 이것은 붓다 교설이 곧바로 많은 사람들에게 받아들여졌음을 의미한다. 바라문교 교리에 젖어 있던 민중들은, 형이상학적인 관념에 사로잡히는 것이 현 생활 개선에 도움이 되지 않는다는 사실, 자기 스스로가 바르고 도덕적인 행위를 거듭함으로써 스스로의 행복한 삶을 개척할 수 있다는 붓다 가르침을 왜 기쁘게 받아들였는가?

이 점은 『축의 시대』(제7장 「종교의 탄생과 철학의 시작」)를 저술한 카렌 암스트롱의 견해를 참고하고 싶다. 그녀는 다음과 같이 설명했다.

> 사람들은 아트만이 존재하지 않는 것처럼 살아갈 때 더 행복해짐을 알게 되었고 자신의 존재가 더 소중해지는 느낌을 경험했다.(강조는 인용자)

내가 이 견해에 주목하는 이유는, 그것이 오늘날 종교적 사회와 비종교적 사회가 각각 사회구성원들에게 어떤 영향을 주는지에 관하여 중요한 시사를 주기 때문이다. 그 점에 관해서는 필 주커먼의 『신 없는 사회(Society without God)』(마음산책, 2012)라는 책을 인용하면서 논의하기로 한다. 이 책은 미국의 어느 종교학자(P. Zuckerman)가, 지상에서 '가장 비(非)종교적인 나라'라고 일컬어지는 덴마크 및 스웨덴에서의 경험과 인터뷰 조사를 토대로, 행복과 종교의 관계성을 밝힌 것이다.

스웨덴 사람 대부분은 국교회에 소속되어, 간단한 절차만 거치면 납부하지 않아도 되는 교회세를 꼬박꼬박 납부한다. 그럼에도 불구하고 정기적으로 교회에 가는 사람은 매우 드물어서, 월 1회 이상 교회에 가는 사람 비율은 9%에 불과하다. 신이라는 존재를 믿는 사람 비율은 15% 정도이다. 이 책에는 다양한 직업과 연령을 가진 많은 스웨덴인 인터뷰 기록이 담겨 있는데, 그중에서 나는 특히, 저자가 34세의 한 여성과 인터뷰한 내용을 소개하고 싶다. 그것이 업과 윤회 문제와 깊이 관련되기 때문이다.

질문은 '죽은 후에는 어떤 일이 일어난다고 생각하세요?'라는 것이었다. 그녀는 한참 생각한 후 '아무것도요… 화장하지 않는다면 땅에 묻혀서 땅으로 돌아가고…'라고 대답하고는 이어서 다음과 같이 말했다.

나는 죽음 뒤에 아무 일도 일어나지 않을 것이라고 생각합니다. 만약 죽음이 끝이 아니라면 그것이야말로 걱정스러운 일이 아닌가요?'(강조는 원저자)

죽음 후에 어떤 시작이 있다면 어떻게 걱정스러워 죽을 수 있겠느냐는 말이다. 이 대답이야말로, 윤회라는 생각 그 자체가 고라는 것, 윤회라는 번뇌에서 벗어나는 것이야말로 해탈이 시작되는 것이라는 붓다 가르침과 닮은 것 아닐까?

책 속 어느 호스피스 간호사는 자신의 경험상 무신론자는 일반

초기불교 : 붓다의 근본 가르침과 네 가지 쟁점

적으로 죽음을 평온하게 받아들이는데, 크리스트교를 깊이 믿는 사람들이 가장 공포와 불안 상태에서 죽음을 맞이하는 경향이 있다고 말한다. 세계에서 가장 평화롭게 산다고 하는 스웨덴 사람 대부분은 '기독교인의 의미가 무엇인가'라는 질문에 대하여, '사람들에게 친절할 것, 어려운 사람들을 도울 것, 도덕적인 인간이 되는 것'이라고 대답했으며, 인터뷰 대상자 중에서 성서나 신의 존재를 언급하는 사람은 없었다고 했다. 죽음 이후에 어떤 일들이 벌어지는가에 대해서는, 대부분 사람들이 평생 처음 들어보는 질문이요, 한 번도 생각해 본 적이 없는 일이라고 반응했다.

이러한 사실이 우리에게 시사해 주는 것은 무엇인가? 그것은, 어떤 유일한 진리가 있다는 생각 그 자체가 인간의 자유로운 생각과 삶을 속박하고, 고를 만들어 내는 근원일 수 있다는 사실이 아닐까?

다시 위의 논의로 돌아가면, 불교 경전에는 붓다 설법을 기쁨으로 받아들였다는 예가 수없이 등장한다. 필자는, 인도 민중들이 자신들의 삶이 과거업에 의해 숙명적으로 정해진 것이 아니라는 붓다 가르침을 기쁘게 받아들였다는 경전 내용이 결코 과장된 것이 아니었다고 생각한다. 붓다 가르침은, 지금 존재하는 고통스러운 삶이 스스로 기억하지도 못하고 납득할 수도 없는 과거업 때문이라는 속박으로부터 벗어나게 해 주는 돌파구였다. 특히 수드라나 불가촉천민의 입장에서 본다면, 바라문교 교리를 배울 기회조차도 박탈되어, 다음 생에서도 다시 같은 고통이 계속된다는 교설 그 자체가 얼마나 큰 고통이었겠는가? 그들에게는, 지금부터의 행위에 의하여 미래가 달라질 수 있다는 붓다법이 희망이었음이 틀림없다.

붓다의 최우선 관심은, 불행하고 고통스러운 삶 속에 있는 사람들에게 치유책을 제시하고 그것을 실천함으로써 고통에서 벗어나게 하는 것이었다. 그러므로 비록 진리라고 하더라도 고통의 강을 건너는 것에 도움이 되지 않는 것이라면 설하지 않았다. 죽은 후에 다음 생이 있느냐 없느냐 하는 질문은 중요하지 않았다. 다음 생이 있다 한들 없다 한들, 지금 여기에 고통이 있다는 사실은 변하지 않기 때문이다. 오히려 붓다는 그런 생각이야말로 해탈에 장애가 되는 것, 곧 번뇌라고 설한 것이다.

4. 문화의 관점에서 본 업

문화로서의 생활 습관

업에 관한 붓다 가르침을 보면, 엄격한 태도와 관대한 태도가 동시에 확인된다. 현시점에서 행하는 의도적인 행위 혹은 남에게 영향을 주는 행위에 대해서는 엄격한 태도를 보인다. 다른 한편, 오래된 사회 관습이나 생활 방식에 의해 축적된 행동 양식에 대해서는 의외로, 혹은 좀 놀라울 정도로 관대한 태도를 보인다. 즉 붓다는 오늘날 문화라고 표현되는 삶의 양식에 의해 자연스럽게 습관화된 행동에 대해서는, 설사 그것이 다른 사람들을 불편하게 하는 경우가 생기더라도 비교적 관대하게 용인하는 태도를 보였다는 것이다. 『상응부경전』 등에 등장하는 다음 설법을 보자.

> 필린다밧차가 수행승들에게 '이 천민들아'라고 칭하며 폄하했다. 그 말을 전해 듣고 붓다는 필린다밧차를 불러서 사실을 확인했다. 붓다는 그의 전생을 알아보고는 수행승들에게 다음과 같이 말한다. 그는 오 백 전생 동안 바라문 가문에서 자랐다. 그에게는 오랜 세월 동안 (바라문계급이었으므로) '이 천민아'라는 말이 입에 붙었다. 그래서 그렇게 험한 말을 하는 것이다. 비록 그런 험한 말을 하지만, 그는 분노를 품지 않고 있다. 그러므로 그대들은 그에게 분노를 품지 말라.

남이 듣기 싫어하는 험한 말을 하는 행위를 바로잡는 것보다는, 그 행위에 대해 분노를 품지 않는 것이 더 중요하다는 가르침이다. 험한 말을 하는 행동을 나름대로 설명하고 그 행동을 수용한 것이다. 이것은 어떻게 설명해야 할까? 험한 말이란 생활 습관에서 온 것이므로, 그 습관 고치기가 어렵고 따라서 그것을 비난하기가 어렵다고 인식했기 때문 아닐까? 생활 습관이란 문화의 소산이다. 문화는 학습되고 전승되며 또한 변화하는 것이지만, 그 변화 속도는 매우 느리다. 생활 습관이란, 그것이 배양되는 과정에서는 남에게 피해를 주지는 않지만, 그 습관이 정해지고 나면 다른 사람들에게 피해를 줄 수도 있다. 다른 사람은 다른 문화 속에서 자란 사람들이기 때문이다. 필린다밧차의 행위에 대한 붓다 태도를 보면, 험한 말은 자연스럽게 입에 붙은 습관적 행동일 뿐이었다. 인간 행동을 문화의 산물로 본 것이다.

다음은 내 친구가 한 30여 년 전에 경험한 일이다.

대기업에 취직한 지 얼마 되지 않았을 때, 어느 여성 선임자에게 일 처리에 관해 무엇인가 물었던 모양이다. 그녀는 퉁명스럽게 일을 가르쳐 주고 돌아서면서 들릴 듯 말 듯한 중얼거리는 말로 '그것도 모르나. 빙시 같은 기.'(빙시: 바보 같은 사람이라는 뜻의 비속어)라고 하더란다. 잘못 들었겠지 하는 마음도 있었으나 기분이 상했다고 한다. 어느 날 그녀가 회사 출근을 하지 않아 상사 지시로 자택에 확인 전화를 하게 되었다. 전화 받은 그녀 어머니는, 아마 열이 좀 있어서 병원에 들렀다가 회사 출근하는 모양이라고 미안해하면서, 마지막에 한마디 붙이더란다. '먼저 출근하고 나서, 회사에 말하고 병원 가라고 했는데, 빙시 같은 기.'

친구는 이 전화 후에 그녀의 습관을 그냥 그렇게 받아들이게 되었고 좋지 않은 감정도 없어졌다고 했다. 그러한 말투를 옹호할 생각은 없으나, 말투나 용어 선택을 문화, 즉 습관화된 행동양식이라고 본다면 비난할 여지가 줄어드는 것이 사실이다. 그런 행동을 굳이 전생이라는 알 수 없는 요인으로 설명하지 않더라도, 그냥 그러한 문화 속에서 그러한 행동양식이 몸에 붙은 것쯤으로 보면 될 것이다. '사람의 본성은 같다. 다른 것은 습관이다'라는 공자의 말씀을 생각나게 하는 대목이다.

사회학자 피터 버거(P. Berger, 『어쩌다 사회학자가 되어』, 책세상)는 언어와 관련하여 우스개 이야기를 소개한다. 한 미국인 부부가 중국에서 태어난 갓난아이를 입양하고 나서 중국어를 배우기 시작했는데, 왜 중국어를 배우냐는 질문에, '장차 아이와 이야기 나누려면 중국어를 알아야 하기 때문에'라고 대답했다는 이야기다. 중국에서 태어난 아이라도 미국에서 자라면 미국적인 인간이 된다. 언어나 식습관 등 소위 문화라는 것은 자연스럽게 몸에 붙는 것이니 관대한 눈으로 볼 필요가 있다. 그것이 또한 붓다의 가르침이기도 하다는 것을 위의 예가 보여 준다.

공업과 문화전승

업이란 한 개인의 행위이지만, 비교적 유사한 행위들에 의해 공업(共業)이 나타난다. 공통적인 과보를 가져오는 업이다. 오늘날 세계를 보면 매우 거친 사회가 있는가 하면 비교적 평화적인 사회도 있다. 비교적 정직한 사회가 있는 반면, 부정부패가 만연한 사회도 있다. 삼대밭의 쑥은 곧게 자란다는 옛말이 있다. 주위에 곧게 자라는 식물만 있다면 쑥대 역시 자연히 곧게 자란다는 것이다.

사회의 공업은 곧 사회문화로 나타난다. 선업을 행하여 장차 고발생을 방지한다는 가르침은 사회적으로 본다면 사회 성원 모두의

고 발생을 방지하는 것이다. 우리 사회에서 보이는 형식적인 상하 질서에 집착하는 행동 양식은, 물론 조선 주자학 지배 이데올로기의 영향 속에서 사람들이 몸으로 학습하여 몸에 붙인 것이다. 즉 공업이다. 그것은 단시일에 바뀌는 것이 아니고 당장 비난할 일만도 아니지만, 그러한 문제들을 우리 사회의 공업이라고 받아들이고 조금씩이라도 개선하려는 노력이 필요하다. 한국 자살률은 세계에서도 크게 두드러질 정도로 높은 수준이다. 개인이나 조직의 부정부패도 심각한 수준이다.

한 개인이 선업을 쌓아 가면 결국 공동 업보가 줄어든다. 사회의 공업이라는 것도 시간이 걸리겠으나 개선할 수는 있다. 우리에게는 사회문화를 개선한다는 것과 전승한다는 두 개의 과업이 동시에 주어져 있다. 붓다가 보여 준 바른 생활, 즉 계율을 존중하고 지키는 생활은 사회의 공업을 줄이는 행위이다. 붓다는 인간과 사회의 다양성을 가능한 한 관대하게 받아들였으므로, 그러한 태도를 우리 문화 속에 정착시켜 가는 노력도 필요하다.

제3장에서 논의한 정법(淨法)이라는 것은, 사람들의 관습이나 문화를 우선 인정하고 존중하는 태도에서 만들어진 것이다. 붓다가 보여 주는 문화적 사상적 관용성에는 고대 인도 사회의 영향도 있겠지만, 초기불교에도 강하게 작동하고 있었다고 생각하며, 부파불교에도 적어도 사상적 관용성이 여전히 남아 있었다고 생각한다. 그 관용성은 대승불교가 형성되면서 부파불교를 소위 소승불교라고 비난했던 것에 대해서 부파불교가 보여 준 태도를 통하여

엿볼 수 있다. 소승이라고 비난받았던 부파불교는, 대승불교를 비난하거나 직접 대응하지 않았다.

대승불교로부터 비난받은 부파불교가 대승불교를 비불설(非佛說)이라고 비판적으로 대응했다고 전하는 저작들이 있으나 그것은 사실이 아니다. 대승비불설론이란 대승경전 내용은 불설(붓다 말씀)이 아니라는 주장이다. 그러나 부파불교가 대승불교를 비불설이라고 비난하는 일은 없었다. '소승 사람들은 대승비불설이라고 비난했다'라는 주장은 모두 대승경전에서 나온 것이다. 그렇게 때문에 대승비불설론은 대승불교의 자작극이라고 일컬어진다. 즉 당시 세력이 약했던 신흥 불교인 대승불교가 자기변명으로서 대승비불설론을 만들었을 가능성이 있다는 것이다.*

대승경전이 붓다 직설이 아니라는 이유로, 그것이 붓다 사상이 아니라고 말할 수는 없다. 붓다 설법은 한정된 것이므로, 붓다법과 모순되지 않는 내용이라면, 대승경의 가르침도 붓다 가르침이라고 받아들이는 것이 당연하다. 사실 붓다는 입멸 후 승단이나 제자들 사이에서 불설 비불설 논란이 일 수 있다고 판단하여 입멸 직전에, 불설이냐 비불설이냐의 판단기준은 경과 율에 비추어서 판단해야 한다는 사대교법을 남겼는데, 그것은 매우 중시해야 할 설법이다.

◇◇◇◇◇◇

* 이 관점에 선 논문은 다음 두 편이다. 권오민, 「불성과 비불설」, 『문학 사학 철학』 제17호, 한국불교사연구소, 2009; 高橋審也, 「原始仏教における生命観」, 日本仏教学会編, 『仏教の生命観』, 平楽寺書店, 1990.

사대교법이란 붓다 입멸 후 어떤 것이 불설이고 어떤 것이 불설 아닌가 논란이 있을 때 그 판단기준이 되는 네 가지를 밝힌 것이다. 즉 불설이라고 주장하는 네 가지 경우를 예시하고, 그런 견해가 있더라도 그것을 그대로 믿지 말고 올바른 경과 율에 대조해서 합치하면 불설이요, 합치하지 않으면 불설이 아니라고 보아야 한다는 가르침이다. 그 네 가지 주장이란 다음과 같다. ①나는 이 말을 직접 붓다에게서 들었기 때문에 이 말은 정확한 불법이요, 스승의 가르침이라고 하는 주장, ②나는 많은 박학(博學) 장로와 그들이 있는 승단으로부터 이 가르침을 들었기 때문에, 이것은 불설이라고 보아야 한다는 주장, ③나는 많은 장로들로부터 이 가르침을 들었기 때문에 이것은 불설이라는 주장, ④나는 한 사람의 박학한 장로로부터 이 이야기를 들었기 때문에 이것은 불설이라는 주장.

붓다는 자신에게 직접 들었다고 주장하는 직제자 의견이라도, 경과 율에 모순된다면 불설이라고 인정해서는 안 된다고 설했다. 거꾸로 말하면, 경과 율에 비추어 모순되지 않는 말이라면, 설사 붓다의 말씀이라는 경전적 근거가 없더라도 그것을 불법으로 인정해야 한다는 가르침이다. 어쨌든, 부파불교가 대승불교에 대해 보였던 태도는, 자신과 다른 주장에 대하여 비교적 관대했던 붓다의 태도, 나아가 인도적 풍토가 계승되어 있었음을 반영하는 것이라고 해석하고 싶다. 부파불교가 대승불교를 비불설이라고 비판하지 않았던 것은, 대승불교를 무시했다는 것으로 받아들일 수 있겠다. 그러나 그보다는 대승의 교설 역시 붓다 가르침과 다름없는 또 하나의 가르침이라는 점을 인정해 주는 관용성을 가지고 있었다고 볼 수 있다는 것이다. 사실 인도에서 불교가 소멸할 때까지 대중의 지지를 받았던 것은 대승불교가 아니라 부파불교였다.

종장

붓다의 길 따라
걷는다는 것

쿠시나가라 열반당 옆을 걷는 수행자들

붓다의 길 따라 걷는다는 것

서장에서 이 책의 문제의식을 제시하고, 제1부와 2부에서 초기 불교의 본질과 그 쟁점을 제시한 후 그 각각에 대한 나의 견해를 밝혔으므로, 지금까지 언급한 내용들을 새삼스레 다시 되풀이하여 요약할 필요는 없겠다. 그래서 종장에서는, 붓다 가르침에 따라 살아간다는 것이 구체적으로 어떤 생활 방식을 말하는가에 관하여, 내가 생각하고 내가 실천해 온 것을 소개하는 것으로 채워서 이 책을 마무리하려 한다.

나는 출가자가 아니고 전문적인 불교학자도 아니다. 어디까지나 사회과학자의 눈으로 불교 경전을 읽고 붓다 사상을 연구 해석하는 것에 관심을 가진 사람이다. 다만, 붓다법을 지식이 아닌 실천으로 받아들여서, 그 가르침을 삶에 반영시키는 것에 큰 가치를 두고 있다. 나는 연구자든 출가자든 재가자든, 붓다법을 논하는 사람이라면 경전에 쓰인 내용 그 자체를 지식으로서 논할 것이 아니라, 경전 내용을 설명해야 한다는 점을 서장에서 특히 강조했다. 한국 사회에서는 사회과학 분야에서도 과학자들이 당위론을 주장하는 경향이 강하다. 그러나 본디 과학자의 임무란 사물이나 현상이 왜 그런 모습으로 일어나는지를 설명하는 것에 있다. 그런 일은 바람직하지 못하다거나 사람은 이러한 행동을 해야 한다는 식의 당위론적인 주장은, 특히 붓다법을 논의하는 사람이라면 멀리해야 할 일이다. 왜냐하면 그것은 오히려 붓다법에 대치되는 행동 양식이기 때문이다. 과학자가 설명력을 결하면 당위론이 만연하고, 미신적 사고는 바로 그러한 틈새에 깃든다. 반대로 과학자의 설명이 정교할수록 미신적 사고나 주술적 사고가 파고들 틈바구니가 없어진다. 붓다법에 대한 논의도 마찬가지이다. 이러한 나의 입장은 이미 서장에서 제7장에 이르는 내용에 반영되었다고 생각한다.

이 장에서는 붓다의 길을 따라 걷겠다고 마음을 정한 사람으로서, 내가 붓다 가르침을 어떻게 삶에 반영하려고 노력해 왔는가를 기술하려고 한다. 불자라면 이러이러하게 행동해야 한다는 당위론을 펼치고자 하는 것이 아니라, 이러이러한 원칙을 지키려고 노력하는 사람이 붓다가 바라는 불자가 아닐까 하는 문제제기를 하고 싶은 것이다. 붓다법을 어떻게 삶에 반영시키고 있는가에 관한 불자 스스로의 실천담을 듣는 것은, 경전 읽기를 통하여 배우는 것 그 이상의 가르침을 줄 수 있다.

경전은 재가자도 출가자와 마찬가지로 니르바나에 도달할 수 있다고 설하지만, 다른 한편, 재가수행의 한계 또한 명백히 설하고 있다. 출가란 단순히 수행장소를 바꾸는 것 이상의 의미가 있으며, 붓다 깨달음이 집 없는 생활에서 시작되었다는 점은 결코 가벼이 여겨서는 안 될 사실이다. 다만, 비록 근본적 한계가 있어도 재가 신자 역시 깨달음을 지향하는 수행정진은 가능할 것이다. 서장과 제3장에서 언급하였듯이, 붓다의 출가는 어느 출가자 집단에 귀의하는 형식의 공인된 출가가 아니었으며, 혼자서 결심하고 행한 출가였다. 그러므로 출가 직후부터 붓다 승가가 만들어지기까지 붓다는 공식화된 계율을 가지고 있지는 않았다. 하지만, 붓다 스스로는 많은 계율을 정해 두고 그것들을 철저히 지키며 육 년간 수행에 임했을 것이다. 그것이 후일 율장의 바탕이 되었다고 생각한다.

이러한 사정은 재가자 수행을 생각할 때, 매우 중요한 시사를 준다. 재가신자로서 붓다의 길을 따라 걷는다는 것은, 무엇보다 스스로가 정한 계율을 지키는 것에서 시작됨을 깨우쳐 주기 때문이다. 재가자 각각은 붓다가 제시한 재가자 계율을 그대로 받아들일 수도 있을 것이고, 혹은 스스로가 자신에게 맞는 계율을 만들어 지키는 방법을 택할 수도 있을 것이다.

어떤 사람이 불제자라는 이름에 어울리는 사람일까? 그 모습은 수많은 생활현장에서 수많은 모습으로 나타날 수 있을 것이지만, 그중에서 나는 다음 6가지의 삶을 보여 주는 사람이라면, 불제자라는 이름에 부끄럽지 않은 사람이 아닐까 하고 생각해 보았다. 첫째, 자신(自信)을 가진 사람, 둘째, 인간과 사회를 연기적으로 보는 사람, 셋째, 오로지 법의 길 만을 걷고자 하는 사람, 넷째, 습관처럼 해 오던 일을 멈출 줄 아는 사람, 다섯째, 타인의 고통 해소에서 가치를 찾는 사람, 여섯째, 체념(諦念)할 줄 아는 사람.

후술하는 것은 그 각각의 삶에 관한 나의 견해이다. 사적인 경험담이 상당히 포함되어 있음을 독자들에게 양해드린다.

1. 자신(自信)을 가진 삶

붓다의 길따라 살아가는 모습, 그 첫째는 자신(自信)의 삶이다. 흔히 자신이라는 말은 자기를 믿는다는 뜻으로 사용된다. 그러나 붓다 가르침에서 자신이란 자기가 믿는 것이라는 의미가 크다. 그렇다면 무엇을 믿는 것인가?

그것은 하루하루 바른 생각, 바른 말, 바른 행동을 쌓아갈 때, 반드시 보다 행복하고 보다 평화로운 내일이 있다는 것, 그것을 믿는 것이다. 또한 그것이 자신과 주위 사람을 포함한 모든 생명 있는 것들을 보다 평화롭게 만드는 행동임을 믿는 것이다. 그런 실천적 노력 없이 '나는 평화스러울 수 있다'라는 태도를 보이는 것, 그것을 붓다는 교만이라고 했다. 그러한 의미의 자신은 버려야 할 대상이다.

종교적 신앙은 합리적 사고와 상충하기 쉽다. 불교 설화에 등장하는 이야기들 역시 그러한 측면이 없지 않다. 신앙 대상으로서 부처님을 믿는 사람이라면 설화를 믿고 살아갈 수 있다. 그런데 초기경전에서 언급되는 믿음이란 거의 붓다라는 진정한 수행자에 대한 믿음이며, 혹은 깨달음에 대한 믿음이다. 즉 합리적 사고에 바탕을 둔 믿음이다. 번뇌라는 격류를 건너게 하는 것은 그 건너편에 평화가 있다는 믿음이며, 그렇기 때문에 '믿음이 최고의 재산'(『숫타니파타』 182, 184)이라고 일컬어지는 것이다.

수행생활을 시작하기 위해서는 마음 준비가 필요하다. 나는 이미 제4장에서 팔정도 첫 번째인 정견이란 '팔정도를 실천함으로써 고통을 해소할 수 있다는 것을 바르게 인식하는 것'이라고 해석하여, 그것은 실천수행의 전제조건, 즉 믿음의 문제임을 지적했다. 팔정도 실천을 통하여 니르바나에 도달할 수 있다는 믿음은, 실제로 니르바나를 체득했던 역사적 붓다가 있기 때문에 가능하다. 깨달음에 도전할 때, 붓다 자신에게는 과연 니르바나가 존재할까라는 흔들림이 있었을지 모른다. 하지만, 붓다 깨달음 이후 불자들은 니르바나에 대한 완전한 믿음을 가질 수 있게 되었다. 붓다 가르침이 구체적으로 들리는 것도 붓다법이 붓다 체험을 바탕으로 하고 때문이다. 그 점은 우파니샤드가 주장하는 범아일여라는 세계가 늘 추상적으로 들리는 것과 대비됨을 제1장에서 지적했다.

미즈노(水野弘元)는 초기불교에서 승가에 입문하고자 했던 사람들이, 과연 수행의 전제조건인 믿음을 가지고 있는지를 테스트 받았다는 점에 주목했다. 실제로 승가는, 출가자나 곤궁자에게 보시하고 계율을 지키고 바른 생활을 하면 그 선업의 과보로서 천상에 태어난다는 설을 믿는지 아닌지를 테스트했다. 시험한 것은 삼론, 즉 시론(施論), 계론(戒論), 생천론(生天論)이라는 상식적 의미의 업론인데, 그것은 보시와 계율 지키기를 권장하는 교리였다. 그 교리를 믿는가 아닌가를 승가 입문의 가장 기본적 조건으로 삼았다는 것이다. 물론 삼론이란 방편적 교리이므로 그 자체가 붓다법이라고 할 수는 없지만, 승가가 수행자에게 필요한 마음 준비가 되어 있는가를 테스트하는 과정을 가지고 있었다는 것은 흥미로운 일이다. 삼론을 믿는 자는 그 관문을 통과할 수 있었고 비로소 사성제 등 교리를 배울 수 있었다. 그러나 만약 믿음을 결했다면 4개월이라는 입문 유예기간을 두었다. 붓다의 길을 걷기 위해서는 먼저 믿음이 필요하다는 사실을, 초기불교부터 깊이 인식하고 있었음을 보여 준다.

믿음을 바탕으로 하는 수행, 그 구체적인 것은 팔정도 실천을 거듭하는 것이다. 팔정도 실천 중에서 여기에서는 '바른 말'[正言]에 한정해서 언급하기로 한다. 그것이 우리 사회의 큰 과제라고 여기기 때문이다. 이 책을 집필하면서 검토한 책 중 빅쿠 보디의 저서(『분노와 논쟁 사회에 던지는 붓다의 말―조화로운 사회를 위한 초기경전 구절』, 불광출판사)가 있다. 관련도서로서 일괄 주문하여 입수한 책의 하나인데, 번역서 부제가 원래 제목이었음을 책을 받아보고서야 알았다. 즉 대화나 말에 관련된 초기경전 내용을 모아 놓은 책이었는데, '분노와 논쟁 사회'라는 제목을 단 것에는, 우리사회를 분노와 논란으로 가득한 사회로 보는 문제의식이 있었던 것 같다. 나도 거기에 공감하지만, 말에 관련하여 내가 더욱 심각하게 여기는 것은, 사실이 아닌 말의 만연, 그리고 잡담이 많은 풍토이다.

　나는 경전에서 붓다가 비구에게 '잡담 금지'를 거듭 강조하는 것에 대하여 의아하게 생각한 적이 있다. 그 후 아마르티아 센의 『논쟁 좋아하는 인도인』을 읽고, 혹은 인도 사정에 밝은 연구자로부터 인도에 잡담이 많은 사회문화, 담소가 큰 싸움으로 번지는 일들이 적지 않다는 말을 듣고, 그 가르침의 까닭을 짐작했다. 그러고 보면 붓다는 스스로가 불필요한 논쟁에 빠지는 것을 경계했을 뿐만 아니라 수행자들에게도 그에 대한 주의 환기를 거듭했던 이유를 이해할 수 있을 것 같다. 형이상학적 논의는 논의의 밀림에 빠져드는 것이라고 경고했던 것도, 아마도 인도 사회가 구업(口業)을 지을 여지가 많은 사회라고 보았기 때문일 것이다. 『자설경(自說經)』(『우다나』)은 사람이 태어날 때, 입안에 도끼가 생겨나 있어서 어리석은 말이나 나쁜 말을 하면 그 도끼가 스스로를 상처 입힌다고 하여 구업을 경계했다. 구업을 짓지 않는 말에는 4가지 조건이 있는데, 그것은 첫째, 선한 말, 둘째, 바른 말(이치에 맞는 말), 셋째, 바람직한 말, 넷째, 진실한 말이 그것이다.

　사실이 아닌 말의 과보에 관한 붓다 가르침도 얼핏 보기에 의아하게 생각되는 부분이 있다. 사실이 아닌지 알고 행하는 거짓말과, 사실인지 모르고 행하는 거짓말이라는 두 개의 거짓말 중에서, 붓다는 후자의 과보가 훨씬 크다고 설했기 때문이다. 거짓말인지도 모르고 하는 거짓말이 더욱 나쁜 결과를 가져온다는 것이다. 사실을 모른 채 하는 거짓말 과보는 그 크기를 가늠하기가 어려울 정도로 클 수 있다는 가르침에 대해, 이제는 나도 크게 공감하고 있다. 그래서 그러한 풍토가 있는 우리 사회 현실이 우려스러운 것이다. 그것은, 거짓을 세뇌해 진실을 상상하지도 못하게 하는 소위 '영혼의 살인'이라는 문제까지도 야기하는 위험한 일이다. 그러한 거짓말은 사실로 가장한 문학작품에서도 적지 않게 보이지만, 실로 잡담을 통하여 재생산되는 경우가 많다.

『중부경전』(『무외왕자경(無畏王子經)』)에는 말에 대한 붓다의 입장이 잘 나타나 있다. 입에 담을 것인가 입에 담지 않을 것인가를 결정하는 붓다의 기준은, 자신과 모든 생명체 행복에 도움이 되는가 아닌가였다. 붓다는 다음과 같이 설한다. '여래는 진실이 아닌 말, 행복에 도움되지 않는 말, 상대가 들어 기뻐하지 않는 말은 결코 하지 않는다. 그리고 행복에 도움이 되고 상대가 들어서 기뻐할 말이라도, 진실이 아니라면 말하지 않는다. 또한 진실이고 상대방을 기쁘게 할 말이라도 행복에 도움이 되지 않는 말이라면 입에 올리지 않는다. 반대로 진실이고 그의 행복에 도움이 되는 것이라면, 상대가 들어서 기뻐할 내용이 아니라도 말한다. 물론 진실이자 행복에 도움이 되며, 더구나 상대가 들어 기뻐할 말이라면 말할 것도 없다. 그렇게 할 수 있는 것은, 모든 생명에 대해 애정을 가지고 있기 때문이다.'

이 가르침은 바른 계율을 지키는 것은 자신의 행복뿐만 아니라 세상의 행복, 그리고 살아 있는 모든 것들의 행복에 도움이 되기 때문이라는 것을 보여 주면서, 다른 한편, 정언을 실천하는 것은 진실과 행복이라는 두 가지 기준에 근거해야 함을 설한다. 이 점은 자이나교가 행복에 도움이 되지 않는 말이라면, 비록 사실이라도 진실은 아니라고 하는 입장과 유사함과 상이함을 동시에 보인다.

붓다는 비난받아야 마땅한 것에 대해서는 비판하고, 칭찬받아 마땅한 것에 대해서는 칭찬하는 것이 중요함을 누누이 강조했다. 좀 의외로 들릴지 모르나 붓다는 사회과학적 가치판단을 매우 중시했다. 그러나 다른 한편, 붓다 스스로가 가능한 한 직접적 비판을 삼갔고, 상대방 견해를 비판할 경우에는 반드시 사전에 스스로 점검해야 할 것이 다섯 가지가 있다고 하여, 비판에 극히 신중한 태도를 취했다. 그 다섯 가지란 다음과 같다.(『앙굿타라니카야』)

①비판하기에 적절한 때인가 아닌가

②거짓이 아닌 진실만을 말하는가

③가혹하지 않고 온화하게 말하는가

④해로운 방식이 아닌 유익한 방식으로 말하는가

⑤증오를 품지 않고 자애를 품은 마음으로 말하는가

이것은 오늘날 비판이 쉽게 앞서는 우리 사회가 귀 기울여야 할 중요한 가르침이요, 불자라면 꼭 실천으로 보여 주어야 할 태도이다.

이 책도 수많은 선행연구들을 참고했지만, 꼭 필요한 경우가 아닌 비교적 사소한 잘못에 대해서는 일일이 지적하지 않았다. 상대의 잘못을 지적하기보다는 자신의 견해를 다시 한번 반복적으로 제시하는 편이 더 나은 대화법이라고 믿기 때문이다.

결국 불자라면 '이야기하려면 법에 관하여 이야기하거나, 그렇지 않다면 성스러운 침묵 지키기'라는 붓다 말씀에 가능한 따르도록 힘쓸 일이다. 진실이라도 말할 것인가 아닌가를 다시 한 번 생각하는 버릇은, 다른 사람의 말을 무겁게 듣게 하는 효과까지 가진다. 법에 관한 이야기라도, 붓다는 반드시 요청이 있을 때 비로소 설했다. 그 사실을 염두에 두는 것만으로도 불필요한 말을 줄일 수 있을 것이다.

2. 인간과 사회를 연기적으로 보기

붓다 사상의 개혁적 성격 중 첫 번째로 꼽을 수 있는 것은 인간 차별을 부정한 것이다. 출생이라는 단 하나의 사실이 인생을 결정지어 버리는 사회를 개혁하려고 했던 것이다. 훌륭한 인간인가 아닌가는 태어남에 의해서가 아니라 행위에 의해서 결정된다는 것, 그 설법은 경전 도처에서 발견된다. 그 가르침이 반복적으로 설해져 있다는 것은, 인도 사회가 그 교리에 그만큼 강하게 저항했다는 증거이기도 하다. 따지고 보면 신분 차별이란 인간의 변화 가능성을 부정하는 인간관이요, 반(反) 연기적 인간관이다.

인간과 사회를 연기법으로 본다는 것은 어떤 것인가? 인간과 사회를 있는 그대로 본다는 것, 여실히 본다는 것은 구체적으로 어떻게 본다는 것인가? 그것은 다음 세 가지라고 생각한다. 첫째, 무분별지(無分別智, 니르비카르파)로 인간을 본다는 것, 둘째, 인간과 그가 처한 상황을 늘 변화하는 존재로 본다는 것, 그리고 셋째, 인간 사이의 관계를 상의상자(相依相資)의 관계로 본다는 것이다.

첫째, 연기법의 시각이란, 인간과 사회를 무분별지로 본다는 것이다. 사람들은 흔히 분별의 눈으로 사람을 본다. 학력이나 재산, 외모나 옷차림새, 나이, 성별이나 출신 지역 등 인간을 둘러싸고 있는 외부적 조건을 먼저 보고, 그 렌즈를 통하여 인간을 보는 습성이다. 외부적 조건은 워낙 변화가 빠른 것이므로 분별지(分別智, 분별심)는 인간을 있는 그대로의 모습으로 보는 것을 방해한다. 분별심이 강할수록 사람 보는 눈은 혼탁해진다. 사람을 여실히 볼 수 있는 눈이 없으므로 분별하기에 필요한 정보를 얻기 위하여, 가치 없는 질문을 해 대는 것이다. 분별심에 매달리고 급기야 분별심에 종속되는 것이다.

붓다의 지혜는 무분별지이다. 무분별지는 대승불교 개념이라고 알려져 있으나, 그것은 원래 붓다가 제행을 관찰하는 눈이었다. 붓다가 불가촉천민이나 여성을 승가 구성원으로 받아들였다는 것은, 카스트나 성별이라는 외형적 조건을 보지 않고 인간 그 자체를 보았다는 것, 무분별지로 인간을 보았다는 뜻과 다름이 없다. 무분별지는 인간 평등 실천의 바탕이었던 것이다.

나는 무분별지를 중시하는 실천이란 분별을 일으키게 하는 질문을 스스로 극도로 삼가는 것이라고 여기고 있다. 직업이 교수인지라, 학생에 대해서 필요 최소한의 정보 이외의 것은 얻으려 하지 않도록 노력해 왔다. 궁금한 것이 있을 때, 그것을 상대방에게 물어본다면 금방 알 수는 있다. 그러나 묻는 것을 참으면, 상대방을 보다 객관적이고 편견 없이, 즉 분별심을 가지지 않고 보는 눈이 떠진다. 무분별지가 왜 가치 있는 것인가를 느끼게 되는 것이다. 또한 분별지를 자제하는 것은, 상대방을 불편하게 하지 않는 태도, 상대방에게 고통을 발생시키지 않는 태도이기도 하다. 묻고 싶었던 것을 참았다는 경험, 상대방을 불편하게 하지 않았다는 것 자체를 수행과정이라고 여기고 그것을 가치 있는 행위로 여기게 되는 것이다. 그러한 과정에서 가끔은, 마치 어느 아라한이 '생명 가진 어떤 것에도 고통을 가하지 않는 무상해를 즐겨라'라는 말씀을 내 귀에 대고 전해 주는 듯한 느낌을 받기도 한다.

다른 한편, 나는 다른 사람에 대해서도 분별지로 이어지는 정보를 나 스스로 먼저 말하지 않으려고도 노력한다. 오늘날 우리 사회는 제 자랑하기 사회가 된 듯하다. 그런 가운데서도, 묻는 이 없어도 분별지를 만들어 내는 정보들을 스스로 드러내는 일이 없도록 스스로 삼가는 실천은, 결국 무분별지가 보다 중시되는 사회 만들기를 조금이라도 앞당길 수 있다고 믿는다. '만물이 평등하다'라는 것을 알면, 나는 우등한 사람에 속한다거나 열등한 사람에 속한다는 생각에서 벗어나 평화로운 삶을 얻는다'(『숫타니파타』)는 경구는 무분별지 실천이 평화로운 삶으로 이어짐을 보여 주는 가르침이다.

둘째, 인간과 그가 처한 상황을 늘 변화하는 존재로서 보는 실천은 어떤 것인가? 그것은 어떤 인간이라도 가볍게 보지 않는 실천이다. 갓난아이가 어린이를 거쳐 어른이 되는 시간은 의외로 빠르다. 불가경(不可輕)보살 이야기가 있다. 어린아이를 만나면 깊이 절하고 '당신은 훌륭한 어른이 될 수 있으니 결코 당신을 가볍게 볼 수 없습니다'라고 말하고 다니는 사람이다. 나는 가까운 젊은 부부들에게 '자식에게 하는 말 세 마디 중 한 마디는 존댓말로 하시라'고 적극적으로 권해 왔다. 아이를 둘 키웠으나 나 스스로가 가능한 한(적어도 세 마디 중 한 마디는) 존댓말을 사용하려고 노력했다. 어린아이에게도 '밥 먹으라' 보다는 '밥 먹으세요'란 말이 훨씬 평화롭지 않은가?

학생은 내일이면 선생이 되고 사회지도자가 될 수 있는 존재이다. 나는 지도 학생에게도 가능한 한 존댓말을 써 왔다. 과거나 지금이나 학교에서 맺어진 나와 학생과의 관계는 비교적 좋은 편이라고 자평하는데, 나는 학생에게 학생은 나에게 예의에 벗어난 짓을 적게 한 덕분으로 평화로운 관계가 이어져 왔다고 감사해한다. 서로 존중하고 예의를 지키는 관계가 더 평화스럽다.

셋째, 인간과 사회를 연기적으로 본다는 것은, 서로 의존하고 서로 이바지하는 관계임을 인식하는 것이다. 그러므로 상대방이 불행한데 자신만이 행복할 수는 없다는 것, 상대방의 행복을 증진하는 것이 곧 자신의 행복을 높이는 행위임을 자각하는 것이다. 가족관계나 교우관계, 노사관계나 사제관계나 모두 그러하고, 보다 넓게 보면 생명 있는 모든 것들을 행복하게 해 주는 것이 곧 자신의 행복을 높이는 것이다.

인간이 상의상자 관계 속에서 존재한다는 것은, 붓다 아니라도 니체와 같은 저명한 철학자 등도 강조했다. 그중에서도 그러한 관계를 가장 적절히 표현한 이를 들라면, 나는 20여 년 전 작고한 피터 데브리스(Peter De Vries)라는 작가의 다음과 같은 말을 들고 싶다: '자녀가 태어나기 전부터, 자녀를 기르기에 충분할 만큼 성숙한 사람이 어디 있겠는가? 결혼의 가치는 두 사람의 어른이 아이를 만들어 내는 데에 있는 것이 아니라, 태어난 아이가 그 부모를 진정한 성인으로 만들어 간다는 사실에 있다.'

사실 나는 지극히 붓다적인 이 말을, 장남 결혼식에서 하객(친족)들에 대한 답례 인사 원고에 인용했다. 자식으로 인해서 전보다는 조금이라도 성숙한 인간이 되었다는 것에 대하여 부모로서 감사한다는 소회를 밝히고 나서, 자식 키우는 동안 아이를 어떤 부정한 일에도 관련시키지 않았으므로 명예롭게 새 인생을 출발하라고 하는 당부를 아들 부부에게 했었다.

보다 넓은 사회 차원에서 보더라도 상호의존적 관계는 여전하다. 소년 고타마가 농경제에서 살벌한 세상 이치를 목격하고 나무 밑에서 선정에 들었던 것에 대해서는 이미 언급했다. 흙 속에서 나온 작은 벌레와 작은 새와 맹금류라는 자연계의 먹이사슬을 목격했던 일이다. 그런데 인간사회에서 일어나는 약육강식 현상을 마치 위의 먹이사슬 같은 현상이라고 잘못 이해하는 이들이 적지 않다. 약한 것이 강한 것에 먹히는 것, 인간사회에서도 강자가 약자를 지배하고 약자가 도태되는 것이 자연의 섭리라고 여기면서 약자 지

초기불교 : 붓다의 근본 가르침과 네 가지 쟁점

배를 합리화하려는 것이다. 그러나 고타마가 목격한 것은, 종을 달리하는 생명체 간의 먹이사슬이었을 뿐, 같은 종 안에서 일어나는 살벌한 일이 아니었다. 자연계에서 힘센 호랑이가 힘 약한 호랑이를 잡아먹는 일이 있는가?

약한 인간이든 강한 인간이든 그것은 일시적인 모습일 뿐이며, 인간이라면 모두가 평등하다. 강한 인간이 약한 인간을 먹잇감쯤으로 여기는 것을 약육강식이라고 합리화하는 것은, 애초부터 이치에 맞지 않는 이야기이다. 붓다는 약자의 희생과 불행 위에 자신의 행복을 쌓아 올려서는 안 된다고 가르쳤다. 그것은 적자생존 혹은 약육강식이라는 안이한 생각을 거부한 것이다.

현실사회에서는 사회적 약자가 있고 강자가 있다. 강자가 약자를 대하는 태도는 그 나라의 사회문화에 따라 다르다. 한국 사회는 이미 삼국시대부터 노비가 있었고 조선시대 500년은 노예제 국가라고 불릴 만큼 많은 수의 노비가 존재했고 그 노비는 세습되었다. 세계에서 유례가 없을 정도로 극단적인 신분 불평등 국가였던 것이다. 그 영향은 지금도 강하게 남아 있다. 힘 약한 사람을 거칠게 부리는 현상이 매우 두드러져 있다. 빈곤층이나 장애인을 사회적 부담이 되는 존재로 보는 눈도 적지 않다.

자립이라는 것도 가능한 한 긴 스팬으로 볼 일이다. 자립을 '누구의 도움 받지 않고 살아가는 것'이라고 정의한다면, 연기론적 자립이란 원천적으로 실현불가능하다. 인간은 누구나가 상의상자의 모습으로 살아가는 것이다. 하는 일(doing)뿐만 아니라 살아 있는 모습 그 자체(being)가 인간의 가치이다.

3. 오직 법의 길만을 걷기

붓다 마지막 제자는 스밧다라는 인물이다. 붓다가 쿠시나가라 사라쌍수 사이에 몸을 눕히고 있던 임종 직전에, 스밧다는 붓다를 뵙고자 했다. 아난다는 거절하였으나 오가는 이야기를 들은 붓다가 만남을 허락했는데, 그는 붓다에게 '육사외도와 같은 사람들은 모두 지혜를 가진 사람들인가'라고 물었다. 붓다는 어떤 사람도 팔정도 실천을 거듭했을 때만 진정한 지혜를 얻을 수 있다고 말하며 다음과 같은 게송으로 답했다.(『대반열반경』 제5장) '나는 29세 때 선을 구하여 출가했다. 출가 후 50여 년 동안 오직 법의 길 만을 걸어왔다. 법의 길을 걷는 것 이외에 깨달음(지혜)을 얻는 방법은 존재하지 않는다.'(강조는 인용자)

오직 법의 길만을 걸어 온 성자의 평화가 느껴지는 말이다. 법의 길만을 보고 그 실천을 조금씩 쌓아 가는 것 이외에 니르바나 경지를 맛볼 수 있는 방법이 없다는 것이다. 인생이란 결국 자신이 옳다고 생각하는 길만을 바라보고 가는 과정이다.

나는 가능한 한 스스로의 목표만을 바라보고 걷는 것이 곧 오직 법의 길만을 걸었던 붓다를 본받는 것이라고 생각한다. 그리고 주위 사람에게도 그리 권장해 왔다. 나는 친족만이 모인 딸 결혼식에서 신랑 신부와 하객들에게 좀 긴 인사말을 드렸는데, 그 원고를 다시 보니 역시 법의 길만을 걸었던 붓다를 의식한 내용이었음을 새삼 느낀다. 오로지 자신의 목표만을 보고 살아가도록 딸과 사위에게 당부한 인사말 일부를 그대로 옮겨 소개한다.

…전략… 오늘은 딸 N을 키운 비화 한 가지를 소개드리면서 그것을 신랑 신부에 대한 당부의 말로 삼으려 합니다.

N은 1990년 말띠 해에 태어났습니다. 아들 I는 호랑이띠로 태어난데다 이름에 寅 자가 들어 있어서 어릴 때부터 호랑이 물품을 모았습니다… 그런데 딸아이에게 馬 물품을 모아 주는 것은 왠지 좀 꺼려져서, 대신 부엉이를 모았습니다. 지금 그 부엉이 대부분은 이미 딸에게 가 있습니다만, 무슨 뜻으로 부엉이를 모았는지는 딸이 거의 다 자란 후에, 그것도 약간만 말해 주었습니다. 오늘은 그 뜻을 좀 자세히 그리고 신랑에게도 들려 드리겠습니다.

부엉이는 지혜의 신인 미네르바의 사자입니다. 부엉이에게서 배울 점은 두 가지인데, 오늘 신랑 신부는 그 점을 본받고 실천하며 살아가기를 당부합니다.

먼저, 부엉이는 어두운 밤하늘을 향해서 날 줄 압니다. 대부분의 새는 밝은 하늘에서 날다가 어두워지면 어둠을 등지고 둥지로 돌아옵니다. 그러나 부엉이는 그 밤하늘을 향하여 날아오릅니다. 어둠에 부딪히는 기세로 나는 것입니다. 아시아에서 여성으로 살아간다는 것이 결코 만만치 않아서 여성 차별이라는 벽이 딸을 좌절시키지 않을까 걱정도 했습니다만, 그러나 비록 그러한 경우를 겪더라도 바르지 못한 일에는 등을 돌리지 말고, 부엉이처럼 당당하게 그에 맞서는 용기 있는 여성이 되기를 바랐습니다. 우리는 가능한 한 자식의 생각을 제지하지 않고, 간섭하기보다는 기도하며 지켜보려고 노력해 왔는데, 저희 바람대로 딸은 자유롭고 거침없이 자랐습니다. 신랑 신부는 앞으로, 그리고 장래에 자식이 태어나더라도 어떤 차별의 벽도 만들지 말고, 바르지 못한 일에는 대항하면서, 주위를 조금이라도 밝게 만드는 사람이 되기를 바랍니다.

부엉이의 또 하나의 장점은, 눈동자를 돌리지 못한다는 점입니다. 경쟁이 심한 사회 속에서 살아가는 젊은이 입장에서 본다면, 주위를 잘 살피지 못하는 것이 어찌 장점일 수 있을까 하고 의아해할 수 있겠습니다. 그러나 저희 생각에는 주위를 지나치게 살피지 않는 것이야말로 젊은이가 마땅히 가져야 할 태도입니다. 부엉이는 눈동자를 돌리지 못하는 대신 고개를 사방으로 돌릴 수 있기 때문에, 꼭 필요할 때 주위를 살피는 데에는 지장이 없습니다.

토끼와 거북이 경주라는 이솝우화가 있지요. 거북이는 느리지만 게으름 피우지 않고 부지런히 걸어서 경주에서 이겼고, 걸음이 빠른 토끼는 자만하다가 지게 되었다는 이야기입니다. 그런데, 저희는 이 이야기를 좀 다르게 봅니다. 이 이야기는 무엇보다 부엉이 이야기와 관련지어 생각해 볼 때 그 교훈이 분명해집니다. 저희는 토끼와 거북이가 각각 무엇을 보고 있었는가에 주목합니다. 거북이는 목표 지점만을 보았습니다. 그런데, 토끼는 어땠습니까? 토끼는 거북이만 보고 있었지요. 게을러서가 아니라 목표를 보지 않아서 진 것입니다. 스스로의 목표를 보지 않고 옆 사람이 무엇을 하는지만을 보는 사람이, 늘 자기 목표를 보고 있는 사람보다 어찌 나은 인생을 살 수 있겠습니까? 목표만을 본다는 것, 그리고 함부로 눈을 돌리지 않는 것이야말로 인생에 있어서 더없이 귀중한 태도입니다.

목표를 가지고 그것을 보고 있는 한, 이야기 속 거북이처럼 죽기 살기로 걸어가야 할 이유도 없습니다. 때로는 푹 쉬고 때로는 뒷걸음질 쳐도 문제될 것이 없습니다. 뛰어가야 할 때도 있겠지만 휴식도 필요합니다. 걷다가 지치면 서로의 품이나 부모나 친지들 속에서 깊은 휴식을 취하면 됩니다. 혼자서 걸으면 빨리 갈 수 있지만, 둘이서 걸으면 멀리까지 갈 수 있습니다. 두 사람은 서로에게 휴식처가 되어 주기를 바라며, 만약 그러기 어려울 만큼 함께 지친다면 그때는 함께 쉬어 가면 됩니다. 목표만 가지고 있다면 서두를 것이 없습니다. 오키나와에서 자주 듣는 말처럼, 서둘러 간다 한들 그 앞에 별것이 있는 게 아닙니다.

나뭇가지에 앉아 어두워질 때까지 하염없이 기다리는 인내심, 날아야 할 때에는 주저하지 않고 어둠을 향해서 날 수 있는 용기, 그리고 자신의 목표만을 보고 불필요하게 이리저리 눈을 돌리지 않는 흔들림 없는 태도, 그것이야말로 부엉이가 가진 미덕입니다. 신랑 신부는 부엉이의 그런 모습을 본받아 실천하기를 바랍니다.

자식은 곁에 두고 있을 때나 떠나 있을 때나 부모로서 할 수 있는 일이란 그저 먼발치로 지켜보면서 사랑하고 기도하는 것뿐입니다. 우리는 앞으로도 신랑 신부의 행복을 위해 계속 기도하겠습니다…. …후략…

붓다의 길은 무소의 뿔처럼 혼자 가는 길이다. 하지만 또한 선지식(善知識, 좋은 벗)과 함께 걷는 길이기도 하다. 한때 아난다는, 선지식의 중요함을 거듭 강조하던 붓다에게 '저희가 좋은 친구를 가지고 좋은 동료들 속에서 생활한다는 것은 이 성스러운 길, 절반 정도를 이룬 것이라고 생각하는데, 어떤지요?'라고 여쭌 적이 있다.(『상윳타니카야』) 아난다는 아마도 붓다가 이 견해에 칭찬해 주실 것으로 기대했겠으나, 붓다 대답은 의외로 달랐다. '아난다여, 그것은 바르지 않다. 좋은 친구를 가지고 좋은 동료들 속에 함께 있다는 것은 이 성스러운 길의 전부(모든 것)이다.'(강조는 인용자)

이 말은 결코 과장이 아니었다고 본다. 붓다는 갑자기 동이 트는 것이 아니라, 아침노을이 그 전조로서 나타나는 것처럼, 깨달음을 얻는 불제자에게도 전조가 있다고 하면서, 그 전조란 선지식을 가까이하는 것이라고 설했다. 그만큼 선지식을 중시했다. 붓다는 비구가 지켜야 할 7가지 생활 태도로서 '악우를 가지지 않을 것'을 들

초기불교 : 붓다의 근본 가르침과 네 가지 쟁점

었다. 멀리 그리고 꾸준히 자기 길을 걷기 위해서는 좋은 동지가 필요한 것이다. 그런 동지 찾기 위해서라면 온갖 노력을 다한들 아까울 것이 없다.

4. 멈추기에 도전하기

초기불교에서 말하는 바른 행위란 법의 길을 걷는 것과 계를 지키는 것이었다. 두 가지 모두 지식이 아니라 실천이다. 계율이란 멈추기의 도전이다. 늘 하던 것을 멈추는 것이 도전의 본질이며, 특히 붓다가 보여 준 도전이 그 전형이었다. 도전은 행동이자 실천이며, 멈춤 또한 행동이자 실천이다.

붓다법에 따른다는 것, 불자로 살아간다는 것은, 붓다 가르침의 본질이 실천에 있다는 사실을 나 스스로에게 계속 들려 주는 습관을 몸에 붙이고 살아가는 것이다. 어떤 선택의 기로에 섰을 때 붓다 가르침을 그때그때의 행동 선택에 반영하려고 의식하는 습관을 가지는 것이다. 그것은, 붓다 설법을 먼 세계에서 들려 오는 목소리나, 경전에 새겨져 있는 인쇄물로서가 아니라, 바로 나의 귀에 대고 나에게 하시는 말씀이라고 의식하면서 살아가는 습관에 의해서 비로소 얻어진다.

『숫타니파타』나『담마파다』,『우다나』등에 실려 있는 게송은 멀리서 들려 오는 바른 말처럼 들릴 수도 있지만, 그 한 구절 한 구절을 붓다가 바로 내 귀에 대고 들려 주는 말이라고 받아들인다면 그 울림이 몰라볼 정도로 커진다.

기어츠(C. Geertz)*라는, 내가 존경하는 인류학자는 '촌락은 연구의 대상이 아니다. 촌락에 몸을 두고 연구하는 것이다'라는 유명한 말을 남겼다. 나는 이 말이 경전 공부에서도 그대로 통용된다고 본다. 말하자면 '경전이란 연구 대상물로서 바라볼 것이 아니다. 경전에 몸을 두고 그것을 탐구하는 것이다'라고 대치할 수 있다는 것이다. 경전 가르침을 이해하고 그에 공감하는 정도는, 어느 정도로 경전에 몸을 깊이 두고 있는가에 달려 있다. 오키나와에는 밤하늘 별을 올바른 길잡이에 비유한 민요 가사가 많다. 오키나와 밤바다를 보며 그 노래를 들을 때, 그것을 나를 위해 들려 주는 노래라고 생각하면, 그 가르침이 몸으로 스며드는 것 같은 느낌이 든다.

'나는 만인의 친구이다. 만인의 동지이며, 모든 살아 있는 것의 동조자이다. 자비로운 마음을 닦아서 남에게 해를 끼치지 않는 생활(無傷害의 삶)을 즐기자'(『테라가타』)는 것은 특히 내가 좋아하는 경전 문구이다. 이 평범해 보이는 문구도, 그것을 읊었던 2500년 전의 어느 아라한이 내 귀에 대고 읽어 주는 것으로 여긴다면, 혹은 마치 내가 그 무상해의 세계 속에 몸을 두고 읽는다고 여긴다면, 그

◇◇◇◇◇◇

* 기어츠의 저술은 여러 권 한국어로 번역되어 있다. 이 말의 출전인 *The Interpretation of Cultures*(Fontana Press, 1993)도 『문화의 해석』(문옥표 역, 까치, 2009)으로 번역되어 있다.

가르침의 스며듦이 크게 달라진다.

나는 오래전 일본 정토종 교리에 의문을 가지고 어느 정토종 스님에게 이렇게 물은 적이 있다. '정토종에서는 불교 교리를 익히지 않더라도 나무아미타불 염불만으로 성불할 수 있다고 들었습니다. 그런데, 일반 신도뿐만 아니라 출가자들에게도 역시 염불만을 강조합니까?' 이 질문에 그 스님은 그렇다고 대답하면서, 잠시 후 다음과 같은 한마디를 덧붙였다. '하지만, 단 한 번이라도, 바른 마음가짐을 가지고 나무아미타불을 읊는다는 것은 쉬운 일이 아닙니다.'

이 한마디는 나에게 큰 자성을 주었다. 경전 읽기도 그와 마찬가지가 아닐까 하고 생각했던 것이다. 즉 경전 한 구절도 마치 붓다가 귀에 대고 들려 주는 말씀과 같이 바른 마음가짐으로 그것을 듣는 것이 결코 쉬운 일이 아니라는 자각을 주었던 것이다. 그 후 나는 경전을 읽을 때, 가능한 한 경전 속에 몸을 두고 읽는 것을 의식하게 되었다.

붓다 깨달음이란 밤바다 뱃길을 알려 주는 북극성 같은 길잡이다. 붓다처럼, 완전한 깨달음을 이룬 북극성 같은 존재가 되는 것을 수행의 목표로 삼지 말라는 법은 없다. 그러나 붓다라는 길잡이에 따라 길을 가는 것을 목표로 하는 삶, 그것 역시 더없이 귀중한 목표가 될 수 있지 않을까? 나는 붓다의 길 따라 걷기를 목표로 삼고 살아가기로 한 사람이다. 그것을 실천하는 정도는, 붓다 법을 경전에 인쇄된 글귀로 받아들이느냐, 아니면 바로 이 순간 나

를 위해 해 주는 말씀이라고 받아들이느냐에 달려 있다고 생각한
다.

　나는 붓다가 보여 준 참된 수행이란 '유혹을 뿌리치는 생활을 삶
속에서 본능적으로 실천하는 습관을 쌓아 가는 것'이라고 생각한
다. 유혹을 뿌리치게 하는 것, 그것이 계율이다. 계율은 자유를 억
압하는 것인가? 어떤 것이나 먹을 수 있는 자유가 내게는 있다는
생각도 있을 수 있다. 아무것이나 먹을 수 있지만, 그럼에도 불구
하고 그중 어떤 음식은 먹지 않을 자유가 나에게 있다고 마음먹는
것 역시 가능하다. 사람들은 진정 어떤 것이나 마음대로 먹을 수
있는 자유, 그러한 자유를 원하는 것일까? 진정한 자유란, 어떤
규율 속에 묶여 있으면서, 그럼에도 불구하고 누리는 자유, 그러한
자유가 아닐까? 계율이 속박이라면 계율이 많아질수록 자유가 줄
어든다. 그러나 붓다는, 진정한 자유를 얻으려고 스스로를 계율에
속박했다. 진정한 자유란 누구나가 스스로 정한 계율 속에서 마침
내 맛볼 수 있는 것 아닐까?

　악마를 뿌리치는 붓다 모습이 우리에게 가르쳐 주는 것은, 유혹
을 뿌리칠 때 내일은 오늘보다 더 자유롭고 평화로운 삶이 약속된
다는 것이다. 평화로운 삶, 다른 모든 생명에 상해를 가하지 않는
삶을 추구하는 과정에서, 그것에 방해가 되는 모든 조건들이 악마
이다. 보다 평화로운 삶을 추구하지 않는 무기력함(태만), 숙명론적
태도, 거짓, 성냄, 위선 등이 모두 악마이다. 그러한 유혹을 모두
떨쳐 내는 생활을 습관으로 만들어 가는 것, 그것이 곧 계율의 진

정한 의도 아닐까?

나는 제4장에서 마음에 남는 스님 세 분을 언급했는데, 사실은 마음에 두고 있는 스님이 한 분 더 있다. 원공 스님이라는 분인데, 법명 이외에 내가 알고 있는 유일한 것은, 비록 오래전에 들은 이야기이지만, 그분은 매일 걷는다는 사실 뿐이다.

걷기를 계속하는 것, 즉 유행(遊行)은 초기불교의 수행법이었고 붓다 스스로가 입멸할 때까지 지킨 생활법이었다. 붓다가 우기를 제외하고 늘 유행했던 것에는 두 가지 의미가 있었다고 생각된다. 하나는 중생에게 한걸음이라도 다가가겠다는 의지이다. 법 듣기를 원하는 사람들, 법을 들음으로써 고통 문제를 해결할 수 있는 사람이 있다면, 그곳이 어디든 다가가는 것이다. 다른 하나는, 아마도 이것이야말로 유행의 본뜻이라고 생각되는데, 그것은 집착하지 않음을 보여 주는 상징적 행위였다. 내 것이라거나 나의 거처라거나 하는 집착을 버리겠다는 의지, 그것을 몸소 보여 주었던 것이다. 유행의 본뜻은 붓다의 다음과 같은 전도(傳道)선언에 잘 나타나 있다.(『상응부경전』) '비구들이여 유행하라. 많은 사람의 이익을 위하여 많은 사람들의 안락을 위하여, 세상 사람들의 애민(哀愍)을 위하여.'

붓다 생활법이던 유행이 승가에서 멀어지게 된 것에는, 정사(精舍)주의를 관철하던 부파불교의 영향이 가장 컸다고 생각된다. 정사 거주는 곧 유행의 단절이었다. 하지만, 유행을 수행법으로 삼았던 자이나교 승려는 지금도 이 사찰에서 저 사찰로 끊임없이 유행한다. 자이나교 사원은 유행하는 출가자들이 잠시 머무는 공간일 뿐, 그 모든 운영은 신도들의 손에 맡겨져 있다. 걸어서 온 승려가 사원에 도착하면 신도들은 음식과 물을 준비하고 있다가 그것을 정성껏 제공하고 스님은 선 채로 음식을 손으로 받아먹는다. 그리고 필요에 따라 설법하고 수행하며 곧 다시 시작되는 유행을 위하여 최소한의 휴식을 취하는 것이다. 집착하지 않고 안락함을 추구하지 않는다는 것을 실천하는 것이 곧 유행이며, 그런 만큼 출가자에 대한 신자의 존경이 깊은 것이다.

자이나교 유행이 지금까지 이어져 온 것은, 초기불교 전통을 단절시킨 부파불교와 같은 분열을 경험하지 않았기 때문일 것이다. 나는 원공 스님이 하루 걷기를 마친 다음 어디서 머무는지, 스님 도착을 기다리는 사찰과 신자들이 있기라도 하는지 등이 궁금하다. 한국불교는 현전승가 아닌 사방승가를 지향하므로 승려라면 어떤 사찰이든 편하게 쉬고 떠날 수 있을 법 하지만, 현실이 그러한지는 의문이다. 분명한 것은 원공 스님이 늘 걸었다는 사실, 머물지 않고 유행을 실천했다는 사실이다.

한 평론가(배상문, 『비유의 발견』, 북포스)는 민주주의자니 남녀평등주의자니 하는 다양한 종류의 '~주의자' 중에서, 오직 믿을 만한 것은 채식주의자라고 말한 적이 있다. 채식주의자란 그 주의(主義)라는 것을 실천하는지 아닌지를 외부인의 눈으로 확인하는 것이 가능하기 때문이라는 이유였다. 그의 말을 빌어 표현하자면, 나는 재가자든 출가자든, 초기불교주의자든 대승불교주의자든, 눈으로 그 실천을 확인할 수 있는 것 중 최고의 수행이 바로 유행이라고 생각

초기불교 : 붓다의 근본 가르침과 네 가지 쟁점

한다. 그것은 어디에도 집착하지 않겠다는 의지, 어느 곳에도 집착하는 마음이 생기기 전에 떠나겠다는 의지이며, 악마의 유혹을 결연하게 뿌리치는 행위이다. 이것이 내가 원공 스님을 귀중한 분이라고 생각하는 까닭이다.

5. 타인의 고통 해소에서 가치 찾기

불자인가 아닌가를 구분하는 중요한 기준의 하나가, 타인의 고통을 해소해 주는 행위를 중요한 가치로 여기느냐 아니냐에 있다고 나는 생각한다. 나는 30대 초반에 대학 교원이 된 이래, 연구자와 교육자라는 두 가지 얼굴 중 나 스스로를 연구자라고 생각하는 시절이 비교적 길었다. 내가 교육자라는 자의식을 보다 강하게 가지기 시작한 것은 40대 중반에 들어서인 것 같다. 거기에는 자연스레 나이 든 영향도 있었을 것이고, 혹은 그 시기에 나는 불교사상에 관한 공부를 보다 체계적으로 다시 시작하여 경전을 집중적으로 읽기 시작했으므로 그 영향도 있었을 것이다.

스스로를 교육자로 인식한다는 것은 쉽게 말하면, 학생들이 학습과 연구에 관련하여 가지는 물음에 적확하게 대응하여 그 의문을 풀어주는 행위, 학생의 고민을 해소해 주는 행위를, 마치 내가 어떤 큰 연구성과를 낸 것과 마찬가지로 가치 있는 행위라고 여기게 되었다는 뜻이다. 또한 취업이나 연구지원금을 위한 추천서를

쓸 때에는, 좀 엉뚱하게 들릴지 모르나, 대장경 판본 새기던 이가 한 글자 새길 때마다 먼저 삼배를 실천했다는 이야기를 떠올리게 되었다. 그래서 그냥 형식적인 추천 문구가 아니라, 말하자면 기도하는 마음으로 추천서를 쓰게 되었다. 무엇보다도 어떤 문제를 가진 학생이 문제 해결할 수 있도록 돕는 일에 큰 가치를 발견하게 되었다. 붓다 자비는 흔히 발고여락(拔苦與樂), 즉 고통을 뽑아 없애고 편안함을 주는 행위로 불린다. 학생을 대할 때, 붓다 자비를 의식한다는 것은 학생이 가진 고통 문제 해결 과정을 나 자신의 수행과정과 다름 없다고 강하게 의식하게 되었다는 뜻이기도 하다. 이 점은 붓다 가르침을 의식하게 되면서 나에게 일어난 좀 놀랄 만한 변화의 하나이다.

한 사람의 학생이 중요하다는 것, 그 문제 해결이 나에게도 매우 중요한 과제라고 인식하고, 당사자인 학생과 협력하여 문제 해결에 노력했던 경험 하나를 여기에서 소개한다.

수년 전 가을 학기, 세미나 수업에 참가하기 어렵다고 호소하는 학생 세 명을 지도하게 되었다. 세미나 수업이란 십여 명의 학생을 한 클래스로 하여 담당교수가 정한 주제에 관하여 소그룹 활동으로 탐구해 가는 정규수업이다. 그런데, 작은 교실에서 다른 학생과 마주 앉아 수업받는 것에 고통을 호소하는 학생도 있고, 토론에 대해서도 고통을 호소하는 학생이 가끔 있다. 그럴 경우 해당 학생만을 대상으로 강좌를 분리하여 만들기도 하는데, 그 학기에 그런 학생 세 명을 내가 지도하게 되었던 것이다. 3학년 한 명 한 클래스, 2학년 두 명 한 클래스, 이렇게 두 개 강좌를 이끌어 가게 되었다. 물론 수업은 학습을 우선으로 하지만, 개별 문제 해결을 늘 염두에 두게 된다. 소개하고 싶은 것은 그중 3학년 M이라는 남학생 케이스이다.

처음 보는 얼굴인 M군의 인상은 어두웠고 무표정했다. 앞머리가 거의 눈을 가릴 정도까지 내려와 있었다. 연구실에서 단둘이 마주 앉아 시간을 들여서 자기 소개를 받는데, 그가 고통스러워 하는 문제는 다음과 같았다.

그는 심하게 말을 더듬었다. 어린 시절부터라고 하는데, 대학 2학년 때 1년 휴학하고 집중적으로 말더듬이를 고쳐보려고 여러 병원을 다녔지만, 그 원인을 찾을 수 없었으며, 더구나 더 이상 개선될 여지가 없다는 진단을 받았다고 했다. 그 직후에 나를 만난 것이다. 그는 자포자기 상태에 있었다. 어린 시절 말더듬이로 심한 왕따를 당했고, 그로 인하여 사람을 피하게 되고 친구가 없었으며, 모르는 학생과 마주 앉으면 고통을 느낀다고 했다. 그의 이야기를 듣는 도중에도, 어떻게 대처해야 할까, 문득 문득 붓다라면 이 어려운 문제에 어떻게 대응하실까 하는 생각이 떠올랐다. 첫 만남에서 약 한 시간 정도 그의 이야기를 들었다. 나는 다음과 같이 솔직하게 내 생각을 전했다.

"십칠팔 년 동안이나 계속 말더듬이로 고통받아 왔는데, 병원치료를 받음으로써 그것이 말끔히 나을 것이라고 기대하는 것 자체가 어리석은 일 아닐까? 이 문제를 해결할 수 있는 사람은 오직 자네뿐이다. 스스로 궁리하여 어제보다는 오늘, 오늘보다는 내일, 듣는 이가 좀 더 잘 알아들을 수 있도록 발음하려고 노력하는 것, 그것이 중요하지 않을까? 평생 노력해도 생각대로 개선되지 않을 수도 있겠지만, 죽을 때까지 조금이라도 자기 말이 잘 전해지도록 노력하며 살아가는 것, 그것이 가치 있는 인생 아닐까? 그러니 다음 주에 만날 때, 내가 자네 말을 오늘보다 조금이라도 더 쉽게 알아듣게 된다면, 그것이 중요한 발전이라고 생각하네."

아무래도 붓다 가르침을 의식한 발언이라 좀 무거운 이야기가 되었나 하는 느낌도 있었는데, M군은 가만히 듣고 있다가 돌아가기 전에 좀 겸연쩍은 듯이 나에게 감사 인사를 했다. "선생님을 만난 것이 정말 잘된 일이라고 생각합니다."

다음 만남부터는 주로 정해진 주제에 대하여 공부하는 시간이었다. 다만 세미나 수업이기 때문에 아무래도 대화가 많았다. 나는 그가 특별히 발음하기 어려워하는 단어가 있다는 느낌을 받았다. 예를 들면 의료, 병원, 치료 등과 같은 용어였다. 병원(보오인)이라는 말의 첫마디가 쉽게 나오지 않는 모습이었다. 다행히 M군은 기초 영어에는 비교적 익숙했다. 내가 M군에게 '호스피털(Hospital)'이라는 단어를 발음해 보도록 했더니 그는 더듬거리지 않고 '호스피털'이라고 비교적 자연스레 발음했다. 나는 그에게 이렇게 제안했다.

"나는, 병원이라는 낱말 발음에 자네 몸이 저항하고 있다고 생각하네. 병원이라는 말을 입에 담는 것을 거부하는 것 말일세. 생각해 보면, 그것은 자연스러운 이치일 것 같네. 마지막 희망이라고가 보았지만 아무런 도움도 받지 못했던 곳, 그 병원이라는 단어를 입에 담는 것에 대하여, 자네 몸과 자네 입과 자네 혀가 저항하는 것 아닐까? 나는 자네 몸이 아주 솔직하다고 생각하네. 자네 몸이 그렇게 반응한다는 것을 있는 그대로 받아들이고, 앞으로는 병원 대신에 '호스피털'이라는 단어를 사용해 보게. 그 정도 단어는 누구라도 대개 알아들으니 말일세. 상대방에게는 자네가 말더듬이고 특히 발음하기 어려운 단어가 있기 때문에 발음하기 쉬운 말을 골라서 한다고 미리 말해 둔다면, 누구든 이해해 줄 것일세."

그러한 과정을 거치면서 열두세 번의 학습시간이 지나고 그는 다음 학기부터는 보통 학생처럼 일반 세미나 수업에 참석할 수 있게 되었다. 4학년 졸업세미나 클래스를 선택할 때, 담당교수는 학생들 희망을 우선시하는데, 그는 나의 졸업세미나에 들어 왔다. 그는 놀랍게도 수업 중에 웃음을 띠기도 했다. 클래스메이트들은 그가 말할 때에는 조용히 참고 잘 들어 주었다.

4학년 여름방학이 끝날 무렵 약속도 없이 M군이 연구실을 찾아 왔다. 앞머리를 자른 모습에 밝은 얼굴이었다. "건강해 보이는구먼"이라고 인사말을 건넸더니 "네 맞습니다. 취직 통지를 받았습니다"라고 했다. 그의 본가는 나라(奈良)현인데, 근처 감 농장 기업에 취직이 결정되었다고 했다. 집에서 가까운 곳이고 바라던 취직이라고 했다. 나라는 단감 산지로 유명한 곳이다. "반가운 소식이다. 축하하네. 부모님이 좋아하셨겠다"라고 했더니, 순간 눈물을 글썽이며 이렇게 대답했다. "물론 좋아하십니다. 그동안 저 때문에 걱정을 많이 하셨으니까요."

M군과는 그렇게 1년 반을 정기적으로 만난 셈이다. 졸업 때까지 그 기간 동안 M군 생각을 머리에서 놓은 적이 별로 없는 것 같다. 그와 나의 관계는 연기적이었다. 그가 나로 인하여 성숙한 부분이 있다면 나 역시 그 덕택에 좀 더 성숙해졌다. 고통 문제를 가진 사람을 조금 더 잘 이해하게 된 것처럼 느낀다. 그의 고통을 조금이라도 덜어 주는 것이 나에게는 매우 중요한 일이라는 것도, 역시 그 이전보다 확실히 의식하게 되었다. 붓다 가르침을 더욱 의식하는 삶에 가까워진 것이다.

6. 제념(諦念)하기

비록 수긍하지 못하는 일이 있더라도 그것을 있는 그대로 받아들이는 태도, 그것을 한자로는 '諦'(체)라고 한다. 諦는 사성[제]의 그 諦이다. 나는 오래진의 저서에서, '체념(諦念)'이라는 말이, 우리말 사전에도 '도리를 깨닫는 마음'을 뜻한다고 기술되어 있음을 상기시킨 적이 있다. 보통 체념이라고 하면, 생각을 그만둔다, 포기한다, 단념한다는 뜻으로 사용되지만, 사전에도 '아주 단념하다'라는 뜻은 부차적인 의미이며, 본뜻은 사물을 있는 그대로 보는 것을 뜻한다.

초기불교 : 붓다의 근본 가르침과 네 가지 쟁점

나는, 諦를 사성제의 경우처럼 '제'로 읽는 것이 나을 성싶다. 그래서 나는 여기서 '제념(諦念)'이라는 새로운 불교 용어를 제안한다. 체념이라는 말을 그대로 두고 제념이라는 뜻으로 받아들이면 될 것 아닌가 하는 의견도 있겠지만, 이미 체념이라는 말에는 단념한다는 이미지가 너무 커져 있다. 그래서 사물을 있는 그대로 보는 마음, 그것을 표현하는 불교 용어로서 '諦念'이라고 쓰고 '제념'이라고 읽기를 제안하는 것이다. 특별히 이 제념이라는 말을 제안하기까지 하는 이유는, '제념하는 태도'가 우리 사회의 매우 시급한 과제라고 생각하고, 그 점을 환기하고 싶기 때문이다.

사실 붓다가 깨달았던 것은 만물이 있는 그대로의 모습, 즉 실상을 깨달은 것이다. 그 실상을 있는 그대로 보는 것이 정견이요, 조견이다. 두카[苦]는 원래 자신의 마음대로 되지 않는 것을 뜻한다. 다른 사람이나 사물은 그 나름대로의 생각과 움직임을 가지고 있으며, 그것은 자신의 욕심대로 되는 것이 아니다. 다른 사람이 자신의 뜻대로 움직여 주기를 바라는 욕심이 두카, 즉 고의 원천이다. 그러므로, 다른 사람은 자신의 마음대로 되는 것이 아니라는 것을 체념하는 것만으로도 고통과 갈등 발생은 크게 억제할 수 있다. 제념은 붓다가 실천으로 보여 준 모습이었다.

붓다는 예를 들어 당시 인도 민중들이 윤회를 믿고 사는 것에 대해서 제념했다고 나는 생각한다. 인간 안에는 아트만이 있고, 인간은 죽은 후에도 이생에 있었던 아트만이 다른 생명체의 실체가 되기 때문에, 아트만은 영원불멸이라고 그들은 믿고 있었다. 즉 윤회는 인도 사회문화 속에 녹아 있었고, 민중들에게는 의심의 여지가 없는 삶의 일부였다. 붓다는 바라문적 윤회를 타파 대상으로 보았지만 윤회를 믿는 민중도 끌어안았다. 자신의 생각이나 바람과는 무관한 원리로 그들이 움직이고 존재한다는 사실을 제념하고, 현실을 있는 그대로 겸허하게 받아들인 것이다. 제념이란 자신의 바람이나 욕심의 눈으로 사람을 대하는 것을 그만두는 것이다. 그래서 붓다는 대중의 윤회관을 바꾸지 않고서도 법을 전할 수 있었던 것이다.

석가족은 붓다 재세 시에 코살라국에 의해 멸망했는데, 붓다는 그것을 막으려고 노력했다. 코살라국왕 비두다바가 군대를 이끌고 석가족으로 진격할 때, 붓다는 앙상한 나무 밑에 앉아 그들을 맞았다. '잎이 무성한 큰 나무도 많은데, 왜 앙상한 나무 밑에 앉아 있는가'라는 비두다바의 질문에 붓다는 '친족의 나무 그늘은 다른 나무 그늘보다 낫다'라고 대답했다. 이 말을 듣고 그는 회군했다. 그런 일이 두 번 있었다. 그러나 비두다바가 세 번째 출병했을 때, 붓다는 제념했다. 자신의 힘으로는 막을 수 없다는 것을, 있는 그대로 받아들였던 것이다.

그렇다면, 현대를 사는 우리가 제념을 실천함으로써 얻을 수 있는 것은 무엇인가?

무엇보다도 어떤 현상에 대하여, 자신의 견해와 세상의 견해 사이에 존재하는 간격을 인식하게 하고, 그 간격을 현실로 받아들이게 하는 것에 도움이 된다. 자신과 외부세계 사이에는 많은 간극이나 괴리가 존재한다. 무분별지가 지고한 가치라고 하더라도, 현실 세계에서는 분별지에 의하여 일들이 결정되는 경우가 허다하다. 진리를 중심으로 힘이 합해지기보다는 같은 학교, 같은 고향, 같은 종교 등의 요인으로 힘이 규합되는 일이 얼마나 많은가? 세상 인심은 자신의 뜻과 다르며, 자평과 타평 사이에도 괴리가 있다. 그리고 무엇보다도 개혁할 수 있는 것과 개혁할 수 없는 것 사이의 괴리도 있다. 따지고 보면 그 괴리란 존재하는 것이 당연하다. 그러한 당연한 이치를 받아들이는 것이 곧 사회의 실상을 보는 것이다.

우리 사회에서 일어나는 끊임없는 대결과 논쟁은 제념의 부재에 그 원인이 있는 것처럼 보인다. 예를 들어 화쟁이 이루어지지 못하고 다수결에 의한 표결이 이루어졌다고 할 때, 그 결과가 자신의 의견과 다르게 나왔다면, 그것은 자기 견해와 세상 인심 사이에 간극이 있다는 뜻이다. 자신의 의견이, 다른 많은 사람들에게는 통하지 않는다는 것이 사실로 입증된 것이다. 그것을 받아들이는 것이 제념이다. 그 결과를 받아들이지 않는 것은, 세상 원리가 자신의 논리와 다르게 돌아간다는 이치를 받아들이지 않는 것과 같다.

사회제도나 관행, 말하자면 사회의 카르마는 오랜 시일에 걸쳐 만들어진 것이므로 쉽게 변하지 않는다. 사람들의 고통을 유발하는 사회문화가 존재한다면 응당 그 개혁에 노력하는 것이 불자의 도리이다. 그러나 인생은 의외로 짧고 사회 관행 개혁에는 많은 시간과 노력이 든다. '노력해서 바꿀 수 있는 것이 무엇이며, 노력해도 바꿀 수 없는 것은 무엇인가, 그리고 바꿀 수 있는 것과 바꿀 수 없는 것을 구분해 낼 수 있는 지혜의 눈을 어떻게 하면 가질 수 있는가?' 이것을 끊임없이 붓다에게 묻고, 자기 스스로에게 묻는 것이 필요하다. 그리고 그 해답을 구하기 위하여 끊임없이 붓다의 삶을 살펴보고, 또 자신의 삶을 살펴보는 것이 필요하다. 그리 노력하는 사람, 그 사람이야말로 불자라는 이름에 어울리는 사람이라 할 것이다.

초기불교 : 붓다의 근본 가르침과 네 가지 쟁점

초기불교 : 붓다의 근본 가르침과 네 가지 쟁점

ㅇ

초기불교 : 붓다의 근본 가르침과 네 가지 쟁점

사진과 해설

1. 인간 붓다의 역사적 사실성

'인간 붓다'는 관련 유적의 고고학적 발굴에 의해 확인된 역사적 사실이다. 그리고 고대 인도 성지를 여행한 여러 법사들, 경전에 등장하는 나무나 자연환경 등도 그 사실성을 높여 준다.

1-1

1-2

1-1 잠부나무. 경전은 '소년 고타마는 어느 날 한낮이 조금 지났을 무렵 나무 아래에 앉아 사색에 들었는데, 다른 모든 나무 그늘은 모두 옮겨 갔으나 오로지 염부수 나무 그늘만은 그의 몸에서 떠나지 않았다'라고 전한다. 그 묘사 그대로의 모습이다. (룸비니에서)

1-2 붓다가 깨달음을 얻기 전까지 수행했던 전정각산(前定覺山). 끝없는 평원지대 가운데 특이하게 솟아 있다. 코끼리 머리처럼 보인다. (수잣타 마을 근처에서 본 모습)

1-3 왕사성 북문 근처. (칠엽굴이 있는 돌산에서 내려다본 모습)

1-4 영취산(독수리봉) 산정에 있는 독수리 모양의 바위. 독수리봉이라는 이름의 내력을 한눈에 알 수 있다.

1-3

1-4

2. 붓다와 강, 평원

히말라야에서 수직으로 내려오는 많은 강줄기는 비옥한 평원을 만들었다.
그리고 그 강줄기를 받아들이며 동쪽으로 흐르는 강가는 인도적 풍토의 산모이다.

2-1　카쿠타강. 붓다는 병든 몸을 간신히 지탱하며 이 강에 와서 목욕하고 물을 마셨다. 나는 평소 잠들기 전 이 강을 떠올리고, 오른쪽(동쪽)에서 강을 향하는 맨발의 붓다를 그려 본다. 그 모습이 또렷이 떠오르지 않을 때면, 새삼 평화롭지 못한 마음을 반성한다.

2-2　붓다 입멸 장소 옆을 흐르는 히라니야바티강.

2-3　룸비니 근처 전원 풍경. 물이 풍부하고, 땅이 한없이 넓고도 비옥해 보인다.

2-4　갠지스 평원의 일몰.

2-5　갠지스강의 새벽 목욕 모습. 힌두교도 생활지침서는 알몸 목욕을 금하고 있다. 이곳 목욕이 지은 죄를 정화해 준다고 믿는 사람

2-5

도 있지만, 목욕을 청정하게 살겠다는 자기 약속이라고 여기는 힌두교도들도 많다. (바라나시)

2-6 바라나시 갠지스 강변의 화장장. 유골은 갠지스강에 밀어 넣는다. 쌓여 있는 장작은 망고나무. 인도인에게 망고나무는 열반을 주는 나무로서 신성시되며 다비에 사용된다.

2-7 인도 북중부 지역에서 우연히 목격한 물가에서의 다비 장면. 유골은 흐르고 흘러 내려가 망자의 바램대로 드디어는 갠지스강에 도달할 것이다.

2-8 망고나무는 한두 그루라도 반드시 그 임자가 있다고 한다. 수행자들이 망고원에 머무를 때에는 주인 허락이 필요하지 않았다고 한다. (사진은 바이샬리의 어느 망고원)

2-6

2-7

2-8

3. 붓다 탄생의 땅, 룸비니

붓다는 '태어난 곳, 깨달음을 얻은 곳, 초전법륜의 땅, 입멸의 땅'이라는 네 곳이 마음을 청정하게 하는 장소라고 설했다. 그 네 곳이 불교 4대 성지이다.

3-1

3-2

3-1 붓다 탄생지 룸비니. 붓다 탄생지를 기념하는 마야성당, 산욕에 사용되었다고 전해지는 푸스카리니연못, 그리고 아소카왕석주가 보인다.

3-2 우산과 같은 모습의 무우수(無憂樹). 마야부인은 무우수 아래에서 가지를 잡고 출산했다고 전해진다. (룸비니)

3-3 석주에 새겨진 아소카왕 비문. 현장 스님은 이 석주 위에 코끼리상이 있었으나 벼락으로 석주가 부러져 바닥에 떨어져 있다고 기록했는데, 그 코끼리상은 남아 있지 않다.

3-4 룸비니 보리수 근처에는 많은 순례자들로 붐빈다. 나무에는 티베트불교에서 흔히 볼 수 있는 룽따(風馬)라고 불리는 경전이 쓰여진 천이 달려 있다. 바람과 더불어 널리 퍼져 나가라는 염원이 담겨 있다.

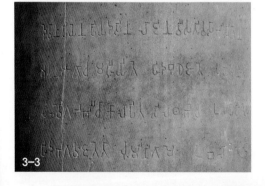

3-3

3-4

4. 붓다 깨달음의 땅, 부다가야

붓다는 출가 후 곧장 사상가들이 모여들던 마가다국으로 가서 그 일대에서 6년간 극단적 고행을 포함한 수행을 거듭한 후, 네란자라강 기슭 보리수나무 아래에서 깨달음을 얻었다. 깨달음의 장소에는 마하보디사원이 건립되어 있고 보리수나무 밑에는 금강좌가 보존되어 있어, 지금도 많은 수행자들과 순례자들로 붐빈다.

4-1 붓다 정각지에 건립된 마하보디사원 전경. 지상에서 50여 미터의 높이지만, 불교도들은 이곳을 모두 흙으로 덮어 숨김으로써 이슬람의 파괴로부터 보존해 냈다. 그 복원에는 미얀마 불교도의 공헌이 컸다.

4-2 사원 안에 모셔져 있는 불상. 정해진 시간에 꽃이나 과일 등을 공양하려는 불교도들로 붐빈다. 불상 위 보리수나무 잎이 특징적이다.

4-3 사원의 서쪽 면에 서 있는 보리수나무. 붓다 재세 시를 기준으로 할 때, 3대 혹은 4대째이다. 나무 아래에 금강좌가 보존되어 있다.

4-4 마하보디사원의 순례자들. 사원 외벽은 아름다운 불상들로 조각되어 있다.

4-2

4-3

4-4

5. 초전법륜의 땅, 사르나트 녹야원(鹿野苑)

붓다는 전도(傳道)를 결심하고, 전에 수행 경험을 같이 했던 다섯 비구를 찾아, 부다가야에서 약 250km 떨어진 녹야원으로 와서 처음으로 설법했다.

5-1 다르마라지카(진리의 왕) 스투파 터. 뒤쪽 한편에 붓다가 거주했던 간다쿠티(여래향실) 터가 보인다. 붓다가 첫 번째 안거를 보낸 곳이다.

5-2 초전법륜의 땅을 기념하는 다메크 스투파. 진리를 굴린다는 뜻이라고 한다. 스투파는 아름다운 문양들로 조각장식이 되어 있다.

5-3 아소카왕의 석주. 부러진 머리 부분의 네 마리 사자상은 인도 조각의 걸작으로 인도의 국장(國章)이다. 석주는 부파불교 시대에 세워졌는데, 이 칙서는 승가 분열을 우려하는 내용이라고 한다.

6. 붓다 입멸의 땅, 쿠시나가라

붓다는 마라족의 땅 쿠시나가라에 도착하여 두 그루 사라수 사이에 몸을 눕히고 입멸한다.

6-1

6-2

6-1 붓다 다비 장소에 만들어진 라마바르 스투파. 근처에는 사리 팔분의 상징물로서 8개의 작은 스투파가 있다.

6-2 열반당 안에 모셔진 열반상. 머리를 북쪽으로 얼굴을 서쪽으로 하고 있다. 이슬람 침공 시에 불교도들이 감추었던 모양으로, 근처 히라니야바티강 바닥에서 발굴되어 복구되었다고 한다.

6-3 열반당 주위의 전경.

6-4 사라수 두 그루[沙羅雙樹]. 사라수는 여러 열반도(涅槃圖)에 그려져 있는 모습 그대로 곧게 뻗은 나무이다. 불화 역시 사실에 바탕을 두고 그려진 것이다. 산스크리트어 별칭 아슈바카르나는 그 잎 모양새인 '말[馬] 귀'라는 의미라고 하는데, 내가 주워 온 사라수 나뭇잎을 보면 정말 말 귀처럼 생겼다.

6-3

6-4

7. 스투파와 유적들

불탑의 기원은 붓다 유골, 즉 사리를 모시기 위해서였다. 그 후 붓다와 연이 있는 물건 등을 위한 스투파, 붓다 제자들의 스투파 등 다양한 불탑이 세워졌다.

7-1 케사리아 스투파. 케사리아는 붓다가 카필라성을 나선 후 삭발한 곳이다. 꼭대기가 발우 모습인 이 스투파는, 붓다 마지막 유행에서 이별을 아쉬워하는 리차비족에게 붓다가 건넨 발우를 모신 곳으로 전해진다. 인도 최대 규모의 스투파이다.

7-2 붓다 최후의 안거지 터에서 본 바이샬리 유적지 전경. 둥근 스투파는 아난다 스투파이며, 아소카왕 석주가 보인다. 석주 꼭대기의 사자는 카필라성 방향을 보고 있다.

7-3 사리풋다 스투파. 5세기에서 12세기까지 번성했던 나란다사원 유적지 안에 있다. 붓다 승가 발전에 큰 공헌을 한 사리풋다는 나란다 출신이다. (붓다 머리카락 등을 모신 스투파라는 설도 있음)

7-4 붓다에게 유미죽을 공양한 수잣타 스투파. 유미죽은 쌀과 우유만을 재료로 하여 백단(白檀) 장작만을 사용하고 넘지 않도록 천천히 끓여 만드는 신성한 음식이다.

8. 정사(精舍, 비하라)

정사가 만들어지기 전까지는 붓다와 그 제자들은 숲이나 동굴에 거처했다. 다만, 우기에는 정사에 체재하면서 수행하였는데, 그것이 불교사원의 원점이다.

8-1 기원정사 터. 붓다가 이용하던 우물, 산책을 하던 장소 등을 비롯하여, 아난다, 라훌라, 밧카리 등 제자들 관련 유적들이 남아 있다.

8-2 여래향실 터. 순례자들이 붙인 금박이 군데군데 붙어 있어 드문드문 금색으로 빛나고 있으며 꽃으로 장식되어 있다.

8-3 불교 최초의 정사 죽림정사(竹林精舍) 터. 지금은 대나무만 드문드문 있을 뿐, 유적은 거의 남아 있지 않다. 붓다가 자주 목욕했다고 전해지는 연못. 여러 개의 우물을 합쳐서 만들었다고 한다.

8-4 아난다 보리수 밑의 순례자들. 나무 주위를 시계 방향으로 세 바퀴 돌고 준비한 물을 나무에 주는 것이 이곳의 정해진 예법이라고 한다.

9. 영취산(독수리봉), 칠엽굴

왕사성 근처는 붓다가 활동한 지역 중 유일하게 산들이 많아 수행에 적절한 그늘이나 바위굴을 제공했다. 왕사성 북문 근처에는 낮은 바위산 중턱에 칠엽굴이 있다. 왕사성 남쪽 독수리봉(영취산) 위의 여래향실 주변에는 독수리 모양의 바위들이 있어서 불교 경전의 사실성을 실감하게 해준다.

9-1 영취산(靈鷲山, 독수리봉)의 여래향실을 올려다본 모습. 이 바위산에는 수행자들이 머물렀던 작은 동굴이 산재해 있다.

9-2 여래향실. 붓다 마지막 유행을 기록한 『대반열반경』은 이곳 설법에서 시작된다.

9-3, 9-4 제1결집이 이루어진 칠엽굴과 그 입구 모습. 이곳에서는 죽림정사가 내려다보인다.

9-5 영취산 정상에서 만난 원숭이. 구제해야 할 사람이 남아 있지 않은가 하고 뒤돌아보는 아미타부처님을 연상시킨다.

초기불교

붓다의 근본 가르침과 네 가지 쟁점

초판 1쇄 인쇄 | 2020년 12월 24일
초판 1쇄 발행 | 2020년 12월 30일

지은이 | 박광준

펴낸이 | 윤재승
펴낸곳 | 민족사

주간 | 사기순
기획편집팀 | 사기순, 최윤영
영업관리팀 | 김세정

출판등록 | 1980년 5월 9일 제1-149호
주소 | 서울 종로구 삼봉로 81 두산위브파빌리온 1131호
전화 | 02)732-2403, 2404 팩스 | 02)739-7565
홈페이지 | www.minjoksa.org
페이스북 | www.facebook.com/minjoksa
이메일 | minjoksabook@naver.com

ⓒ 박광준, 2020

ISBN 979-11-89269-77-7 (03220)